权威·前沿·原创

皮书系列为
"十二五""十三五"国家重点图书出版规划项目

区块链应用蓝皮书

BLUE BOOK OF
BLOCKCHAIN APPLICATION

中国区块链应用发展研究报告（2019）

ANNUAL REPORT ON CHINA'S BLOCKCHAIN APPLICATION
AND DEVELOPMENT (2019)

主　　编／叶蓁蓁　罗　华
执行主编／潘　健
副 主 编／赵亚辉　段欣毅

社会科学文献出版社
SOCIAL SCIENCES ACADEMIC PRESS（CHINA）

图书在版编目（CIP）数据

中国区块链应用发展研究报告 . 2019 / 叶蓁蓁，罗
华主编 . -- 北京：社会科学文献出版社，2019.8（2019.10 重印）
（区块链应用蓝皮书）
ISBN 978 - 7 - 5201 - 5134 - 4

Ⅰ. ①中… Ⅱ. ①叶… ②罗… Ⅲ. ①电子商务 - 支
付方式 - 研究报告 - 中国 - 2019 Ⅳ. ①F713.361.3

中国版本图书馆 CIP 数据核字（2019）第 136970 号

区块链应用蓝皮书
中国区块链应用发展研究报告（2019）

主　　编／叶蓁蓁　罗　华
执行主编／潘　健
副 主 编／赵亚辉　段欣毅

出 版 人／谢寿光
责任编辑／王　展

出　　版／社会科学文献出版社·皮书出版分社（010）59367127
　　　　　地址：北京市北三环中路甲 29 号院华龙大厦　邮编：100029
　　　　　网址：www.ssap.com.cn
发　　行／市场营销中心（010）59367081　59367083
印　　装／天津千鹤文化传播有限公司

规　　格／开　本：787mm×1092mm　1/16
　　　　　印　张：29.75　字　数：445 千字
版　　次／2019 年 8 月第 1 版　2019 年 10 月第 2 次印刷
书　　号／ISBN 978 - 7 - 5201 - 5134 - 4
定　　价／128.00 元

主要编撰者简介

主编

叶蓁蓁　人民网党委书记、董事长、总裁，法学博士，高级编辑，曾任人民日报社总编室副主任、人民日报媒体技术股份有限公司总经理，负责规划建设了人民日报中央厨房和全国党媒信息公共平台，探索打造"党管数据"的新平台。代表作有《从党管媒体到党管数据》、《媒体融合迎来"内容+"时代》、《超越"商业模式"，叫响"价值模式"》等。2017年12月起，在人民网工作，强调人民网要成为"党的主张最职业的传播者、人民利益最坚强的捍卫者"，围绕内容原创、内容运营、内容风控、内容聚发四层业务创新，重构党网影响力和竞争力平台。

罗　华　人民网党委委员、总编辑、副总裁，人民网人工智能研究院院长、人民创投区块链研究院院长，《中国移动互联网发展报告（2019）》主编。曾在《国际新闻界》《中国记者》《传媒》杂志发表多篇文章。

执行主编

潘　健　人民网党委委员、副总编辑，曾任任人民网股份有限公司要闻部（2017年更名为编辑中心）主任、人民日报媒体技术股份有限公司副总经理等职，曾获第二十四届中国新闻奖一等奖、第二十六届中国新闻奖一等奖。

副主编

赵亚辉　人民网投资部主任、人民创投区块链研究院执行院长，曾主持编写《传媒行业区块链应用发展研究报告》《"区块链＋共享经济"创新发展研究报告》等报告。

段欣毅 人民网人民创投副总经理（主持工作），人民创投区块链研究院副院长，曾任人民网要闻部副主任、人民澳客传媒科技有限公司副总编辑；曾主持编写《中国区块链政策现状及趋势分析报告》等报告。

摘　要

　　《中国区块链应用发展研究报告（2019）》由人民网人民创投区块链研究院组织相关专家、高校教授、学者以及大型企业技术负责人撰写。本书全面梳理了 2018 年中国区块链的核心技术创新进展、行业应用发展状况，以及产业与市场的基本发展情况，总结了区块链年度应用发展特点、产业发展特征，以及中国区块链技术及应用的挑战与发展机遇，同时也汇集了相关研究成果。

　　全书共分为总报告、技术篇、行业篇、产业与市场篇、专题篇、附录等六个部分。总报告主要对我国区块链应用发展基本状况和总体特征进行阐述，并重点分析总结区块链技术对经济发展的影响、区块链技术和应用的现实挑战，以及区块链技术未来的发展趋势。技术篇主要对共识机制、智能合约、安全问题、性能问题，以及区块链技术与大数据、物联网、人工智能等区块链领域的核心技术进行详细梳理，对其发展现状、技术标准化和技术发展瓶颈等问题做出细致分析，从而明确区块链底层发展基础，使产、学、研各界对区块链技术形成更深层次的认知。行业篇主要基于区块链技术在金融、供应链、农产品安全、文娱版权保护、慈善公益、传媒、房产交易、医疗健康等领域的应用发展现状展开研究，探讨加速区块链应用落地、助推行业脱虚向实、促进区块链与实体经济融合的方法与出路。产业与市场篇将从政策、基础设施和配套服务、区块链标准化和产业发展进程等角度，详细梳理产业基础，探究未来发展的机遇和挑战。专题篇将围绕区块链与社会治理、区块链与共享经济发展等若干专题展开，深入挖掘区块链技术的作用与价值。附录为 2018 年中央媒体区块链深度报道概览。

　　关键词：区块链　应用现状　脱虚向实　产业特征

目 录

Ⅲ 行业篇

Ⅳ 产业与市场篇

V 专题篇

VI 附录

皮书数据库阅读**使用指南**

序　言

2016 年，国务院印发《"十三五"国家信息化规划》，将区块链纳入新技术范畴并作前沿布局，标志着党中央、国务院开始推动区块链技术和应用发展。2017 年，中国人民银行正式成立数字货币研究所，全国有多个省、市出台了扶持区块链产业发展的相关政策措施。2018 年，习近平总书记在中国科学院第十九次院士大会、中国工程院第十四次院士大会上发表重要讲话，将区块链与人工智能、量子信息、移动通信、物联网一道作为新一代信息技术代表。在政策的大力扶持之下，区块链应用在中国迅速发展。

但是，在很多老百姓尚不知晓区块链为何物、许多部门还在思考如何将区块链与本行业相结合的时候，区块链作为概念被大量资本追捧和炒作，难免"虚火"上升。为此，我曾代表人民网呼吁要以"四种眼光"看待区块链，即用发展的眼光看区块链技术，用科学的眼光看区块链标签，用战略的眼光看区块链产业，用冷静的眼光看区块链商机。

如今，在国家政策和监管部门的有效调控下，以代币为主的区块链应用热度转趋冷寂。这为区块链产业技术升级、应用普及、价值沉淀、回归理性提供了良机。按照国外相关机构的划分，以数字货币为代表的区块链 1.0 时代正在逐步升级为以智能合约为代表的区块链 2.0 时代，并朝向大规模应用的区块链 3.0 时代发展。

因此，对于区块链行业，我们既要讲当前，更要讲长远；既要看国内，更要看全球；既要防风险，更要促发展。

第一，不能高估区块链的今天。

2008 年诞生的区块链，原本是信息技术家族中"养在深闺"的新成员。因近年来数字货币受到大量资本炒作，作为数字货币底层技术的区块链才被

人们广泛认知。然而，当"币价"持续下跌、投资热情退却之后，我们发现，仅靠资本并不能铺就技术发展的星光大道。

任何技术都有其自身发展的客观规律，受内外因素共同影响，往往只有在不断更新迭代，实现性能成熟、稳定，并与其他技术逐渐结合、与上层建筑反复磨合之后，才能实现广泛应用。正如一位互联网技术先驱所说："如果有人说那时候他们就已经想象到了今天互联网的样子，那么他们是在说谎。"

第二，不能低估区块链的明天。

在过去二十多年中，互联网全面融入社会生产生活，引领世界发生了巨大变革。但由于技术的历史局限，网络世界的公平性、价值性、安全性等基础问题，长期以来都未得到圆满解决，甚至由此派生出许多危害公共治安、社会伦理、国家安全的问题，成为现实社会新的顽疾。因此，在互联网世界内部开展一场深刻的技术变革，比过去任何时候都显得更加必要、更加迫切。

区块链的技术特性或许恰好能呼应这种需求。它通过集成分布式数据存储、点对点传输、共识机制、加密算法等技术，对计算模式进行颠覆式创新，大幅提高"作恶"门槛。此外，区块链还通过设置激励机制，推动"信息互联网"向"价值互联网"变迁，从而充分挖掘内部的积极力量，维护网络世界的生态秩序，进而实现更加良性的治理架构，因此被广泛认为可能引起一场全球性的技术革新和产业变革。

第三，当前发展区块链可能面临监管上的风险，但不发展区块链则可能陷入长期落后的危险。

目前，为区块链制定完美的监管方案，确非易事。但区块链早期的监管问题必定是前沿技术走向大规模应用将普遍面临的问题。全球科技创新正处于空前密集活跃的时期。信息技术以一日千里之势快速更新迭代，并且与其他学科、技术深入交叉融合，不断演进扩张，必然产生大量新的前沿技术。世界主要国家目前都把信息技术作为谋求竞争新优势的战略方向。围绕信息技术制高点的国际竞争已呈现日趋复杂化、白热化的迹象，甚至与贸易争端、外交博弈、军事威胁相交织。因此，区块链等信息技术前沿领域的发展情况与未来的国际竞争格局密切相关。习近平总书记指出，要坚持科技创新和制度创新"双轮驱动"，以问题为导向，以需求为牵引，在实践载体、制度安排、政策保障、环境营造上下功夫。这要求监管体系设置必须尊重技术发展规律，着眼全球、着眼未来竞争，将防风险与促发展有机结合。

承担着中国主流媒体和骨干互联网上市企业的"双重角色"，人民网对区块链等信息技术前沿领域的发展怀有强烈的使命感和责任感，主动关注并维护相关技术行业的健康成长。2018 年，人民网密集开展一系列富有成效的行动，推动区块链行业环境净化、增进区块链技术交流、探索区块链应用落地：在中央媒体中率先开设区块链频道，开展一系列高端专访，发布权威声音引导舆论；在北京、海南和美国硅谷举办了五场大型区块链论坛活动，为海内外从业者搭建高层次对话平台；成立人民创投区块链研究院，开展行业研究；面向党政领导干部开展围绕区块链技术的专项培训等，助力我国区块链行业不断走向成熟。

展现在大家面前的《中国区块链应用发展研究报告（2019）》是人民网致力于引导区块链应用和产业健康发展的又一努力之举。本蓝皮书由人民创投区块链研究院组织编写，除了由人民网同事撰写总报告和部分章节外，还邀请了中国人民银行、工业和信息化部、中国科学院等中央机构和科研单位的相关负责人，以及清华大学、北京航空航天大学、南开大学、中央财经大学等院校的专家学者为本书撰稿。各篇报告通过大量的一线调研、数据分析，系统深入地梳理了我国区块链应用发展现状，详细介绍了区块链在金融、供应链、公益、农产品溯源、版权交易、司法、房产交易、医疗健康、社会治理、共享经济等诸多细分领域的应用案例。

为更加充分、生动、真实地反映区块链技术在我国丰富多样的实际应用情况，总结经验教训，蓝皮书还在编撰阶段特别面向社会公开征集案例，得到国内多家大型互联网和科技企业的积极响应。

本书能够顺利出版，仰赖主管部门和相关研究机构、行业企业、服务机构的大力支持和各方专家的潜心研究及辛苦付出。在此，我们谨向对《中

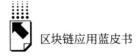

国区块链应用发展研究报告（2019）》调研和编写工作予以大力支持的各界人士表示衷心感谢。同时，我希望区块链技术相关领域的广大创业者能够从本书的案例中得到启发，让蓝皮书成为广大读者了解、认识、应用区块链技术的工具手册。

变革的种子已悄然埋下，静待着夜雨春雷，光风霁月。道阻且长，行则终至。期待区块链行业不断走向成熟，给人类文明进步带来惊喜。人民网愿携手各方为之不断做出贡献。

党委书记

人民网　董事长

总　裁

2019 年 5 月于北京

总 报 告

General Report

B.1

方兴未艾的中国区块链

潘健 赵亚辉 段欣毅 思二勋*

总　报　告

General Report

B.1

方兴未艾的中国区块链

潘健　赵亚辉　段欣毅　思二勋*

摘　要：　2018 年，中国区块链应用发展脱虚向实，与实体经济融合，并在金融、供应链、农业、能源、社交、司法、传媒、公益慈善、文化娱乐、社会治理、共享经济等领域加速探索。目前，区块链还处于行业发展初期，技术标准、应用范式、政策体系等还在加速构建，中国区块链发展方兴未艾。

关键词：　区块链　数字经济　经济发展

当前，人类社会正在进入以数字化生产、服务为主要标志的新阶段。伴

---

* 潘健，人民网党委委员、副总编辑；赵亚辉，人民网投资部主任；段欣毅，人民网人民创投副总经理（主持工作）；思二勋，人民创投区块链研究院研究员。

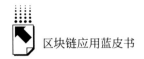

随互联网、云计算、大数据、区块链等新一代信息技术的创新发展，新一轮科技革命和产业变革正在改变着各行各业，以数据为底层要素的新技术已成为推动数字经济和经济增长的重要引擎，甚至成为影响全球竞争格局的核心力量。

数字经济正深刻地改变着人类的生产和生活方式，成了经济增长的新动能。区块链作为一项由"信息互联网"向"价值互联网"变迁的颠覆性技术，正在引领全球新一轮技术变革和产业变革。近年来，区块链技术在全球范围内备受关注。各国政府在区块链领域积极发力，制定相关政策，企图抢占下一个产业创新的制高点。2018 年 5 月，习近平总书记在中国科学院第十九次院士大会、中国工程院第十四次院士大会上发表指示，将区块链与人工智能、量子信息、移动通信、物联网等并列为新一代信息技术代表。

区块链是一种由多方共同维护、分布式存储的记账技术，具有不可篡改、可溯源、安全可信等特点，已在全球范围引起一场新的产业变革。随着区块链技术的成熟，其应用场景逐渐由金融领域扩充至全领域，未来，有望重塑各行各业的产业形态和人类社会活动形态。

目前，区块链还处于行业发展初期，技术、应用、政策等标准还在加速构建，由于缺乏有效的监管措施，市场上也存在打着区块链旗号，通过发行"虚拟货币""虚拟资产""数字资产"等方式吸收资金，进行非法集资、扰乱行业秩序的现象。2017 年 9 月，央行等七部门联合发布《关于防范代币发行融资风险的公告》，要求即日起停止各类代币发行融资活动，已完成代币发行融资的组织和个人做出清退等安排。2018 年 8 月 24 日，中国银保监会、中央网信办、公安部、中国人民银行和国家市场监管总局联合发布《关于防范以"虚拟货币""区块链"名义进行风险集资的风险提示》，对炒作区块链概念行非法集资、传销、诈骗之实的项目予以严厉打击。

随着监管政策的进一步出台，区块链行业深度洗牌，逐渐规范，并慢慢回归良性发展态势，那些以诈骗为目的、没有核心技术支持的区块链项目大量死亡。市场趋于规范，区块链项目开始更深入地探索技术创新、基础设施建设、政策研究，以及应用场景深层落地。目前，区块链技术的快速发展和广泛应用引起了政府部门、金融机构、科技企业和资本市场的广泛关注。除金融领域外，区块链的应用已延伸到共享经济、社会治理、公益慈善、物联网、供应链管理、农产品溯源、文化创意、传媒、司法、医疗健康等多个领域。

一　中国区块链应用发展基本状况

近年来，在中国经济数字化转型的背景下，区块链技术快速发展与普及，区块链技术的研究与应用已由初期概念阶段进入大规模实际应用阶段，并被认为是继蒸汽机、电力、互联网之后的下一代科技创新革命，将深刻改变经济、金融、工业、农业等各领域。各国政府都在不同程度上对区块链进行发力。很多企业也在大力投入区块链技术研发和应用实践，比如百度、阿里巴巴、腾讯、蚂蚁金服、IBM、微软、华为、京东、迅雷、网易等都推出了自身的区块链底层应用平台，并加大技术投入力度，力图布局区块链，探索区块链的应用落地。

目前，我国对区块链技术高度关注并加大了对产业的扶持力度，区块链技术落地的场景已从金融领域向实体经济领域延伸，覆盖了身份认证、溯源、能源、版权、共享经济、公益慈善、泛娱乐等非金融领域场景。未来，区块链技术将继续在更多产业场景中得到应用，与实体经济产业深度融合，产业区块链将会快速发展。

1. 中国区块链应用项目正在经历一次深度"过滤"

从数字资产市场角度来看，2017 年以来，随着比特币、以太币等各类加密货币价格的暴涨，区块链的财富效应开始为市场所关注，市场出现了大量的 ICO、"空气币"项目。2017 年，数字资产市场经历了爆发式增长，总市值从年初的 177.4 亿美元暴涨至年末的 5597.6 亿美元，增长了 30 倍，超越了其他任何一类资产的回报。然而，2018 年后，数字资产市场掉转风向，价格剧烈回撤，截至 12 月 31 日，总市值约为 1300 亿美元，整体市场缩水

超80%[①]。

从区块链 ICO 项目来看，第三方大数据评级机构 RatingToken 的数据显示，2018 年上半年，全球新增区块链 ICO 项目 2183 个。金融服务行业依然是区块链项目最为集中的领域，项目占比达 22.6%；商业和物流行业紧随其后，项目占比为 17.4%。2018 年一级市场共有 947 个项目完成众筹，而在 2018 年下半年，只有 20 个项目成功完成众筹[②]。

受全球监管政策的影响，全球数字资产合规化进程快速推进。我国早在 2017 年 9 月就禁止市场上通过发行数字货币进行集资或诈骗等活动。但技术本身是中性的，可以支持下一代金融科技和诸多场景的信任机制变革、效率变革、质量变革，还可以作为监管利器，以"链"治"链"。英国在数字资产合规化方面探索比较积极，已提出产业沙盒、保护伞沙盒、监管沙盒等方式解决区块链市场合规化问题。目前，我国数字资产还处在早期合规探索阶段。

从区块链项目落地情况来看，目前，中国区块链项目共计 1787 个，其中，区块链行业应用项目共有 843 个，占比为 47.2%。金融领域是区块链技术影响最大的领域，占到所有行业应用项目的 56%，区块链社交项目占比为 7.3%，区块链文娱项目占比为 6.7%。

数字货币项目有 536 个，占比为 29.9%，这些项目又分为虚拟数字货币、数字货币交易平台、数字货币挖矿产业、数字钱包、数字货币投资等，其中虚拟数字货币占所有数字货币项目的 49.4%。

另外，区块链信息服务及社区项目占比为 10.6%，区块链应用技术项目（包括智能合约、数据服务、信息安全、区块链硬件、区块链工具等）占 9.1%，区块链基础技术类项目（包括区块链底层技术、身份验证、支付结算、匿名技术、区块链 BaaS 服务等）占 3.1%[③]。

从项目融资情况来看，2018 年区块链行业投资数量达到 314 起，投资

---

① 数据来源：Coin Market Cap。
② 数据来源：RatingToken。
③ 数据来源：IT 桔子。

金额达 192 多亿元，不管是投资数量还是投资总额都在 2017～2018 年达到了顶峰①。2018～2019 年，投资数量和投资总额骤减（见图 1）。

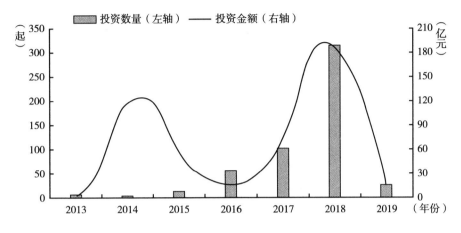

图 1　2013～2019 年中国区块链投资金额及数量

清华大学互联网产业研究院发布的《区块链技术应用白皮书 2018》显示，截至 2018 年 11 月底，2018 年区块链融资项目数呈先上升后下降的趋势。第一季度融资项目占比为 19.18%，第二季度新增项目占比为 31.60%，第三季度新增项目占比为 34.42%，进入 8 月，区块链项目融资情况明显下滑（见图 2）。

从融资进展来看，截至 2018 年 11 月底，除战略投资，初创期投资轮次（B 轮以前）占比达到 77% 外，行业发展依然处于早期阶段。被投项目中轮次最多的为天使轮，共有 170 个项目，占比为 39%；轮次占比最低的类别为基石轮，仅占 1%。除此之外，战略投资所占比例达到 17%，且多有行业先行者共同参投，依然在行业内开辟道路②（见图 3）。

2. 公链瓶颈明显，DAPP 数量和用户数量初有成效

公链是区块链发展的前提和基础，是区块链技术的底层架构，也是众多区块链应用的操作系统。2018 年被称为"公链元年"，自以太坊后，底层公

---

① 数据来源：IT 桔子。
② 清华大学互联网产业研究院：《区块链技术应用白皮书 2018》，2018。

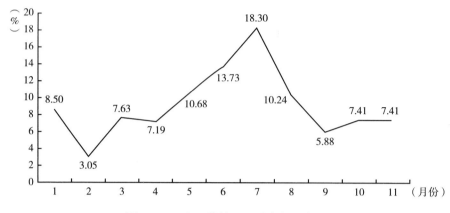

图2 2018年区块链项目融资数量占比

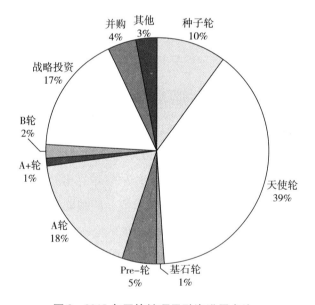

图3 2018年区块链项目融资进展占比

链逐渐变得炙手可热,它提供了一个"底层公链—解决方案—项目应用"的逻辑,受到区块链业界的诸多青睐。而后,越来越多的底层公链项目出现,到了2018年,更是呈现井喷之势。

目前,区块链的发展现状是底层公链的性能尚有诸多技术瓶颈,在这些公链上构建的各类DAPP严重受限于性能、安全性,以及区块链和真实资产、价值的关联性，因而大规模商业应用难以展开。

DAPP 是搭载在公链的应用程序。与建立在 IOS 系统或者 Android 系统上的 APP 不同，DAPP 是建立在底层区块链开发平台和共识机制上的分布式应用，具备区块链去中心化、不可篡改的特征。

DAPP.com 在 2019 年 1 月 15 日发布的《2018 年 DAPP 市场报道》显示，DAPP 在 2018 年的用户数接近 150 万，其中 ETH 链上的用户数最多，达到 80 万（但与规模型平台用户数量相比还相去甚远）。

自 2009 年比特币网络成功运行以来，区块链各类技术得到了较好的发展，尤其是从 2017 年至今，区块链技术应用发展成果明显，各行各业都开始将区块链技术与实体经济结合，并在各领域不断进行场景化落地尝试，DAPP 应用持续推陈出新。

当前，以太坊平台受到诸多开发者的认可与追捧，他们基于该平台持续进行技术落地创新，DAPP 不断涌现。据统计，截至 2018 年 12 月 10 日，基于以太坊开发的 DAPP 共计 1391 个，但单个 DAPP 24 小时最高活跃用户仅为 754 位①，其中较为知名的有世界首款区块链游戏 CryptoKitties、以太坊钱包 imtoken、社交聊天应用 YeeCall 等。除以太坊外，其他底层平台也陆续衍生出了各具特色的应用生态，拥有各自典型的 DAPP，如基于 Steem 平台的 Steemit、基于迅雷链的玩客云等②。

总体来看，目前，DAPP 发展仍处于初步探索时期。绝大多数 DAPP 在产品设计上尚未成熟。在 DAPP 应用方面，以游戏类和竞猜类居多，市场上暂未出现杀手级的、可以承载大量用户的 DAPP，用户体量相对较小。

3. 应用场景向更宽领域和更深层次拓展，区块链与实体经济融合更加紧密

金融领域是区块链应用的最大场景，过去一年里，区块链在金融领域的应用逐渐成熟，供应链金融、支付清结算、证券、风控与征信等诸多金融细分领域都开始与区块链技术深度融合。很多银行、投资机构、券商、互联网

① 数据来源：DApp Total。
② 参考资料：《百度区块链白皮书 V1.0》。

金融都开始研究或者使用区块链技术，不少银行、金融机构与科技巨头开展合作，采用区块链技术对业务进行优化和升级。

汇丰银行、桑坦德银行、德意志银行、比利时联合银行、法国外贸银行、法国兴业银行、北欧银行、荷兰合作银行和意大利联合信贷银行基于IBM超级账本项目（Hyperledger）联合创立了we.trade区块链跨境金融交易平台。2018年8月全国首张区块链电子发票在深圳落地，当前深圳市税务局区块链电子发票的试点范围已由银行、餐饮、零售、物业、游戏行业扩大至基金行业。

在风控和征信方面，北京市网贷行业协会曾发布X-credit信息共享系统，该系统引入了区块链技术，使用区块链记录关键环节，以解决机构间的"数据孤岛"问题，以及网贷行业中的多头借贷和反欺诈问题。中国银联与京东金融发起的互联网金融支付安全联盟风险信息共享（分布式查询）平台也利用区块链技术建立机构间去中心化数据共享协议，以解决数据安全、数据质量、数据交易效率等问题。

在跨境支付方面，中国银行通过区块链跨境支付系统，成功完成河北雄安与韩国首尔两地间客户的美元国际汇款。支付宝香港也通过基于电子钱包的区块链跨境汇款服务，使其用户可以通过区块链技术给菲律宾用户转账，并由渣打银行负责日终的资金清算以及外汇兑换，使得跨境汇款能像境内转账一样秒到账。

近年来，区块链技术逐渐从金融领域向非金融领域渗透，不断尝试与各种业态的结合，现已应用于版权保护、产品溯源、游戏、公益、电商、医疗、房产等多个行业（见图4）。

近年来，中国区块链已经从以比特币为代表的数字货币应用、以以太坊为代表的智能合约区块链，发展到能够满足更加复杂的商业逻辑的深度应用阶段。研究人员普遍认为，比特币代表了区块链1.0时代的应用，主要集中在虚拟货币领域；区块链2.0时代则是区块链技术在其他金融领域的运用，例如银行结算、跨境支付、征信等；在区块链3.0时代，区块链和智能合约的应用将覆盖人类社会生产生活的方方面面，不再依靠第三方或中心机构获

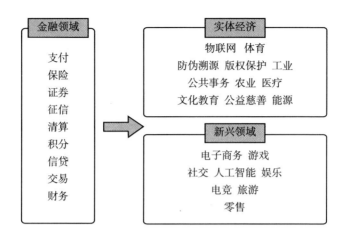

图4　区块链由金融领域应用扩充至实体经济和新兴领域概览

得信任或建立信用，而在各类社会活动中实现信息的自证明和共享，包括在司法、医疗、物流等各个领域。

　　在2018年下半年，部分技术服务类项目将区块链与人工智能及其他新兴技术相结合，借助新技术对文化娱乐、医疗健康、能源、零售等数字化程度较高的行业进行改造。

　　到目前为止，中国区块链应用已经从单一的数字货币应用延伸至经济社会的各个领域，赋能实体经济，助力经济高质量发展。据IT桔子数据，在843个区块链应用项目中，区块链项目数量从多到少的应用领域依次是金融、社交、文娱、游戏、物联网、物流、公益、医疗、法律、不动产、能源、汽车交通、农业等。

　　从区块链的大量应用项目中我们发现，区块链技术去中心化、数据可信、不可篡改、可溯源等特性，以及应用项目的安全性、稳定性、易用性等是其能够广泛应用的关键。

　　而在具体的应用方面，我们发现，那些信任成本偏高、涉及产品的生产流通、对信息共识需求较大的场景都可以通过区块链技术对原有业务进行重塑。

　　随着区块链技术的发展、基础平台和支撑环境的不断成熟，区块链正在

扩展到更多的应用领域，"区块链＋某领域"的概念也将广泛兴起，区块链技术对实体经济的价值正在凸显。

在零售方面，区块链主要通过影响零售业的物流、供应链等来影响零售业态。比如，在 2018 年 3 月，沃尔玛通过区块链技术开发智能包裹（smart package），利用区块链技术完善更智能的包裹交付追踪系统，记录包裹信息（比如包裹内容、环境条件、位置信息等）。在供应端，利用区块链技术，可以分布式记录商品的全链路过程。生产、运输、通关、报检、第三方检验等信息，全部得到加密确证，不仅不可更改，每个流程还能做到清晰可追踪、可监控。

在版权方面，区块链具备的信息可验证、可追溯、不可篡改的技术特性，为版权相关方在数字网络环境下的确权、授权和维权等提供了技术支撑。2019 年 3 月，迅雷区块链为中国版权保护中心搭建的 DCI 标准联盟链体系发布。该联盟链联合国内多家头部互联网平台，诸如新浪微博、京东 AR ＼ VR、阿里巴巴口碑、中国司法大数据研究院、美素创意、广联达、中国报业版权服务中心、妹夫家、文旗天下、安妮股份等。在 DCI 标准联盟链上，创作者在内容平台生成的内容可瞬间完成登记和确权，快速实现内容上链。该联盟链的成员每天处理的版权信息量巨大，因此对区块链性能要求较高。迅雷区块链利用技术性能优势，为 DCI 体系与区块链的结合提供了强有力的底层技术支撑。首先，在登记确权的过程中，迅雷区块链会瞬时记录下全部痕迹，并可轻松追溯它的全过程，直至源头。这一点，轻松解决了人工追溯的烦琐问题，而且其正确性、可信度和取证效率都是其他方式不可比拟的。其次，区块链对原始信息使用了加密技术以及电子签名技术，从技术上对版权信息做进一步的验证处理，这为取证提供了更加有效的技术手段。同时，区块链还可轻松应对 DCI 版权信息登记瞬时高并发、业务量激增以及数据存储安全等问题。

在医疗方面，区块链的加密算法、分布式存储等特性可以加强对医疗数据安全和患者隐私的保护。2018 年 4 月，腾讯宣布将在医疗领域落地区块链技术，以实现电子处方不可更改。而且早在 2017 年，阿里健康就已经将区块链应用于常州市医联体底层技术架构体系中，并实现当地部分医疗机构之间安全、可控的数据互联互通。

在文娱方面，使用区块链技术对文娱作品进行确权，证明一段文字、视频、音乐、资产等存在性、真实性和唯一性，进而进行版权保护，既能提供文化产品价值，也能促进文化产品的交易和流通。比如，纸贵科技通过基于区块链的电子数据存证技术，将原创作品的登记时间和数字指纹信息存储在纸贵联盟链上，明确原创作品版权归属，使文化产品的版权情况、交易情况等公开化、可信化。

4. 大型互联网企业和由政府主导的区块链应用实践较为突出

2018年大型互联网公司纷纷着手对区块链进行战略布局。2018年8月，京东发布了自主研发的区块链服务平台"智臻链"，该链是一个区块链BaaS平台，用以推动各行业企业级区块链应用的大规模落地。2018年4月，华为发布《华为区块链白皮书》，华为区块链的整体构想是聚焦典型应用领域，以区块链平台为核心，联合网络和可信硬件执行环境（终端＋芯片），形成三位一体的端到端区块链框架，实现软件、硬件结合，提供更快、更安全的区块链端到端解决方案。

2018年腾讯也将区块链技术分别应用在物流信息、游戏、医疗、法务存证等方面。比如，2018年3月，腾讯和中国物流与采购联合会联合开发基于物流信息的区块链，用以提升物流与供应链行业的效率，助力行业标准化运营，并帮助物流行业的小微商户解决融资困难等问题。2018年5月，腾讯与深圳市国税局共同推出区块链电子发票，使每一张发票都可查、可验、可信、可追溯。

2018年阿里主要将区块链应用于公共服务领域，与上海华山医院联合将区块链应用于医疗领域，实现医院处方精准无误且不可篡改、可溯源，以解决复诊患者拿着处方不遵医嘱在外重复开药等问题。2018年9月，阿里和杭州互联网法院共同探索区块链在司法存证、取证、用证等方面的应用，起诉人可以通过线上申诉入口在线提交合同、维权过程、服务流程明细等电子证据。同年10月，阿里与华信永道联合把公积金名单记录在链上，从而

实现可信记录共享且不可篡改。

2018年百度主要将区块链应用于版权、游戏、物流、教育等方面。该年4月，推出区块链原创图片服务平台"图腾"；5月，在百度百科中嵌入区块链；6月，百度推出区块链游戏应用"度宇宙"，为用户打造一个由元素、引力、星球所构建的"数字宇宙"；7月，将百度云与区块链结合，推出相应的解决方案。

2018年，网易共推出四款产品，包括网易星球、游戏《逆水寒》、区块链资讯阅读APP"易头条"、社交平台"网易圈圈"等。

此外，2018年区块链在政府公共事务方面的应用也较为突出。一方面，通过区块链分布式账本，实现业务系统数据同步，减少了各部门工作量，并在具体跨部门业务发生之前保护了部门的数据隐私，也减少了信息化服务中心对中心化系统的维护负担。另一方面，通过区块链网络中的可信节点对数据记录的真实性进行验证。使得政务公开真正地走向阳光、透明、可信。在具体实践应用方面，可以将区块链应用于房管、文化、教育、税务、民政、审计、司法、监管等部门。比如，广州市开发区推出政策公信链，用以提高政府政策兑现业务处理效率，降低企业政策兑现人力及物力成本；重庆市所有电子营业执照通过区块链实现数据保密传输、参与多方共享、信息同步更新、记录不可篡改等；雄安新区在建设"数字雄安"的过程中将区块链应用在工程建设招标、"千年秀林"项目财务管理、房屋租赁等政务领域；北京互联网法院推出"天平链"，利用区块链技术快速鉴别证据真伪，并通过加密技术防止证据和司法文件被篡改和遗失。

二 中国区块链产业发展主要特征

现在我国区块链产业链条已经形成，从上游的硬件制造、平台服务、安全服务，到下游的产业技术应用服务，再到保障产业发展的行业投融资、媒体、人才服务，各领域的公司已经基本完备、协同有序，共同推动产业不断前行。

中国有庞大的互联网消费群体，区块链应用在中国也呈现出多元广泛的特点。2018年以来，中国区块链领域私募股权投资共计投向挖矿、钱包、虚拟货币、基础设施、底层技术、交易所、相关服务、区块链应用8个领域，中国区块链产业链可谓基本成型。

1. 区块链产业发展回归价值，应用效果更加明显

一个产业有其发展周期和发展规律，其发展阶段包括产业形成期、产业成长期、产业成熟期，以及产业衰退期。产业的发展与其技术创新、基础设施建设、产业发展政策，以及国家和地方经济发展关系密切。我们认为，区块链目前还处于成长阶段，技术标准体系、政策扶持和监管、基础设施建设、应用范式等都还在不断加速完善。

自比特币诞生以来，区块链产业的发展已有10年多的历史。2015年，《经济学人》把区块链作为解决信任问题的重要技术，第五届的世界经济论坛也提到区块链是继蒸汽机、电脑计算机、互联网络之后的第四次工业革命。区块链作为数字经济的信任基础设施，对于中国经济结构调整、经济创新发展，以及驱动经济高质量发展起着重要作用。

一方面，区块链作为价值互联网的核心驱动技术，在一定程度上解决了数据及数据传输过程中的完整性、真实性、唯一性等问题，在一定程度上降低了价值传输的风险，提高了价值传输的效率，促进了企业内外部（成员）协作的效率。如此，在一个产业生态中，产业链上下游的协作效率和联动水平将进一步提高，在区块链赋能下降低产业成本、提升产业效率、改善产业环境，带动经济和产业格局进行重大调整，进而加速产业转型升级。

另一方面，随着越来越多的项目实际落地，整个产业开始进入了一个应用加速落地的周期。当前，区块链技术落地的场景已从金融领域向实体经济领域延伸，并应用于供应链金融、保险、清算和结算、资产交易等金融领域场景，也覆盖了版权保护、电子证据存证、商品溯源、电子政务、农业、工业、能源等非金融领域场景。

在供应链金融方面，央行数字货币研究所、央行深圳市中心支行推动建立粤港澳大湾区贸易金融区块链平台，对平台上的应收账款、贸易融资等多

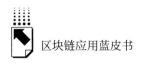

种场景的贸易和融资活动进行贸易金融监管，实现对平台上各种金融活动的动态实时监测。

此外，腾讯等众多企业开展了覆盖多个行业的供应链金融区块链应用实践，以核心企业的应收账款为底层资产，通过腾讯区块链技术实现债权凭证的流转，以保证不可重复融资，相关信息不可篡改、可被追溯，帮助相关各方形成供应链金融领域的合作创新。

在数字内容版权方面，百度、360分别上线基于区块链技术的原创图片认证平台——"图腾""图刻"；纸贵科技构建了专业的全类型版权存证平台；腾讯基于区块链技术，实现了游戏道具等虚拟数字资产的确权和保护。电子存证方面，杭州上线全国首个电子证据平台和司法区块链，解决电子证据存取证难题；北京互联网法院在受理著作权权属、侵权纠纷的案例中使用了区块链取证存证技术。

在防伪溯源方面，京东、蚂蚁金服、众安科技等科技企业纷纷投入基于区块链的食品、药品防伪溯源应用。

京东从解决商品的信任痛点出发，利用区块链溯源技术完整记录商品原材料、制作方、物流等信息，并与科尔沁牛肉共同打造区块链防伪与追溯解决方案。从屠宰到货运再到派送等环节，各种设备自动化采集的信息会写入区块链链码，实现了真实可查的全程溯源。通过信任机制的建立，使供应链整体成本下降。截至2018年6月，京东的区块链溯源技术已介入数百名品牌商，覆盖12000多款商品SKU。

众安科技也相继推出了农业养殖方面的"步步鸡"区块链防伪溯源项目、区块链钻石溯源及交易平台。此外，众安科技也在快消品类商品（药品）防伪溯源应用、医疗器械区块链应用、艺术品防伪溯源应用、跨境电商产品防伪溯源应用等方面进行了充分的探索与尝试。"趣链"通过与物联网等技术的结合，将商品在整个产业链的生产记录保存在区块链上，无论是生产商、经销商还是消费者，均可通过可信记录看到商品的全部信息流转。

蚂蚁金服也在公益慈善、互助保险、跨境溯源等领域进行实践探索，曾推出"让听障儿童重获新声"公益慈善项目。这个场景的实现主要基于蚂蚁金服与多家公益机构共同建造的一个区块链阳光账本，该账本的技术核心是提供多方关于慈善捐款全部流程的多节点独立记账的区块链服务，在该阳光账本中，支付宝用户可以看到其每一笔捐款从捐款账户到受捐助人的整个过程。另外，蚂蚁金服也曾与信美人寿互助保险社合作打造区块链互助保险账户，对从发起机构到资产管理机构相应的会员信息及投资信息（主要包括基础资产的投资信息、投资明细、收益数据等），利用区块链技术进行可信存证。

在跨境溯源方面，为天猫境外商品提供跨境溯源服务，利用区块链的可溯源特性，为产自澳大利亚、新西兰的 26 个品牌的奶粉（如雅培、爱他美、惠氏、贝拉米等）提供溯源二维码。用户扫二维码，就能知道产地、出厂日期、物流、检验等所有信息。

2. 区块链核心技术逐渐成熟，系统架构日趋完善，安全问题较明显

共识机制、智能合约、跨链技术是区块链的核心技术。当前，区块链技术尚不成熟，仍处于发展早期。对于区块链性能、隐私安全、可扩展等方面的技术创新正在不断涌现，系统架构正在不断完善。

在共识机制方面，郑旗撰写的《区块链共识机制演进及应用》分报告显示，早期的区块链系统一般采取单一的共识机制，比如 BTC 的 PoW、Peercoin 的 PoS、EOS 的 DPoS 等。PoW 算法的缺点主要有两个：一是能耗大，需要消耗巨大的电力；二是效率低。PoS 的发展主要经历了三个阶段：第一阶段是以 Peercoin 为代表的基于币龄的 PoS，第二阶段是以黑币为代表的基于币数的 PoS，第三阶段是以 EOS 为代表的 DPoS。DPoS 和上述的共识协议相比，大幅缩短了打包区块的时间，大大提高了系统的处理能力，交易确认时间降低到秒级。不过，在当前的技术背景下，没有哪一种共识机制是完美无缺的，每一种共识机制都有其优点和缺点，不同的应用场景可能需要不同的共识机制。在区块链解决方案中，应该实现兼容多种共识算法，在实际业务落地中有选择性地使用一种最合适的共识机制，甚至整个网络应具备让开发者自定义共识机制的能力。可插拔的共识机制可能是未来发展的主要方向。

在智能合约方面，目前区块链技术还处于发展初期，各项核心技术都在加速突破。同样，智能合约的应用还处于早期，其发展至今仍存在性能

不足、安全性有待提升等问题，以及社会大众接受过程、法律承认合约有效性等其他条件的限制。智能合约的应用目前普遍不太成熟，相当多的DAPP处于活跃度低的状态，暂时还缺乏能被社会大众广泛接受的智能合约应用。

在跨链技术方面，跨链技术是多条公链生态连接的核心技术，在实际应用中，跨链技术要解决的问题是如何让一条链上的 token 转移到另一条链上，这个过程不只是信息流的传递，更是信息流背后需要被精确记账的价值的传递。目前，跨链技术在跨账本结算、资产跨链交易和抵押等方面都有较成熟的应用。但目前具有成熟跨链技术的链或平台数量不多，大多还处在开发阶段，对于跨链易用性、可扩展性以及安全性的研究还较缺乏，后期仍需加大研发力度。

在安全与性能方面，区块链系统的安全性与性能是影响技术广泛应用的主要因素。目前，区块链在基础设施层、密码算法层、节点通信层、共识协议层、运行平台层、智能合约层和系统应用层等均有安全风险和漏洞。据统计，2018 年区块链安全事件造成的经济损失高达 22.38 亿美元，较上年暴增 253%；区块链安全事件发生 138 起，较上年暴增 820%。区块链安全问题主要集中在业务层和合约层，两者安全事件导致的经济损失占整个区块链安全行业的 98.87%，分别发生了 64 次和 58 次，累计损失22.1 亿美元①。

此外，区块链应用还存在监管缺失、系统可扩展性差等问题，正阻碍区块链的发展。未来，还需加强区块链安全体系的建设。

3. 区块链基础设施建设初有成效，公链性能有所提高

周平、唐晓丹撰写的《区块链基础设施和配套服务发展现状及建议》分报告显示，区块链的基础设施主要提供硬件市场、计算、网络通信三种能力，与这些基础设施相关的设备类型包括服务器、矿机、个人计算机、移动设备等。从实现技术的角度看，区块链基础设施的相关技术包

---

① 区块链律动：《2018 年区块链安全报告》。

括云计算、物联网、边缘计算、分布式文件系统、移动通信、容器、虚拟机等。

在硬件设备方面，比特大陆、嘉楠耘智、亿邦通信三家厂商在全球数字货币矿机出货量方面占据着较大的优势，但是在 2018 年，随着整个数字资产市场的持续降温，硬件设备的交易量也出现较大幅度下降。

在数据与存储方面，具有代表性的是融合 Git、自证明文件系统（SFS）、BitTorrent 和 DHT 等技术的星际文件系统（IPFS），其提供全球统一的可寻址空间，可以用作区块链的底层协议，支持与区块链系统进行数据交互。在网络通信方面，5G 技术的出现将极大提升区块链的性能、扩展区块链的应用范围。

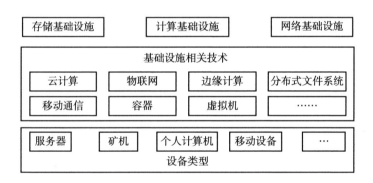

图 5　区块链基础设施及相关设备、技术

此外，公链是区块链行业的基础设施，公链超高的处理性能、优良的扩展性能、强大的安全性能，为其上各种应用的发展提供了良好的开发平台。据不完全统计，目前已经有 70 多条公链和 2000 多种加密货币。区块链底层基础设施搭建都在逐步完善，分片技术（sharding）、有向无环图结构（DAG）、链下计算、跨链等技术都在不断创新和发展，试图提高区块链的性能指标。例如以太坊分片技术、墨客 MOAC 子链技术、Fabric 多通道技术，以及区块链与物联网创新项目 IOTA 采用的 DAG 技术使得区块链系统的可扩展性不再受区块大小的限制，仅取决于网络带宽、CPU 处理速度和存储容量等的限制。

4.区块链产业政策逐渐完善，产业发展环境持续优化

2018年，以工业和信息化部及其相关附属机构为主导，已开始逐步探索并实践区块链技术的标准化与统一化。比如，2018年10月，工信部表示，将积极构建完善区块链标准体系，加快推动重点标准研制和应用推广，逐步构建完善的标准体系。

除此之外，区块链产业在技术安全、信息服务安全、应用落地安全、数字货币监管等方面的政策也在加速完善。2019年1月10日，国家网信办发布《区块链信息服务管理规定》，进一步明确区块链信息服务提供者的信息安全管理责任，规范和促进区块链技术及相关服务健康发展，规避区块链信息服务安全风险，为区块链信息服务的提供、使用、管理等提供有效的法律依据。

2018年12月18日，第三届区块链开发大会上，来自深圳前海微众银行、众安科技、安妮股份、上海市信息安全测评认证中心等的4位行业专家发布了四项区块链团体标准：《区块链隐私保护规范》、《区块链智能合约实施规范》、《区块链存证应用指南》以及《区块链技术安全通用规范》。

在监管层面，2018年是数字资产市场合规化探索的关键之年，我国乃至全球市场进入加速合规阶段。在沙盒监管方面，英国金融行为监管局（FCA）提出3种沙盒管理模型，分别是监管沙盒（Regulatory Sandbox）、产业沙盒或虚拟沙盒（Industry Sandbox），以及保护伞沙盒（Umbrella Sandbox）。在具体实践方面，中国天民（青岛）国际沙盒研究院推出泰山沙盒，融入区块链、大数据、自动化测试、自动化监控、容器、云计算、区块链互联网等多项技术，已于2017年底开始实践应用。

在分类监管方面，2017~2018年初，各国对数字资产（尤其是数字资产发行）的监管大多采用了分类监管方式。2018年11月1日，香港证监会发布《有关针对数字资产投资组合的管理公司、基金分销商及交易平台营运者的监管框架的声明》，提出了"无差别监管"方案，即无论数字资产是否构成《证券及期货条例》（第571章）中所界定的证券及期货合约，出于保护投资者的考虑，均被纳入同等监管框架。

总体而言，国家鼓励探索研究区块链技术标准与技术安全应用，以此推动区块链技术与实际应用场景结合，服务实体经济，构建数字经济。工信部、国家网信办等政府部门积极推动区块链技术标准的统一，同时，也谨慎对待并防范数字货币或 ICO 的风险。目前，对于数字资产监管还处于探索阶段，监管政策还有待完善。

随着中央和各地区块链扶持政策和监管政策的逐渐完善、区块链标准（国家标准、行业标准）体系的完备，以及区块链技术的成熟，区块链产业发展基石也逐渐牢固。

5. 区块链相关标准加速推出，标准体系尚需完善

在区块链技术架构标准方面，首个区块链标准《区块链参考架构》已经于 2016 年颁布。同时，由中国主导开展名为"区块链和分布式记账技术中的数据流动和数据分类"的新工作项目研究。2018 年 1 月，"信息技术、区块链和分布式账本技术参考架构"作为区块链领域的首个国家标准获批立项。区块链安全标准方面，2018 年 4 月，全国信息安全标准化技术委员会开展了对"区块链安全技术标准研究"项目的立项评审工作。2018 年 11 月，《区块链平台安全技术要求》行业标准正式立项并起草，将明确区块链平台面临的主要威胁和安全体系架构。

由李鸣、李佳秾、孙琳撰写的《区块链标准化助力数字经济发展》分报告指出，目前国内区块链标准化工作还存在很大的提升空间，产业面临标准体系不完善（如跨链通信机制、跨链通信消息规范、账本管理规范、共识机制这四个方向的标准化研究尚未开展）；国家标准制定周期过长，远远落后于产业快速发展的需求，技术的应用程度不高，无法有效统一协调等问题。

2019 年，我国区块链相关标准研制工作有可能取得进一步进展，区块链技术应用、技术安全等领域的标准也将取得突破。在技术创新和区块链标准体系完善的情况下，区块链技术将得到大规模应用落地。

三　区块链技术高速发展对中国经济的影响

当前，中国经济正处于转型升级和高质量发展的重要时期，促进经济社

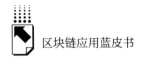

会持续健康发展是当前经济社会发展的核心任务。在国家倡导脱虚向实、金融服务实体经济的过程中，通过科技创新高效服务实体经济成为当今社会经济转型的重要手段。

区块链是一项新兴技术，将该技术应用到实体经济中、发挥区块链的经济价值和社会价值，是区块链技术应用的关键。

我们认为，经济发展的本质就是供需的有效匹配和基于供需资产的高效流通，而供需匹配和资产流通的关键则是共识和信任。传统的互联网模式在跨地域、跨机构、跨系统层面，很难解决信任传递的问题。因此，让不同地区、不同机构、不同组织，通过不同的系统，共同来服务于产业链上的企业，降低信用成本、监管成本以及治理成本等成为促进经济发展的关键。

区块链借助分布式账本和智能合约技术大幅降低契约建立和执行的成本，打破信任障碍，实现去中介化。降低生产成本、提高生产效率是经济高质量发展的重要指标，而区块链技术能为经济和产业发展带来五大红利，即降低信用建立成本、降低信用传递成本、降低监管审计成本、降低协议联通成本、降低组织管理成本。

具体来说，首先，区块链分布式账本技术具有交易不可篡改、便于追溯、便于协同监管的特性，使得交易、支付结算和融资都能更容易，可充分增加信任减少贸易摩擦。其次，上链后的资产或数据可以保证其真实性、有效性以及唯一性，在一定程度上能够提升实体企业交易的广度和动力，实体经济会更加积极地推动业务的数字化转型，实物流向信息流的映射速度、广度和深度也将加速提升。基于区块链打造的分布式共享平台，可以使全国或地方信用平台、实体企业、商业银行或其他金融服务机构等接入区块链节点开放共享信息，为平台提供高效便捷的商品交易平台、融资渠道及交易通道。如此，金融机构就可以准确获取实体企业的真实经营信息，金融机构和实体企业也更容易建立信任，不同主体之间可以较准确地进行信任传递和供需连接，助推金融更好地为实体经济服务，实现脱虚向实。

未来，随着区块链技术的成熟，该技术将进一步改变生产关系和市场结构，商业业态也将被进一步重塑，带有共识机制和智能合约技术的新生态系统会被整合到现有行业中，升级现有的商业模式、业务模式、监管模式。这是因为，几乎所有的产业场景都涉及产品的交易流通，都有降成本、提效率、优化产业诚信环境等的需求，而这正是区块链技术落地应用后能迅速发挥的作用。

此外，我们认为区块链的核心价值是与实体经济结合，助力经济高质量增长。也就是说，区块链技术的价值，体现为为落地产业场景带来的"价值增量"，在具体的应用中可以结合物联网和工业互联网技术，将传统产业中的实物资产转化为信息资产，并将信息资产上链，推动信息资产高效流动，促进实体产业的商业模式创新和产业变革。

区块链技术在实体经济中广泛落地将为我国经济结构改革和数字化经济提供新的发展机遇。我们认为，数字化转型的实质是业务重塑，数字化转型首要的是把所有的业务系统中的数据打通，而区块链的链式结构可以对数据进行有效溯源，区块链的数字签名、非对称加密等技术能够克服隐私与共享之间的矛盾。分布式存储的数据库模式能够改变中心化的垄断格局，结合大数据、物联网和工业互联网等技术，数据从生产端到消费端将实现有效的联通和聚合，大量服务和交易将由线下转向链上，这将极大地加快产业信息化改革，促进产业转型升级和中国经济高质量发展。

四　中国区块链技术及应用的挑战与发展机遇

（一）中国区块链技术及应用面临的挑战

1. 应用大规模落地和产业高速发展需要加强技术创新与融合

随着信息技术的更迭和演化，出现了物联网、大数据和人工智能等新技术，其中，物联网技术主要解决数据信息的采集和输入问题，人工智能主要解决数据信息的处理和输出问题，区块链技术主要解决数据的存储、安全和智能控制等问题。以上技术的成熟，将会在多领域产生重要影响。这些技术的大规模应用与各核心技术的成熟度和该技术应用场景的广泛度密切相关。

区块链应用蓝皮书

在核心技术创新方面，目前区块链的共识机制、加密技术、安全技术等虽有所突破，但是，技术创新还支撑不起应用场景的大规模落地。

区块链技术能推动企业业务升级、商业模式优化、监管完善、社会进步，离不开其与大数据、物联网和人工智能等技术的结合。区块链、物联网和人工智能的融合可以使企业最大限度地发挥每项技术的优势，同时最大限度地降低与之相关的风险和限制。比如，物联网网络包含大量连网设备，存在众多安全漏洞。为了防止安全问题，可以由人工智能主动防御恶意软件和黑客攻击；也可以通过区块链进一步增强网络和数据的安全性，防止非法访问和修改网络上的数据。

因此，想要在未来驱动区块链应用大规模落地和产业高速发展，一方面需要加强区块链核心技术的创新；另一方面需要加强区块链与物联网、人工智能等技术融合的应用标准研制，针对成熟度高的应用领域开展区块链与物联网融合的应用标准研究和制订工作，制订符合地区发展的地方和行业标准，以此提升区块链与物联网融合应用的规范性和科学性，促进区块链和其他边缘技术的结合、集合技术与产业的融合。

2. 区块链安全问题较明显，阻碍应用大范围落地

随着区块链逐渐与各行业相结合实现应用落地，一些问题也慢慢浮出水面。目前，区块链安全问题严重，比如，在区块链技术安全方面，主要存在共识机制和智能合约逻辑漏洞、密码算法安全、P2P 网络机制安全等问题。比如，2018 年 5 月，比特币黄金（BTG）遭遇 51% 双花攻击，损失 1860 万美元。同月，360 公司 Vulcan（伏尔甘）团队发现了区块链平台 EOS 的一系列高危安全漏洞，在区块链市场中引起一片哗然。再比如，在区块链使用安全方面，会遇到诸如私钥管理不善、遭遇病毒木马、账户被窃取等问题。在区块链市场快速发展的同时，其所带来的经济损失也较多，在未来区块链的发展过程中，安全问题依然是重中之重。

3. 区块链产业相关监管政策及区块链合规化发展问题有待完善

2018 年区块链发展比较曲折，在各项监管框架之内逐步走向合规化。继 2017 年 9 月 4 日中国人民银行等七部门联合发布《关于防范代币发行融

资风险的公告》，对国内触及 ICO 及数字货币交易所的项目全部禁止和关停清退之后，2018 年 8 月下旬，中国银保监会、国家网信办、公安部、中国人民银行、国家市场监管总局五部门又下发了《关于防范以"虚拟货币""区块链"名义进行非法集资的风险提示》。

在此背景下，区块链的合规化发展便成为紧要课题，很多企业和机构积极探索区块链项目发展的合规化之路，探索产业沙盒监管、牌照申请，以及针对证券类数字资产和非证券类数字资产分类监管等的合规化路径，进一步加速了合规化的进程。比如，新加坡金融管理局（MAS）于 2017 年下半年提出沙盒监管；美国 SEC 也设立了创新和金融技术新战略中心 Finhub，以构建市场和 SEC 之间就创新理念和技术发展沟通的桥梁。

在我国，除了出台一些区块链监管政策外，各方面还在积极探索产业沙盒的监管方式。由天民（青岛）国际沙盒研究院提出的泰山沙盒系统，可以测试区块链底层协议的能力，例如共识机制、出块机制、加密机制等；也可以测试区块链应用和金融科技应用，例如支付、清算、版权等应用。

此外，合规交易所、合规托管等相关监管方式和区块链合规化发展模式还处于探索阶段，有待进一步完善。

4. 去中心化、可扩展性、安全性的"三角制约"问题，成为区块链主流应用的瓶颈

在区块链领域中，安全性、可扩展性、去中心化三者被称作区块链的"不可能三角"。也就是说，在同一个区块链系统中，想要同时做到三者，并且都达到足够高的要求，是很难的。同时，技术上的"三角制约"问题成为区块链进入区块链主流应用的最大瓶颈。

目前，针对"三角制约"问题常见的尝试方法有如下几种：一是改变共识机制，比如 Hyperledger 提出的 PBFT（实践拜占庭容错）共识机制、EOS 使用的 DPOS（委托权益证明），这也往往牺牲了部分去中心化；二是改变了网络结构，比如 IOTA、Byteball 就使用了不同于区块链的 DAG（有向无环图）的数据结构；三是直接利用链外方式解决，比如链下的子链/侧链、状态通道，甚至是跨链中间件等；四是使用分片机制，以处理各链之间未建立连接

的交易，提高网络并发量。但是，目前还未出现成熟的解决方法。未来，在具体的应用上，还需根据其应用场景寻找平衡点和侧重点①。

（二）中国区块链应用发展趋势和机遇

1. 区块链在金融领域的应用或将越加全面、成熟

区块链技术经过多年的发展，已逐渐从概念化阶段进入大规模应用阶段。而金融被认为是区块链应用的最大场景，已有多家金融机构积极尝试区块链技术特性，用于数字货币、资产托管交易、股权交易、金融审计、跨境金融、电子票据、清算、供应链金融等场景中，以突破此前金融交易中信用校验复杂、成本高、流程长、数据传输误差等问题，并且已经在数家银行取得实际应用成果。比如，中国农业银行在国内银行业中首次将区块链技术应用于电商供应链金融领域，上线涉农互联网电商融资产品"e链贷"，此外，还推进金融数字积分（简称"嗨豆"）系统建设，打造区块链积分体系。中国建设银行浙江省分行与杭州联合银行合作，实现业内首笔跨行区块链福费廷交易，此笔业务借助区块链技术连接买入行、卖出行双方，通过在线询价、报价，发送电文、传输单据等功能，实现交易电子化，有效提升时效性、安全性、便捷性。中信银行已与民生银行合作推出首个银行业国内信用证区块链应用，信用证的开立、通知、交单、承兑报文、付款报文各个环节均通过该系统实施，缩短了信用证及单据传输的时间，报文传输时间可达秒级，大幅度提高了信用证业务处理效率，同时利用区块链的防篡改特性提高了信用证业务的安全性……

基于此，我们推断，2019年将是区块链金融走向成熟的一年。在金融领域，将有更多的区块链项目落地，或将展开大规模的商业化应用。

2. 区块链在社交、文娱、游戏、公益、医疗、农业等场景的应用或将更加规范和成熟

区块链技术最佳的适应场景就是那些信任成本偏高、涉及产品的生产流

---

① 《区块链世界里的"三元悖论"》，https：//www.xianjichina.com/news/details_ 84635. html。

通、对信息共识需求较大的场景。除金融领域外，社交领域、文娱版权保护和交易、游戏、公益等场景是区块链较大的适用场景。IT 桔子数据显示，在 843 个区块链应用项目中，区块链项目数量从高到低的领域依次是金融、社交、文娱、游戏、物联网、物流、公益、医疗、法律、不动产、能源、汽车交通、农业等。

随着区块链技术在上述领域的应用探索，其应用模式也会越加清晰。区块链在文娱产业主要解决的是原有文娱产品版权保护问题，目前市场上已经有纸贵、原本、阅链中国、版权家等关注数字版权确权和 IP 管理的应用产品，形成了确权、用权、维权一体化应用模式。在游戏领域，目前，网易、天神娱乐、恺英网络、游久游戏、迅雷等上市公司也已相继入局。据了解，目前基于迅雷链开发的区块链游戏已经达到数十款，比如玩客猴、链克狐、链克熊、玩客龙、战神风云、功夫链克、链克熊猫等，并已形成了基于项目研发、运营、发行等多维度内容，以通证作为交易媒介的游戏生态圈。

在医疗方面，2018 年腾讯与广西柳州在微信挂号、支付等功能基础上提出了"处方链"项目，实现了全国首例"院外处方流转"服务，院内开处方、院外购药甚至送药上门。

此外，在公益和农业领域，主要基于区块链可溯源、信息可信透明等特性，解决了农产品安全、阳光公益生态等问题。如，京东"跑步鸡"项目，利用区块链等技术溯源跑步鸡养殖、屠宰、检验检疫、仓储、运输全程信息，以上信息可通过 APP 查询，形成全流程追溯信息数据闭环。

3. 区块链基础设施红利逐渐向企业释放

目前，区块链 P2P 网络计算技术已被广泛用于开发各种应用，如即时通信软件、文件共享和下载软件、网络视频播放软件、计算资源共享软件等。5G 技术的成熟将促进区块链网络基础设施的建设。在计算和存储方面，主流的计算服务技术包括虚拟化技术、容器技术和云计算技术；主流的存储技术是星际文件系统（IPFS），可以用作区块链的底层协议，支持与区块链系统进行数据交互。但是，目前区块链底层技术存在性能、安全等方面瓶

颈，基于区块链的基础设施建设只有与现行行业标准和资源、行业需求相容才能实现大规模商用。

比如，2018年阿里云基于建立在强大稳定的公共云、专用云基础之上的弹性计算能力和海量可靠的存储资源，联合蚂蚁金服投入区块链基础设施建设。

未来，随着区块链技术的成熟和普及，以及区块链基础设施建设的完备，区块链基础设施红利将逐渐向企业释放。企业在现有的区块链基础设施服务平台上会较容易介入区块链，解决其业务经营上的信任、运营效率、产品质量运维等方面的问题。

4.DAPP数量和用户将引来新的增长

据全球领先的DAPP数据服务平台DApp Total最新数据，截至2018年12月28日，EOS平台上共收录了262款DAPP，累计用户为627137人，累计交易额为1228918798.8465EOS（约12.2亿EOS）。截至2018年11月底，以太坊平台上共有1200款DAPP，其中竞猜类DAPP数量居首位，共495款，占比为41.25%；其次是游戏类DAPP，共397款，占比为33.08%。以以太坊和EOS为代表的公链平台生态正在逐步完善和壮大，并建立稳定的生态环境。

DApp Total数据分析人员分析认为：10月以来，随着一大批竞猜类游戏的出现，月交易量呈井喷式发展，12月最高交易额达6.12亿EOS，且还在逐步攀升；12月EOS DAPP月活量达183194人（去重），较8月增长超7倍，以EOS为代表的DAPP生态圈正悄然爆发。未来，随着区块链技术与实体经济的紧密融合，将迎来DAPP数量和用户上的大爆发。

5.区块链成熟应用或将大量浮出水面

2018年是区块链脱虚向实的一年，这一年比特币下跌超过80%，各种"空气"项目大多消失。很多区块链从业者都开始探索区块链在实体经济方面的落地应用，区块链技术开始在各行各业应用，政府、银行、企业都开始实际应用。随着区块链技术在安全性、性能上的提高，监管等功能上的完善，以及与人工智能、物联网等新技术的融合，区块链技术或将拓展出更多可应用的新空间，一些较成熟的区块链应用或将大量浮出水面。

参考文献

赛迪区块链研究院：《2019 年中国区块链发展形势展望》。

百度区块链实验室、百度营销研究院：《百度区块链白皮书 V1.0》，2018。

清华大学互联网产业研究院：《区块链技术应用白皮书 2018》，2018。

技 术 篇

Technical Reports

B.2

区块链共识机制演进及应用

郑 旗*

摘 要： 区块链（Blockchain）技术是一种多方共同维护，通过密码学保证传输和安全，实现一致、难以篡改、防止抵赖的记账技术，称为分布式账本技术。区块链技术框架中非常重要的一部分是共识机制，是在不可信的分布式环境下实现数据一致性的关键。本文重点介绍区块链共识机制的演进及应用，并对其未来发展趋势进行分析和预测。

关键词： 区块链 分布式一致性 共识机制

---

* 郑旗，百度区块链高级工程师。

一　概述

（一）区块链技术

2008 年 11 月 1 日，中本聪发表了《比特币：一种点对点的电子现金系统》一文，阐述了基于 P2P 网络技术、加密技术、时间戳技术、区块链技术等的电子现金系统的构架理念，标志着比特币的诞生。2009 年初，中本聪搭建了以其论文为原型的网络——比特币。区块链技术是比特币背后的技术基础，是一种基础设施。区块链作为一种在不可信分布式环境下能够以较低成本建立信任的计算模式和协作模式，正在悄然改变这个世界。

（二）共识机制

由于区块链系统多数采用去中心化的分布式设计，节点分散在各处，所以必须设计一套完善的制度，以维护系统的运作顺序与公平性，统一区块链的版本，并奖励提供资源、维护区块链的使用者，以及惩罚恶意的危害者。这样的制度，必须依赖某种方式来证明，谁取得了一个区块链的打包权（或称记账权），谁就可以获取打包这一个区块的奖励；谁意图进行危害，谁就会获得一定的惩罚，这就是区块链系统的共识机制。

区块链是一个去中心化的分布式系统，在该系统中，所有的节点都是一个全副本，维护着全部的账本数据。这样，当某一个或多个节点发生故障时，用户可以从其他的节点读取数据。由于系统中有多个副本，如何保证副本之间的一致性是整个分布式系统的理论核心，下面会详细地向大家介绍传统分布式系统和区块链系统副本一致性问题。

二　传统分布式系统一致性问题

（一）分布式一致性问题

从传统的集中式单节点结构，演变到分布式多节点结构，碰到的首个问

题就是一致性的保障。如何保障副本之间的一致性是整个分布式系统的理论核心。

一致性是指分布式系统中的多个服务节点，给定一系列的操作，在约定协议的保障下，使它们对外界呈现的状态是一致的。换句话说，也就是保证集群中所有服务节点中的数据完全相同并且能够对某个提案（Proposal）达成一致。

在分布式系统中，系统可以达成一致性需要满足以下三个要求：

①有限性：达成一致的结果在有限的时间内完成；

②约同性：不同节点最终完成决策的结果是相同的；

③合法性：决策的结果必须是系统中某个节点提出来的。

一般地，从非学术角度来说，分布式系统一致性主要包括以下三类。

一是强一致性（Strong）：数据 a 一旦写入成功，在任意副本任意时刻都能读到 a 的最新值。

二是弱一致性（Weak）：写入一个数据 a 成功后，在数据副本上可能读出来，也可能读不出来。系统不能保证多长时间之后每个副本的数据一定达成一致。

三是最终一致性（Eventually）：最终一致性是弱一致性的一种特例。写入一个数据 a 成功后，在其他副本有可能暂时读不到 a 的最新值，但在某个不一致的时间窗口之后保证最终能读到。不一致性窗口的大小依赖于以下几个因素：交互延迟、系统负载、复制协议的副本数。

2000 年，Berkeley 大学计算机科学家埃里克·布鲁尔提出了著名的 CAP 定理，指出对于一个分布式计算机系统来说，不可能同时满足以下三点。

①一致性（Consistency）：所有节点访问同一份最新的数据副本，读操作总是能读取到之前完成的写操作结果，满足这个条件的系统就符合我们前面对强一致性系统的定义。

②可用性（Availability）：每次请求都能获取到非错的响应，但是不保证获取的数据为最新数据，读写操作在单台机器发生故障的情况下仍然能够

正常执行，不需要等到故障的节点将数据迁移到新的节点。

③分区容错性（Partition tolerance）：以实际效果而言，分区相当于对通信的时限要求。系统如果不能在时限内达成数据一致性，就意味着发生了分区的情况，必须就当前操作在 C 和 A 之间做出选择。

根据定理，分布式系统只能满足三项中的两项而不可能满足全部三项。理解 CAP 理论的最简单方式是想象两个节点分别处于分区两侧，允许至少一个节点更新状态会导致数据不一致，即丧失了 C 性质。如果为了保证数据一致性，将分区一侧的节点设置为不可用，那么又丧失了 A 性质。除非两个节点可以互相通信，才能既保证 C 又保证 A，这又会导致丧失 P 性质。

随着系统规模逐渐变大，故障的发生会是一种常态，系统的设计必须考虑容错（Fault Tolerant）。依据分布式系统的部署环境，容错主要包括两大类：一是可信环境下的分布式容错，即我们通常说的 CFT（Crash Fault Tolerant）；二是不可信环境下的分布式容错，即我们通常说的 BFT（Byzantine Fault Tolerant）。下面两节会详细向大家介绍一下两类环境下的分布式一致性问题和容错方案。

（二）可信环境分布式一致性问题

传统的分布式系统中，所有服务器掌握在一个公司或者组织内部，系统没有恶意节点，所有节点都是可信的，这样的分布式系统我们称之为可信环境分布式系统 TEDS（Trusted Environment Distributed System）。

可信环境分布式系统容错即 CFT，在该类系统中，只需要考虑单机故障、磁盘故障等故障恢复场景。

可信环境分布式系统的一致性协议有很多，比较著名的有两阶段提交协议、Paxos 协议和 Raft 协议。

1. 两阶段提交协议（2PC）

两阶段提交协议 2PC（Two-phase Commit）是指在计算机网络以及数据库领域内，为了使基于分布式系统架构下的所有节点在进行事务提交时保持一致性而设计的一种算法。

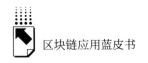

2PC 协议只有在所有节点都同意提交事务后才会提交事务。

2PC 协议包括两类节点，分别是协调者（Coordinator）和参与者（Cohorts），节点间可以进行网络通信。该协议假设所有的节点都采用预写入日志的方式，且日志被写入后会持久化到可靠的存储设备上，这样即使系统故障，也不会丢失日志。该协议同时假设所有的节点不会永久性损坏，即使损坏后也可以恢复。

2PC 协议主要包括两个阶段。

提交请求阶段：这个阶段，协调者会向所有参与者询问"是否可以执行提交"操作，同时会开始等待各参与者节点回复。参与者执行协调者的事务操作，将操作信息写入日志。如果参与的事务操作执行成功，则返回"同意"消息，否则回复"终止"消息。

提交执行阶段：当第一个节点所有参与者都回复"同意"时，协调者会向所有节点发出"正式提交"操作请求，参与者节点正式完成操作，并释放整个事务处理期间占用的资源，然后参与者会向协调者发送"完成"消息。协调者收到所有节点反馈"完成"后，事务完成。当第一个阶段有任何一个参与者返回"终止"的消息，或者存在参与者操作超时，则协调者会向所有参与者发出"回滚操作"，协调者收到所有参与者返回"回滚完成"后取消事务。

2PC 协议在现实分布式系统一般都不采用，主要是由于其有一个显著的缺点：在其事务的提交过程中，节点是处于阻塞状态的；节点在等待其他节点返回时无法响应其他服务；并且如果出现参与者宕机或者无响应时，协调者需要通过超时机制来恢复，系统无法容错且低效。

2. Paxos 协议

Paxos 协议是 Lamport 于 1989 年在一篇论文中首次提出的，由于算法晦涩难懂，直到 1998 年该论文才得以发表。Lamport 后续又发表了相关文章 *Paxos Made Simple* 和 *Fast Paxos*，因此大家习惯性地将这类算法称为 Paxos 算法。

Paxos 算法自问世以来就垄断了可信环境分布式一致性算法。众多分布

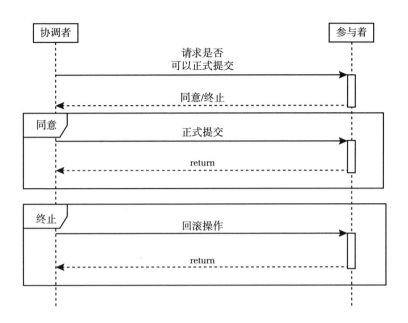

图 1 两阶段（2PC）提交协议

式系统都采用该算法实现了分布式一致性，如 Google 的 Spanner、Chubby、Megastore，还有开源的 ZooKeeper 等。

Paxos 协议将系统中的节点分为三类。

提议者（Proposer）：Proposer 负责提出提案，包括提案标号和提案内容。

决策者（Acceptor）：参与提案的决策，Acceptor 收到提案后会根据情况决策是否要接受提案，若足够多的 Acceptor 接受提案，则该提案通过。

决策学习者（Learner）：不参与提案的提出或者决策过程，Proposer 收到足够多的 Acceptor 同意后，会将通过的决议发送给所有的 Learner。

Paxos 算法主要包括两部分，分别是决议的达成和决议的发布，其中决议的达成又包括两个阶段，整个过程如图 2 所示。

（1）决议提出与达成。

准备阶段（Prepare）：Proposer 选择一个提案标号 Proposer ID 并将

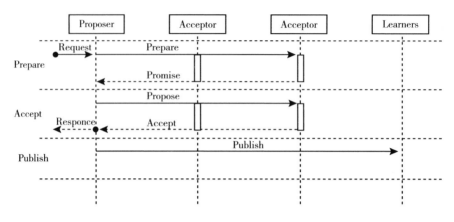

图 2　Paxos 算法

Prepare 的消息发送给 Acceptors 中的一个多数；Acceptor 收到 Prepare 的消息后，如果提案标号大于它接受的所有历史提案的标号，就回复接受，并承诺不再接受标号小于该标号的提案。

批准阶段（Accept）：当一个 Proposer 收到了多数 Acceptors 对 Prepare 的回复后，就进入批准阶段。它要向回复 Prepare 请求的 Acceptors 发送 Accept 请求，Acceptor 在不违背其他提案的前提下对收到的 Propose 请求进行 Accept 处理。在 Proposer 收到多数节点的 Accept 消息后，提案就已经达成。

（2）决议的发布（Publish）：当提案已经达成后，Proposer 会将该提案发送给所有的 Learner。

3. Raft 协议

Raft 协议也是一种可信环境分布式一致性算法。相比于 Paxos 算法，Raft 协议更加容易理解和容易实现，它强化了领导人的概念，将整个分布式一致性问题抽象成了两大阶段：领导人选举（Leader Election）和日志复制（Log Replication）。

Raft 协议中每个节点可能会处于三种状态。

领导者（Leader）状态：Leader 负责处理客户端的请求并将事务同步给

Follwer。

跟从者（Follower）状态：接受 Leader 的更新事务请求，并写入本地的日志文件。

候选（Candidate）状态：当 Follower 一段时间内没有接收到 Leader 的心跳，会认为 Leader 不可用，此时副本会进入 Candidate 状态，并开始新一轮选主，直到新的主被选择出来。

其状态转换如图 3 所示。

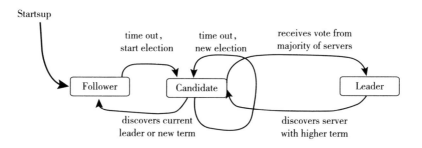

图 3　Raft 选主

第一个阶段选出主后，会进入第二个阶段 Log replication。这个阶段 Leader 就开始处理客户端的请求，每一个请求包含一个被副本状态机执行的命令。Leader 将该命令作为一个新的记录追加在日志结尾，同时调用其他节点的追加记录的接口，将操作同步给其他副本。如果某个 Follower 宕机、运行得很慢或者网络丢包，那么 Leader 会一直重试直到副本与 Leader 状态一致。

（三）不可信环境分布式一致性问题

当一个分布式系统中节点的维护方不属于某个公司单独所有、节点参与方的利益互不相同时，就可能出现节点不遵循规则、对系统实施作恶的情况，这样的环境就是一个不可信的环境。其中作恶的节点我们叫作拜占庭节点（Byzantine node），这样环境下的分布式系统我们称之为 UTEDS（Untrusted Environment Distributed System）。

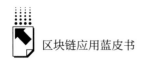

不可信环境分布式系统容错即 BFT（Byzantine-Fault-Tolerant），该类系统中，我们需要允许部分节点作恶、欺骗或者伪造消息。

不可信环境分布式系统一致性算法典型的有 BFT、PBFT 和 SBFT。下文会向大家介绍一下著名的拜占庭问题及相应算法。区块链系统是一个不可信环境的分布式系统，自 2008 年比特币系统创建以来，一批又一批的学者和科创团队投入该领域分布式一致性问题的研究，创新性地引入了激励以及博弈的思想来促使系统达成一致，经典的算法有 PoW、PoS、DAG、VRF 等。

1. 拜占庭问题及算法

拜占庭问题是由 Lamport 于 1982 年提出的分布式对等网络通信的容错问题。在分布式系统中，所有节点通过通信交换达成共识，按照相同的策略协同，但是系统中有时存在节点由于各种原因发送错误的信息到网络中，从而破坏系统一致性的问题。

拜占庭问题的原始描述是 N 个将军被分隔在不同的地方，诚实的将军希望通过某种协议达成命令的一致，但是其中一些背叛的将军会通过发送错误的消息阻挠的诚实的将军达成一致。Lamport 证明了在将军总数大于 3f，背叛者为 f 或者更少时，忠诚的将军可以达成命令上的一致。

2. PBFT

传统的 BFT 算法复杂度太高，Castro 和 Liskov 于 1999 年提出了 PBFT（Practical Byzantine Fault Tolerance）实用拜占庭容错算法，该算法能够实现拜占庭容错，同时能够大大提升拜占庭容错的效率。

PBFT 是一种基于副本状态机复制的算法。将不可信环境一致性达成分成三个阶段，分别是预准备、准备和确认，如图 4 所示。

请求（Request）：客户端 C 向服务器 0 发起一个请求。

预准备阶段（Pre-prepare）：该阶段，服务器 0 分配一个整数 n 给收到的请求，并将消息广播给所有的副本节点，同时将消息添加到日志的结尾，消息格式为 $\ll PRE\text{-}PREPARE, v, n, d > \sigma p, m >$，其中 v 表示发送消息的视

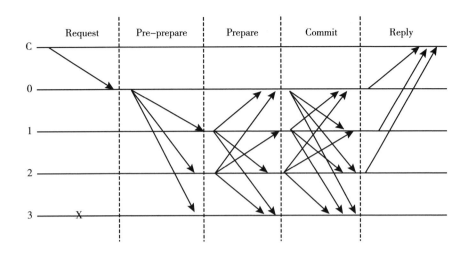

图4 PBFT 算法

图、m 表示客户端发送的消息，d 表示消息的摘要。副本收到消息后会进行消息的签名验证、消息摘要验证、视图验证和水平线验证，验证通过的消息予以接收。

准备阶段（Prepare）：当副本接收了消息 $\ll PRE\text{-}PREPARE, v, n, d > \sigma p, m >$ 时，就会进入 Prepare 阶段，这个阶段，副本会广播 $< PREPARE, v, n, d, i > \sigma i$ 消息，同时将预准备消息和准备消息写入日志。当所有正常节点对统一视图 v 的请求序号 n 达成一致时，会进入确认阶段。

确认（Commit）：该阶段，副本会广播 $< COMMIT, v, n, D(m), i > \sigma i$。其他副本会进行消息验证和确认，当确认后，会将消息写入日志。

返回（Reply）：对客户端 C 进行反馈。

PBFT 能够有效地实现拜占庭容错，且由于其将容错分为明确的三个阶段，工程上更容易实现。但是其有个比较大的缺点，系统中的节点规模不能很大，系统中的每个节点都要频繁地和其他所有节点进行通信，如果系统节点规模太大，系统将无法运行。

3. SBFT

为了优化 PBFT 在扩展上的不足，业界也在不断地进行探索。2018 年

GG Gueta 提出 SBFT（Scalable Byzantine Fault Tolerance），旨在提高 BFT 的扩展性。SBFT 主要从以下四点进行了优化。

降低通信：副本将消息发送给收集器，收集器将消息广播给所有节点，同时通过使用阈值签名，将收集器消息大小从线性减少到常量。

添加快速路径：在所有副本都非故障且同步的时候，SBFT 使用一种乐观的快速路径。

将客户端通信从 f + 1 减到 1：SBFT 通过添加一个使用收集器聚合执行阈值签名的阶段，并给每个客户端发送一个带签名的消息，从而将每个客户端的线性成本降低为一条消息。

通过冗余服务器进行快速路径。

SBFT 算法的流程如图 5 所示。

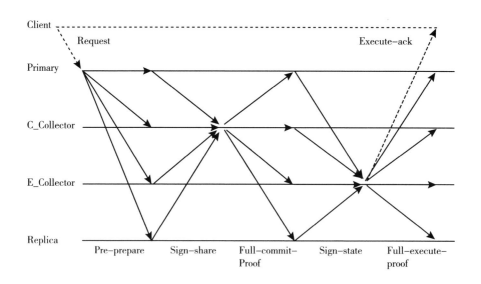

图5　原理图消息流

客户端向主服务器发送操作请求。

主服务器收集客户端请求，创建决策块，并将此块作为预准备消息转发给副本。

副本使用 σ（3f + c + 1）- 阈值签名对决策块进行签名，并将签名共享消息发送给 C - 收集器。

每个 C - 收集器收集共享签名，并为决策块创建一个简洁的完全提交证明，并将其发送回副本。这种单消息提交证明具有固定的大小开销，包含单个签名，并且足以作为副本提交。

一旦副本接收到提交证明，它会提交决策区块，并启动执行协议。

当副本在提交决策区块前，它需要完成序列块的执行，并对新的状态进行阈值签名，然后将其发送给 E - 收集器。

每个 E - 收集器收集签名，并创建决策块的完整证明，然后，它向副本发送一个证书，表明状态是持久的，向客户机发送一个证书，表明其操作已被执行完毕。

目前 SBFT 已经实现了最大 209 个节点的测试网络。相比于 PBFT，在扩展性上提高了 2 倍。

4. 全球部署不可信环境

一般的公链系统，如比特币、以太坊节点数都超过了 1 万个。在这样的系统中 PBFT 和 SBFT 都无法很好地工作，这样大规模的不可信环境下的分布式一致性问题近 10 年来也是区块链系统的一个研究热点。区块链创造性地引入了激励机制和博弈思想来促使大规模不可信环境中的节点达成一致，下面将详细介绍比较著名的共识协议，包括 PoW、PoS、DAG、VRF，并简要介绍一下使用该共识的应用。

三　区块链共识机制及其应用

共识机制是区块链系统各节点达成一致的协议，对交易进行合法性和一致性确认。早期的区块链系统采用 PoW（Proof of Work），后来随着区块链的发展，出现了 PoS（Proof of Stake）、DAG 等一系列的算法。图 6 直观地向大家展示了各个共识协议的应用。下文会详细介绍各个协议，并对其优缺点进行简要介绍。

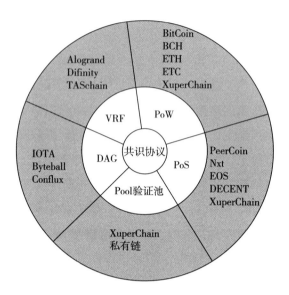

图6 共识协议应用项目

（一）PoW（Proof of Work）

1993 年，PoW 思想首次被 Cynthia Dwork 在论文 *Pricing via Processing or Combatting Junk Mail* 中提出。该算法用于解决垃圾邮件的问题，要求邮件发送者需要计算某个数学难题以此来提高邮件发送的成本，从而减少垃圾邮件。

2008 年中本聪发表了文章标志着区块链的诞生，次年初，全球第一个区块链系统比特币诞生。比特币采用 PoW 共识算法来保证分布式网络记账的一致性，这是迄今为止最为安全的公链共识算法。

在比特币网络中所有节点都可以参与挖矿竞争。如果想要生成一个区块并写入账本中，则需要成为网络中最先解出比特币网络中工作量证明谜题的节点。

在比特币中，PoW 算法致力于寻找一个值，使得它 SHA256 的 Hash 值以若干个 0 开始。随着 0 的个数的增加，算出目标 Hash 值的工作量耗费会呈指数上升，但是可以只通过一次 Hash 运算就可以验证谜题。求解谜题的公式如下：

$$Hash(B) < target \mid nonce, Hash = sha256$$

通过修改 block 中的 nonce 值，直到算出的 block 的 Hash 值符合 0 的个数的要求。一旦 CPU 努力使其满足工作证明时，在不进行重做的情况下，区块无法被改变。由于后面的区块会连接到前一个区块，如图 7 所示，修改一个块，需要将后面所有块的工作都重做一遍。

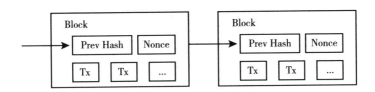

图 7 区块链式结构示意

PoW 解决了群体决策中的确定代表问题。如果绝大多数是基于 IP 的投票，那么任何能够分配多个 IP 的人都可能破坏它。PoW 强调 One-CPU-One-Vote。大多数决策采用最长链的方法，因为这表明投入的工作量最大，如果绝大多数节点都是善良的，那么诚实链会长成最快的链，超过任何竞争的链。攻击者如果想改变一个区块，那么需要修改该块后所有区块，并且能够长成最长的诚实链。比特币网络在设计的时候考虑了博弈的思想，生产一个合法的区块需要付出金钱代价，这使得攻击者需要掌握足够的算力才能发起攻击，掌握足够的算力是非常昂贵的，这使得发起攻击很难获利。

为了避免硬件加速等因素导致区块打包过快，PoW 会依据出块的时间调整打包区块的难度。如果生成速度太快，难度就会增加。

PoW 算法是唯一一个被成功验证的公链算法，安全性最高。

PoW 算法的缺点主要有两点：一是能耗大，需要消耗巨大的电力；二是效率低。比特币平均 10 分钟才打包一个区块，系统的吞吐低，而且也无法盲目地通过缩短出块时间或者增加区块大小来提高系统吞吐。缩短出块时

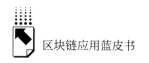

间会导致生成区块速度太快，而分叉很多会造成系统频繁回滚从而降低性能，目前比特币的区块大小在1M左右，增大区块大小，可能导致区块在网络中传播的效率降低。

（二）PoS（Proof of Stake）

2011年Quantum Mechanic首次提出了PoS算法。在基于PoS的加密货币中，下一个区块的创建者是随机和通过财富或币龄（即股份）的各种组合来选择的。PoS必须有定义任何区块下一个有效区块的方法，不能仅仅按照账户余额，这样会造成富有的人更富有。PoS的发展主要经历了三个阶段，第一阶段是以Peercoin为代表的基于币龄的PoS，第二阶段是以黑币为代表的基于币数的PoS，第三阶段是像EOS、XuperChain这样的DPoS。

1. 基于币龄的PoS

Peercoin是Sunny King、Scott Nadal于2012年从中本聪所创造的BTC衍生出来的一种P2P的电子密码货币，以PoS取代PoW来维护网络安全，是基于币龄（coin age）并通过与BTC类似的由每个节点散列运算产生的，只是其搜索空间被限制了。

币龄，定义为货币的持有时间段，假设a收到10币，并持有了5天，那么就说明了a积攒了50币龄。一笔交易所消耗的币龄可被视为PoS的一种形式。

PoS下生成区块如图8所示。

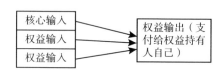

图8 PoS coinstake 的结构

这种新型区块里PoS是一种特殊的交易，称利息币（coinstake），类似于BTC中的coinbase。在利息币交易中，区块持有人可以消耗他的币龄获得利息，同时获得为网络产生一个区块和用 PoS 造币的优先权。利息币的第一个输入被称为核心（Kernel），需要符合某一 Hash 目标的协议。PoS 区块的产生具有随机性，这一过程与 PoW 相似。但有一个重要的区别在于，PoS 随机散列运算是在一个有限制的空间里完成的（具体来说为在 Hash/未消费钱包的输出 * 秒），而不是像 PoW 那样在无限制的空间里寻找，因此无需消耗大量的能源，其生成区块可以用下面这个公式表示：

$$Hash(B) < target * CoinNum * Time | nonce, Hash = sha256$$

Peercion 对可以参与挖矿的币龄做了限制，大于 30 天的币才可以参与挖矿，币龄越大、币数越多的节点越容易挖出下一个区块。然而一旦一个币用来挖出一个区块，它的币龄就会归零，需要等 30 天以上才能再进行挖矿。此外，为了避免币龄太老的节点控制网络，币龄最大不会超过 90 天。

基于币龄的 PoS 算法，相比于 PoW 更加环保，且由于挖矿不完全依赖 CPU，使得系统内在的安全系数提升，黑客无法通过系统外的力量进行攻击。

但是 Peercoin 中仅允许币龄大于 30 天的币参与挖矿，导致节点的在线率特别低，很多节点会等到币龄将到才开启。

2. 基于币数的 PoS

前面提到的基于币龄的 PoS 有几个潜在的安全风险，币龄会被恶意利用以发起双花攻击。而且，由于币龄的存在，诚实节点会通过定期开启节点的方式来积攒币龄。

为了进一步提升 PoS 系统的安全性，提升节点的在线时长，2014 年 Pavel Vasin 提出了黑币，其 PoS 算法也被称为 PoS2.0。

相比于以往的 PoS，黑币的 PoS 协议变化主要有四点，如下所示。

Hash 计算：执行 PoS 最安全的方式是让尽可能多的节点在线。参与的节点越多，发生 51% 攻击的可能性越低，实际网络中通过这些节点确认事务的时间越快。因此，黑币取消了 Hash 计算公式中的币龄参数，新系统计算谜题的公式如下：

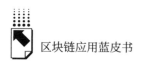
$$proofhash < coins * target$$

改变权益修正因子：为了减少预计算攻击的可能性，权重修正因子在每一次修正因子间歇时都会改变，以便对将要用来下一个权益累积证明的时间戳的计算结果进行更好的模糊处理。

区块时间戳规则：通过修改区块的时间戳以更好地使用 PoS。预期的出块时间从最初的 60s 增加到粒度匹配的时间。假设节点有一个外部时间，假设节点时间与系统共识时间偏离太多，这个节点将被孤立。区块时间戳的修改规则如表 1 所示。

表 1　区块时间修正规则

Bitcoin	
Past limit：	median time of last 11 blocks
Future limit：	+2 hours
Granularity：	1 second
Expected block time：	10 minutes
Blackcoin	(New rules)
Past limit：	time of last block
Future limit：	+15 seconds
Granularity：	16 second
Expected block time：	64 seconds

Hash 函数：黑币采用 SHA256d 算法，SHA256d 将 SHA256 算两遍，这种算法如下所示：

$$SHA256d(x) = SHA256(SHA256(x))$$

通过上述的优化，黑币将可能的攻击降到最小，并能够显著提升节点的在线率，使得 PoS 在进一步扩大节点范围的同时有效地降低系统风险，提高系统的安全性。

3. DPoS

DPoS 是 2014 年 4 月由 Bitshares 的首席开发者 Dan Larimer 提出的一种

基于代理人机制的 PoS 算法。DPoS 算法一般每隔预设时间长度（一个区块周期）选择 N 个候选区块生成节点，确定各候选区块生成节点的区块生成顺序，并将一个区块生成周期所需的区块生成时间均分为 N 个时间段，再按照区块生成顺序将各时间段分配给各候选区块生成节点。各个候选区块生成节点会按照预设的顺序协同出块，所以 DPoS 算法主要包括两个阶段：第一阶段是候选人选举，第二阶段是轮值。

第一阶段是候选人选举，在该阶段，用户可以给候选人进行投票，候选人一般可以通过提名的方式被限制在指定范围内，也可以不限制。每到一定的时间，系统会进行矿工选举，得票高的节点当选为下一轮的矿工。

第二阶段是轮值阶段，在该阶段，第一阶段选出的节点会按照既定的顺序轮流出块、协同出块。

DPoS 和上述的共识协议相比，大幅缩短了打包区块的时间，大大提高了系统的处理能力，交易确认时间降低到秒级。

百度的超级链实现了一种改进的 DPoS，XuperChain 自主研发实现了一套 DPoS 共识，我们称之为 TDPoS。依据这种算法，全网持有通证的人都可以给候选人投票。TDPoS 的参数包括每轮的 Proposer 个数、出块间隔、节点每轮出块个数等，在创建平行链的时候可以指定，也可以通过提案机制升级。例如，如果配置的参数为每轮 21 个节点、出块间隔为 3s、每个节点每轮出块个数为 200 个，则每轮的时间为 3.5h。传统的 DPoS 依赖相对同步的网络，TDPoS 创造性地引入 GPS 加原子钟的方式来修正节点间的时间同步问题。

（三）DAG（Directed Acyclic Graphs）

DAG 第一次被提出并与区块链结合是在 Nxt 社区，为的是解决区块链的效率问题。DAG 是一种图状的区块链，由于其独特的区块结构、内在地支持高可扩展性，DAG 得到了广泛的应用。

从根本上说，任何区块链系统都具有线性结构，因为区块是依次添加到链中的。这使得相比于并行向链中添加区块，线性区块链在本质上是非常缓慢的。但是对于 DAG 而言，每个区块和交易只需数个前期区块得到确认，就可

以并行地添加到区块和交易中，所以 DAG 在扩展性上给人以很大的想象空间。

IOTA 和 Byteball 项目都使用了基于 DAG 的区块链应用，进一步地，它们提出了 Blockless 无区块的概念，让每一个事务直接参与维护全网的交易顺序。这样，交易发起后直接跳过了打包的阶段，直接融入全网，达到 blockless 的目的。同时，由于省去了打包的时间，效率会进一步地提升。

基于 DAG 的共识主要有以下几个优点。

交易速度快：DAG 的并行化结构和 blockless 的设计会提高系统的效率，交易速度大大提升。

无需挖矿：由于不需要区块打包，故无需挖矿。

无手续费：由于 blockless 的项目中没有矿工进行区块打包，所以不需要付手续费给矿工。

（四）VRF（Verifiable Random Function）

2016 年，图灵奖得主、MIT 教授 Sivio Micali 提出了一种称为 Algorand 的快速拜占庭容错共识算法。该算法基于 VRF，利用密码抽签技术选择共识过程的验证者和领导者，并通过其设计的 BA * 拜占庭容错协议对新区块达成共识。Algorand 只需要极小的计算量且不易分叉，被认为是破解区块链去中心化、可延展性和安全性"不可能三角"的区块链项目。

VRF 是可验证的随机数，所谓的可验证的随机数可以被看作一个随机预言机，可以通过任意一个输入获得一个随机数输出，主要有两点：

对于不同的 Input，Output 的值是随机的，但是均匀地分布在值域范围内；

对于相同的 Input，它的 Output 是一定是相同的。

VRF 的过程主要包括四个步骤。

VRFgen：随机生成密钥，生成一对非对称加密密钥（一对公私钥）。

VRFval：生成随机数输出。

VRFproof：随机数输出的零知识证明。

VRFver：其他节点收到输入和零知识证明后，结合生成随机数的节点的公私钥，对随机数进行验证。

通过 VRF，Alogrand 实现了加密排序，排序需要一个角色参数，这样不同的用户可能选择不同的角色。例如，用户可能被选为区块生产者，也可能被选为委员会成员。Alogrand 通过一个阈值 τ 来确定每个角色选择的用户数，加密排序算法如图 9 所示。

```
procedurs Sortition (sk, seed, τ, role, w, W):
⟨hash, π⟩ ←VRFₛₖ (seed ‖ role)

p← τ/W

j←0

while hash/2^hashlen ∉ [ Σ_{k=0}^{j} B (k; w, p), Σ_{k=0}^{j+1} B (k; w, p),)do
  ⌊ j++
return ⟨hash, π, j⟩
```

图9　加密排序算法

验证加密排序的伪代码如图 10 所示，通过相同的结构验证用户是否被选中，函数返回选子用户的数量，若没有选出用户，则返回 0。

```
procedurs VerifySort (pk, hash, π, seed, τ, role, w, W):
if¬ VerifyVRF_{pk} (hash, π, seed ‖ role) then return 0;

p← τ/W

j←0

while hash/2^hashlen ∉ [ Σ_{k=0}^{j} B (k; w, p), Σ_{k=0}^{j+1} B (k; w, p),)do
  ⌊ j++
return j
```

图10　验证加密排序

Alogrand 通过 VRF 实现了矿工选择的不可预测性，实现了区块链的去中心化，并且每个区块随机产生，不需要竞争出块，提升了系统的扩展性。PoW、PoS 当恶意节点积攒到一定数量时就可以控制网络，一般是通过博弈的方式来实现网络稳定性和安全性保障，Alogrand 随机产生区块生产者，所以即使是恶意节点，也无法随意控制网络。

四　区块链共识机制发展趋势

自从 2008 年中本聪发布比特币以来，区块链系统已经经历了 10 年的发展，共识算法的发展也进入了百花齐放的时期。纵观区块链共识协议的发展过程，主要体现以下几大趋势。

（一）从单一共识到可插拔共识

早期的区块链系统，一般采取单一的共识机制，比如 BTC 的 PoW、Peercoin 的 PoS 等、EOS 的 DPoS 等。

在当前的技术背景下，没有哪一种共识机制是完美无缺的，每一种共识机制都有其优点和缺点，不同的应用场景可能需要不同的共识机制。在区块链解决方案中，应该实现兼容多种共识算法，在实际业务落地中有选择性地使用一种最合适的共识机制，甚至整个网络应具备让开发者自定义共识机制的能力。可插拔的共识机制可能是未来发展的主要方向。

百度超级链 XuperChain 实现了可插拔共识机制，目前已经支持 Pow、DPoS、Pool 和 Raft 等共识，同时还允许用户通过该可插拔共识框架定义符合其业务特征的共识机制。

Hyperledger 的 Fabric 也实现了可插拔的共识机制，目前支持的共识有 Solo、Kafka、SBFT。

（二）从链式共识到图式共识

一般地，区块链是一种链式结构，区块只能沿着一条链生长，效率较低。随着共识的发展，有人提出使用DAG的方式，所谓DAG就是有向无环图。基于这种思想，可以有很多新的方式，比如可以并发地进行区块打包，从而提高区块链的扩展能力。

除了前面提到的IOTA和Byteball使用的基于DAG的共识协议，图灵奖得主、清华大学交叉信息研究院院长姚期智参与创立的区块链项目Conflux也基于DAG的思想。Conflux的理念设计容许不同区块同时生成，并运用基于有向无环图概念的排序算法来避免分叉的问题，先决定所有区块的整体排序，再决定衍生的交易排序。

（三）从确定性共识到随机共识

前面所述的共识，为了提高区块链系统的吞吐能力，一定程度上降低了其去中心化的程度，一定程度上降低了系统的安全性。Alogrand项目出现，使得共识由确定性向随机性发展。在该共识中，很多节点都具有潜在的控制权，下一个矿工由加密排序函数随机产生，在这种变化下，事实上虽然只有少数节点参与共识，但是由于参与共识的节点在系统中游走，无法提前预测，从而实现系统的安全性。

除了上面提到的Alogrand使用了基于VRF的共识协议，Difinity和TASchain也使用了基于VRF的共识机制，未来，相信会有更多适用于工业级的共识协议诞生。

五　总结与展望

本报告从分布式一致性问题切入，分别讨论了可信环境分布式系统和不可信环境分布式系统的一致性问题。在可信环境分布式系统一致性问题中，介绍了经典的2PC、Paxos和Raft协议；在不可信环境分布式系统一致性问题中，介绍了拜占庭问题及PBFT算法，并介绍了公链环境下新型一致性协议（即区块链共识协议）及应用，主要包括PoW、PoS、DAG和VRF。最后，本报告总结了区块链的发展趋势：从单一共识到可插拔共识、从链式共

识到图式共识、从确定性共识到随机共识。

　　区块链是一个不可信环境分布式系统，区块链共识是不可信环境分布式系统一致性的一个重要的研究方向。近年来，区块链共识也百花齐放，各种改进算法被提出来，本报告讨论的共识算法只是其中的一个子集。

　　未来，随着区块链技术的进一步发展，尤其是随着底层账本结构的进一步优化，势必涌现出更多的新兴的共识算法，本报告提到的 IOTA 的基于 DAG 的共识只是其中一种。同时，随着技术的进一步发展，区块链共识的评估标准也一定会进一步规范。

参考文献

Satoshi Nakamoto，Bitcoin：*A Peer-to-Peer Electronic Cash System*，2008.

Leslie Lamport，*The Part-Time Parliament*，2000，

Leslie Lamport，*Paxos Made Simple*，2001.

Leslie Lamport，*Fast Paxos*，2006.

Diego Ongaro，John Ousterhout，*In Search of an Understandable Consensus Algorithm*，2014.

Leslie Lamport，The Byzantine Generals Problem，1982.

Michael J. Fischer，Nancy A. Lynch，*Impossibility of Distributed Consensus with One Faulty Process*，1985.

Miguel Castro，Barbara Liskov，*Practical Byzantine Fault Tolerance*，1999.

GG Gueta，*SBFT：a Scalable and Decentralized Trust Infrastructure*，2019.

Cynthia Dwork，Pricing via Processing or Combatting Junk Mail.

Pavel Vasin，*BlackCoin's Proof-of-Stake Protocol v2*，2014

谭待、肖伟等：《百度区块链白皮书 V1.0》，2018。

Silvio Micali，Michael Rabin，Salil Vadhan，*Verifiable Random Functions*，1999.

Jing Chen，Silvio Micali，*ALGORAND*，2017.

B.3
区块链智能合约及其应用详解

李茂材　王宗友　孔 利*

摘　要：　智能合约是区块链关键技术之一，本文介绍了智能合约的定义，详细论述了区块链和传统合同的区别，对智能合约的使用和原理做了详细的论述。介绍了智能合约发展中几个关键的技术实现：比特币脚本、以太坊虚拟机、Fabric的链码、webassembly，提出了在安全、性能和存储几个方面的技术挑战，对智能合约的未来趋势做了一些展望，也对当前智能合约的应用现状和应用趋势提出了自己的看法。

关键词：　区块链　智能合约　合同　工作原理

一　智能合约技术概述

（一）智能合约的定义

"智能合约"概念由计算机科学家、加密大师尼克·萨博（Nick Szabo）于1993年左右提出来。1994年他写成了《智能合约》（*Smart contracts*）论

---

* 李茂材，腾讯区块链技术总经理，专家工程师，研究领域为区块链等金融科技基础能力建设；王宗友，腾讯区块链基础平台专家工程师，研究领域为区块链架构设计；孔利，腾讯区块链基础平台专家工程师，研究领域为区块链智能合约设计。

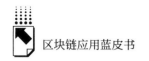

文，是智能合约的开山之作。

尼克·萨博对于智能合约的定义是："一个智能合约是一套以数字形式定义的承诺（promises），包括合约参与方可以在上面执行这些承诺的协议。"目前更加完善的定义是：智能合约是一套以数字形式定义的承诺，承诺控制着数字资产并包含了合约参与者约定的权利和义务，由计算机系统自动执行。

从本质上讲，这些自动合约的工作原理类似于其他计算机程序的 if-then 语句。智能合约只是以这种方式与真实世界的资产进行交互。当一个预先编好的条件被触发时，智能合约便执行相应的合同条款。

从区块链程序设计的角度来看，智能合约可以简单理解为只能被区块链上的交易激活的一段代码、一个小程序。可以把智能合约类比为数据库中的存储过程和触发器，共同点都是一段托管代码，通过外部调用触发一段代码的执行。主要的不同点在于存储过程只在单机完成，但是智能合约需要通过区块链多个节点共识完成。

（二）智能合约与传统合同的对比

我们从合同主体、合同条款、仲裁机构和执法机构、仲裁对象来对比智能合约与传统合同的共同点和不同点。

表1　智能合约与传同合同的异同

比较维度	智能合约	传统合同
合同主体：即甲方和乙方	拥有数字身份的甲方和乙方	包括自然人、法人和机构等
合同条款：规定甲乙双方的权利和义务	由代码构建	合同文件
仲裁机构和执法机构	智能合约所在平台负责仲裁，不需要代理	第三方
仲裁对象：合同里定义（或现行法律保护而合同里没提到）的权利和义务	合约约定的数字资产	范围广泛的权利和义务

①合同主体。共同点是合同主体都有甲方和乙方；不同点是智能合约是拥有数字身份的甲方和乙方，双方不需要相互接触，存在于虚拟数字世界，而传统合同包括自然人、法人和机构等，存在于现实世界。

②合同条款。共同点是合同条款规定甲乙双方的权利和义务，不同点是智能合约的合同条款由代码构建，而传统合同是合同文件。

③仲裁机构和执法机构。共同点是都需要仲裁机构和执法机构，不同点是智能合约是由智能合约所在平台负责仲裁，不需要代理，而传统合同只能由第三方仲裁。

④仲裁对象。共同点是合同里定义（或现行法律保护而合同里没提到）的权益和义务；不同点是智能合约的仲裁对象只能是合约约定的数字资产，现实世界的实体如果未转换或抵押为数字资产都无法用来交易，而传统合同的仲裁对象是范围广泛的权利和义务，可以是实体也可以虚拟。

从更多维度看，智能合约与传统合同相比也有很多不同点。

表2　智能合约与传统合同不同点

比较维度	智能合约	传统合同
自动化维度	自动判断触发条件	人工判断触发条件
主客观维度	适合客观性的请求	适合主观性的请求
成本维度	低成本	高成本
执行时间维度	事前预防	事后执行
违约惩罚维度	依赖于抵押资产	依赖于刑罚
适用范围维度	全球性	受限于具体辖区

①自动化维度。智能合约可以自动判断触发条件，从而选择相应的下一步事务，而传统合约需要人工判断触发条件，在条件判断准确性、及时性等方面均不如智能合约。

②主客观维度。智能合约适合客观性请求的场景，传统合约适合主观性请求的场景。智能合约中的约定、抵押及惩罚须提前明确，而主观性判断指

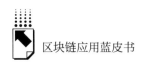

标很难纳入合约自动机中进行判断，也就很难指导合约事务的执行。

③成本维度。智能合约的执行成本低于传统合约，合约执行权利、义务条件被写入计算机程序中自动执行，在状态判断、奖惩执行、资产处置等方面均具有低成本优势。

④执行时间维度。智能合约属于事前预定、预防执行模式，而传统合约采用的是事后执行，根据状态决定奖惩的模式。

⑤违约惩罚维度。智能合约依赖于抵押品、保证金、数字财产等具有数字化属性的抵押资产，一旦违约，参与者的资产将遭受损失；而传统合约的违约惩罚主要依赖刑罚，一旦违约，可以采用法律手段维权。

⑥适用范围维度。智能合约技术可全球采用，适用于全球范围；而传统合约受限于具体辖区，不同国际地区的法律、人文等因素均影响着传统合约的执行过程。

通过智能合约和传统合同的对比，我们可以看到智能合约有如下几大优点：

（a）高效的实时更新；

（b）准确执行；

（c）较低的人为干预风险；

（d）去中心化权威；

（e）较低的运行成本。

（三）为什么要使用智能合约

生活中太多美好的约定，很容易发生单方面毁约，但是智能合约可以在条件达成后自动执行，让人无法毁约。

信用卡的自动还款服务，我们就可以把它理解成一种智能合约，这些服务运行在传统的中心化系统之上，原因是我们信任这些机构，但是这种服务无法广泛应用。我们知道，在现实世界中，合约是写在纸上的，签印之后人们才认为它生效。在计算机世界中，合约是记录在代码里的，那数字化的合约，会不会有合约被篡改之类的道德风险，抑或被黑客攻击的技术风险呢？

答案是有风险，且风险很高。回到我们前面讲的自动还款的例子，如果是银行的官网提供这项服务，大家也许能够接受，因为很多人是愿意相信银行的。但是同样的服务，搬到淘宝上新开的店铺或者其他网站上，从技术来讲其实也并不是那么难，但是会有人选择这种服务吗？想必选择的人会少得多。人们不会信任提供服务的人，因为他们太容易做坏事，而且一旦出现纠纷，举证也是件非常困难的事情，最重要的证据都保存在对方的计算机系统中，他们想改点什么还不容易吗？

区块链技术给我们带来了一个去中心化的、不可篡改的、高可靠性的系统。首先是不可篡改，这样就不需要担心合约的内容会被更改；其次是高可靠性，我们不用担心系统在条件被满足时不执行合约；最后是去中心化给我们带来的全网备份，完备的记录完全可以支持事后的审计。这样的系统，我们不再需要去相信和我们签订合约的对方，只需要相信区块链系统会把剩下的事完成就可以了。这就是区块链技术带来的革命性变化——去信任。正是在去信任的环境下，智能合约才大有用武之地。

（四）智能合约的工作原理

智能合约的整个生命周期，包括开发、部署、运行、升级和销毁。

智能合约的开发人员会为智能合约撰写代码。有些合约开发不需要编码，比如比特币的转账，通过比特币钱包转账的时候就会自动生成转账脚本。更多的智能合约开发需要一整套可视化的开发环境，比如以太坊solidity 语言的 remix ide、go 语言的 goland、Java 的 eclipse 等集成开发环境。智能合约的代码逻辑可用于交易和（或）两方/多方之间的任何交换行为。该代码包含一些会触发合约自动执行的条件。开发完成后也需要一套私有的区块链或者区块链测试网络环境来验证，只有通过严格测试和安全检查的合约代码才会被部署到区块链平台。

智能合约的部署是智能合约上链的过程，一旦编码完成，智能合约就会被上传到区块链正式网络上，即它们被发送到所有连接到网络的设备上。拿比特币来举例，这就好像把关于比特币交易的网络更新上传到区块链上。在

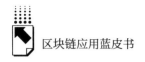

这个过程中，发布者需要创建所在区块链的数字身份，并且因为手续费的存在，发布者还需要拥有区块链的数字货币才能够发布智能合约。

智能合约的运行是调用智能合约执行相关函数，一旦将数据上传到所有设备上，用户就可以与执行程序代码的结果达成协议，然后更新数据库以记录合约的执行情况，并监督合约的条款以检查合规性。这样一来，单独一方就无法操纵合约，因为对智能合约执行的控制权不在任何单独一方的手中。合约的运行可以分为链下调用和链上调用，链下调用是针对那些纯函数的调用，这些函数的调用不会更改区块链上内部存储的数据，比如查询某个账号有多少余额，可以同步获取结果；链上调用需要修改链上数据，并且只有通过链上共识，才能异步获取结果。

智能合约的升级比较特殊，因为区块链交易都是不可更改的，也就是说智能合约一旦部署，就无法修改，所以智能合约升级应当遵循如下两点规则：逻辑可升级和存储可继承。逻辑可升级其实就是换了个新的合约，以前的合约实际还存在，由于需要维持以前的调用关系，合约是通过代理合约来间接调用的，可以把代理合约和逻辑合约看成插座和插头的关系，需要升级的时候把老的插头拔下，再插上新的即可。存储可继承，不仅仅是存储结构的继承，而且是在存储内容上实现扩展：旧存储内容不变，新存储内容继续追加。区块链平台也提供了特殊的函数来实现这种功能。

智能合约的销毁是指不再使用智能合约后，把合约中区块链上的代码清除，就不会再有人错误地调用销毁的合约了，但是由于区块链交易具有不可更改的特性，即使清除了存储的合约代码，还是能够通过交易查询到。

（五）典型实现以及发展趋势

经过多年的技术探索和演练，现在有几个智能合约经典的实现方式。

1. 比特币脚本

比特币天生就有且只有一种内置代币，所以在比特币系统中所有的交易本质上都是转账行为，而每个比特币交易的输出中都包含比特币脚本，其主要作用是验证交易的合法性。比特币脚本语言是一种基于栈的语言，仅支持顺序执行，不支持递归、循环操作，属于非图灵完备的脚本语言，本质上是众多指令的列表。这些指令记录在每个交易中，若交易的接收者想花掉发送给他的比特币，那么这些指令就是描述接收者是如何获得这些比特币的。

比特币脚本系统是一种简单的、基于堆栈的、从左到右处理的、非图灵完备的脚本系统，类似汇编语言，其执行效率高，但是因为开发难度高，因此相比其他智能合约，其功能比较有限。其本质是包含多个指令的列表，只要这些指令在逐个的运行过程中没有失败，该指令列表中的指令都正常执行，那么表明交易有效，即该用户可以动用这个交易中发给他的比特币。只要在指令列表的指令执行过程中有一个失败或异常，则表明交易无效，该用户无权动用这个交易中发给他的比特币，因为他可能是非法使用者。

脚本系统中常用的指令包括以下七种。

（1）常见关键字

OP_ 0（空字符串入栈），OP_ PUSHDATA1（下一个字节入栈），OP_ 1（数字 1 入栈）等。

（2）流程控制指令

OP_ IF（如果栈顶不为 0，则语句执行），OP_ NOTIF（如果栈顶为 0，则语句执行），OP_ RETURN（标记交易无效），OP_ VERIFY（如果栈顶元素为 false，标识交易无效；如果为 true，则交易有效）等。

（3）堆栈处理指令

OP_ DUP（进行复制操作）、OP_ DROP（删除栈顶元素）、OP_ SWAP（栈顶的两个元素进行交换）等。

（4）位操作指令

OP_ EQUAL（判断是否相等）、OP_ EQUALVERIFY（判断是否相等后进行脚本流程控制判断，如果栈顶元素为 false 就标识交易无效）。

（5）算术逻辑操作指令

OP_ ADD（加）\ OP_ SUB（减）\ OP_ MAX（取最大值）\ OP_ MIN（取最小值）等。

（6）加密签名指令

OP_HASH256（进行 Hash 散列计算）、OP_CHECKSIGVERIFY（进行签名验证）等。

（7）比特币脚本执行过程

下面我们以一个例子来形象地说明一下比特币脚本系统的执行过程。

假设有下面一系列的交易执行过程，Alice 交易了一些比特币给 Bob，Bob 又交易了一些比特币给 Carol，Carol 又交易了一些比特币给 Dave。那么在交易 b 中，系统是如何验证 Bob 有权将 Alice 转给他的比特币又转给 Carol 呢？

一个交易的数据结构包括三部分：Hash、输入交易和输出交易（见图 2）。

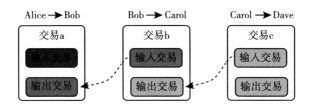

图 1　假设的交易执行过程

图 2　交易的结构

我们知道在每个交易中，其输入交易包含了前一个交易的 txid 以及 scriptSig，这个 scriptSig 就用来验证用户是否有权花掉前一个交易中转给自己的比特币。

例如在 Bob->Carol 的交易 b 中，Bob 为了转账给 Carol，必须在交易 b 的输入交易里提供足够的信息才能证明 Bob 可以动用交易 a 中 Alice 转给 Bod 的比特币，交易 b 的输入交易信息是和交易 a 的输出交易信息进行配对的，两者执行成功才能证明 Bob 是合法的拥有者并且可以花掉交易 a 中转给他的比特币。

Bob 为了转账给 Carol，在交易 b 中提供输入交易的输入脚本 scriptSig 信息如下：

3046022100ba1427639c9f67f2ca1088d0140318a98cb1e84f604dc90ae00ed7a5f9c61cab02210094233d018f2f014a5864c9e0795f13735780cafd51b950f503534a6af246aca30103a63ab88e75116b313c6de384496328df2656156b8ac48c75505cd20a4890f5ab

这么一长串其实就是一个签名和一个公钥。与之对应的，是在交易 a 中的输出交易的输出脚本 scriptPubKey 信息，其内容如下：

OP_ DUP OP_ HASH160 be10f0a78f5ac63e8746f7f2e62a5663eed05788
OP_ EQUALVERIFY OP_ CHECKSIG

这么一长串其实就是一个指令的脚本列表，比特币系统将在脚本系统堆栈中逐个执行这些指令以验证权限。

下面看看系统是如何执行这组脚本来进行权限验证的。

第一步，执行交易 b 的输入脚本，因为是两个元素，一个签名和一个公钥，所以将这两个元素加入堆栈：

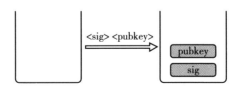

图 3　执行交易 b 的输入脚本

第二步，根据输入脚本引用的 txid 找到交易 a 的输出脚本，得到输出脚本的那个指令列表，逐个执行：

OP_ DUP OP_ HASH160　be10f0a78f5ac63e8746f7f2e62a5663eed05788

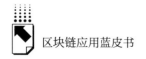
OP_ EQUALVERIFY OP_ CHECKSIG

第三步，第一个指令是 OP_ DUP，表示复制操作，也就是对当前堆栈中的栈顶元素进行复制，那就复制一份：

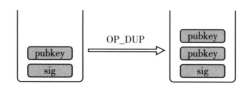

图 4　复制栈顶元素

第四步，第二个指令是 OP_ HASH160，表示计算 Hash 值，也就是计算当前堆栈中的栈顶元素的 Hash 值，那就将计算出来的 Hash 值入栈：

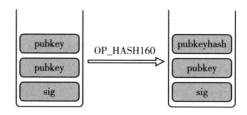

图 5　植入 Hash 值

第五步，第三个指令是一组数字，所以将这个元素加入堆栈：

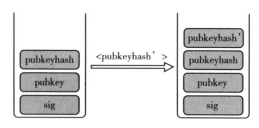

图 6　将元素加入堆栈

第六步，第四个指令是 OP_ EQUALVERIFY，表示检查是否相等，也就是从堆栈中取出最上面的两个元素，判断是否相等，如果相等就正常进行，如果不相等，则中断执行，返回失败：

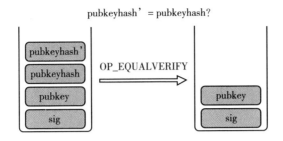

图7　判断两个元素是否相等

第七步，第五个指令是 OP_ CHECKSIG，表示检查签名校验，也就是从堆栈中取出最上面的两个元素，判断其签名是否正确，如果相等就正常进行，如果不相等，则中断执行，返回失败：

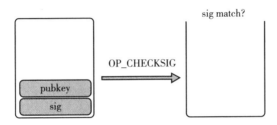

图8　检查签名校验

这样，交易 b 的输入脚本和交易 a 的输出脚本所包含的一串指令列表执行下来，就可以验证 Bob 是否有权动用交易 a 中转给他的比特币，即转账给 Carol 了。

2. 以太坊虚拟机 EVM

以太坊虚拟机 EVM 是智能合约的运行环境。它不仅是沙盒封装的，还是完全隔离的，也就是说，在 EVM 中运行代码是无法访问网络、文件系统和其他进程的，甚至智能合约之间的访问也是受限的。EVM 也是基于栈的设计，不仅支持顺序执行，还支持递归、循环操作，可以使用图灵完备的高级语言开发。

（1）EVM 架构

EVM 也基于栈式计算机模型，但除了 Stack 外还涉及 Memory 和

Storage。

Stack 栈上元素大小为 32bytes，这和一般的 4bytes、8bytes 不同，主要针对以太坊运算对象多为 20bytes 的地址和 32bytes 的密码学变量；栈的大小不超过 1024；栈的调用深度不超过 1024，主要防止出现内存溢出。

Memory 虽然运算都在栈上进行，但临时变量可以存在 Memory 里，Memory 大小不做限制。

Storage 状态变量都放在 Storage 里，不像 Stack 和 Memory 上的量随着 EVM 实例销毁而消失，Storage 里面的数据修改后都会持久化。

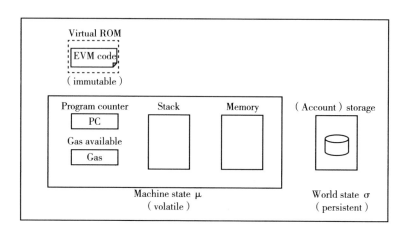

图 9　The EVM is a simple stack-based architecture

（2）EVM 执行过程

EVM 准确来说是一个准图灵机，文法上它能够执行任意操作，但为了防止网络滥用以及避免由于图灵完整性带来的安全问题，以太坊中所有操作都进行了经济学上的限制，也就是 gas 机制，有以下三种情况：

一般操作消耗费用，比如 SLOAD、SSTORE 等；

子消息调用或者合约创建而消耗燃料，这是执行 CREATE、CALL、CALLCODE 费用的一部分；

内存使用消耗费用，与所需要的 32bytes 的字数量成正比。

图 10 展示了 EVM 执行的内部流程，从 EVM code 中取指令，所有的操

作在 Stack 上进行，Memory 作为临时的变量存储，Storage 是账户状态，执行受到 gas avail 限制。

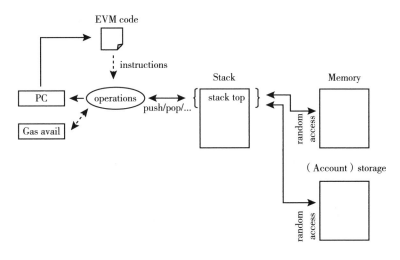

图 10　EVM 执行的内部流程

（3）EVM 开发语言

其使用范围最广影响最大的就是 Solidity 高级语言。Solidity 是一种静态类型的编程语言，用于开发在 EVM 上运行的智能合约。Solidity 被编译为可在 EVM 上运行的字节码。借由 Solidity，开发人员能够编写出可自我运行其欲实现之商业逻辑的应用程序，该程序可被视为一份具权威性且永不可悔改的交易合约。对已具备程序编辑能力的人而言，编写 Solidity 的难度就如同编写一般的编程语言。

以太坊还提供很多方法来开发 Solidity 智能合约，比如直接安装 Ethereum 官网提供的 Wallet，使用它内建的编辑器来开发，其缺点是部署的时候会经常失败，也找不到原因，区块同步又非常缓慢。比如，使用"testrpc + truffle"的开发工具组合，需要学习 nodejs 的相关知识，相比之下最简单的开发就是"remix ide + MetaMask"的开发工具组合，remix 提供方便的编码和调试可视化的 ide 环境，配合 MetaMask 能够很方便地发布合约到以太坊区块链上。

3. Fabric 的 chaincode

Fabric 是区块链技术的一种实现，它通过模块化的架构允许组件进行

"插入－运行"来实现这份协议规范。它具有强大的容器技术，因此可支持任何主流的语言开发智能合约。

Fabric 区块链上运行着智能合约的程序也称为链代码（chaincode），这段程序的主要功能是保存状态和账本数据、执行交易。链代码是主要的研究对象，因为交易是在链代码上被调用的业务操作的。交易必须进行背书处理，而且只有背书过的交易才能被提交并对状态产生影响。Fabric1.0 架构中存在一个或多个特殊的链代码，这些链代码主要用于管理功能，总体上被称为系统链代码。

链代码在验证节点上的隔离沙盒（目前称为 Docker 容器）中执行，并通过 gRPC 协议来被相应的验证节点或客户端调用和查询。

Hyperledger 支持多种计算机语言实现的链代码，包括 Golang、JavaScript、Java 等。

链代码可通过应用提交的交易对账本状态初始化并进行管理。一段链代码通常处理由网络中的成员一致认可的业务逻辑，故我们很可能用智能合约来代指链代码。一段链代码创建的（账本）状态是与其他链代码互相隔离的，故而不能被其他链代码直接访问。不过，如果是在相同的网络中，一段链代码在获取相应许可后则可以调用其他链代码来访问它的账本。

4. Webassembly

由于不同的计算机 CPU 架构不同，机器码标准也有所差别，常见的 CPU 架构包括 x86、AMD64、ARM，因此在由高级编程语言编译成可执行代码时需要指定目标架构。

WebAssembly 字节码是一种抹平了不同 CPU 架构的机器码，WebAssembly 字节码不能直接在任何一种 CPU 架构上运行，但由于其非常接近机器码，可以非常快地被翻译为对应架构的机器码，所以 WebAssembly 运行速度和机器码接近，这听上去非常像 Java 字节码。WebAssembly 天然拥有体积小、加载快、兼容性问题少的优点。

每个高级语言都去实现源码到不同平台的机器码的转换工作是重复的，

高级语言只需要生成底层虚拟机（LLVM）认识的中间语言（LLVM IR）。LLVM 能实现：

（a）LLVM IR 到不同 CPU 架构机器码的生成；

（b）机器码编译时性能和大小优化。

除此之外，LLVM 还实现了 LLVM IR 到 WebAssembly 字节码的编译功能，也就是说，只要高级语言能转换成 LLVM IR，就能被编译成 WebAssembly 字节码，目前能编译成 WebAssembly 字节码的高级语言有以下几点。

（a）AssemblyScript：语法和 TypeScript 一致，对前端来说学习成本低，为前端编写 WebAssembly 最佳选择。

（b）C \ C + +：官方推荐的方式。

（c）Rust：语法复杂、学习成本高，对前端来说可能会不适应。

（d）Kotlin：语法和 Java、JS 相似，语言学习成本低。

（e）Golang：语法简单学习成本低。

通常把负责将高级语言翻译到 LLVM IR 的部分叫作编译器前端，将 LLVM IR 编译成各架构 CPU 对应机器码的部分叫作编译器后端，现在越来越多的高级编程语言选择 LLVM 作为后端，高级语言只需专注于在提供开发效率更高的语法的同时保持翻译到 LLVM IR 的程序的执行性能。

（六）智能合约的技术挑战

从行业现状看发展趋势，智能合约发展正在朝以下几个方向加速：

功能：由非图灵完备发展到图灵完备；

性能：性能越来越高，并向并行化方向发展；

开发语言：由单一语言发展到多语言支持。

下面将从安全性、性能、存储等方面描述智能合约能够解决的问题和无法大规模使用的原因。

1. 安全性

The DAO 攻击事件。智能合约存在漏洞导致大量以太币被盗，因为智能合约的去人为干预特性，漏洞无法线上修复，最终采用的办法是分

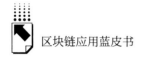

叉。所以，智能合约需要保证合约代码的逻辑完整性和安全性，否则一旦受到攻击，后果会非常严重。目前已知的安全问题有几种，以下列举部分：

Reentrancy – 重入；

Access Control – 访问控制；

Arithmetic Issues – 算术问题（整数上下溢出）；

Unchecked Return Values For Low Level Calls – 未严格判断不安全函数调用返回值；

Denial of Service – 拒绝服务；

Bad Randomness – 可预测的随机处理；

Front Running – 提前交易；

Time manipulation – 时间依赖漏洞；

Short Address Attack – 短地址攻击；

后门漏洞。

由于智能合约犯错的代价是巨大的，也很难像传统软件那样轻易地打上补丁，就像直接给硬件编程或金融服务类软件开发，相比于 Web 开发和移动开发都有更大的挑战。因此，仅仅防范已知的漏洞是不够的。

2. 性能

比特币网络在信息吞吐量上有一个潜在的问题，那就是目前理论上的最大值也只有 7 tps，核心开发者坚持说必要时这个限制的交易速度可以提升，让比特币能够处理更大的吞吐量的方法是让每个区块变得更大，然而这会带来一些别的问题，比如容量及区块链臃肿问题，况且速度也不会提升多少。一些其他交易处理网络中可以用于参考的数据有 VISA，通常 2000 tps，峰值 10000 tps；春节红包，支付能力峰值达到 25 万 tps。

在这方面，区块链去中心化的技术特性决定了在吞吐量上很难超越中心化的应用。智能合约的速度受限于区块链的速度，当然也会更加拖慢区块链的速度，因此提高性能是个非常复杂的系统化工程。

3. 存储

用了 10 年时间，比特币区块链目前的大小已经接近 200GB（千兆），所以现在已经需要很长的时间去下载了。如果吞吐量增加到 VISA 标准 2000 tps 那样的数量级，增长量就将变成 1.42 PB/年或者 3.9 GB/天。如果达到了 150000 tps，则比特币每年将会增长 214 PB。随着智能合约应用的广泛增加，存储需要的空间只会更多，因此解决大容量存储也是性能提升过程中急需解决的问题。

安全性、性能、存储这些关键问题如果无法解决，就无法满足智能合约商业开发的需要，其也就也无法大规模使用。

（七）未来趋势

智能合约的发展越来越走向使用门槛低、开发门槛低、速度得到极大提升、支持大量数据存储和安全性高等方向。

1. 使用门槛低

智能合约的应用偏向于低频服务类，用户使用智能合约就像使用微信小程序一样用完即走，不需要下载庞大的区块链客户端。用户还可以打开小程序来使用智能合约应用，用完就走，等需要的时候再打开，既快捷又灵活。

2. 开发门槛低

智能合约的开发语言已经开始覆盖各种常见的语言，未来智能合约开发平台将提供各种应用的开发模板和框架，普通的企业只需要在合约模版基础上通过可视化开发，使用鼠标拖放添加自己的产品，方便地通过智能合约使用区块链。

3. 速度得到极大提升

当智能合约的性能达到 VISA 标准（通常 2000 tps、峰值 10000 tps）的时候，已经可以做很多商业应用了。

4. 支持大量数据存储

一般采用分布式存储的方式来解决区块链的大量数据存储的问题。

5. 安全性更高

智能合约的开发仅仅防范已知的漏洞是不够的，要做到更高的安全性，还需要掌握新的开发理念。

二　智能合约应用介绍

（一）应用现状

1. 还处于早期阶段

区块链诞生于比特币，当前智能合约的应用大多数也跟币相关，从ERC－20、ERC－721 到博彩和权益类游戏，都是币的产生、兑换和交易的过程。其中典型代币协议 ERC－20 是在 2015 年 11 月推出的，是各个代币的标准接口。任何 ERC－20 代币都能兼容以太坊钱包（几乎所有支持以太币的钱包，包括 Jaxx、MEW、imToken 等，也支持 ERC－20 的代币）。以太坊钱包是交易所比较熟悉的方式，所有基于 ERC－20 的代币可以很方便地到交易所上去交易。和 ERC20 一样，ERC－721 同样是一个代币标准，ERC－721 的官方简要解释是 Non-Fungible Tokens，简写为 NFTs，多翻译为非同质代币。谜恋猫是第一个实现了 ERC－721 标准的去中心化应用，非同质代表独一无二。以谜恋猫为例，每只猫都被赋予基因，是独一无二的（一只猫就是一个 NFTs），猫之间是不能置换的。

智能合约的应用还处于早期，由于智能合约性能不足、安全性有挑战等技术因素以及社会大众接受过程、法律承认合约有效性等其他条件的限制，智能合约的应用目前普遍不太成熟，相当多的 DAPP 处于活跃度低的状态，暂时还缺乏能被社会大众广泛接受的智能合约的应用。DAppRader 数据统计显示（2019.03.24 日数据），以太坊上的 DAPP 有 1418 种，24 小时内用户量小于 10 的 DAPP 超过 1350 个，排名前十的 DAPP 24 小时活跃量平均也只有几百，排名第一的 DAPP 24 小时活跃量也小于 2000。

2. 集中在虚拟的、链上数据和逻辑的处理上

目前智能合约应用处理数据和逻辑的范围，主要集中在虚拟的、链上数据的防篡改、防抵赖的应用上，解决实际生活中商业问题类的应用比较少。DappRadar 数据统计显示，以太坊上智能合约的应用 DAPP 中，超过 50% 为游戏类，20% 左右为博彩类，其他也大多数跟代币的交易和激励相关。

绝大多数智能合约目前提供了链上数据的读写和存储功能，对链上直接产生和处理的数据和逻辑处理有比较明显的优势，从 ERC – 20、ERC – 721 以及各种游戏博彩类应用来看，智能合约应用处理的逻辑大多比较简单，远不及互联网当前成熟应用的系统逻辑那么复杂。从智能合约游戏来看，正处起步阶段。目前的游戏，其实非常粗糙和简单，并不具备真正游戏和娱乐的基础属性，更多是交易属性，所以远不像传统游戏那样竞争白热化。

当前智能合约应用之所以多分布在与虚拟、代币相关的应用上，主要有如下几种原因。

第一，由于之前 ICO 的"赚钱效应"，前期建设 DAPP 应用的开发者们只要做了代币激励的设计，就可以吸引足够的用户和资金，一定程度上消减了深挖场景、解决实体问题的动力。

第二，链外可信、可靠数据来源的建设有较大的挑战。假设有个智能合约用来解决飞机延误险，当飞机发生延误的时候，按照规则自动进行保险赔付。飞机是否延误、延误多少时间、延误的原因等客观因素智能合约本身是不能识别的，只有这些因素都准确地数据化了，智能合约才有可能获取到。飞机延误因素如何进行客观、公正的数据化，如何保证获取公正的数据的过程安全等，都需要结合行业本身来构建。智能合约发展早期，这些可信、可靠的数据源要么没有，要么需要一个过程才能安全地对接上，这也一定程度上影响了智能合约在实体商业中的应用。

第三，技术上获取链外可靠数据有挑战。当前大多数的智能合约实现中，合约是不能访问外部数据的，有人提出预言机的机制来解决智能合约访问链外数据的问题。预言机是一种单向的数字代理，可以查找和验证真实世界的数据，并以加密的方式将信息提交给智能合约。目前还没有能够适用多

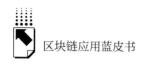

种行业应用的预言机，还需要进一步完善。

3. 从虚拟、代币向其他领域扩展

智能合约的应用正在从区块链封闭的、虚拟的、与代币相关的领域向其他领域扩展，目前在国内出现的区块链电子发票、供应链金融等场景的应用，很好地解决了实体经济中的一些痛点和问题。

2018 年 8 月 10 日，在国家税务总局的指导下，深圳市税务局携手腾讯公司落地区块链电子发票项目，并宣告深圳成为全国区块链电子发票试点城市。

此前发票的流转场景特征是参与方多、流转周期长、各参与方之间信息不互通、存在篡改等。区块链是一种不可篡改、防抵赖、防删除的分布式账本技术，如今作为区块链电子发票的底层核心技术，可以发挥两个核心作用：

第一，确保发票唯一，从领票、开票到流转、入账、报销，全环节流转状态完整可追溯；

第二，发票数据不可篡改，税局、开票方、流转方、报销方多方参与共同记账。

与此前在电子票上简单"叠加"区块链技术的探索不同，此次推出的是基于区块链的原生电子发票，区块链电子发票从支付开始的所有环节都可以在链上完成，是一套整体的税务管控的体系，支持了很多后续能力，比如大数据分析预警等。相较之下，此前市面上流传的区块链电子发票只是尝试将部分交易环节上链，仅是基于增值税发票管理新系统的技术创新，利用区块链增加了存储的作用，只发挥了区块链不可篡改的价值。

目前区块链电子发票系统已经接入税务局、微信支付、微信卡包、财务软件商、商家、消费者这几方，作为一个开放的平台，未来还会接入更多的第三方支付机构和其他不同服务的供应商机构。

安全方面，项目组经过对国内外区块链应用案例的研究，在多次论证的基础上提出"共识节点 + 交易节点 + 查询节点"的部署方案，采用"公有云 + 私有云"的混合云架构，选择在部分可控站点部署共识节点，全量数据只在税务内网落地，其他参与方只有己方数据及经授权查询的数据，从而保证了发票数据可信、可查、可控和可溯源。在其中，无论是数据的上链，还是参与方数据的查询都需要通过智能合约进行权限控制。

（二）应用趋势

1. 将更多地解决实体经济中问题

随着智能合约技术的发展，性能、安全以及链外可靠数据安全访问问题会逐步解决，现实中需要中介担保机制才能解决的问题，都有可能被智能合约解决，目前已经应用到数字货币、支付清算、信贷融资、金融交易、证券、保险、租赁等各个领域，未来将会延伸到物联网、智能家居、智能制造、供应链管理等多个领域。未来的区块链应用将脱虚向实，更多传统企业可以使用区块链技术来降成本、提升协作效率。激发实体经济增长，是未来一段时间区块链应用的主战场。

2. 为法定数字货币提供可编程能力

央行通过区块链可编程的特性，能够更加精准地进行货币投放。本来这个是用于支持新能源产业，或者是支持环保行业的，加上一定的条件，一定保证它不会进入房地产行业。

现在的货币监管，很多时候是事后监管，监管机构没有办法看到银行某一个网点的底单。如果使用数字货币的形式，整个账本对其是公开透明的，它有能力使用一些新的技术（如大数据、人工智能等技术），及时看到任何一笔最底层最原始性的交易。它也可以通过这样的技术，及时发现可能存在的一些风险。

3. 提高政府治理效率

区块链作为一种新兴的互联网技术，将给政府部门及公众带来不可估量的影响，它不仅对政府创新有积极的促进作用，也会给政府治理及公共服务带来一些制约和挑战。一方面，区块链技术能够推动政府角色转换和职能转变，促进政府组织结构扁平化、治理及服务过程透明化，提高政府创新绩效，增强政府数据安全，建设智能化和可信任的政府。另一方面，区块链技术也会给政府传统职能、管理机制、法律制度等带来一系列挑战，促使政府

组织结构、管理机制、法律法规与区块链技术发展保持适配性，同时加强对这一新兴技术应用的监管。

参考文献

闫树、卿苏德、魏凯：《区块链在数据流通中的应用》，《大数据》2018 年第 1 期。

张新宇：《区块链技术在保险行业的应用研究》，《中国金融电脑》2017 年第 1 期。

《重构智能合约（上）：非确定性的幽灵——购币富比特》，http：//www. goubifu. com/xingqing/3220. html。

长铗、韩锋等：《区块链：从数字货币到信用社会》，中信出版社，2016。

《为什么要用区块链技术实现智能合约？》，https：//www. zuanbi8. com/talk/16929. html。

《深度剖析智能合约升级——inherited storage，SegmentFault》，https：//segmentfault. com/a/1190000015732950。

《比特币、以太坊、Fabric……你知道它们的优缺点吗？》，https：//blog. csdn. net/ blockchain_ lemon/article/details/79236199。

邹均、张海宁等：《区块链技术指南》，机械工业出版社，2016。

《以太坊虚拟机 EVM》，https：//blog. csdn. net/huhaoxuan2010/article/details/ 80130942。

《从比特币脚本引擎到以太坊虚拟机》，https：//www. jianshu. com/p/e45614c25b62？_ t = 1522874771。

《智能合约全面详解》，http：//www. 4u4v. net/zhi-neng-he-yue-quan-mian-xiang-jie. html。

《以太坊：智能合约与 solidity 简介》，https：//blog. csdn. net/u010986776/article/ details/84143213。

《fabric-chaincode（链码）》，https：//shadowdragons. github. io/2018/05/27/hyperledger- fabric-chaincode/。

《WebAssembly 现状与实战》，https：//www. ibm. com/developerworks/cn/web/wa-lo- webassembly-status-and-reality/index. html。

《并不能解决一切：区块链的性能局限性》，http：//mt. sohu. com/20180315/ n532603277. shtml。

《以太坊智能合约——最佳安全开发指南（附代码）》，https：//www. jianshu. com/ p/904269a1f299。

《剖析非同质化代币 ERC721——全面解析 ERC721 标准》，https：//www. jianshu. com/p/df87056e63f2。

《区块链落地的必需工具——预言机（Oracle）》，https：//www. jianshu. com/p/4bf072216e39。

《区块链电子发票落地深圳，腾讯区块链应用又添一枚"钉子"》，https：//m. chinaz. com/blockchain/2018/0811/924511. shtml。

陈伟钢：《区块链政策导向与发展趋势》，《银行家》2018 年第 6 期。

杜宇：《为什么央行必须发行数字货币？》，http：//baijiahao. baidu. com/s？id = 1568301204405588&wfr = spider&for = pc。

《区块链技术对于政府治理创新的影响——理论基础》，http：//www. echinagov. com/news/46723. htm。

B.4
区块链密码技术及其应用分析

伍前红　冯翰文*

摘　要： 区块链是一种缺少权威机构信任背书环境下的公开可验证大规模分布式数据系统，在众多领域有潜在的广阔应用前景。本报告简要梳理了实现区块链基本功能、扩展功能和典型应用中用到的密码技术，主要包括数字签名、杂凑函数、伪随机数、密码协议等密码技术的基本概念、安全性质，以及在区块链中的应用和主要实现方式的优缺点，力求为读者提供构建区块链中密码技术的概略图景，并为进一步深入了解这些密码技术以及与区块链应用安全结合提供参考。

关键词： 区块链　数字签名　杂凑函数　秘密承诺　零知识证明

一　引言

随着移动互联网的发展和全球合作需求的日益增长，人们迫切需要一种全新的技术工具，以便在共同信任的权威机构缺位的情况下，在大规模陌生人群之间迅速达成动态合作所需的一致意见。区块链正是这样一种革命性的大规模分布式合作平台，也是迄今为止唯一具备此能力的技术平台，它集成了分布式数据存储、点对点传输、共识机制、博弈论、密码算法与安全协议

---

* 伍前红，北京航空航天大学教授；冯翰文，北京航空航天大学网络空间安全学院博士。

等技术。由于其内在的信任引擎特征，区块链技术的发展和应用将有助于建立适应时代发展的全球化全新信用体系，在众多领域激发颠覆式创新，开启以价值产生与转移为特征的价值互联网时代。

区块链区别于传统信息系统独一无二的特征是它可以在各方缺少共同信任的权威机构的情况下快速达成一致意见并开展合作。区块链系统是去中心化的信息系统，数据存储于网络的所有节点并公开验证，不存在一个或多个中心化服务器来对系统进行维护和管理，不能简单地通过部署安全控制策略来实现系统的隐私保护和监管等诸多功能。密码技术是区块链获得这一强大能力的基础和关键，密码技术在区块链系统中是核心业务功能的体现，而不仅仅起到安全支撑作用。这样的特性促使密码技术从幕后走向台前，成为区块链系统中贯穿业务功能、隐私保护的关键技术。

二　面向区块链基本业务功能的密码技术

数字签名和杂凑函数是区块链赖以实现业务功能的技术基础，大部分区块链项目也仅需要这两种密码技术。

（一）数字签名

数字签名是现代密码学的基本工具，用以实现认证和不可否认性等安全功能。在一个数字签名方案中，每一个用户都可以本地生成一对公私钥，其中公钥全网公开，私钥秘密存储；当用户需要对某消息签名时，运行一个以消息和私钥为输入的算法，输出数字签名；任何知道公钥的验证者都可以验证签名是否是使用私钥对消息的签名。

数字签名必须具备不可伪造性，即对于有限计算能力的攻击者，即使可以获得多个在公钥下验证通过的消息签名对，也不能对新的消息生成能通过验证的签名。这意味着只有知晓私钥的用户才能生成对应的签名，从而实现认证和不可否认功能。

在区块链系统中，数字签名是实现认证功能的重要技术手段。以比特币为例，数字签名的公钥和交易地址一一对应。某个交易地址的所有者若需要花费该地址上的数字货币，则需要在交易单上附上对应私钥生成的签名。验证者会检验签名的合法性，只有具有合法签名的交易单才被接受并存储到链上。

比特币系统采用了标准的 ECDSA 签名，它也是目前绝大部分区块链系统采用的签名算法。ECDSA 是可延展的，知道一个合法的消息签名对，任何人都能生成该消息的另一个签名。这一延展性不会造成实质性的安全问题，只要将消息相同的 ECDSA 签名消息对一视同仁即可，但数字货币社区的部分人员对这一性质潜在的隐患感到担忧，因为非安全专业的程序员可能不知道做这样的检测。此外，ECDSA 签名无法聚合，不支持高效的多重签名机制。著名的 Schnorr 签名算法则没有这些问题，因此社区一直有计划通过硬分叉的方式使用 Schnorr 签名代替 ECDSA 签名，但目前尚未真正实施。

ECDSA 和 Schnorr 都不具备抗量子安全性。针对此风险，部分数字货币系统拟使用抗量子的签名算法作为系统的核心特色。Hcash 项目在用著名的抗量子签名算法 BLISS 取代 ECDSA 算法。NEO 项目声称开发了新型抗量子签名算法 NeoQS，但 NeoQS 签名方案没有正式的学术论文发表，未接受独立的学术审查。

（二）杂凑函数

杂凑函数输入任意长度比特串，输出固定长度的比特串。显然杂凑函数是多对一映射，因此每个输出都可能对应对多个输入。杂凑函数主要考虑以下两种安全性质。

①单向性：对有限计算能力的攻击者，给定输出，无法找到对应的输入。

②抗碰撞性：对有限计算能力的攻击者，无法找到两个不同输入，使得它们的输出相等。

杂凑函数是区块链系统中最为重要的密码学工具之一，用于生成地址、形成 Merkle 树和实现工作量证明（PoW）等。所谓利用杂凑函数生成交易地址，是指将签名的公钥作为杂凑函数的输入，输出值是账户地址。基于杂凑函数抗碰撞性的特点，可以确保每一个交易地址都是唯一的。同时，杂凑函数生成交易地址，始终使交易地址统一为某一固定比特长度，避免了直接使用公钥作为地址可能造成的地址过长等问题。

1. Merkle 树

Merkle 树的示意图如图 1 所示。其中，每一个叶子节点是一个数据块的杂凑值，除叶子节点外，每个节点的值都是其子节点作为输入的杂凑值。由杂凑函数的抗碰撞性可知，Merkle 树也是抗碰撞的，即无法找到两组不同的数据块，使它们的 Merkle 树的根相同。

Merkle 树在区块链系统中的主要作用是打包区块内的交易。具体来说，区块内每个交易单的杂凑值都对应 Merkle 树的一个叶子节点，生成的 Merkle 树的根被存储在区块的头部区域。使用 Merkle 树打包交易单的最大优点是可支持简单支付验证 SPV 协议，验证者仅下载区块链的头部数据，然后请求全节点返回某笔交易被记录在区块链中的证据。杂凑路径的长度是区块内交易单数量的对数，因此 SPV 协议可以显著降低验证者的存储和通信开销。

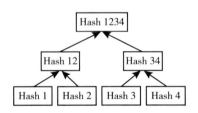

图 1　Merkle 树

2. PoW 机制

区块链作为一种去中心化的账本，涉及的核心问题是记账权的分配问题。由于网络空间 IP 地址是容易以低成本大量获得的，所以以 IP 来分配记账权容易遭受虚假投票人攻击。在传统互联网应用中，一个典型的这类攻击是刷单。计算能力是难以低成本大量获得的资源，因此采用反映计算能力的

PoW 机制来实现记账权的分配可以实现相对公平的记账权分配。

PoW 机制要求所有的参与者寻找一个随机数 Nounce，使得以区块头部和 Nounce 为输入的杂凑函数输出小于一个目标值。最先寻找到符合条件的随机数的参与者拥有生成新区块的权利。由于杂凑函数具备单向性，任何人都无法根据指定的输出来寻找对应的输入，获得符合条件的 Nounce 的唯一策略是不停地尝试新的随机数进行杂凑运算。因此，获得记账权利的机会和计算资源付出是正相关的。

3. 区块链系统中不同的杂凑函数

比特币系统采用 RIPEMD - 160 来生成交易地址，使用双重 SHA - 256 算法（即对 SHA - 256 的输出再计算 SHA - 256）来执行其余的功能。SHA - 256 算法是比特币系统建立时最主流的杂凑算法。随着数字货币市场的兴起，在生成新区块带来利益的驱动下，专用设备（比如 ASIC 矿机）被研制出来加速杂凑算法运算，从而增加生成新区块的机会。ASIC 矿机等专用设备在同等投入情况下较传统的 CPU 和 GPU 等设备有巨大的优势，因此批评者认为专用设备削弱了区块链的去中心化属性。作为应对，后续的数字货币纷纷采用别的杂凑函数来对抗专用设备。然而，尽管这些新提出的杂凑函数都宣称自己优于 SHA - 256，但多数构造乏足够的理论分析和实践验证来支持这一结论。

Scrypt 算法：该算法最早由 Percival 于 2009 年提出，用于搭建操作系统的在线回滚服务。Scyrpt 算法相比于 SHA - 256，其计算过程对内存更加敏感，即需要消耗更多的内存资源来完成运算。设计针对 Scrypt 的专用计算设备需要配备大量的内存资源，从而增加了该类设备的生产成本，降低了专用设备相比通用设备的计算优势。

Tenebrix 是第一个将 Scrypt 算法应用于 PoW 机制的数字货币。随后，莱特币（LiteCoin）使用简化版 Scrypt 算法并将其作为主要特色宣传。目前使用基于 Scrypt 的杂凑算法的数字货币还有数码币（DigitalCoin）、狗狗币（DogeCoin）、幸运币（LuckyCoin）、世界币（WorldCoin）等。

应用 Scrypt 到 PoW 机制的初衷是对抗专用的 ASIC 矿机，但原始 Scrypt

算法对内存的消耗也增加了区块链验证过程的开销，降低了区块链网络的效率。因此，莱特币等系统中使用的是一种简化的 Scrypt 算法，其对内存的消耗并不会过于巨大。然而，这一设计也为针对 Scrypt 的专用 ASIC 矿机大开方便之门。2014 年，该类 ASIC 矿机已问世，证明莱特币等防止专有矿机对记账权垄断的设想并未奏效。

X11 算法：该算法于 2014 年被提出并应用于达世币（DashCoin）的 PoW 机制中。这一算法根据其构造方式命名，它通过串联 11 种不同的杂凑算法构造得来。算法设计者声称，因为使用了 11 种不同的杂凑算法，要破解 X11 算法需要破解所有 11 种不同的算法，所以 X11 算法非常安全。同时，由于 X11 算法构造更为复杂，且消耗更多的内存，也曾暂时抵抗了 ASIC 专用矿机带来的算力垄断，但仍有厂商于 2016 年成功生成出了针对 X11 算法的 ASIC 矿机。

随后，X13、X14、X15、X16 和 X17 等杂凑算法也相继被提出并应用到不同的数字货币系统当中。它们的构造方式都是在 X11 的基础上串联更多的杂凑算法，目前没有证据表明这样的构造方式可以带来实际上的优势。

Cryptonight 算法：该算法最早于 2013 年被设计并用于 CryptoNote 协议，也是很长一段时间内 Monero 币采用的杂凑算法。Cryptonight 的设计初衷是要杜绝 GPU、FPGA 和 ASIC 等计算平台相对于 CPU 的计算优势。Cryptonight 的实现过程中需要大量读写便签存储器（相当于 CPU 中的 L1 缓存），从而不利于在 ASIC 等平台高效率实现。Cryptonight 算法在很长一段时间内被社区认为是去中心化的最后希望。然而，2018 年针对 Cryptonight 的专有 ASIC 矿机面世，Monero 不得不通过硬分叉部署新算法以应对此事件，而新算法能否抵抗 ASIC 矿机仍有待时间检验。

三 面向区块链隐私保护需求的密码技术

比特币支持假名机制，即允许用户离线生成多个交易地址参与交易，使得他人难以将用户和某一地址关联起来。然而，比特币依赖普通的数字签名

技术来验证交易的合法性,这使得关联交易之间的对应关系是全网公开可见的。大量的工作表明,利用类似于社交网络关系分析的技术,可以从区块链上数据中恢复出显式的交易图,从而破坏交易的匿名性。

目前增强区块链系统用户隐私的多种技术手段都遵循同一种启发式思想,即混币。通过混币机制,区块链上记录的交易数据将不再能反映交易单直接的关联性,而是体现为某一笔交易的来源交易属于某个交易单集合。根据实现方式是否依赖某个或数个中心化机构,混币机制可以分为去中心化混币机制和中心化混币机制。

在中心化混币机制下,当 A 需要向 B 支付数字货币时,A 首先向混币机构 C 支付对应金额,再由 B 向 C 索取对应金额。当 C 业务量足够大时,无法从区块链上记录的数据推测出 B 获取的数字货币是由谁支付给 C 的。此类混币机制通常基于智能合约与数字签名技术,但在基本的实现方式中 A 对 B 的支付行为对 C 来说是透明可见的。要实现对混币机构的交易匿名通常需要借助盲签名等密码技术。

去中心化混币机制也可分为多方同步参与的混币机制和多方非同步参与的混币机制。前者的代表如 CoinShuffle 和 CoinJoin 等,主要利用数字签名和公钥加密等密码技术实现混币,优点在于兼容比特币协议。后者的代表包括 CryptoNote、Monero 和 ZeroCash 等,这些混币协议组合使用了大量的密码技术,无法兼容比特币协议,但由于不需要多方同步参与混币,这类混币方案用户体验会更好一些。

(一)盲签名及其在中心化混币机制中的应用

盲签名是一种实现签名功能的两方协议,参与方包括签名者和消息持有者,其中签名者持有签名所用的私钥,消息持有者拥有一个待签名的消息。通过盲签名方案,消息持有者可以获得签名者对所持消息的签名,但签名者无法获知所签消息和所生成的签名的任何信息。同时,消息持有者无法从一次协议执行中恢复出 2 个以上的签名消息对,前者称为盲性,后者称为不可伪造性。

基于盲签名的中心化混币机制设计思路如下。考虑用户 A 需要通过混币机构 C 向用户 B 支付一定金额的数字货币。用户 A 首先随机选取一个消息，作为消息持有者和混币机构 C（作为签名者）执行一次盲签名协议，并向 C 支付固定金额的数字货币。协议成功执行后，用户 A 可以获得 C 对盲化消息的签名，再将盲化消息和其签名通过安全信道传输给 B，B 提取出原始消息的签名。当 B 需要从 C 取用数字货币时，B 向 C 出示消息和其签名。C 验证消息签名对的合法性，如果合法且首次出现，则向 B 支付相应金额的数字货币。根据盲签名的性质可知，C 无法获知 B 从何处获得该消息签名对，且 A 无法产生更多的合法消息签名对并从 C 处获取更多的货币。在具体的混币协议中，还需要设计相应的智能合约机制，来确保 C 会向诚实的 B 支付相应数量货币。

盲签名有多种实现方式。不同实现方式中，消息持有者和签名者有不同的交互轮数。目前基于盲签名的混币机制采用轮数最优的 3 轮盲签名方案，其安全性基于双线性对中的困难问题。

（二）去中心化混币机制的密码学基本工具

1. 秘密承诺

秘密承诺方案是密码学的基本工具，它是一个两方协议，包括承诺者和接受者两个参与方，其中承诺者持有秘密消息。承诺方案包括两个阶段，即承诺阶段和打开阶段。在承诺阶段，承诺者以持有的秘密信息为输入，生成承诺值和陷门信息，再将承诺值发送给验证者；在打开阶段，承诺者将陷门信息和秘密信息都提供给验证者，验证者可以验证承诺值是对秘密信息的承诺。

秘密承诺方案通常考虑两种安全性质，即隐藏性和绑定性。所谓隐藏性，是指在不提供陷门信息的情况下，承诺值不会泄露有关秘密的任何信息；所谓绑定性，是指承诺者无法针对一个承诺值提供两组陷门信息和秘密信息，并使其都可以通过验证。根据考虑的攻击者计算能力的差异，隐藏性可以分为计算隐藏性——对计算能力有限的攻击者保持隐藏性和统计隐藏

性——对计算能力无限的攻击者仍然保持隐藏性。对应的，绑定性也可分为计算绑定性和统计绑定性。一个承诺方案不可能同时拥有统计隐藏性和统计绑定性。

秘密承诺方案在区块链系统中最典型的应用是表示数字货币。由于承诺方案的隐藏性，数字货币不会泄露持有人的信息或者私钥信息。花费数字货币则需要持有人提供表示该数字货币的承诺值相应的秘密信息和陷门信息。承诺方案在区块链中的应用不局限于表述数字货币，一切需要提前确定但不希望立即揭示的信息，都可以通过承诺方案来完成。基于区块链的拍卖系统等场景也依赖承诺方案得以实现。

目前在区块链系统中使用的承诺方案有两种实现方式，包括基于杂凑函数的实现和基于离散对数的实现。前者通常使用标准的 SHA256 函数，以待承诺的秘密 m 和一个随机数 r 作为杂凑函数的输入，将其输出作为承诺值；后者通常使用 Pedersen 承诺方案，Pedersen 承诺方案是一种统计隐藏计算绑定的承诺方案，还额外满足一种叫作加同态的性质，因而被称作同态承诺方案。所谓加同态性质，是指对于两个消息的承诺经过处理后可以得到两个消息和或差的承诺，处理的过程中不需要打开承诺。这一性质在数字货币系统中的交易金额隐私保护上有较好的应用。

2. 零知识证明

为了保护用户隐私，承诺者通常使用零知识证明协议来证明其持有对应承诺值的秘密信息和陷门信息，而不是直接将其公开。零知识证明是一种两方的密码协议，包括示证者和验证者两个参与方，其中示证者持有秘密信息。示证者所要证明的关系通常表示为一种 NP 关系语言，对于该语言中的某一字符串，示证者知道对应的证据，使得某字符串属于该语言的论断可以被公开验证。对于一个零知识证明协议，通常考虑以下三个性质：

（1）完备性：如果字符串属于该语言且示证者诚实地生成了其证据，则诚实的验证者总会接受示证者提供的证明。

（2）可靠性：如果字符串属于该语言，任何（有限计算能力的）示证者都不能使诚实的验证者接受证明。

（3）零知识性：验证者无法通过证明获取除了字符串属于该语言这一论断之外的任何信息。

其中，若可靠性考虑的是具有有限计算能力的示证者，则该协议被称为零知识证据协议。在某些情况下，零知识证明协议也会考虑一种被称为知识证明的性质。这一性质实际上是可靠性的一种特殊定义，即若示证者可以对字符串属于该语言做出正确的证明，则其必然知道对应的证据。

目前区块链系统中部署的零知识证明协议均为非交互式零知识证明协议，即协议仅包含证明和验证两个阶段。示证者可以独立做出证明，而任意验证者可以离线地验证一个正确的证明。

3. 累加器

累加器是一类单向函数，具有密码学意义上的数据压缩功能。它输入包含多个元素的集合，输出一个长度为常数的累加值。同时，存在一个有效的算法，对集合 S 中的每个元素，输出一个证据，使得任意验证者在给定输入、证据和累加值的情况下可以验证输入是否是累加值的输入集合中的元素。一个安全的累加器要求，对于任意不属于集合的元素，攻击者无法生成对应的证据让验证者接受。

累加器的典型应用是提供一种高效的成员关系证明。成员关系证明在区块链中被用于增强交易的隐私。交易的支付者不再需要在交易单中明确由哪个账户支付该费用，仅需要提供一个包含多个账户的集合且证明所使用的账户是该集合的成员即可。现有的累加器包括三种实现方式：（1）基于 Strong RSA 问题的累加器；（2）基于双线性对的累加器；（3）Merkle 树。三类累加器在区块链系统中都有实际应用。其中，ZeroCoin 项目采用的是基于 Strong RSA 假设的累加器，ZeroCash 项目组采用 Merkle 树作为累加器，而针对 Monero 的新协议 RingCT 2.0 采用的是基于双线性映射的累加器。

4. 伪随机函数

伪随机函数 PRF 是一类带有密钥的函数族。伪随机性，即对于均匀随机选取的密钥，由此选出的函数和从由输入空间到输出空间的所有函数中随机选取的某个函数不可区分。

在 ZeroCash 和 Monero 等匿名数字货币系统中，当支付者匿名地花费了某个数字货币 c 时，同时应该向区块链提供货币对应的唯一标识，即 $F_k(c)$。由于 $F_k(c)$ 与 c 一一对应，故当 $F_k(c)$ 在区块链系统中出现两次时，可以认为有重复花费行为，从而可以拒绝第二次出现该值的交易单入块，从而防止了双重花费攻击。

5. 匿名公钥加密

公钥加密又被称为非对称加密，是现代密码学的标志性成果。用户 U 通过密钥生成算法生成一对公私钥，其中公钥可向全网公开，私钥需要用户秘密保存。其余用户可以使用公钥加密消息，并将密文发送给用户。用户可以使用自己的私钥解密密文，恢复出消息。公钥加密方案点在于通信双方不需要事先共享秘密信息，符合区块链系统异步开放的特点。

公钥加密的安全定义（如选择密文安全）没有考虑密文是否会暴露加密所用公钥的信息，从而攻击者可能获知该密文将由何人接收。因此，在匿名性要求较高的区块链系统采用具有密钥私密性的公钥加密方案，密钥私密性保证攻击者无法从密文获知密文所对应公钥的信息，从而也保证了密文接收者的匿名性。

密钥匿名性并不是一个难以获得的性质。实际上，广为使用的 ElGamal 加密方案和 Cramer Shoup 加密方案都具备密钥匿名性。RSA 的传统实现方式不具备密钥匿名性，但可以通过一定的转换得到基于 RSA 的匿名公钥加密方案。目前 ZeroCash 项目使用的匿名公钥加密方案正是 ElGamal 加密方案在椭圆曲线上的实现。

（三）去中心化混币的典型协议

1. 可链接环签名与 CryptoNote/Monero 协议

可链接环签名是环签名的变种。在环签名方案中，用户可自主地选择一个包含若干个公钥的集合，若知晓某个公钥对应的私钥，则可以对任意消息生成签名，使得任一验证者都可以验证该签名由集合中的某个公钥生成，但无法获知具体由哪个公钥生成。可链接环签名具有一种被称为可链接性的性质，即对于由同一个私钥生成的两个签名，可以关联起来。这一性质保证一个公钥所有者最多只能产生一次签名以保证自己的匿名性，从而在匿名环境下防止双花攻击。

可链接环签名方案中不存在高权限的管理机构，所有参与者都是平等的，因而适合用在区块链系统尤其是数字货币系统中保护用户隐私。CryptoNote 协议采用 Pedersen 承诺方案生成一次性密钥，采用基于 DDH 的伪随机函数生成每一个地址的唯一标志，采用 CDS 的成员关系证明协议来完成证明，并使用 Fiat-Shamir 框架将其转换为一个签名方案，其签名大小和环的大小线性相关。

CryptoNote 协议设计之初并没有考虑对交易金额的保护，每笔交易的金额流动以明文形式存储在区块链上。这也导致了用户在混币时必须寻找与自己持有的货币等额的货币才能进行混币，对混币机制的实际使用造成了困难。在部署到 Monero 数字货币系统后，Monero 基金会的成员对该协议进行了改进，提出了 RingCT 的新技术，用以实现交易金额的隐藏。该技术实质上是可链接环签名技术和同态承诺技术的组合。此外，由于交易对应的秘密信息和陷门信息需要支付者传输给接收者，用到了匿名公钥加密这一密码技术以防接收方身份信息泄露。

RingCT 协议中，使用的可链接环签名方案基于 CDS 成员关系证明技术，其签名长度与环的大小线性相关。RingCT 2.0 协议针对这一事实进行了改进，设计了一种适用于 RingCT 协议的累加器方案，使得可链接环签名大小是常数。R 在环较小时，基于该累加器的成员关系证明实际效率低于传统的 CDS 证明。目前 RingCT 2.0 协议还未在 Monero 系统中实际部署。

2. ZeroCoin 协议与 ZeroCash 协议

CryptoNote 协议使用的可链接环签名事实上揭示了如何组合利用零知识证明、伪随机函数和承诺方案等密码工具来保护区块链的隐私。ZeroCoin 和 ZeroCash 协议也遵循了相同的设计思想，以下列举 ZeroCoin 和 ZeroCash 的设计特点。

（1）ZeroCoin 相比于 CryptoNote 协议，使用了基于 Strong RSA 假设的累

加器完成了成员关系证明，因此交易单的大小为常数（和隐藏的交易集合大小无关）。ZeroCoin 的主要缺点在于，支付阶段新产生的数字货币是对某个序列号的承诺值，不需要接收者的私钥就可以使用该数字货币，存在支付方盗币的风险。ZeroCoin 和 CryptoNote 协议都没有提供对交易金额的保护。

（2）ZeroCash 实现的功能和带有 RingCT 的 Monero 基本相同，都包括了对支付方、接收方身份和交易金额的隐私保护。相比于 Monero，ZeroCash 采用了 zk-SNARKs 这一新型的零知识证明技术，因此不再局限于选择具有特定代数结构的密码学组件。实际上，ZeroCash 选择了基于杂凑函数的伪随机函数和基于 Merkle 树的累加器，从而显著地降低了交易单的大小，匿名集不像门罗币那样受到环大小的限制。由于 zk-SNARKs 需要可信的启动，因此 ZeroCash 也同样需要可信启动，这也是 Monero 项目相比于 ZeroCash 项目的一个优势。

四 面向区块链应用的密码技术

区块链系统在实现基本业务功能的同时，也搭建了一个可以公开访问、公开验证的大型去中心化信息平台。利用这一平台，很多传统网络架构下难以解决的难题都可以找到基于区块链的解决途径。在这个过程中，密码技术同样扮演了至关重要的角色。

（一）基于区块链的可验证抗偏置随机数生成系统中的密码技术

随机数在网络空间和现实世界都具有十分重要的地位。以彩票系统为例，一个公平的彩票系统应该确保每一期的中奖号码都是随机数，且其生成方式具备公开可验证性、不可预测性和抗偏置性等性质。

（1）公开可验证性：产生的随机数必须可以被公开地验证其确实是通过该方式产生的。这一性质保证了负责生成随机数的实体无法简单地通过更改生成方式来改变输出结果。

（2）不可预测性：被动攻击者无法通过观察系统来提前预测结果。

（3）抗偏置性：主动攻击者无法通过操纵系统或隐瞒结果使得输出的随机数的统计分布不是均匀分布。

在现实世界的彩票、汽车摇号等系统中，为了保证公开可验证性，运营方通常通过电视直播的方式来展示中奖结果选定的过程。为了保证不可预测性和抗偏置性，运营方通常选择专门制造的选取中奖号码球的机器，并设置物理限制防止他人接触该机器，避免系统产生偏置。这在设备制造、设备访问与使用环节都留下了可操纵的空间。

网络空间中由于缺乏类似掷硬币、选小球这样的随机性事件，使得以可验证的方式产生随机数变得困难。区块链系统由于高度去中心化的性质，其区块的杂凑值、PoW 中寻找的随机数都可以近似地视为随机性的来源。但如果利益足够大，PoW 矿工可能通过放弃出块等方式避免产生的随机数不利于自己，因此要利用这些弱随机性来源，产生不可预测抗偏置的随机数，还需要更多密码技术来保证。

1. 随机数提取器

随机数提取器可以从带有相关位的随机源（称为弱随机源）中提取出多个均匀分布的随机比特，这一概念最早被提出并应用于模拟随机化算法，但随着进一步的研究，随机数提取器在密码学和分布式计算等领域找到了更多的应用。

随机数提取器工作的前提条件是存在一个弱随机源。Bitcoin Beacon 项目是首个结合区块链和随机数提取器实现可验证抗偏置随机数生成的系统。该项目针对比特币系统专门设计，证明了在攻击者不能过于频繁地抛弃其生成区块的假设下，可以从比特币区块链系统中提取出无偏置且可以公开验证的随机数。对于更一般的区块链系统，Scafuro 等人证明了只需要假设在足够长的区块链序列中存在常数个区块由不同的诚实节点生成，那么区块链上也一定具有足够提取固定随机比特的随机源。

2. 可验证延迟函数

可验证延迟函数是一类比较新颖的密码学技术它针对以下攻击形式。

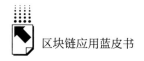
在随机数提取器工作的过程中，可能存在掌握部分随机源的攻击者提前计算多个可能的提取结果，再根据结果和需求选择最终提供的随机源。可验证延迟函数使得攻击者无法直接计算得到随机数提取的结果，而是需要延迟一段时间后才能计算出结果，从而无法根据结果再来决定最终提交的随机源。

可验证延迟通常考虑以下两个性质。（1）连续性：诚实的参与者可以在 t 个计算步骤内完成对函数的计算，输出计算结果 y。但任何拥有大量处理器的攻击者无法通过并行计算在更少的步骤内将 y 和随机数区分开来。（2）高效可验证性：给定计算结果和对应证明，任何人都可以在对数时间内验证计算的正确性。

可验证延迟函数目前被发现可应用于基于区块链的随机数生成系统，也可用于实现对记账节点的高效选择上，提升区块链系统的效率，减少资源消耗。由于这一概念 2018 年才首次被正式提出，其安全性及更多的应用场景还有待研究。

（二）基于区块链的文件存储系统中的密码技术

区块链系统所具有的不可篡改、多备份存储、公开可访问的属性使得基于区块链构建的文件存储系统相比传统的文件存储系统有独特的优势。然而区块链系统的开放性允许任何个体成为提供存储服务的节点，这使得传统存储服务模式下对服务商的审计策略无法奏效，服务的可靠性也不能依靠现实世界权威机构的信用背书。现有基于区块链文件系统如 FileCoin 使用多种密码技术来保证存储节点提供可靠安全的文件存储服务。可靠安全的文件存储服务包含以下两个要点：（1）真实地按照客户需求存储了文件；（2）严格执行了访问控制策略。本节分别介绍实现这两个要素的密码技术。

1. 远程文件存储检测技术

存储检测是伴随着远程文件存储业务开展发展的一类密码技术。这一类技术的目的在于允许用户远程校验存储于外包服务器上数据的完整性，且通信数据量远低于下载全部数据。云计算服务场景下使用的存储检测技术包括数据持有证明和可恢复证明。可检索证明是指，用户可以通过这一证明确认自己可以从服务商处恢复自己所有的数据；而数据持有证明的功能稍弱，用户可通过和服务商的交互高概率确认服务商确实存储了其所有的数据（但不保证可以获取所有数据）。

数据持有证明和可恢复证明都是面向云服务场景下的技术，而将其推广到区块链系统中时，则面临女巫攻击、外包攻击等攻击形式。

（1）女巫攻击：恶意服务商通过创建多个虚假身份的形式，伪装实现了多备份存储而实际上仅存储了一份文件。

（2）外包攻击：恶意服务商通过借用他人存储的数据，伪装存储了比实际存储更多的文件。

以上攻击能够生效的原因在于，在数据持有证明和可恢复证明中，数据在不同物理设备中存储方式是相同的且仅考虑了当前的存储状态，因此恶意服务商可以借助一个设备上存储的数据，完成多个设备的存储证明。针对这种情况，FileCoin 项目提出了两种新的远程文件验证技术，即副本证明和时空证明。

副本证明技术是一种新型存储证明技术。通过该技术，诚实的服务商可以向用户证明他为某个文件生成了独特的副本，并将该副本存储在了自己的物理设备上。由于每个设备上存储的副本是不同的，因此恶意的服务商无法用一个设备上存储的文件帮助其余设备完成存储证明。

时空证明技术允许存储商以生成较短的证明来表明其在一个时间段内存储了某个数据块。从技术角度来说，示证者首先接收验证者发送来的挑战值，生成第一个数据持有证明，然后将该证明和原本的挑战值作为杂凑函数的输入，输出结果作为新的挑战值，再执行下一轮的数据持有证明。由于每一轮的数据持有证明都依赖上一轮的证明，所以该过程无法并行执行，从而保证了存储服务商在整个时间段内都存储了该数据。

2. 文件分享与谓词加密

区块链上数据可以被所有节点访问并存储，使得传统的访问控制策略难

以部署。因此，区块链上文件分享需要使用密码技术来实行可靠的访问控制策略。

谓词加密是一类含义广泛的加密技术，它支持一切可以表述为谓词关系的访问控制策略。在谓词加密方案中，只有私钥具备的属性和密文具备的属性满足谓词关系时，才能利用该私钥从密文中恢复出正确的明文。

谓词加密根据谓词关系定义的不同，可以进一步细分为身份基加密、广播加密和属性基加密等多种不同的加密方式。谓词加密在区块链中的应用并没有特别的要求，和区块链的底层协议基本是解耦的，因此可以灵活选取需要的谓词加密方案。

（三）基于区块链的身份认证系统中的密码技术

传统的身份认证系统中缺少对 CA 行为的审计，CA 如果存在滥发超发证书的行为，则有可能侵犯合法用户的利益。利用区块链公开可访问、数据记录不可伪造不可篡改等优点，将 CA 签发证书的行为记录在区块链上，可以实现对 CA 行为的审计。然而，直接将现有的 PKI 体系迁移到区块链环境下会产生多种安全问题，攻击者可以从链上公开的数据中得到某个用户的认证行为，从而获知其隐私信息。因此，建立基于区块链的身份认证系统需要额外的密码技术来保证其安全性。

Identity Mixer 技术

联盟链项目 Hyperledger 中采用的 Identity Mixer 技术可以在提供身份认证功能的同时将参与各方可获知的用户信息最小化。Identity Mixer 工作方式与 PKI 体系类似，都是由离线的证书发布机构为用户颁发证书，再由用户持有该证书向服务提供者证明其具备访问权限。与 PKI 体系不同的是，Identity Mixer 具备以下两点特征：

（1）假名机制：用户可以根据同一个私钥生成多个不同的公钥（称为假名），然后在不同的认证场景中使用不同的假名，避免服务提供方将多次认证行为联系起来；

（2）灵活的证书：用户可以将从证书发布机构获得的证书转换为跟假

名绑定的有效令牌，该令牌的属性包括可以使用证书中所有属性的任意子集，且可以使用证书发布机构的公钥验证其真伪。

Identity Mixer 的以上两点特性分别保证了多次认证行为的不可链接性，因此该技术非常适合在区块链这样开放透明的环境下使用。Identity Mixer 依赖于 CL 签名方案。Identity Mixer 使用可验证的加密，允许用户证明加密的属性值与其所持凭证中的相同，而不会泄露该值。监管者可以检查此证明，从而确信如果他需要检查令牌，可发现正确的用户，从而支持对匿名认证过程的监管。

（四）智能合约中的密码技术

智能合约的概念最早由 Nick Szabo 于 20 世纪 90 年代提出，是一种旨在以信息化方式传播、验证或执行合同的计算机协议。智能合约允许在没有可信第三方的情况下进行交易，且交易单可逆转可追溯。区块链系统天然的信任属性为智能合约的部署提供了平台。以太坊团队首先意识到了区块链技术和智能合约相结合的广袤前景，致力于将以太坊打造成最佳智能合约平台。

基于区块链的智能合约的核心思想是由全网所有的记账节点对合约进行执行，并将合约的执行结果记录在区块链上，供所有人验证。这样的体系结构要求智能合约的输入输出都应该是公开可执行可验证的。因此，直接部署智能合约不适用于存在秘密输入的合约执行。针对以上问题，Raziel 项目组将安全多方计算技术应用于智能合约，实现了私有可验证的智能合约系统。

安全多方计算作为一种重要的密码学技术最早由图灵奖得主姚期智于 20 世纪 80 年代提出。它允许多方共同参与一个函数计算，且不会泄露各方的输入。安全多方计算技术的使用对提升智能合约的安全性有重大意义。一种典型的应用场景描述如下：首先将智能合约的代码转换为安全多方计算可以处理的函数；各参与方通过交易单的方式将合约所需要的输入按安全多方计算协议提供的方法隐藏后广播；区块链系统的记账节点收到所有的输入后按照安全多方计算协议提供的方法输出结果，并记录到区块链中。以上应用可以保护各方输入和合约本身，支持互不信任的各方完成合约。

安全多方计算的实现方式主要包括基于混淆电路的实现和基于全同态加密的实现。混淆电路是伴随着安全多方计算这一概念一起出现的密码技术，经过多年发展，目前在计算规模较小时已经有较高的执行效率。全同态加密于2009年由Gentry给出具体实现，该技术目前离实用化尚有一定距离。目前在区块链中部署的安全多方计算为基于混淆电路的实现。

参考文献

Nakamoto S. Bitcoin：A peer-to-peer electronic cash system. 2008

Johnson D，Menezes A，Vanstone S. "The elliptic curve digital signature algorithm（ECDSA）". *International journal of information security*，2001，1（1）.

Schnorr C P.，"Efficient signature generation by smart cards". *Journal of cryptology*，1991，4（3）.

Ducas L，Durmus A，Lepoint T，et al.，*Lattice signatures and bimodal Gaussians*，Annual Cryptology Conference. Springer，Berlin，Heidelberg，2013：40 – 56.

Merkle R C.，*A digital signature based on a conventional encryption function*，Conference on the theory and application of cryptographic techniques. Springer，Berlin，Heidelberg，1987.

Dobbertin H，Bosselaers A，Preneel B. RIPEMD – 160：A strengthened version of RIPEMD International Workshop on Fast Software Encryption. Springer，Berlin，Heidelberg，1996：71 – 82.

Gilbert H，Handschuh H. *Security analysis of SHA – 256 and sisters*，International workshop on selected areas in cryptography. Springer，Berlin，Heidelberg，2003.

Percival C. Tarsnap-The scrypt key derivation function and encryption utility.

《Scrypt 算法 FPGA 矿机面世》，《莱特币挖矿装备竞赛拉开序幕》，https：//www. 8btc. com/article/46852。

《首款 X11 算法矿机公开开售》，https：//www. cybtc. com/article-2173 – 1. html。

Van Saberhagen N.，*CryptoNote v 2. 0*. 2013.

《新一代比特大陆　蚂蚁矿机 X3　CryptoNight 算法》，http：//www. wabi. com/news/22090. html。

Wood G.，"Ethereum：A secure decentralised generalised transaction ledger"，*Ethereum project yellow paper*，2014，151.

Sasson E B，Chiesa A，Garman C，et al.，*Zerocash：Decentralized anonymous payments from bitcoin*，2014 IEEE Symposium on Security and Privacy. IEEE，2014：459 – 474.

王小云、于红波:《SM3 密码杂凑算法》,《信息安全研究》2016 年第 11 期。

Chaum D. , *Blind signatures for untraceable payments*, Advances in cryptology. Springer, Boston, MA, 1983.

Ruffing T, Moreno-Sanchez P, Kate A. *Coinshuffle*: *Practical decentralized coin mixing for bitcoin*, European Symposium on Research in Computer Security. Springer, Cham, 2014: 345 – 364.

Maxwell G. , *CoinJoin*: *Bitcoin privacy for the real world*, Post on Bitcoin forum. 2013.

Heilman E, Baldimtsi F, Goldberg S. , *Blindly signed contracts*: *Anonymous on-blockchain and off-blockchain bitcoin transactions*, International conference on financial cryptography and data security. Springer, Berlin, Heidelberg, 2016.

Boldyreva A. , *Threshold signatures*, *multisignatures and blind signatures based on the gap-Diffie-Hellman-group signature scheme*, International Workshop on Public Key Cryptography. Springer, Berlin, Heidelberg, 2003.

Zhang F, Kim K. , *ID-based blind signature and ring signature from pairings*, International Conference on the Theory and Application of Cryptology and Information Security. Springer, Berlin, Heidelberg, 2002.

Pedersen T P. , *Non-interactive and information-theoretic secure verifiable secret sharing*, Annual International Cryptology Conference. Springer, Berlin, Heidelberg, 1991.

Feige U, Fiat A, Shamir A. , "Zero-knowledge proofs of identity", *Journal of cryptology*, *1988* 1 (2).

Mishra S, Peterson L L, Schlichting R D. , *A membership protocol based on partial order*, Dependable Computing for Critical Applications 2. Springer, Vienna, 1992.

B.5
区块链技术与应用安全分析报告

张一锋 朱立 练娜*

摘　要：　区块链技术近年来快速发展，在其价值得到越来越多认可的
同时，技术与应用方面的安全挑战也逐渐凸显。本报告研究
了针对区块链技术与应用的攻击方式及安全事件，提出了包
括基础设施层、密码算法层、节点通信层、共识协议层、运
行平台层、智能合约层和系统应用层七层安全模型，并针对
模型各层对应的具体风险点，提出了解决方案。此外还探讨
了区块链数据隐私问题。研究结果表明，区块链安全是一个
系统性工程，需要围绕不同层级进行全面的安全体系建设，
只有实现区块链系统的整体安全，才能确保区块链技术应用
实践的安全。

关键词：　区块链　安全密码算法　共识协议　智能合约

一　区块链安全问题

区块链是分布式数据存储、点对点传输、共识机制、加密算法等计算机
技术的新型应用模式，是一种全新的分布式基础架构。人们利用区块链式数
据结构来验证与存储数据，利用共识算法来生成和更新数据，利用密码学保

---

* 张一锋，中钞区块链技术研究院院长；朱立，上海证券交易所技术有限责任公司执行经理；
练娜，中钞区块链技术研究院研究员。

证数据传输和访问的安全，利用由自动执行的智能合约来兑现以数字形式定义的承诺。所以，《经济学人》杂志把区块链技术称为"信任的机器"，认为区块链技术可以构建一种全新的基于网络和算法的可信数据处理方式和多方协作机制。

一直以来，安全问题都是信息产业发展要处理的核心问题。随着科学技术的演变和复杂化，对信息安全问题的需求日益迫切，信息安全也被赋予了新的内涵外延。近年来区块链技术被广泛应用到各个行业领域，作为新兴信息技术的集合，它所面临的安全问题也日趋增加。

信息安全工作通常强调所谓 CIA 三要素，即保密性（Confidentiality）、完整性（Integrity）和可用性（Availability）。区块链安全工作同样存在这三方面的要求。

①机密性（应对泄露）：确保在数据处理的每个交叉点上都实施了必要级别的安全保护措施以防止未经授权的访问和信息披露。在数据的内部存储、相互传输、访问授权等场景中，这种级别的保护措施都应该发挥作用。

②完整性（应对篡改和破坏）：保证信息和系统的准确性和可靠性，并禁止对数据的非授权更改。软硬件和通信机制必须协同工作，以便正确地维护和处理数据，并确保数据在传输时不被意外更改和蓄意破坏。

③可用性（应对失效）：确保授权的用户能够及时、可靠地访问数据和资源。系统应能够在可以接受的性能级别以可预计的方式运行，并以安全且快速的方式从崩溃中恢复。为此，应采取必要的保护措施消除来自内外部的威胁。

本报告结合近年来区块链技术与应用发展过程中出现的主流攻击事件展开分析和探讨，并尝试给出解决方案或建议。

二 区块链安全模型与分析

根据区块链的技术特征，其安全模型可以由七层架构组成，自下而上分别包括基础设施层、密码算法层、节点通信层、共识协议层、运行平台层、

智能合约层和系统应用层。各层分别从各自层面应对相应的安全风险，实现区块链系统的整体安全。

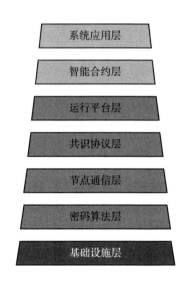

图 1　区块链安全模型

其中，基础设施层包含了区块链在其上运行所需的基础软硬件，如操作系统；密码算法层包含了区块链实现中所需要的密码学技术，如非对称加密算法、数据摘要算法等；节点通信层包含了节点之间的通信传输机制；共识协议层主要包含了各类共识协议；运行平台层包含了智能合约运行环境，如EVM虚拟机；智能合约层主要包含各类部署在区块链上的业务合约；系统应用层指基于智能合约，结合传统 IT 技术构建的可被最终用户访问的各类应用。

各层之间面临着不同的安全风险：

①基础设施层主要面临黑客通过传统安全漏洞进行攻击的风险；

②密码算法层主要面临密码学算法本身在加密强度、前提假设等方面存在的问题，以及其代码实现过程中存在漏洞的风险；

③节点通信层主要面临节点传播与验证机制的风险，以及因为点对点组网（主要在公链中使用）而形成的网络拓扑特征、消息传送时间不确定、

网络分裂等因素带来的攻击；

④共识协议层因共识和激励机制的不同而面临不同类型的攻击风险；

⑤运行平台层主要面临区块链运行平台本身实现过程中存在的漏洞带来的风险，比如虚拟机逃逸等；

⑥智能合约层主要面临的多种攻击风险有 Solidity 语言漏洞、时间戳依赖攻击等；

⑦系统应用层安全风险主要集中在用户节点、数字资产钱包以及交易平台上。

据统计，2011～2018 年 9 月智能合约层和系统应用层安全事件所占整体安全事件的比重一直稳定在 90% 以上①。进入 2018 年以后，由于智能合约快速应用，其对应的安全事件所占比重呈现出一定的上涨。

2018 年区块链安全事件同比增长近 400%，安全攻击主要集中在系统应用层和智能合约层，分别占 60% 与 30% 左右②。

（一）基础设施层

区块链节点服务器仍存在被黑客植入木马、窃听网络通信、DDOS 攻击等安全风险。虽然区块链技术本身能够在一定程度上抵御少数节点被恶意控制所造成的破坏，但如果因为底层系统漏洞使得黑客可以轻易控制大部分节点，整个区块链网络仍会面临较大危险。

这方面因为与传统 IT 系统的安全攻击与防护没有太大的差异，所以本文不展开做详细的阐述。

（二）密码算法层

加密算法是保证区块链安全性和不可篡改性的关键，为区块链的信息完整性、认证性和不可抵赖性提供了关键保障。

---

① 《国内外区块链网络安全现状及发展趋势》，椰椰安全。
② 《2018 年区块链安全问题已造成 20 亿美元损失》，微信公众号"财链社"。

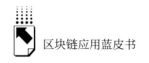

根据被破译的难易程度，不同的密码算法具有不同的安全等级。不存在绝对的安全，如果破译密文的代价大于加密数据的价值，那么可以认为是"安全的"；如果破译密文所需的时间比加密数据的时间更长，那也可以认为是"安全的"。

区块链技术大量依赖了密码学的研究成果，如非对称算法和哈希（Hash）算法。这些密码算法目前是相对安全的，但并非绝对安全。

一是存在对密码学算法的攻击方法，如作用于散列函数的穷举攻击、碰撞攻击、长度扩展攻击。

穷举攻击是指是对截获到的密文尝试遍历所有可能的密钥，直到获得了一种从密文到明文的可理解的转换；或使用不变的密钥对所有可能的明文加密直到得到与截获到的密文一致为止。

碰撞攻击是指攻击者找到算法的弱点，瓦解它的强抗碰撞性，使攻击者能在较短的时间寻找到值不同但 Hash 相同的两个值。

长度扩展攻击是指针对某些允许包含额外信息的加密散列函数的攻击手段。在已知密文 Hash 和密文长度的情况下，推导出密文与另一消息拼接后计算出来的 Hash。

二是算法实现过程中可能存在后门和漏洞，威胁到区块链系统的安全性。比如，所采用的密码算法本身虽然没有安全漏洞，但算法库的实现存在错误，这类代码编程过程中形成的漏洞，有可能成为区块链实践中黑天鹅安全事件爆发的诱因，例如：OpenSSL 就曾因代码编写错误出现密钥安全漏洞。

三是未来可能作用于多种密码学算法的量子攻击。随着量子计算机算力提升，使得穷举复杂度大大降低，目前多种加密算法面临被瓦解的风险。

因此，为在密码算法层防范安全风险，应当注意以下几点。

第一，尽量采用经过安全认证的硬件密码机或算法库来保证密码算法和密钥管理方面的安全性。

第二，应充分考量随着时间的推移支持迁移到新算法的可行性。计算机计算能力变得更快，这变相降低了现有算法的强度，当前一般通过增加密钥长度的方式抵消其带来的风险。不排除未来出现安全性更高、速度更快、计算和存储资源要求更少的优异特性的新算法的可能。

第三，充分考量密钥管理的重要性。区块链系统包含的各种密钥和Hash 值等数据需要得到有效保护和管理，以保证区块链系统自身不受损害。密钥的安全至关重要，其管理系统应包括密钥创建、密钥派生、密钥分发、密钥存储和安全审计等安全性管理功能。

第四，充分考量在用户丢失密钥、密钥过期或受到其他危害时使用区块链的例外程序。密钥或私钥的盗窃风险可以通过限制密钥的有效期和使用量来缓解。实践中，某些区块链系统因没有设计任何方法来替换被盗用的密钥，导致用户损失。

第五，加密算法应当在安全性和计算成本之间有所折中。在应用环境中，应根据特定行业所需的保护级别，选择合适的密码算法和密钥长度。要特别注意的是，虽然依赖现有密码算法的加密算法和密钥长度可以满足当前的安全需求，但需要充分考虑量子计算的发展在未来可能带来的影响。

（三）节点通信层

大部分公有区块链系统以 P2P 网络为基础，P2P 网络技术重要的特点就是开放性，它在带来方便的同时，也带来各种安全问题。P2P 网络依赖附近的节点进行信息传输，会暴露对方的 IP，攻击者可以利用这个漏洞给其他节点带来安全威胁，区块链节点可能是普通家庭 PC，也可能是云服务器等，其安全性参差不齐，其中安全性较差的节点更易遭受攻击，进而影响 P2P网络的整体安全。

针对 P2P 网络，攻击者可以发动日蚀攻击、窃听攻击、分割攻击、延迟攻击、拒绝服务（DDoS）攻击等攻击。

日蚀攻击是其他节点实施的网络层面攻击，其攻击手段是囤积和霸占受害者的点对点连接的对等节点，将该节点从主网中隔离，这样的节点被称为

日蚀节点。这种类型的攻击旨在阻止最新的区块链信息进入日蚀节点，使其成为"信息孤岛"，甚至控制其信息输入。

窃听攻击可以使攻击者将区块链中的用户标识与 IP 关联起来。

分割攻击的攻击者可以利用边界网关协议（BGP）劫持来将区块链网络划分成两个或多个不相交的网络，此时的区块链会分叉为两条或多条并行链。攻击停止后，区块链会重新统一为一条链，以最长的链为主链。其他的链将被废弃，其上的交易、奖励等全部无效。

延迟攻击是攻击者利用边界网关协议劫持来延迟目标的区块更新，而且不被发现。它是基于中间人修改目标请求区块的数据来做到的，在目标请求获取最新区块的时候，将它的这一请求修改为获取旧区块的请求，使得目标获得较旧的块。

DDos 攻击是通过大流量或漏洞的方式攻击 P2P 网络中的节点，使网络中部分节点网络瘫痪。

2018 年 3 月闪电网络遭受 DDoS 攻击，导致大约 200 个节点离线，节点从大约 1050 个降到了 870 个。只要闪电网络骨干节点被攻击，整体网络就会面临巨大危险。理论上，节点分布更均衡可以解决该问题，但是闪电网络很难做到分布均衡，就像其开发者所说的："我部署的闪电网络服务从一开始就遭受僵尸网络的攻击，在对抗条件下部署去中心化很难。"尤其不少许可链的项目，其共识节点大量集中部署在单一云计算服务供应商的网络内，更容易受到这方面的影响。

公有链对加入其中的用户不设任何访问授权机制，恶意节点可在加入后刻意扰乱运行秩序，破坏正常业务；而许可链尽管设置了不同等级的访问控制机制，也可能存在恶意节点利用漏洞混入进而展开攻击，或发生节点联合等情况。

鉴于以上这些情况可能带来的安全威胁，应在对等节点进行信息传输时进行加密，包括传输过程的加密和信息本身的加密；应通过安全散列计算及数字签名等技术保证传输过程中数据的完整性；应通过节点身份认证防止信息传递过程中受到攻击。对许可链而言，具体做法如下：一是采取节点授权准入原则,二是在终端接入时进行身份认证,三是在交易前对节点通信双方进行身份认证。

(四)共识协议层

区块链有不同的类型,如根据准入机制不同,区块链分为公有链和许可链。这就需要相适应的共识机制来保证链上最后的区块能够在任何时候都反映出全网的状态。共识机制是维持区块链系统有序运行的基础,相互间未建立信任关系的区块链节点通过共识机制,共同对写入新区块的信息达成一致。

以 Fabric 为代表的许可链系统使用 PBFT 共识机制。PBFT 是一种状态机副本复制算法,即作为状态机进行建模,使得状态机可以在分布式系统的不同节点进行安全可靠的副本复制。对于许可链来说,由多信任方共同管理维护、节点信任度高,使得 PBFT 成为首选共识机制。只要大于 2/3 的节点是诚实的,PBFT 就能在理论上保证系统的安全性,所以目前没有针对 PBFT 的有效攻击方法。

公有链与许可链在共识协议安全上考虑的因素不尽相同。以 PBFT 为代表的传统 BFT 算法的安全前提通常只假设整个网络中恶意节点不超过一定比例(比如不超过 33%),但不去追究或考虑恶意节点的比例为何可以满足实际要求,也不考虑如何通过制度设计引导节点控制者的行为以促成恶意节点的比例不超阈值。但对于大部分公有链而言,由于节点可以匿名地动态加入及退出,如果没有良好的基于经济人假设的奖惩制度设计,合作不会自动产生,类似于"恶意节点比例不超阈值"这样的安全前提也不会神秘地自动满足。所以本文所说的共识机制,也包括区块链的激励机制。

以比特币为代表的公有链多使用 POW 共识机制。POW 共识机制本质上就是在所有提供算力资源的集群中通过一种算法机制选择出一个幸运节点,因 POW 算法不存在终局性(即可被后期追赶的最长链推翻)状态,一旦总算力过小,则非常容易被攻击者劫持整个区块链,严重影响区块链系统的安全性。尤其是随着通用矿机(可以挖多种币的矿机)和算力云化租赁服务

的出现，算力分布更容易随着租赁方的变化在不同链之间快速切换，这是因为此时某条链上的加密货币受到攻击而贬值不会影响矿机拥有者的利益，所以矿机拥有者有动力出租矿机给黑客而不顾及用途，从而降低了51%的攻击门槛。如果矿机拥有者拥有的矿机只能用于挖掘某一种特定的加密货币，则其利益在相当程度上和特定加密货币的安全性是一致的，此时矿机拥有者随意出借矿机给攻击者允许其造成这种加密货币价格的大幅下跌，就变得非常不理性，因此攻击者就较难通过短期租赁算力的方式开展这种攻击。这正是一个典型的激励不相容降低公有链安全性的案例。

以 Peercoin 为代表的加密货币使用 POS 共识机制，采用工作量证明机制发行新币，采用权益证明机制维护网络安全。POS 机制根据每个节点拥有代币的比例和时间，依据算法等比例地降低节点的挖矿难度，从而加快了寻找随机数的速度。这种共识机制可以缩短达成共识所需的时间，但本质上仍然需要网络中的节点进行挖矿运算。

常见的针对公链共识机制的攻击有51%攻击、长距离攻击、币龄累计攻击、预计算攻击等。其中长距离攻击、币龄累计攻击、预计算攻击是针对 POS 共识机制的；51%攻击是针对 POW 共识机制的。

在区块链的实施中如何选择共识机制，取决于实际场景对共识机制安全性与效率的要求，共识机制发展最终是资源消耗、节点扩展、安全性、效率和开放性这五个因素的均衡。

（五）运行平台层

区块链的运行平台层，在密码算法层、节点通信层、共识协议层的基础上构建了面向智能合约和区块链应用的运行环境，是构成区块链 PAAS 服务的核心部分，其攻击与安全风险主要来自智能合约虚拟机的设计与实现。智能合约虚拟机是区块链智能合约的运行环境。安全的智能合约虚拟机是沙盒封装的，以确保其运行环境是完全隔离的，即在智能合约虚拟机中运行代码是无法访问网络、文件系统和其他进程的，甚至智能合约之间的访问和调用也需要接受必要的管理和限制。

智能合约虚拟机运行在区块链的各个节点上，接收并部署来自节点的智能合约代码，若虚拟机存在漏洞或相关限制机制不完善，很可能运行来自攻击者的恶意的智能合约。目前针对合约虚拟机的主要攻击方式有逃逸漏洞攻击、逻辑漏洞攻击、堆栈溢出漏洞攻击、资源滥用漏洞攻击。

逃逸漏洞攻击是指在虚拟机运行字节码时提供沙盒环境，当一般用户只能在沙盒的限制中执行相应的代码时，此类型漏洞会使得攻击者退出沙盒环境，执行其他本不能执行的代码。

逻辑漏洞攻击是指利用编码不合规范，未对特定数据或代码做容错处理，进而构建特定场景，导致系统出现逻辑问题。

堆栈溢出漏洞攻击是指攻击者通过编写恶意代码让虚拟机去解析执行，最终导致栈的深度超过虚拟机允许的最大深度，或不断占用系统内存导致内存溢出。

资源滥用攻击是指攻击者在虚拟机上部署一份恶意代码，消耗系统的网络资源、存储资源、计算资源、内存资源。

2018 年 5 月 29 日，国内安全软件 360 安全卫士在其官方微博上发布长文《360 发现区块链史诗级漏洞，可完全控制虚拟货币交易》，指出在 EOS 平台的智能合约虚拟机中发现一系列新型安全漏洞，如果这一系列安全漏洞受到攻击，攻击者会构造并发布包含恶意代码的智能合约，EOS 超级节点将会执行这个恶意合约，并触发其中的安全漏洞。攻击者再利用超级节点将恶意合约打包进新的区块，就会导致网络中所有安全节点（备选超级节点、交易所充值提现节点、加密货币钱包服务器节点等）被远程控制。之后，攻击者可以窃取 EOS 超级节点的密钥，控制 EOS 网络的虚拟货币交易，获取 EOS 网络参与节点系统中的其他金融和隐私数据，例如交易所中的加密货币、保存在钱包中的用户密钥、关键的用户资料和隐私数据等。

虽然因为 EOS 当时处于早期阶段并未正式上线，没有形成很严重的后果，但因为运行平台层技术实现上的复杂性，以及其自身新的功能也在不断迭代开发，所以新的 bug 和安全漏洞可能会不断被发现，其面临的安全威胁也将不断变化。因此，仅仅防范已知的漏洞是不够的，还需要具有新的开发

理念：一是有出现错误能即时终止的手段以及及时修复 bug 的途径；二是谨慎发布和校验智能合约；三是通过公开资源来确保获取到最新的安全进展；四是对区块链的特性加深理解。

（六）智能合约层

智能合约本质上是一段运行在区块链网络中的代码，它完成用户所赋予的业务逻辑。一方面，区块链为智能合约的运用提供可信的计算运行平台；另一方面，智能合约大大扩展了区块链的应用范围。合约条款由计算机代码评估并执行不受人为干预，所以合约代码一旦上链，执行过程和结果都完全公开而且不可篡改。随着智能合约的广泛应用，出现了各种漏洞攻击事件，安全风险问题日益严重。智能合约漏洞一旦被黑客利用就可能导致很多严重的安全问题，特别是资产安全问题。

一旦智能合约的编程代码设计不完善，就可能出现安全风险。其安全风险包含三个方面。第一，漏洞风险，包括合约代码中是否有常见的安全漏洞。第二，可信风险。没有漏洞的智能合约，未必就安全，合约本身要保证公平可信。第三，不合规范风险。由于合约的创建要求以数字形式来定义承诺，所以如果合约的创建过程不够规范，就容易留下巨大的隐患。

目前针对智能合约的主要攻击方式有可重入攻击、调用深度攻击、交易顺序依赖攻击、时间戳依赖攻击、误操作异常攻击、整数溢出攻击和接口权限攻击等。

可重入攻击是指当一个合约调用另一个合约的时候，当前的操作就要等到调用结束之后才会继续。这时，如果被调用者需要使用调用者当前所处的状态，就可能发生问题。2017 年 7 月，以太坊钱包 Parity 爆出极其严重的漏洞，使得攻击者从三个高安全的多重签名合约中窃取超过 15 万 ETH（约3000 万美元）。攻击者通过调用 initWallet 智能合约（理论上这个智能合约只允许被调用成功一次），而 initWallet 智能合约未设置重入检查，以防止攻击者多次初始化智能合约将这个钱包合约的所有者进行覆盖从而将钱包所有者修改为攻击者，这相当于从 unix 中获得了 root 权限。

调用深度攻击针对的是虚拟机中智能合约的调用深度限制，这个限制可以防止调用栈资源被滥用。调用深度攻击可以让合约调用失败，即使这个调用在逻辑上不存在任何问题，在虚拟机层面也不被允许了，因为调用深度达到了虚拟机中的阈值，不再往下执行。攻击者可以通过控制调用深度来使某些关键操作无法执行，如转账、余额清零等。

交易顺序依赖攻击是指交易进入未确认的交易池，并可能被矿工无序地包含在区块中，因此打包在区块中的交易顺序与交易生成的顺序完全不同。如果攻击者可监听到网络中对应合约的交易，然后发出他自己的交易来改变当前的合约状态，例如对于悬赏合约减少合约回报，则有一定概率使这两笔交易包含在同一个区块下面，并且排在另一个交易之前，完成攻击。

时间戳依赖攻击是指攻击者可以通过设置区块的时间戳来尽可能满足有利于他的条件，从中获利。

误操作异常攻击是指当一个合约调用另外一个合约时，后者操作可能执行失败，从而退回到未执行的状态，此时前者若不检查后者执行的结果继续往下执行，会导致很多问题。

整数溢出攻击是指如果攻击者向智能合约提供了一个超出代码处理范围的参数，就会产生崩溃结果，这样的崩溃助长了多重攻击。崩溃可能触发拒绝服务攻击，更严重地，关于系统内部的重要信息可能会在错误消息中泄露。2018 年初，区块链形式化验证平台 VaaS（Verification as a Service）检测发现，基于 EOS 区块链的代币合约同样可能存在 BEC 代币合约类似的整数溢出漏洞。

接口权限攻击是指智能合约错误地将高权限的接口暴露给普通用户调用，导致系统状态出现异常。常见的接口权限攻击多出现在 ERC20 代币合约的铸币权限上，一些开发者没有在初始化后关闭铸币权限，导致任何人可以调用生成新的代币。2017 年 11 月，著名的 Parity 多签钱包被一个用户误触发了共享库销毁函数，导致价值 2.85 亿美元的以太币被永久锁定。

从以上的安全事件可以看出，现阶段智能合约并不完善，存在的各种漏洞一旦被黑客利用，就会造成资产损失。解决这些问题仍具有挑战性。以整

数溢出为例，智能合约中有存在针对数值的计算和存储都是在无符号整数的范围中计算和存储的情况。一旦提供的数字输入或计算结果超过定义的字节数（即其数值范围超过了正常能够表示的数值范围），则会发生数值溢出情况。此种情况一旦在合约中出现，极易影响其合约中的处理逻辑和数值状态，导致验证的安全问题。如 2018 年 4 月，黑客利用美链 BEC 代币智能合约中的数据溢出漏洞进行攻击，成功地向两个地址转出了天量级别的 BEC 代币，导致市场上海量 BEC 被抛售，BEC 价格几小时内几近归零。

智能合约的本质是代码，它界定了各方使用合约的条件，在满足合约条件下机器指令被执行，其开发本身对程序员就是一项挑战。受限于自身的安全意识和代码编写能力，开发人员一旦没有全面考虑可能应对的风险，智能合约的可靠性就难以保证。

为防范智能合约层的安全风险，首先，在开发与数值计算相关的智能合约时应该使用安全数值计算库，并做完整的生命周期式安全合规检查，防止整数溢出漏洞；应充分考量智能合约执行的功能，不能对数据完整性、安全性和平台稳定性产生负面影响。

其次，智能合约不可避免地与区块链之外的应用程序相互作用，目前没有方法和标准可以将与外部应用程序连接时引入安全漏洞的风险降至最低。所以，一方面需要先进行智能合约协议安全性分析，防止业务逻辑漏洞的出现；另一方面应对与外部应用程序进行智能合约交互进行标准化，为保护完整性、安全性和稳定性提供指导。

最后，在系统安装智能合约代码时，应确保代码来自正确的可信提供商并且未被修改，如果攻击者有能力安装恶意智能合约代码则可以改变智能合约的行为。必须有控制措施确保智能合约只能由已被授权人员安装，或能将部署在链上的代码与公布的合约源码自行编译后的结果进行比对以确认其一致。

（七）系统应用层

系统应用层涉及不同行业领域的场景和用户交互，导致各类传统安全隐患较为集中，成为攻击者实施攻击的首选。2018年7月至12月，EOS链上的DAPP共发生49起安全事件，波及37个DAPP，导致项目方共损失近75万枚EOS，按照攻击发生时的币价折算，总损失约合319万美元。

加密货币交易平台是为用户提供在线交易服务的重要渠道。不论是内部泄露数据还是外部黑客入侵，都会造成关键信息泄露。目前针对交易平台的攻击主要包括账户泄露攻击、DDoS攻击、Web注入攻击、钓鱼网页攻击。

账户泄露攻击（撞库、穷举）是指攻击者通过手机互联网上已公开或还未公开的用户名、邮箱、密码等信息在要攻击的网站上通过程序批量尝试，若网站不对登录接口做请求限制或者风控，则会导致攻击者可以无限发送请求逐个测试可能的值来暴力破解某些关键信息。

2017年10月2日，OKCoin旗下交易所出现大量账户被盗情况，不完全统计损失金额在1000万元人民币左右，用户怀疑平台已被攻击，或有已被关闭平台的交易所员工向黑客泄露了平台用户的账户信息，黑客通过用户信息破解账户密码登录平台，然后在平台上完成数字资产转移。

DDoS攻击是攻击者想办法让目标机器停止提供服务，若交易平台被DDoS攻击，不但交易平台会蒙受损失，加密货币的交易量也将大大减少，间接影响价格涨跌。

Web注入攻击是指通过对Web连接的数据库发送恶意的SQL语句，从而产生安全隐患和对网站的威胁，可以造成逃过验证或者私密信息泄露等危害。

钓鱼网页攻击是指是一种企图从电子通信中，通过伪装成用户信任的网页以获得如用户名、密码和信用卡明细等个人敏感信息的犯罪诈骗过程。常用手段是导引用户到URL或界面外观与真正网站几无二致的假冒网站输入个人数据。就算使用强式加密的SSL服务器认证，要侦测网站是否仿冒实际上仍很困难。

区块链的钱包是密钥管理的工具，钱包中包含公私钥对，私钥与用户的资产直接相关。用户用私钥进行签名交易，从而证明用户交易的输出权。获

取了私钥，就获得了资产的使用权和交易权。目前主流的钱包分为软钱包和硬件钱包。

软钱包一般运行在有互联网连接的设备上，因此也被称为热钱包，例如电脑客户端钱包、手机 APP 钱包、网页钱包等。用软钱包交易是很方便的，但是安全性相对于硬钱包来说要低很多，主要攻击手段包括私钥窃取、破解攻击、APP 内存篡改攻击。

私钥窃取是指由于钱包私钥文件多点备份不安全导致钱包私钥泄露。经调查，在互联网可接入的地方，都能看到密钥的存储。攻击者可以针对密钥文件进行专门扫描，以及开发相关的木马病毒进窃取。2019 年 1 月 14 日，加密货币交易所 Cryptopia 被盗，成为 2019 年第一起黑客盗窃事件，共有价值 1600 万美元的以太坊 ETH 被盗窃。此次攻击涉及大量钱包，超过 7.6 万个，而且这部分钱包都没有基于智能合约，这意味着黑客获得的私钥数量不是一个两个而是成千上万个。

APP 内存篡改攻击是指攻击者通过控制内存中的应用代码，解析出 APP 内逻辑、功能、流程、漏洞等各类关键内容，针对发现的漏洞植入相应后门代码并针对 APP 进一步攻击。

硬钱包的私钥存储和运算，往往运行在封闭的硬件（如安全芯片）内部，没有直接暴露在互联网或开放的软件运行环境中，有时候也被叫作冷钱包，其安全性要远高于软钱包，但往往不方便交易。但硬钱包也非绝对安全，比如 2018 年初硬钱包制造商 Ledger 公司的产品发生过的中间人攻击，以及第 35 届混沌通信大会（35C3）上 Wallet Fail 团队所展示的侧通道攻击（side channel assault）等，都说明硬钱包的安全仍需要不断完善。

还有一种针对钱包私钥的攻击叫作"彩虹攻击"，即事先遍历常见的助记词组合并预先生成对应的公私钥，然后在网络中寻找已经被彩虹表记录碰撞出来的账户，一旦被彩虹表碰撞，则意味着攻击者拥有了对应账户的控制私钥，验证威胁账号安全。该安全攻击手段使得热钱包和冷钱包都面临较大的风险。2018 年 7 月 11 日上午，在发布 EOS 账户存在"彩虹攻击"风险的高危预警后，区块链安全公司 PeckShield 紧急启动部署了一系列应急处理方案，其中启用的 EOS Rescuer 公共查询服务已累计提供数万次查询，监测到的受影响的高危账户资产也已做妥善管理。

为应对系统应用层的安全风险，平台端上线前应进行渗透测试，在运行中进行全方位安全防护，同时制定遭受攻击后的应对措施。钱包端因为涉及加密资产的安全，更容易被攻击者攻击，这其中以私钥的保护最为重要，用户私钥最好使用随机字符串进行生成，若允许用户自定义输入则必须输入足够复杂的助记词。应该加密保存私钥，恪守按需使用、离线使用的原则，尤其不应该通过网络传输私钥。另外，结合门限签名等密码算法的私钥管理方案，对于钱包端私钥的安全保护，也具有重要的实践意义。

事实上在实践中，大部分的区块链系统应用层的安全问题，都不是区块链自身的安全风险带来的，甚至与区块链本身没有丝毫关系。比如大量加密货币交易平台爆出的安全问题，本质上都是其自身上层应用中存在的安全管理漏洞所致，不涉及底层的区块链技术。但是很多舆论宣传倾向于把这类安全事件归类到与区块链相关的安全案例中，所以还是需要人们提高风险辨别能力，对风险能够有清晰的认识从而加以正确区分。

三　区块链隐私泄露问题

在 CIA 三要素中，区块链在确保完整性和可用性方面天然具有某种优势，但在确保机密性方面尚存在较大挑战。

隐私是一种与公共利益、群体利益无关，当事人不愿他人知道或他人不便知道的个人信息（只能公开于有保密义务的人）、当事人不愿他人干涉或他人不便干涉的个人私事，以及当事人不愿他人侵入或他人不便侵入的个人领域。

在区块链上，实体的标识信息及其在区块链上的交易活动信息都可能被用户认为有隐私保护的必要。区块链上个人信息保护可参考的法规有我国的

《GB/T35273-2017信息安全技术个人信息安全规范》中关于开展收集、保存、使用、共享、转让、公开披露等个人信息处理活动应遵循的原则和安全相关要求，以及国际上的《通用数据保护条例》（*General Data Protection Regulation*）。

区块链技术的逻辑要求相关上链数据必须得到不同节点的共识验证，因此，区块链上的数据隐私保护与传统的数据隐私保护相比，具有不同的特点与要求，往往需要设计专门的隐私保护策略。一是设计隐私保护技术方案，区块链在设计和实现时，宜考虑提供适当的隐私保护方案来加强对其上运行的隐私数据的保护。二是链上（on-chain）链下（off-chain）分割，区块链上的隐私保护，需根据实现方案考虑链上和链下隐私数据的保护策略。三是访问控制，区块链在设计和实现时，应采取技术措施控制隐私相关数据的访问权限，对隐私数据访问者进行身份验证并检查其授权。四是需要重点研究同态加密、零知识证明、安全多方计算、TEE（如SGX）等技术领域，最大限度地为区块链体系提供隐私保护能力。同态加密在保证信息不解密的情况下运行。零知识证明即证明者能够在不向验证者提供信息本身内容的情况下，使验证者相信某个论断真实可信，保证身份的匿名性。安全多方计算是解决一组互不信任的参与方之间隐私保护的协同计算问题，安全两方计算作为其特例，一般基于混淆电路和不经意传输等技术实现。TEE技术则是在信任特定硬件设备（如Intel芯片的SGX功能）难以攻破的前提下选择在受硬件保护的Enclave环境中解密外部输入数据、执行智能合约代码、加密输出数据，此过程中明文信息只出现在Enclave中但不能被外部看到。当然，在实现匿名的过程中，所需的代价可能较高，也可能给追踪与监管带来非常大的挑战。

四 结束语

区块链是信息互联网向价值互联网转变的重要基石，是现代数字货币体系的可选技术之一。它以密码学技术为基础，通过分布式多节点"共识"

机制，可以"完整、不可篡改"地记录价值转移（交易）的全过程①。

区块链作为密码学、网络技术、数据库等多种技术组合的新型技术，复杂程度更高，更容易出现安全问题，因此区块链安全除考虑传统技术范畴内的基础设施安全外，更需要围绕密码算法安全、节点通信安全、共识协议安全、运行平台安全、智能合约安全和系统应用安全等不同的层级进行全面的安全体系建设。安全是个系统性工程，风险的发生也遵循木桶原理，容易从最薄弱的一块板上突破。

区块链技术仍然处在初期阶段，其安全问题处于动态发展过程中，本报告积极探索区块链安全的本质，希望为区块链安全的应用实践给出指导性建议。

参考文献

姚前：《区块链技术的激励相容：基于博弈论的经济分析》，《清华金融评论》2018年第10期。

中国信息通信研究所、中国通信标准化协会：《区块链安全白皮书——技术应用篇》，2018。

王李笑阳、秦波、乔鑫：《区块链共识机制发展与安全性》，《中兴通讯技术》2018年12月第24卷第6期。

---

① 姚前：《区块链研究进展综述》，《中国信息安全》2018年第3期。

B.6
区块链技术与新一代信息技术创新融合的价值、方法与挑战

何宝宏*

摘　要： 作为一项新兴技术，区块链去中心化、难以篡改等特征使其在诸多领域具有重构商业模式、打造全新产业生态的发展潜力。以云计算、大数据、物联网和人工智能为代表的新一代信息技术与区块链迸发创新，凸显出融合创新的大趋势：区块链与云计算互助互补，为新一代信任基础设施奠定基础；区块链与大数据助力数据共享流通，构建大数据时代的信任体系；区块链与物联网结合，为万物安全互联和新型共享经济超前布局；区块链与人工智能融合，为未来的数字经济蓬勃发展积蓄力量。不过，新技术的融合创新也遇到了技术不确定性、推广应用较难等一系列挑战，需要加强技术模式创新，规范服务实体经济，完善发展政策环境，为新一代信息技术的融合创新营造健康有序的发展环境。

关键词： 区块链　云计算　大数据　物联网　创新融合

一　区块链概述

区块链（Blockchain）技术本质上是一种由密码学、点对点网络通信、

---

* 何宝宏，中国信息通信研究院云计算与大数据研究所所长。

共识算法、智能合约等多种技术集成创新的新型分布式数据库系统（也称为分布式账本技术）。典型的区块链以块－链结构存储数据。各参与方按照事先约定的规则，共同存储信息并达成共识。为了确保数据的一致性和防篡改，系统以区块（block）为单位存储数据，区块之间按照时间顺序结合密码学算法构成链式（chain）数据结构，通过共识机制选出记录节点，由该节点决定最新区块的数据，其他节点共同参与最新区块数据的验证、存储和维护，数据一经确认，就难以删除和更改，只能进行授权查询操作①。

作为一项新兴技术，区块链具有在诸多领域开展应用的潜力。然而，区块链不是万能的，技术上去中心化、难以篡改的鲜明特点，使其在限定场景中具有较高的应用价值，可以总结为"新型数据库、多业务主体、彼此不互信、业务强相关"。本质上，区块链是一种带时间戳的新型数据库，从对数据真实、有效、不可伪造、难以篡改的组织需求角度出发，相对于传统的数据库来说，可谓一个新的起点和新的要求。区块链需要一个跨主体、多方写入的应用场景。多个主体各自维护账本，往往会因为数据信息不共享、业务逻辑不统一等原因，导致账对不齐的现象。与之相反，区块链中每个主体都可以拥有一个完整的账本副本，通过即时清结算的模式，保证多个主体之间数据的一致性，规避了复杂的对账过程。此外，区块链适合在不可信的环境中建立基于数学的信任。区块链在技术层面保证了系统的数据可信（密码学算法、数字签名、时间戳）、结果可信（智能合约、公式算法）和历史可信（链式结构、时间戳），因此区块链提供了一种"机器中介"②，尤其适合在协作方不可信、利益不一致或缺乏权威第三方介入的行业应用。

相对于传统的分布式数据库，区块链主要的技术优势包括四点。一是从集中式存储账本演进到分布式共享账本。区块链改变了原有的集中式记账，变成"全网共享"的分布式账本，参与记账的各方通过同步协调机制，保证数据的一致性，提升了支付清结算效率。二是解决了传统中心化的信任机

---

① 《区块链白皮书（2018年）》，《中国信息通信研究院》2018年9月。
② 何宝宏：《全球区块链技术及产业发展十大趋势》2018年6月。

制问题。网络中没有中心节点，所有节点都是平等的，通过点对点传输协议达成整体共识。三是数据安全且难以篡改。每个区块的数据都会通过非对称密码算法加密，并分布式同步到所有节点，确保任一节点停止工作都不影响系统的整体运作。四是以智能合约方式驱动业务应用。系统由代码组成的智能合约自动运行，无需人工干预。

二　区块链与新一代信息技术的融合创新

（一）"区块链 + 云计算"迸发突破，为新一代信任基础设施奠定基础

区块链的行业应用正在加速推进，正在由数字货币等金融应用向非金融领域渗透扩散。企业应用是区块链的主战场，具有安全准入控制机制的联盟链和私有链将成为主趋势。云的开放性和云资源的易获得性，决定了公有云平台是当前区块链创新的最佳载体，区块链与云计算的结合越发紧密，有望成为公共信用的基础设施。在区块链应用安全方面，区块链安全问题日益凸显，安全防卫需要从技术和管理全局考虑，安全可信是区块链的核心要求，标准规范性日趋重要。此外，区块链技术与监管要求存在一定差距，但距离有望进一步缩小。

BaaS 是 Blockchain as a Service 的缩写，中文译为"区块链即服务"，是一种帮助用户创建、管理和维护企业级区块链网络及应用的服务平台[①]。它具有降低开发及使用成本，兼顾快速部署、方便易用、高安全可靠等特性，是为区块链应用开发者提供区块链服务能力的平台。BaaS 通过把计算资源、通信资源、存储资源，以及上层的区块链记账能力、区块链应用开发能力、区块链配套设施能力转化为可编程接口，让应用开发过程和应用部署过程简单而高效。同时，通过标准化的能力建设，保障区块链应用的安全可靠，为

---

① 《区块链即服务平台 BaaS 白皮书（1.0 版）》，《中国信息通信研究院》2019 年 1 月。

区块链业务的运营提供支撑，解决弹性、安全性、性能等运营难题，让开发者专注开发。

区块链开放平台 BaaS 具备如下特点。

一是提供简单易用的部署环境。在开源组件基础上部署企业级分布式区块链系统并非易事，不仅需要专业的区块链知识，同时需要各种复杂的设计和配置，且极易出错。区块链服务需要帮助企业实现自动化配置、部署区块链应用，并提供区块链全生命周期管理，让客户能够容易地使用区块链系统，专注于上层应用的创新和开发。

二是具备灵活扩展的功能属性。区块链服务设计应采用抽象架构和可插拔模块，面向接口设计软件，将网络构建、加密、共识、资源管理、用户管理、运维管理等功能模块分开设计实现，并可将网络构建、共识等区块链底层技术打包，作为一个插件来进行实现。系统应提供计算资源、存储资源、网络资源的无缝扩展。区块链服务也可遵循秉承源于开源、优于开源、回馈开源的原则，积极投入和引领开源社区，为用户提供成熟先进的区块链系统。

三是借力安全可靠的保障能力。区块链服务应具有有效的防篡改机制、清晰的崩溃容错安全边界、安全的数据管理和隔离机制，支持核心技术如共识算法、同态加密、零知识证明、电信级云安全、高速网络连接、海量存储等，提供完善的用户秘钥、权限管理、隔离处理、可靠的网络安全基础能力、分类分级故障恢复能力和运营安全保障措施[1]。

四是构建透明可视的运维体系。区块链服务应提供故障分类分级报警体系和运维方法，提供必要的运维接口和运维授权的能力，为链代码和链上应用提供全天候的可视化资源监控能力，为基于权限的分权分域提供完善的用户管理体系。

"区块链 + 云计算"的融合创新，发挥了区块链多方参与、多中心、可

---

① 张启、卿苏德、杨白雪等：《区块链技术安全风险研究》，《信息通信技术与政策》2019 年 1 月。

追溯、防篡改的特点，与具体的企业应用、行业场景相结合，可真正优化业务流程，重构现有的商业模式和应用生态。结合云平台提供的弹性可扩展资源、丰富多样的云计算产品，并和各行业合作伙伴携手合作，能共同打造可信的行业区块链解决方案和区块链生态，共同推进区块链场景落地，给企业带来更大的便利、价值和想象空间。

目前，根据市场咨询公司 ABI Research 发布的 BaaS（区块链服务平台）排名①，微软、IBM、甲骨文、亚马逊、思科、SAP 等都已经超前布局 BaaS 领域，国内的阿里巴巴、百度、华为和腾讯紧随其后，将在未来打造一个 70 亿美元的 BaaS 市场。

（二）"区块链 + 大数据"助力数据共享流通，构建大数据时代的信任体系

大数据是信息化发展的新阶段。随着信息技术和人类生产生活交汇融合，互联网快速普及，全球数据呈现爆发增长、海量集聚的特点，对经济发展、社会治理、国家管理、人民生活都产生了重大影响。世界各国都把推进经济数字化作为实现创新发展的重要动能，在前沿技术研发、数据开放共享、隐私安全保护、人才培养等方面做了前瞻性布局。可以看到，大数据正在成为数字社会治理的基础性战略性资源，但现阶段大数据发展正面临数据开放共享流通难、数据安全与隐私保护难等挑战。

区块链共享账本、可证可溯、权责明晰和多方计算的技术特性将在大数据时代发挥更重要的作用。

其一，区块链可以解决数据的完整性和真实性问题。利用区块链去中心化的特性，所有的区块链机器在整个互联网中都是一套"巨系统"，在这个"巨系统"中，数据在每台机器上都有备份副本，所有节点都在计算同一个任务，规避了传统中心化系统因单点故障而丢失数据的难题。区块链基于非对称加密技术，让所有人都有自己的数据所有权，规避了传统信息系统因黑

---

① 《BaaS（区块链服务平台）竞争力排名榜》，ABI Research，2018 年 11 月。

客攻击而产生的数据泄露困境。依托数字化原生芯片和设备产生数据的直接上链，依托块链式数据结构环环相扣的能力，确保了每一笔数据都能够追溯，每一笔数据都能证明其真实性。

其二，区块链可以有效促进数据流通共享。数据资源是大数据时代重要的生产要素和战略资产，其价值体现以数据开放和流通为前提。区块链具有共享账本、公开透明等技术特性，有望成为打破"数据孤岛"，实现信息有序流通与共享的利器。一方面，区块链的引入，有助于推进数据的权责厘清工作，依托区块链的公私钥对，每个数据流通方都有对数据的加密权、知情权和管控权，能够加速数据资产的确权和流通。另一方面，通过智能合约的衔接，多方的数据共享和数据查询，能够运行在智能合约的沙盒中，规避了以往数据脱敏的烦琐工作，提升了跨区域跨部门的业务协作效率。

区块链有助于打破政务数据中的"数据孤岛"。在大数据领域里，数据的流通是释放数据价值的关键环节。从概念上讲，基础的数据流通只存在数据供方和数据需方这两类角色，数据从供方通过一定手段传递给需方。然而，由于数据权属和安全的需要，不能简单地将数据直接进行传送。数据流通的过程中需要完成数据确权、控制信息计算、个性化安全加密等一系列信息生产和再造，形成闭合环路。数据流通也产生权属、质量、合规性、安全性等诸多问题，这些问题成为制约数据流通的瓶颈。区块链作为一种难以篡改的、可追溯的数据库，特别强调透明性、安全性，通过多个计算节点共同参与见证和记录、相互验证信息有效性，既进行了数据信息防伪，又提供了数据流通的可追溯路径。业务平台中授权和业务流程的解耦对数据流通中的溯源、数据交易、智能合约的引入有了实质性的进展，可有效解决当前大数据遇到的问题，形成关键信息完整、可追溯、不可篡改、多方可信任的数据历史。

区块链有助于构建可证可溯的数据交易平台。在区块链搭建的数据交易平台上，数据提供者在完成数据确权后，交由系统完成真实性、完整性与有效性的验证，并形成去中心化的数据列表，供所有节点查阅、下载与应用。当数据交易双方达成合作时，交易信息将被上传至区块链，被系统记载并告知所有节点，交易信息将被所有节点记录与保存，以保证交易的安全与可

靠。在此基础上，区块链上所部署的智能合约也将使数据交易更加智能。根据交易双方的合作意愿，以代码形式存在的合约将在条件满足时自动执行，以实现数据的买卖、租赁、借用、交换等。

区块链有助于建立大数据时代的信任体系。在大数据时代，数据资产化与资产数据化的趋势同时存在。而数据在流通的过程中，由于其可复制、易修改、难溯源的特性，在成为资产的过程中面临严重的"信任危机"。回顾历史，人类在信任和共识的基础上搭建起合作网络，从个人信任进化到制度信任是人类文明的一大进步，但制度和国家机器等中心节点需要大量人力维系，成本非常高。然而，区块链技术从根本上改变了中心化的信用创建方式，通过数学原理而非中心化信用机构来低成本地建立互信，而这种信任使得参与方不需要承担机构和个人背书的成本，可以高效简约地构建大型合作网络。

大数据技术有效提升区块链数据建模和分析能力。区块链上存储的数据将随着区块链应用的迅速发展而越发庞大，通过中继、侧链、见证人等跨链技术，不同业务场景下的数据融合流通，进一步提升了数据规模和丰富性。但是，区块链本身所具有的区块数据集合，涵盖了各项交易的全部历史记录。随着区块链的应用迅速发展，一个完备的账本必然会累积海量数据，数据规模会越来越大。然而，区块链不等于海量数据。区块链虽然保证了数据的完备性，支持了信息流和资金流合并，但其本身数据统计分析的能力较弱。大数据具备海量数据存储技术和灵活高效的分析技术，极大扩大了区块链数据的价值和使用空间，通过将区块链上的数据导出，在链外进行数据的清洗、存储、转换和分析，挖掘利用块数据的潜在价值，加速"区块链＋大数据"的创新融合，做大做强数字经济，助力打造国家高效治理、提升人民福祉的智慧城市。

（三）"区块链＋物联网"为万物互联和新型共享经济奠定基石

目前，全球物联网应用发展主要有三大主线。一是面向需求侧的消费性物联网，即物联网与移动互联网相融合的移动物联网，创新高度活跃，典型的应用是可穿戴设备、智能硬件、智能家居、车联网、健康养老等。二是面向供给侧的生产性物联网，即物联网与工业、农业、能源等传统行业深度融合形成行业物联网，成为行业转型升级所需的基础设施和关键要素。三是智慧城市发展进入新阶段，基于物联网的城市立体化信息采集系统正加快构建，智慧城市成为物联网应用集成创新的综合平台。

物联网在长期发展演进过程中，也遇到了设备安全、个人隐私、架构僵化、通信兼容和多主体协同五大痛点①。在设备安全方面，Mirai 创造的僵尸物联网（Botnets of Things）被《麻省理工科技评论》评为 2017 年的十大突破性技术。据统计，Mirai 僵尸网络已累计感染超过 200 万台摄像机等 IoT 设备，由其发起的 DDoS 攻击，让美国域名解析服务提供商 Dyn 瘫痪，Twitter、Paypal 等多个人气网站无法访问。在个人隐私方面，主要是中心化的管理架构无法自证清白，个人隐私数据被泄露的相关事件时有发生。人民网报道的成都 266 个摄像头被网络直播就是一个案例。在架构僵化方面，目前的物联网数据流都汇总到单一的中心控制系统，随着低功耗广域技术（LPWA）的持续演进，可以预见的是，未来物联网设备将呈几何级数增长，中心化服务成本难以负担。据 IBM 预测②，2020 年万物互联的设备将超过 250 亿个。在通信兼容方面，全球物联网平台缺少统一的语言，这很容易造成多个物联网设备彼此之间通信受到阻碍，并产生多个竞争性的标准和平台。在多主体协同方面，目前，很多物联网都是运营商、企业内部的自组织网络。涉及跨多个运营商、多个对等主体之间的协作时，建立信用的成本很高。

"区块链 + 物联网"是区块链与物联网技术的有机融合，可以有效解决上述痛点。一是降低成本。目前的物联网应用基本上都采用中心化的体系结构，所有的数据流都汇总到单一的中心控制系统中，而数量庞大的物联网设备的管理与维护将会给运营商、企业和最终用户带来巨大的成本压力。区块

---

① 蒋雅丽：《区块链 + 物联网融合过程任重道远》，《通信世界》2018 年第 29 期。
② 《2018 年全球及中国物联网行业市场规模预测》，《中国产业信息网》2018 年 8 月。

链技术为物联网提供了点对点直接互联的方式进行数据传输，物联网不需要引入大型数据中心进行数据同步和管理控制，包括数据采集、指令发送和软件更新等操作都可以通过区块链的网络进行传输。二是解决物联网的隐私保护问题。随着物联网产业的发展，数据安全和隐私保护的问题也越来越受到业界关注。区块链技术为物联网提供了去中心化的技术服务，只要数据不被单一的云服务提供商控制，且所有传输的数据都经过严格的加密处理，那么用户的数据和隐私将会更加安全。三是跨主体协作。区块链的分布式对等结构和公开透明的算法，能够以低成本建立互信，打破"信息孤岛"，促进信息横向流动和多方协作。区块链与物联网的结合，为"边缘计算"的实现提供了基础和前提。

区块链有助于构建去中心化的物联网体系，实现万物互联下的设备自主治理。物联网的深度应用，受到目前其体系架构中心化模式的困扰。中心化的信息交换和控制，会衍生出单点故障问题，成为物联网真正发挥效用的瓶颈。根据 Garner 统计，2015 年全球的物联网设备数量达到 49 亿台，2020 年将达到 250 亿台左右。随着物联网中设备数量的增长，如果以传统的中心化网络模式进行管理，将带来巨大的数据中心基础设施建设投入及维护投入。此外，基于中心化的网络模式也会存在安全隐患。区块链的去中心化特性为物联网的自我治理提供了方法，可以帮助物联网中的设备理解彼此，并让其中的设备知道不同设备之间的关系，实现对分布式物联网的去中心化控制。物联网设备不需要依靠任何中心控制，进一步保障了用户安全及隐私。

区块链有助于构建透明可视化的物流体系，加速实现普惠金融。区块链和物流平台的有机融合，将平台方、物流企业、资金方、金融机构等多方的物流、资金流、信息流"三流合一"，形成自循环体系，实现数据业务的透明可视化。买卖双方可以更好地掌握跟踪物流信息，并利用区块链的不可篡改性和智能合约技术，保证链上数据的安全性和真实性，加强资金流向管控和回款控制，降低交易双方的风险。同时，衍生出基于区块链的供应链金融，在多主体、多协作的业务模式下，通过高度冗余的确权数据存储，实现数据的横向共享，进而实现核心企业的信任传递。基于《物权法》和《电子签名法》的约束，借助核心企业信用额度，提升中小企业的融资效率，降低小微企业的融资成本，加速实现普惠金融，有效缓解中小微企业"融资难、融资贵"的问题①。

物联网技术有助于区块链上链数据的真实可靠，构建可信孪生数字世界。区块链能够保证链上数据的真实可靠、难以篡改和不可抵赖，但是很难确保数据上链过程的真实性和权威性。目前，普遍采用闭环生态构建、依托透明算法的公有链技术和依托第三方权威机构认证背书的联盟链技术来为链上数据"增信保真"。随着 eMTC、NB-IoT、LoRA 等低功耗广域网（LPWA）技术②的发展，物联网设备的传输质量、传输距离、功耗、蓄电量等问题将得以逐步解决，会引入基于区块链的数字身份，在设备注册、访问控制、状态管理等一系列设备安全管控方法的加持下，物联网设备基于芯片 ID 对应的数字身份将如实记录该设备产生的所有数据，并直接写入链上，规避"真实数据上链难"的问题。

（四）"区块链＋人工智能"为未来的数字经济蓬勃发展积蓄力量

人工智能一般分为训练（Training）和推断（Inference）两个阶段。在训练阶段，机器需要读取大量的训练数据（类似人类的经验），经过大规模的训练（计算）生成一个模型（类似人类学习得到的技能）。在推断阶段，机器利用训练得到的模型，可以预测新数据的结果。可以看到，在模型的生产过程中，算法、算力和数据是最为重要的三个因素，因此也被誉为人工智能发展的"三驾马车"。

区块链依托物联网设备的数字身份、难以篡改的共识算法和可证可溯的块链式结构，能够提升人工智能使用数据的真实性、关联性和有效性，从算力、算法和数据三个层面，提升人工智能的分析精准度，并借助区块链衍生

---

① 《供应链金融区块链应用白皮书（1.0 版）》，《中国信息通信研究院》2018 年 10 月。
② 陈永波、刘建业、陈继军：《智慧能源物联网应用研究与分析》，《中兴通讯技术》2017 年 1 月。

出的新型协作模式和计算范式,构建"大众创业、万众创新"的人工智能新生态。

在数据层面,人工智能产业仍存在流通不畅、数据质量良莠不齐和关键数据集缺失等问题。人工智能所需数据主要集中在政府和大公司手里,受制于监管、商业门槛等问题,数据无法有效流动;部分有价值的数据,如监控、电话客服等数据目前没有合法渠道获得;区块链技术则能够帮助各机构打破"数据孤岛"格局,促进跨机构间数据的流动、共享及定价,形成一个自由开放的数据市场,让人工智能可以根据不同用途、需求获取更加全面的数据。

在算力层面,由于模型的训练需要大量的图片、视频输入,需要极大的运算量,普通人工智能科技公司需要百万元以上的资金购置 GPU、FPGA 等硬件资源,对于大部分中小型企业来说,成本极高。利用区块链分布式计算的特性,可以将大型 GPU 或者 FPGA 服务器集群、中小型企业闲散的空余GPU 以及个人闲置 GPU 作为计算节点,利用区块链技术通过共享算力,为人工智能提供算力供给。

在算法层面,由于人工智能产业算法门槛极高,而实际市场需求又很大,因此当下的算法仅能满足少数企业的需求,而开发个性化的产品又有很高的技术壁垒和资金壁垒,小企业独立开发难度极大。利用区块链分布式协作的特性,搭建发布机器学习任务的平台,利用群体智慧优化人工智能算法,算法可由多个人工智能专家更新维护。此外,基于区块链技术可构建算法交易市场,将允许用户在平台上发布任务、购买算法模型,在保证知识产权和隐私的条件下,激励开发者并大大降低 AI 使用门槛。

三 区块链与新一代信息技术融合面临的挑战

(一)政策性风险

区块链目前部分的衍生应用在世界各地存在着一定的政策风险。例如,

Token 代币的合法化应用、虚拟货币衍生的金融风险等，尽管与区块链技术没有直接关系，但在经济和政策层面，都给区块链技术带来了不小的政策压力。区块链与新一代信息技术创新融合，不仅需要在技术、法律、监管等多方面进行配套，同时需要包括政府、区块链产业各环节（含技术提供方）等在内的多方参与，推动平台建设和区块链标准设立，制定相关法律和政策，使新一代信息技术的创新应用既风险可控，又达到支持实体经济和服务企业的目的，发挥良好的社会效益和经济效益。

（二）技术融合的不确定性

无论是从当前区块链的技术指标，还是从大数据、物联网、人工智能的实际落地性来讲，距离真正的结合并实现落地，需要面对的不确定性因素仍然存在。目前区块链在和新一代信息技术的融合过程中，主要遇到扩展、隐私和计算能力等方面的问题：主流的公有链难以支撑人工智能的链上实现；区块链项目涉及交易信息、信用信息等敏感性商业信息，由于授信平台对数据隐私保护[1]要求很高，数据存储必须有很强的防截获、防破解能力，隐私保护和数据共享的边界需要比较和权衡；物联网设备在和区块链的集成过程中，也会遇到存储空间小、续航能力弱、计算和通信能力受限、查询速度慢等一系列问题。

（三）大规模社会应用难推广

区块链、大数据、物联网、人工智能等新一代信息技术的应用，虽然目前市场有初步测试，但真正落地有一定难度。一方面，加入区块链系统，需要对原有业务系统进行改造，初期需要较大的替代成本；另一方面，客户对于新的技术应用需要一段适应期，短期内市场规模有限，市场潜力还需进一步挖掘。此外，数据共享、机理共享、资源共享的关键，除了技术以外，关键是要有一个合理的组织形态，使得相关利益方愿意共享。弱化数据的中心

---

① 云晴：《GDPR 正式生效 美欧大数据隐私保护差异渐显》，《通信世界》2018 年第 17 期。

区块链应用蓝皮书

化，降低了大型企业相对小公司的竞争优势。从技术领域中去除这些障碍将会改善社会，但共享市场的尝试可能会让大公司感到不安，从而反对利用区块链技术对数据去中心化。

四　发展建议

加强技术模式创新。开展工业应用特点相关的区块链等新一代信息技术核心技术研究、产品开发和集成测试，突破性能、安全、兼容性等制约应用发展的技术瓶颈；培养和强化企业知识产权意识，鼓励产业积极开展技术创新；依托高校、研究机构和企业自主创新平台，形成产、学、研用相结合的开发联合体，加大核心信息技术的投入，加强复合型交叉能力人才培养，严格管理研究资金，推动科研成果转化；提升新一代信息技术评估测试水平，客观准确评估新一代信息技术平台和应用。

规范服务实体经济。创建政、产、学、研合作交流平台，实现行业供需对接，助力行业应用发展；加快推进区块链与其他与新一代信息技术创新融合的试点，组织开展相关应用的概念验证、试验平台、先导应用示范和评估，培育行业龙头、领军企业和产业生态，加速形成以点带面、点面结合的示范推广效应；结合试点示范的实践经验，面向新一代信息技术企业开展技术与应用培训；构建"双创"良好格局，鼓励区块链和大数据、工业互联网、信息安全等的深度融合，打造新的经济增长极，助推共享经济。

完善发展政策环境。政府应发挥统筹协调作用，组织专家研判区块链与新一代信息技术融合的发展趋势，把握各个新兴技术本质、潜在用途和成本收益，研究制定促进区块链等新一代信息技术应用的发展政策，通过设立专项基金和出台政策等方式，引导产业健康发展；加快制定相关法律法规，将区块链等新一代信息技术纳入合适的监管框架之内，防范系统性风险；尽可能在维护系统参与者利益与维护更广泛的社会利益间达成平衡，避免固化的架构阻碍技术创新。

参考文献

《区块链白皮书（2018 年）》，《中国信息通信研究院》2018 年 9 月。

何宝宏：《全球区块链技术及产业发展十大趋势》2018 年 6 月。

《区块链即服务平台 BaaS 白皮书（1.0 版）》，《中国信息通信研究院》2019 年 1 月。

张启、卿苏德、杨白雪：《区块链技术安全风险研究》，《信息通信技术与政策》2019 年 1 月。

《BaaS（区块链服务平台）竞争力排名榜》，ABI Research，2018 年 11 月。

蒋雅丽：《区块链＋物联网融合过程任重道远》，《通信世界》2018 年第 29 期。

《2018 年全球及中国物联网行业市场规模预测》，《中国产业信息网》2018 年 8 月。

《供应链金融区块链应用白皮书（1.0 版）》，《中国信息通信研究院》2018 年 10 月。

陈永波、刘建业、陈继军：《智慧能源物联网应用研究与分析》，《中兴通讯技术》2017 年 1 月。

云晴：《GDPR 正式生效 美欧大数据隐私保护差异渐显》，《通信世界》2018 年第 17 期。

行 业 篇

Industry Reports

B.7

区块链技术在金融领域的研究与应用

度小满区块链团队*

摘 要： 区块链技术自比特币诞生以来，引起了社会各界的广泛关注。
风口起伏，当币圈热潮过后，回归到技术本质，区块链的分布
式账本、智能合约、可信共识技术所带来的数据可信、透明，
行为可追溯不可篡改，健壮的分布式存储，得到了业界，尤其
是金融界的认可。金融企业纷纷在诸如 ABS、供应链、风控征
信、跨境支付等领域结合区块链技术进行探索，已有产品实现
落地。本文尝试对"金融＋区块链"技术进行归纳总结，并对
区块链结合人工智能、大数据、云技术进行展望。

关键词： 区块链 金融安全 ABS 供应链 人工智能

＊ 度小满区块链团队成员为李丰、徐栋、张伟、钱坤、俞致远、王文超、张辰、金思惠子、石
幸英、赵猛。

一 金融行业的发展与现状

（一）金融行业回顾

金融业的历史源远流长，金融机构从单一的银行发展成全面的金融体系，除了占据主导地位的银行外，还包括各种财务公司、保险公司、证券公司等。金融业涉及的范畴已经包括货币、证券、银行、保险、衍生证券、投资理财、基金等。我们说的近代金融，主要经历了 4 个阶段。

1. 传统金融：以存款、贷款、结算三大业务为主，业务模式单一，以线下面对面为主，多采用手工记账的办法，烦琐、效率低下。

2. 电子化金融：20 世纪下半叶，金融业务采取现代通信技术、计算机信息技术手段，优化了金融业务的处理流程和处理方式，实现了业务处理的自动化。

3. 信息化金融：21 世纪初，电子货币出现并大量流通，资金流转效率大大加快；金融机构逐渐从线下经营发展为线上线下经营，支付、资金融通、风险管理、信息查询等方面的更迭迅速，各国金融市场逐渐连接成统一整体。

4. 互联网化金融：当下依托大数据、云计算等信息技术，逐渐形成基于网络平台的功能化金融业态和服务体系，出现了普惠金融、平台金融、信息金融等相异于传统金融的金融模式。

（二）不断扩展的金融业务范畴

随着近年来我国金融的飞速发展，金融业务范畴不断扩宽，已经由传统金融业务范畴，逐渐拓展到泛金融、新金融等一些全新领域。

1. 传统金融

以货币、证券、银行、保险、信托、交易所等金融业务为主，我国已有基于中国人民银行、银保监会、证监会的一行两会分业监管格局。

2. 泛金融

传统金融业务的衍生与拓展，包括资产管理、投资咨询、支付、小额贷款、P2P、担保、众筹等。

3. 新金融

在信息技术推动下，结合移动化、云计算、大数据、人工智能、区块链等新技术，金融业在获客、用户触达、导流、用户分析、金融社区、知识图谱等方面逐渐构建起全新的金融体系架构。

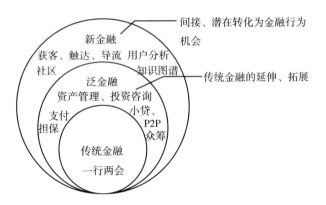

图1　传统金融、泛金融、新金融范畴示意说明

（三）信息技术助力金融变革

信息技术的发展，让金融业发现了更多的经营模式，弥补原有经营模式存在的不足，金融业通过自我改革满足消费升级的用户新需求。

信息技术服务于金融行业主要表现在以下三个方面。

1. 提供更加便捷的金融服务

将原有的线下为主的交易模式转移为线上与线下融合的双重模式，降低服务门槛，缩短用户与金融服务之间的距离，提供更加便捷的服务模式。

2. 改善传统金融结构

传统金融模式陈旧、效率较低、整体成本较高，利用信息技术提升用户体验，降低推广运营成本，能更便捷地为更广泛的客户提供更完善的服务。

3. 增强风控效能

通过区块链、大数据等技术手段，增强数据的深度和广度，深化金融机构风控能力的建设，为监管部门提供更加全面的数据信息，减少金融风险的发生与扩散。

习近平总书记在十九大报告中也明确指出，"深化金融体制改革，增强金融服务实体经济能力"，同时强调"健全金融监管体系，守住不发生系统性金融风险的底线"。信息技术势必会在金融体制改革的浪潮中发挥巨大的作用。

二　区块链技术的挑战与机遇

金融业务的发展和变革，历来都是和新技术融合、吸收，不断演进的过程。作为与移动互联网和人工智能并驾齐驱的区块链技术，早早地引起了金融行业的关注，并已经开始落地探索。

（一）互联网时代金融行业的挑战

随着技术进步、客群变化等因素的影响，互联网金融得到了蓬勃发展。互联网金融的出现，使得传统金融行业的服务内容和交易方式发生了巨大的转变，在促进普惠金融发展、满足多元融资需求方面发挥了重要的作用，但互联网金融的发展过程也面临着一些新的挑战。

1. 网络信息安全建设不够成熟

一方面，互联网金融基于网络虚拟平台，个人信息保护难度大；另一方面，目前互联网金融体系在安全技术方面缺乏统一的标准，金融平台的开发和利用过程过于仓促，系统的不完善导致客户隐私泄露的安全问题频发。

2. 风控机制基础配套设施不够完善

互联网金融多样的营业模式，给风险控制带来更多挑战，暴露出对底层规模更大、覆盖更广的征信系统迫切的需求。现阶段的征信系统，监管间存在的"数据孤岛"，传统金融行业之外的征信数据游离在外。

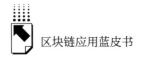

3. 线上金融服务不够完善

互联网金融在很大程度上还依托于传统金融行业，目前的传统金融业信息化改造还未完成，金融业务的很多流程还围绕着线下运行模式，金融服务的效率在很大程度上受限于线下服务的效率。互联网金融需要更多样化的技术，加快业务流程改造，加速线上迁移，实现更高效的金融服务。

（二）区块链技术的潜在机会

区块链是一个高透明、不可篡改和去中心化的分布式账本技术，这个账本由各个节点共同维护，账本上的数据对所有节点可见，其中的节点可以是某个机构、某个企业、某个人。在技术上，它借助了密码学算法，使数据难以篡改，并且可以隐藏节点之间的交易信息；它基于分布式理论，做到了去中心化、不依赖于特定中心机构，并且具备良好的容灾特性。从运营机制上，它被设计成各个参与方达成"博弈均衡"，防止参与方作恶。

这些特点，使得区块链可以成为解决前述金融行业面临的一些问题的关键。

1. 区块链可以做到数据加密，可以解决数据隐私问题

中心化的应用会保管用户的隐私数据，例如姓名、身份证等敏感信息，一旦服务器被攻击，隐私荡然无存。近年来已经发生过多起"撞库""拖库"事件，让人们重新重视起数据安全。区块链可以隐藏交易发起方和接收方的关系，在不泄露具体交易内容的前提下，做到对其真实性验证。用户可以安全地在链上进行交易，基于区块链衍生出的金融应用更容易受到大家认可。

2. 区块链可以集合不同来源的数据，解决金融系统中各个"数据孤岛"问题

金融行为有涉及多个参与方的情况，目前这些参与方的数据相互之间不透明，形成了"数据孤岛"。依靠区块链技术，让参与方将各自的运营数据上传至链上，链上数据各参与方共享，实现数据透明、可信。

3. 区块链数据透明并且不可篡改，可以成为风控和信用体系建设的依据

信任是一切金融活动的基础。区块链去中心化，通过密码学保证账本数据无法篡改、链上行为可以追溯。现在已有基于区块链的存证平台，多个工

作节点配合以权威机构背书，这些数据受到法院认可。

4. 区块链智能合约技术，让线下服务可以转移到线上

在金融活动中，经常有跨机构的，甚至跨境的金融交互，中间涉及的结算、审核流程繁杂。传统方式下，需要借助中心化机构来完成这件事，效率低下，且存在服务不可用风险。借助区块链的智能合约技术，只需要把交易过程写入智能合约，节点对此达成共识，在线上就能自动化完成这个流程，提高了效率。

随着信息技术发展，区块链或许可以为金融业在提高效率、降低成本方面提供一个突破点，它不仅满足了最基础的安全需求，在平台建设、社区化、权益发行等方面也有所应用，可能会为现在数据和权益体系相对独立的金融行业提供一种新的思路。

三 区块链技术应用案例

（一）行业应用概览

区块链的各类特性，为金融业注入了创新活力，不但潜移默化影响着现有业务模式，更孕育着新的场景。国内外一些 TOP 公司和新兴的企业都对将其应用于金融领域进行着积极的探索。

本节将依据金融领域的细分业务类别，介绍部分企业目前基于区块链的典型应用案例，探讨金融领域中可将区块链落地的业务场景，为区块链在金融领域创新与应用提供一定的参考。

表1　区块链在金融场景的应用示例

场景	参与者	应用说明
数字货币	比特币社区	区块链1.0，仅用于发行数字货币比特币
	以太坊社区	发行以太币，并支持智能合约技术
	EOS 社区	发行 EOS 币，采用 DPOS 共识，旨在成为区块链上的操作系统。

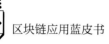
续表

场景	参与者	应用说明
ABS 发行/平台	度小满金融（原百度金融）	基于区块链发行百度－长安新生－天风2017年第一期资产支持专项计划
	交通银行	基于区块链发行交盈2018年第一期个人住房抵押贷款资产支持证券
	京东	基于区块链发行京东金融－华泰资管19号京东白条应收账款债权资产支持专项计划
供应链金融/贸易金融	腾讯、联易融	微企链供应链金融服务平台
风控	京东金融	互联网金融支付安全联盟风险信息共享（分布式查询）平台
征信		众信链、信链
支付	Ripple	xCurrent
	招商银行	跨境汇款
	支付宝香港	跨境汇款
保险	众安科技	安链云平台
	中国人保和Vechain	区块链解决方案（反欺诈、KYC、提升理赔效率等）
	支付宝	互相保
清结算	微众银行	微粒贷机构间对账平台
积分	中国银联	跨行银行卡积分通兑平台

除了以上典型场景，区块链技术还被应用于数字票据、资产溯源、金融社区、KYC（Know Your Customer）等。

（二）区块链在 ABS 的应用

将区块链技术用于发行 ABS 或者构建 ABS 平台，是区块链技术在金融领域最早的实践。度小满金融（原百度金融）、阿里巴巴等都分别与金融机构发行了基于区块链的 ABS 产品，京东搭建了基于区块链的 ABS 平台。

各大厂商纷纷以 ABS 试水，一方面是因为当时 ABS 新起正热，各金融机构纷纷布局，不存在传统业务的掣肘；另一方面，也是更重要的，是因为 ABS 与区块链技术的契合。

从业务场景分析，传统 ABS 产品存在以下问题。

第一，ABS 资产非标准化，需要更严格的监管与评级。

第二，信息不对称，资产变动过程不透明、信息披露少，无法为监管和评级机构提供可信的数据，资产真实性存疑。

第三，资产信息不透明，二级市场无法提供有效定价依据，资产缺乏流动性，融资周期长。

第四，信用风险与流动性风险难以监控，风险不确定性造成融资成本上升，融资主体信用溢价难。

这些问题，造成企业融资成本高、周期长，投资者风险高，金融机构服务效率低、风控困难，监管机构监管困难。

区块链技术正可以为以上问题提供一种解决方案。

第一，区块链的公开透明的特性，实现了 ABS 产品发行、募集、申购、评级、监管全数据上链，数据对所有参与者公开可见，保证了资产的数据真实性和后续监管的时效性。

第二，区块链上的数据，不可被肆意篡改。可靠可信的数据，也增强了评级机构结果的价值，明晰风险，降低了融资的成本。

第三，信息透明，方便监管机构实现穿透式监管，对项目与资产信息进行实时、全流程的监管，降低了监管难度，提升了监管的时效性。

第四，利用区块链的智能合约技术，项目内容合约化，资产变更、清偿与违约都将按照合约规定强制处理，避免了中间环节的作假舞弊，并且也大大提升了机构间对账清算的效率，降低了运营成本。

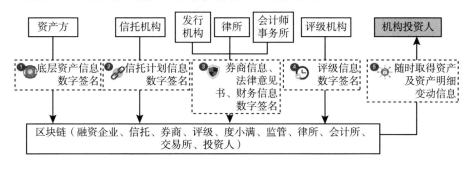

图 2　度小满金融"区块链＋ABS"方案

"区块链 + ABS"方案解决了一些问题，但存在的不足也同样需要关注。一是"区块链 + ABS"并未能实现真正的主体信用与债券信用的完全分离，而这是 ABS 产品解决中小企业融资难题所要面对的根本问题；二是"区块链 + ABS"产品数据与物理世界数据的分离，虽然区块链能保证链上数据运行中状态的透明、不可篡改，但无法保证源数据的真实性，这依赖于参与方的诚信或需要第三方手段辅助；三是仅仅将 ABS 产品全流程信息上链，并无法满足 ABS 业务完整形态，还需要提供更丰富的智能合约产品模板、灵活的参数配置、完善的测试分析工具等。

当前业界已基于区块链发行了一些产品，如百度 - 长安新生 - 天风2017 年第一期资产支持专项计划、京东金融 - 华泰资管 19 号京东白条应收账款债权资产支持专项计划、交通银行交盈 2018 年第一期个人住房抵押贷款资产支持证券等。

（三）区块链与供应链金融

供应链金融是银行将核心企业及上下游业务联结为供应链，提供全方位、全行业、全流程的融资服务。供应链金融参与方众多，需要对供应链上下游多个企业的信用和交易细节进行把控，而参与各方信息不透明、不对称，信息系统并不互联互通，中小企业披露的信息难以核实，无法有效地获得核心企业的信用背书，造成了中小企业融资难、融资慢、融资贵的问题。

针对供应链金融存在的问题，业界提出了"区块链 + 供应链金融"的方案，将供应链金融物流、信息流、资金流、商流"四流"信息上链，实现对全供应链交易细节的把控。智能合约技术能确保交易的真实有效、可追溯，并且成本低效率高，能帮助银行迅速发现上下游企业经营风险，提升风险管理效率。真实的信息帮助中小企业共享核心企业的信用，这可以帮助中小企业降低融资成本，缩短融资周期，提升融资效率。

但供应链金融与区块链结合所存在的问题比 ABS 要棘手得多。

首先，区块链并无法解决供应链金融参与方不配合的问题。当前的供应链金融严重依赖核心企业的参与，这给企业带来了额外的责任，事实上将风险由银行转移给了企业，企业往往不愿配合。

其次，全链条信息上链，依赖于全供应链企业的信息化，核心企业信息化水平较高，但中小企业可能缺乏必要的条件。即使企业有意愿有条件进行信息化改造，将其经营中的全部交易数据上链，如何防止数据泄露，如何保障企业的隐私，也是一个问题。

最后供应链金融模式各异，可复制性不强，以智能合约实现的话，对合约代码的编写要求比较高，并且也需要相应的测试、模板等工具完善"区块链＋供应链金融"应用生态。

虽然存在诸多问题，但国内市场日渐成熟、企业粗放式增长难以为继，要求企业更关注上下游的协同合作。原有的高信用企业风险逐渐显现，逼迫商业银行改革，去关注中小企业的长尾市场。供应链金融是必然的趋势。

供应链金融，将信用风险转为操作风险，正可以利用区块链技术提高风险管控能力，降低操作风险。

当前业内关"于区块链＋供应链金融"，相关成果有由中国信息通信研究院、腾讯金融科技、深圳前海联易融金融服务有限公司组织编写的《区块链与供应链金融白皮书》，并有联易融基于腾讯区块链技术推出的供应链金融平台微企链，联动优势科技有限公司基于其自主研发的优链推出的跨境保理融资授信管理平台等。

（四）区块链在风控和征信的探索

随着互联网金融的发展，我国信贷市场的交易额呈快速增长趋势，市场对风控和征信的要求越来越高。当前的智能风控主要依托人工智能和大数据，但是，当前的大数据风控存在一些问题，主要为"数据孤岛"问题、数据质量问题和数据泄露问题。大数据征信也面临同样的问题。

行业内多个方案对区块链加持的风控与征信进行了探索。

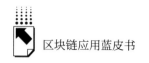
2017 年 1 月，北京市网贷行业协会发布 X-credit 信息共享系统，该系统引入了区块链技术，通过将数据共享过程分解，将关键环节使用区块链记录，形成索引链、交易链以及投诉链，可以让所有机构公平参与，有效解决机构间的"数据孤岛"，以及网贷行业中的多头借贷和反欺诈问题。

2018 年 3 月，第三方智能风控解决方案服务提供商同盾科技，利用区块链技术为用户提供专用的数字身份网络机制，同时也实现了一套专用网络基础架构管理机制，将其用于代表性身份记录上进行安全共享和协作。通过这一专用网络，商业银行、同盾和金融科技企业在贷款、支付和信贷市场上，可以以前所未有的方式安全地共享信息，大大降低了信用传递成本，减少了信息真实性的重重核验环节。

2018 年 10 月，中国银联与京东金融发起的互联网金融支付安全联盟风险信息共享（分布式查询）平台正式上线。如图 3 所示，平台利用区块链技术建立机构间去中心化数据共享协议，通过"事后记账、事后审计"的机制设计，从技术上确保多家机构间一对一的独立数据加密传输。同时利用智能合约等技术，量化各家机构间传输数据的质量与价值，进而实现对各家机构间数据使用资格的量化，真正实现开放、公平、公正的数据分享，该方案具备以下优点。

第一，数据安全方面：各家机构无需报送数据，仍然保留数据的访问控制权，数据安全得到保证。

第二，数据质量方面：被查询的数据会经过业务流程的实时验证，数据质量通过反馈机制可以得到有效控制。

第三，交易效率方面：由于采用了事后记账与事后审计的机制，数据查询的效率并没有被分布式架构所影响。

第四，通证流转方面：积分采用透支的方式获取，固定期限后进行积分轧差清零，参与机构可以及时变现。

目前该方案仅提供了数据的计价能力，仍然欠缺数据的评价能力。据称，平台将探索通过使用权益积分来完善数据的评价能力。

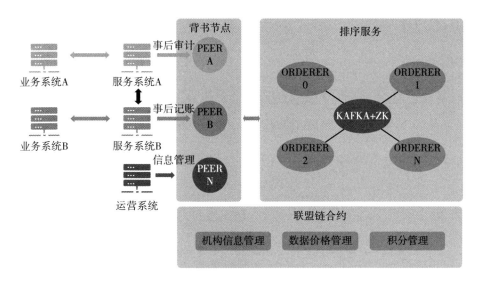

图3　互联网金融支付安全联盟风险信息共享（分布式查询）平台方案

（五）区块链落地跨境支付

区块链在跨境支付场景中主要有两种模式。第一种是将数字货币作为货币兑换的交易媒介，从而做到任意两种货币的快速兑换。第二种是基于区块链的跨境协同报文系统，这类方案通过区块链实现报文的传输与共享，实际账务处理依然在银行等机构内部完成。利用区块链技术的优势，各类方案希望在降低跨境支付风险、提高跨境支付效率、节省中间资源等方面有所提升。

Circle 成立于 2013 年，由 Jeremy Allaire 和 Sean Neville 在美国波士顿联合创立，是一家提供数字货币储存及国家货币兑换服务的消费金融创业公司。Circle 将比特币作为交易媒介来实现低成本的兑换货币及跨国汇兑，目前支持美元、英镑和比特币的兑换。数据显示，Circle 的用户来自 150 个国家，年交易额近 10 亿美元。2015 年，Circle 成为全球第一家获得纽约州金融服务局（NYDFS）颁发数字货币许可证（BitLicense）的公司。而 Ripple 是继 Circle 之后第二家拿到 BitLicense 的公司。

Ripple 提供的全球金融结算的解决方案（xCurrent）使得银行之间无需

通过代理行，就可以直接转账并及时、确定地结算，以此降低结算总成本。作为一项针对银行推出的解决方案，xCurrent 是围绕开放式中立跨账本协议 Interledger Protocol 而建立的，旨在实现不同分类账和网络之间的交互操作。目前，Ripple 已与逾百家金融机构达成合作，已有 60 个国家承认 Ripple，在美有 13 家银行可以自由兑换瑞波币（Ripplecoin）。

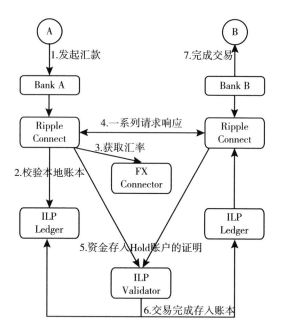

图 4　Ripple xCurrent 解决方案

　　在国内，区块链技术与跨境支付的结合基本都是基于区块链的跨境协同报文系统，多个金融机构在同一区块链网络中共享账本，提高了效率、减少了成本。招商银行与境外分行/子行间的直联通道实现了快捷便利的跨境支付，一笔直联支付的报文可在数秒内完成。中国银行通过区块链跨境支付系统，成功完成河北雄安与韩国首尔两地间客户的美元国际汇款。支付宝香港也通过基于电子钱包的区块链跨境汇款服务，使其用户可以通过区块链技术给菲律宾用户转账，并由渣打银行负责日终的资金清算以及外汇兑换，使得跨境汇款能像境内转账一样秒到账。

（六）区块链与保险

在保险行业，全球范围内也有部分保险巨头和新兴的科技公司开始探索使用区块链技术来提高效率，甚至创造新的商业模式。从应用模式来看，主要分为两大类：一类是构建联盟链，促进信息融合共享，实现更高效的风险控制，减少信息不对称问题等；另一类则是利用智能合约，提升理赔的效率、规则的透明度等。

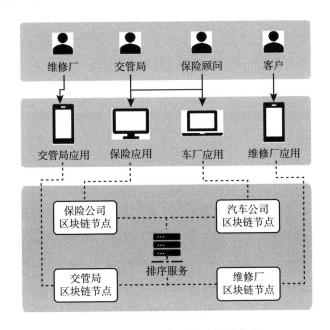

图5　一种应用于车险的区块链方案

资料来源：IBM。

Everledger 是一家初创公司，它运用区块链技术为买家、卖家和保险公司建立了钻石所有权的分布式账簿。他们将 160 万颗钻石进行数字化处理，将数字指纹记录在不可更改的分布式账簿中。当珠宝商谎称钻石被盗，并向保险公司提出了索赔后，他为"被盗"钻石伪造了证书，并将其当作新钻石售卖。由于每颗钻石的特征均被 Everledger 的区块链系统备案，当该钻石被重新包装出售时，保险公司可及时发现并追回它。

法国安盛 AXA 推出航空保险产品 Fizzy，该产品在以太坊区块链上的智能合约存储保险条款。当用户为乘坐的航班购买保险时，用户的航班信息会记录在智能合约中，该合约与全球空中交通数据库网络相连。如果航班延误超过 2 小时，保单持有人将自动获得赔偿。

众安科技发布了基于区块链技术和人工智能的安链云平台，上线了电子保单存储系统，尝试通过区块链技术保证电子保单的安全性，实现保单信息的去中心化存储。此外，众安科技还联合工信部中国电子技术标准化研究院、众安保险、复旦大学计算机科学技术学院发布了《基于区块链资产协议的保险通证白皮书》。

2017 年 1 月，蚂蚁金服支付宝宣布将在公益保险产品中引入区块链技术，2018 年蚂蚁金服与信美人寿合推出基于区块链的健康互助产品相互保。同年，互联网科技企业水滴集团也宣布将在旗下的健康互助产品水滴互助当中引入区块链技术。

（七）区块链与金融用户社区

如何为用户提供更好的有价值的产品，一直是金融科技行业一大难点。而在传统的消费金融产品中，经常会面临以下几个问题：由于风控成本的要求，资金成本较高，优质用户往往承担着逾期用户的风险和成本；即使产品整体用户人群品质较好、收入较高，曾经的高品质用户也很难享受到产品红利；用户辅助获客时，无法获得激励或只能获得短期激励，无法获得长期持续的激励。

区块链具有天然的激励机制，以及公开、透明、不可篡改的特点，能够很好地满足建立基于用户行为的奖励机制和共建消费金融社区的需求。

以度小满金融获客与经营平台为例。信贷用户 A 邀请 B 后，会在链上建立长期的邀请绑定关系，若新用户 B 完成授信审核进行借款，将获得 n 个奖励通证，用户 A 可同时获得相应比例的奖励通证；新用户进行借款将持续产生价值，此价值持续积累形成权益池，拥有奖励通证的用户，可定期兑换权益，通证本身不可交易，权益池的积累和兑换交由智能合约控制。

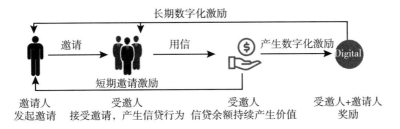

图6 度小满金融基于区块链的获客与经营方案

基于区块链的金融用户与社区，还具有如下优势。

第一，公开透明、不可篡改。激励通证的生成、分配、回收销毁，权益池的积累、兑换均在链上完成，并对所有参与者可见，同时利用智能合约技术保证了行为的确定性。这就避免了传统的商家"一言堂"，保证了用户权利、增强了用户的信心。

第二，数字通证价值体现。数字通证总量恒定、通缩发行，并不断通过兑换权益被回收销毁，流通数字通证数量减小，价值上升。

第三，权益兑换闭环。通证是用户通过行为分配获得的，如对新客的奖励、对拉新用户的奖励、对用户借款行为的奖励等，用户持有通证产生价值积累权益池，使用通证于权益池中兑换实际奖励，如现金、优惠券、实物等，这就构成了权益生产与消费的闭环。

第四，隐私保护。用户在链上的行为，以链上加密身份进行，保障了用户的隐私。

区块链金融用户与社区结合，虽然能够增加用户的黏性，但也存在着巨大的挑战。作为一种取代旧的积分体系的新方案，其成本较高，许多公司只是浅尝辄止。另外，区块链的激励机制，近几年被一些人用作圈钱的手段，阻碍了区块链激励体系的推广。但随着方案的成熟、监管的日臻完善，区块链金融用户与社区必然会大放异彩。

（八）区块链在金融其他领域的应用

除了以上提到的几个方向，区块链在数字票据、不动产登记和数字身份

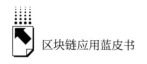

等方面也有着巨大的潜力空间。

1. 数字票据

随着区块链技术的发展成熟，以区块链为基础构建的数字票据已经具备发展条件。其中，以全国统一数字票据交易平台为代表，通过依托底层区块链技术，顺利实现了区块链数字票据的签发、承兑、贴现和转贴现业务，有效地抵制了票据造假，防范了违规交易，提升了票据信用，具体表现如下。

在承兑环节，不同的企业在整个网络体系中占据不同的节点。通过设计一套智能合约来完成承兑环节，并生成相应的数据区块，省去与中心信息传递的环节，提升效率。票据权利归属和票据承兑人的担保责任由可信时间戳显示，并且由于通过区块链的实现方式，每个节点都有自己的私钥，可以维护信息安全。

在流转环节，通过智能合约编程对票据的流转、贴现、转贴现、再贴现、回购等流转交易进行限制，免去了中心化的流转，实现了点对点的对接。通过智能合约的可追溯有效避免操作风险和信用风险，实现交易的公平性和价格的真实性。

在托收环节，通过编程将约定买回的日期计入智能合约，程序在票据到期时自动执行托收申请操作，待托收完成后由第三方完成信息的记录并生成数据区块，省去中间环节，规避违约风险。

2. 不动产登记

当前不动产登记信息管理基础平台已实现全国联网，不动产登记体系进入全面运行阶段，但是不动产登记中数据共享难、来源不精确、历史数据未能完全利用等问题始终得不到解决。娄底市率先在全国推出区块链不动产登记，利用区块链技术，从以下几个方面解决这些难题。

利用区块链分布式账本特性，有效消除行政壁垒带来的信息不对称，在这个账本里记录各类信息的任何变动都会在所有参与者中及时得到反映，在管理链条上的各部门可以及时跟进，打破部门壁垒带来的无知和不作为。随着自然资源进入不动产登记范围，通过区块链技术可以将自然资源实现分布式掌控，有利于及时掌握自然资源的变化、确权和转让的各类情况，摸清家底，为决策提供支撑，为深化改革提供思路。

3. 数字身份

作为金融服务流程的核心，客户身份识别十分重要。国际信用卡巨头 VISA 联合 IBM 于 2019 年一季度推出一款基于区块链的数字身份识别系统，该系统为金融机构提供基于区块链的数字身份解决方案，使其可以安全地处理跨境支付，减少可能存在的支票和电汇欺诈。

基于区块链技术建立数字身份，具有天然的优势。

第一，区块链具有不可篡改的特性，通过权威机构的信用背书（如政府的认证）后再把数据上链，可以有效地保障身份数据的真实性。

第二，区块链的非对称加密机制，一方面可以保障用户隐私不会被其他任何人随意使用，使用权都在用户自己手上；另一方面在交易过程中，双方的隐私都能得到很好的保护。

四 新机遇：区块链结合其他金融科技

除了金融业务，区块链技术跟其他金融科技的结合也展现了巨大的潜力。

（一）区块链结合金融人工智能

当前的人工智能（AI）是一种由中心化基础设施驱动的、基于概率的黑盒解决方案。而区块链是分布式数据存储、点对点传输、共识机制、加密算法等计算机技术结合的一种去中心化、确定透明的解决方案。

虽然人工智能和区块链在设计哲学上是不同的，但两者可以很好地结合，取长补短，带来全新的应用技术，这体现在以下几点。

1. 区块链帮助 AI 获得大量、丰富的数据

由于技术局限及市场竞争等因素，公司（企业）之间往往拒绝直接共享数据。但借助区块链技术，各公司可将脱敏后数据加密上链，然后卖给有需要的公司，购买者将拿到的密钥和业务模型输入智能合约完成模型训练。

在实践上，深脑链通过智能合约将数据提供方和使用方隔离开，数据来源和模型训练均去中心化。铂链 Bottos 作为一个 AI 数据交换平台，通过区块链的激励鼓励个体为 AI 公司贡献数据。

2. 区块链解决个人隐私保护问题

个人数据，诸如身份证号、人脸图片等敏感数据存在着收集和导出处理的需求，尤其是在导出过程中，易造成泄露。若在公共数据库和 AI 模型之间使用区块链来桥接，借助区块链的非对称加密技术，解密被推迟到数据输入模型之前，可降低泄露风险。

为解决类似问题，TEEX 项目通过引入可信执行环境来承载数据和模型计算，防止外借窃取数据；StarkWare 项目则利用 STARK 技术，通过零知识证明协议来保护区块链隐私数据；Oasis Labs 项目借助硬件安全环境推出不依赖中性化权威的数据隐私存储规模化智能合约技术。

3. 区块链协助人类监督 AI 行为

在多人工智能系统联合工作的网络中，传统的日志存储方式容易被篡改，从而导致某个或某几个 AI 系统的部分行为被"掩盖"。若架设一个 AI 区块链，将每个独立的 AI 系统视为一个节点，分配独立标识，AI 系统做出的决策或调用的资源均被记录在区块链上，那么，可有效监督 AI 行为，即使 AI 出现"错误"决策，排查原因也会很容易。

4. "区块链＋AI"有助于打造安全、鲁棒、高效的全球金融生态

区块链技术在银行体系内有很大的潜力。通过分布式账本代替集中式数据维护，可降低数据维护成本；通过区块链进行交易，可实现资金的全流程追踪；借助区块链的多副本特性，银行数据可避免因主观、客观因素导致的单点故障而丢失。此外，结合 AI 的分析能力，可对资金的流动进行实时监控，及时冻结异常账户，有效遏制资金大量转移等违法行为。

在金融生态方面，已有多家企业着手布局区块链与 AI 的结合，集中在金融风控、量化投资和防伪溯源领域，如表 2 所示。

表 2　企业布局区块链与 AI 结合案例

领域	代表	成就
金融风控	京东	"四大发明",并完成 1 亿名用户信用评估
	甜橙	建立了包括监管平台、生态圈合作、风控运营、风控核心决策在内的风控体系
量化投资	Bibox	运用 AI 自动分析项目资料,提高效率;收购瑞士 Chain Capital,获得金融牌照
	AlphaCat	结合区块链与 AI 的量化投资平台,为用户提供多种 AI 投顾服务
防伪溯源	苏宁	打造了去中心化黑名单共享平台和可追踪属性的区块链溯源平台
	Linfinity	打造一套可信任的供应链生态,在药品、化妆品和烟草方面已取得可观成绩

不过,今天的区块链和人工智能才刚刚起步,不仅两者技术不够成熟,如智能合约一旦运行不可停止的特性会给业务带来不可控性,各国政府在政策上也不够完善。因此,当前最重要的使命依然是实践和探索。

(二)区块链与金融云

随着互联网的兴起,金融科技逐渐在传统金融占了越来越大的比重,金融云作为其中的代表,带动了传统金融的转型。区块链作为新兴技术,可以从基础云、平台云、业务云三个方面入手,与金融云结合,实现金融创新。

1. 基础云

现有的基础云,基本都是中心化架构,容易受到攻击。使用区块链,不仅可以去中心化,也可以整合民用空闲资源。首先,将运维信息上链,资源去中心化存储能防止被攻击;其次,通过通证对资源使用结算,激励用户贡献资源。通过上述方式,无需自建机器,就能大大提升资源利用率。

在这方面,IPFS 提供一种去中心化的文件系统,通过整合用户闲散硬盘空间,提供存储基础能力;锐角云将区块链和硬件结合,提供分布式计算能力。

2. 平台云

区块链具有一定的技术门槛,对某些个人或团队而言,自运维的难度较高。解决方案是将区块链整合进平台云,提供对外输出能力(Blockchain as a Service)。云服务包含如下方面:网络节点的管理、区块链的搭建和运维、

区块链存储的高可用、可定制化的区块链。作为用户，只需关注其上的金融业务和场景。

例如，度小满的 BaaS 平台、微软的 Azure、IBM 等，都提供了上云服务。用户只需支付节点费用，即可享受以太坊、Hyperledger 的一键部署运维服务。

3. 业务云

业务云是金融云的顶层服务。业务云为金融机构提供成熟的技术解决方案，帮助其方便地开展业务。首先，区块链主要承担分布式存储的角色，由各节点维护；其次，通过智能合约，区块链可以对数据进行强制校验或计算，防止客户端的欺骗行为；最后，在区块链之上构建通用金融业务，方便用户即开即用。由于区块链的去中心化特性，业务云尤其适合清结算、跨境支付等多参与方场景。

例如度小满的金融云提供 ABS 服务，其底层为自研区块链或者开源方案。用户只需定制数据格式和流程，即可接入使用 ABS 服务，非常方便。

总体来说，区块链与金融云结合，汇总结论如表3所示。

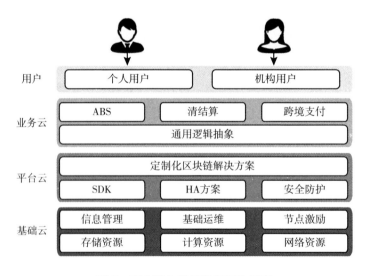

图7 度小满金融云服务架构示意

表3 区块链与金融云结合案例

结合点	区块链的优势	典型案例	效果
基础云	去中心化存储 通证激励	IPFS	市值达25亿美金 2500家网站接入
平台云	去中心化存储	度小满 BaaS	450家机构/个人接入 1500多个区块链网络
业务云	去中心化存储 智能合约	度小满 ABS 业务	数十家机构接入 500亿元规模资产

（三）区块链与金融大数据

数据是金融的基础，金融数据尤其复杂，涉及征信、审计、供应链、保险等多个行业。发展至今，金融数据仍面临如下问题：信息冗余、"数据孤岛"、数据不安全、信息不对称、追溯困难等。这些问题使金融大数据的处理效率低下、成本过高，并可能令投资者蒙受损失。

使用区块链技术，可以在如下几个方向与金融大数据结合，解决上述问题。

1. 数据存储共享

"数据孤岛"是金融大数据中最普遍的问题，其原因在于，不同的机构维护各自的数据，不仅交流困难，成本很高，也存在信息不对称的问题。建立一个可靠的数据共享平台，是"数据孤岛"的解决方案。

区块链的去中心化存储方式具有透明可追溯的特点，正适合数据共享平台。首先，数据在所有节点都会存一份拷贝，对所有参与机构公开，可以方便地下载，降低共享成本；其次，数据需要所有节点达成共识、参与机构审核通过才能上传入链，大大减少了数据错误的可能性；最后，区块链上的数据具有难以篡改的特性，从而可以建立一套追责机制，避免少数机构恶意操作数据。

通过建立去中心化的数据共享平台，可以降低共享成本，解决"数据孤岛"问题；同时，消除信息不对称问题，减少欺骗行为，提升金融公正性。

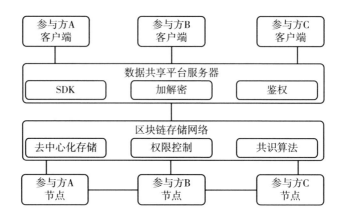

图 8　数据存储共享平台

在这方面，百度的超级链提供的 XuperData 方案解决了多方联合计算的问题，实现了数据可信不可见，最大化数据的价值。京东金融于 2017 年 3 月推出资产云管理系统，采用区块链记录底层资产的产生、流转信息；美国保险巨头 AIG 与渣打银行、IBM 合作，实现保单信息实时共享；众安科技开发安链云平台，使用区块链存储保单、客户、理赔等信息。

2. 数据追溯

数据追溯在保险、审计等细分行业有较高需求。例如，保险的资金去向、风险历史信息，审计的取证和追溯等，目前仍存在信息不透明、追溯困难等问题。借助区块链技术，可以建立一套数据追溯机制。首先，建立联盟链，做到数据全共享；其次，引入第三方认证机构，对提交的数据进行审核并提供数字证书，保证上链数据真实可靠；最后，交易前后连接成链，提供了数据的回溯功能。

例如，腾讯发布了供应链金融解决方案，记录企业账款和债券通证的流转信息，保证资产不可重复使用、可被追溯。北方信托与普华永道合作推出服务，供审计人员快速访问数据。度小满推出溯源服务，允许用户追溯款项的来龙去脉。

3. 数据安全

安全是金融的核心。防止存储数据受到攻击、泄露、越权查看等损害，是保证数据安全的关键。

采用区块链建立的存储平台，可以提高数据安全性。首先，数据以加密形式存储，仅所有者持有解密私钥，保证即使遭窃，明文数据也不会泄露。其次，全网共识机制需要黑客同时控制多数具有记账权的节点，大大提升了攻击难度；最后，通过多重签名、环签名等方式，保证数据的授权读写，禁止非法访问。

目前，上海保险交易所开展区块链数据交易技术验证，对数据的加密存储传输和许可型授权的方案进行了验证，确保安全性要求达标。

总体来说，区块链与金融大数据的结合，结论汇总如表4所示。

表4　区块链与大数据结合案例

结合点	区块链的优势	典型案例	效果
数据存储共享	去中心化存储 加密防止泄露 共识降低共享成本 数据权限访问控制	安链云	已有6家机构接入
数据追溯	数据可追溯 难以篡改,保证数据真实可靠	度小满溯源服务	目前已接入公益等项目
数据安全	加密提升安全性 抗DDoS攻击 数据权限访问控制		

区块链与大数据结合，在数据共享方面可以降低成本、提升效率；在金融公正性方面可以消除信息不对称，避免欺骗行为；在数据安全方面可以提升攻击难度，防止泄密。然而，现阶段区块链在金融大数据中仍处于探索和初步应用的阶段，主要是因为其技术尚未完全成熟，稳定性等方面还达不到大规模商用的标准。

未来，区块链可以在区块扩容，多链并行等方向继续探索，提升存储能力和读写性能。

五 总结及未来展望

比特币创新性地设计出了去中心、去中介、点对点的交易处理体系，是首个全球化大规模协作具备透明、不可篡改、可回溯特性的数字资产系统。比特币的成功引发了全球性的区块链热潮，一时间区块链成为解决信任的万能钥匙，但是我们发现诸多后续应用更多的是在延续比特币的范式，在应用实践上遇到了诸多壁垒。

金融是区块链技术落地的重要领域，金融领域对安全、透明、不可篡改等特性的高要求与区块链技术十分契合，有非常好的应用前景。通过我们的研究以及实践也发现，金融领域特别是既有金融业务的领域范畴，引入新技术面临巨大的挑战，尤其是引入区块链这种仍未成熟的新技术，其技术应用和推进的阻力远远大于在非金融领域进行的尝试。金融行业强监管、业务和技术风格相对保守等因素，进一步加大了区块链技术在金融领域落地的难度。

虽然未来的挑战仍然艰巨，但是我们也看到踏实的、有说服力的应用正在不断增加，区块链的价值在应用中不断体现。在业务中应用区块链技术，我们建议考虑以下几点，能帮助区块链同行在持续的探索中少走弯路，提升在区块链落地方面的效率和成功率，对区块链的应用落地探索，有积极的促进作用。

第一，区块链技术在金融领域应用时，我们需要了解金融的本质和逻辑，不应盲目地去革命性改造，对供应链金融、ABS资产证券化、消费信贷、保险、理财等金融领域要有本质性的理解以发现正确的实践道路。

第二，区块链技术应用需要注重创新组合成熟技术并创造出新的模式，探索出更高效、更安全、更可信的系统架构来支撑业务，切实产生业务收益。

第三，区块链技术实践需要全方位地思考技术研究、商业模式的设计、落地场景切入、生态环境和配套设施、金融监管和法规等，最终由实践总结出一套可行的、经过验证的方法论，从而指导行业进行大规模推广形成规模效应。

综上所述，金融是区块链技术应用的重要领域，金融场景对真实可信的高要求和区块链特性天然契合。对于区块链技术在金融领域的研究和应用，我们需要高度重视、积极研究但同时也要理性地看待、注重实践落地、跳出思维定式、抓住重点抓住本质，将区块链技术与大数据、人工智能、物联网等技术有机结合，灵活创新，真正做出一些有积极意义的实践！

B.8
基于区块链技术的供应链金融分析

穆长春　狄　刚*

摘　要： 目前国内的供应链金融尚处于早期阶段，虽然有物联网、大数据等新兴技术的涌现和应用，离成熟相去甚远，供应链金融还无法脱离信用，优质的核心企业信用又无法向供应链上下游传导，中小企业信用体系不健全，融资难融资贵的问题依旧存在。区块链技术是分布式数据存储、点对点传输、共识机制、加密算法等计算机技术的新应用模式，在强信用的金融领域，提升金融效率与降低金融成本方面具有极大的潜力。本文尝试对供应链金融的概况和发展现状进行概括，分析供应链金融的痛点及区块链的解决方案，重点介绍了中国人民银行贸易金融区块链平台在供应链金融领域的探索，最后在指出"区块链＋供应链金融"问题的基础上，对其未来进行展望。

关键词： 区块链　供应链金融　应用探索

一　供应链金融概况与发展现状

（一）供应链金融的概念与内涵

1. 背景

企业微观上，尽管供应链管理问题研究不断深入，但在落地操作上，国

---

* 穆长春，中国人民银行支付结算司副司长；狄刚，中国人民银行数字货币研究所副所长。

内企业对供应链的经营重点在于实现资金流与物流、信息流、商流的有效整合，这也是供应链发展必须要跨越的障碍。

产业宏观上，产融结合已经是全球先进供应链体系和制度所倡导的模式。一方面，国际贸易的全球化趋势要求金融市场以供应链为中心提供更为灵活、成本更低、效率更高、风险可控的融资模式。另一方面，供应链上的中小企业普遍面临资金短缺的问题，急需供应链金融的支持；相应地，商业银行的发展需要金融创新来创造新的业务生长点和利润来源。

在企业微观和产业宏观的共同作用下，供应链金融成为供应链管理与金融理论创新的新方向，近年来也发展迅猛。

2. 定义

国内关于供应链金融定义的普遍观点认为供应链金融是指"以核心客户为依托，以真实贸易背景为前提，运用自偿性贸易融资的方式，通过应收账款质押登记、第三方监管等专业手段封闭资金流或控制物权，对供应链上下游企业提供的综合性金融产品和服务"。

供应链金融是一种集物流运作、商业运作和金融管理于一体的管理行为和过程，它将贸易中的买方、卖方、第三方物流以及金融机构紧密地联系在了一起，实现了用供应链物流盘活资金，同时用资金拉动供应链物流的作用。在这个过程中，金融机构如何更有效地嵌入供应链网络，与供应链经营企业相结合，实现有效的供应链资金运行，同时又能合理地控制风险，成为供应链金融的关键问题。

3. 特点

第一，供应链管理是供应链金融服务的基础。实际的供应链支撑了供应链金融的发展。供应链金融的规模和风险由供应链运作的质量和稳定性直接决定。

第二，运用大数据对客户企业进行整体评估是供应链金融服务的前提。整体评估是指供应链金融服务提供方从行业、供应链和企业自身三个角度分别对客户企业进行系统化的分析评判，并依据分析结果决定是否对其提供供应链金融服务。

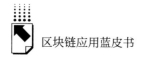
第三，资金闭合运作是供应链金融服务的刚性要求。为了保证供应链金融服务的正常运转，供应链的资金流、物流运作必须依照合同要求流动。

第四，构建供应链金融生态系统是供应链金融的必要手段。供应链金融的生态圈由供应链金融受益主体、实施主体、资金方以及基础服务的相关企业和组织共同构成。

第五，企业、渠道和供应链，尤其是有潜力的中小企业是供应链金融服务的主要对象。

第六，流动性较差的资产是供应链金融服务的针对目标。企业在生产和贸易的过程中，形成了应收账款、存货、预付款等众多资金沉淀。这些流动性较差资产为金融机构或其他服务提供商开展供应链金融服务提供了理想的业务资源。

（二）供应链金融交易形态

传统的供应链金融的交易形态有应收账款融资、库存融资以及预付款融资三种，并且在供应链金融的发展过程中也出现了一种新兴的交易形态——战略关系融资。下面对四种交易形态做简要的介绍。

1. 应收账款融资

应收账款融资，也称发票融资，是指企业将赊销形成的应收账款转让给专门的融资机构，以应收账款作为还款来源，使企业得到所需资金，加强资金的周转。应收账款融资是集融资、结算、财务管理和风险担保于一体的综合性金融服务。应收账款融资的主要方式有：保理、保理池融资、反向保理、票据池授信、出口应收账款池融资和出口信用险项下的贸易融资。

2. 库存融资

库存融资又称存货融资，是指需要融资的企业，将其拥有的存货用作抵押，向资金提供方出质，同时将质押存货转交给具有合法保管存货资格的物流企业进行保管，以获得贷方贷款的融资业务，是物流企业参与下的动产质押业务。库存融资的形态主要方式有：静态抵质押授信、动态抵质押授信和仓单质押授信。

3. 预付款融资

预付款融资是指在上游企业承诺回购的前提下，由第三方物流企业提供信用担保，中小企业为缓解预付货款压力以金融机构指定仓库的既定仓单向银行等金融机构申请质押贷款，其提货权由金融机构控制的融资业务。预付款融资的主要类型有：先票/款后货授信、担保提货（保兑仓）授信、进口信用证项下未来货权质押授信、国内信用证和附保贴函的商业承兑汇票。

4. 战略关系融资

上面介绍的三种融资方式都属于有抵押物前提下的融资行为，与原有的企业融资方式比较相似。在供应链中还存在着基于战略伙伴关系、基于长期合作产生的信任而进行的融资，即战略关系融资。这种融资方式的特点在于要求资金的供给方与需求方相互之间非常信任。在战略关系融资中，供需双方之间除了需要依靠契约进行治理，还要进行关系治理。

（三）供应链金融的生态

供应链金融生态由供应链金融参与方的角色和结构关系，以及它们与制度和技术环境的关系共同构成。供应链金融生态包含四层结构。

1. 供应链金融受益主体

供应链金融的受益主体主要是指在生产和贸易的过程中，依附于供应链上核心企业的上下游中小企业，借助核心企业信用背书，缓解融资难融资贵问题。

2. 供应链金融实施主体

在供应链金融发展初期，实施主体主要为商业银行。随着供应链金融行业的不断发展与创新，掌握了供应链上下游企业真实贸易信息的行业龙头企业、物流公司、金融信息服务平台等各参与方纷纷利用自身优势来提供供应链金融服务。

3. 供应链金融资金方

供应链金融资金方是直接提供金融资源的主体，同时也承担着最终风险。

4. 供应链金融基础服务

供应链金融的发展需要配套的基础设施服务提供方，如技术服务提供商、供应链金融信息化服务商、行业组织等。

（四）供应链金融的功能与主要价值

1. 功能

（1）追踪供应链资金流

供应链金融出现的一个重要原因就是传统的供应链管理无法对链上的资金流进行有效管理。而供应链金融的核心可以说是对不同供应链成员间金融资源流动的管控。

（2）金融资源的合理配置与运用

供应链金融的出现使得链条上的企业关系更多的是协作关系而不是竞争关系，金融资源的使用考虑的不仅仅是一家企业的收益，而是整个供应链上所有企业的利益最大化。

（3）扩大金融资源的源泉

供应链成员及服务提供商之间所提供的商品和服务需要进行支付，因而有了融资的需求。供应链金融提高了链上成员获得资本以及在金融市场上融资的可能性，改善了链上企业融资的境遇。

2. 主要价值

（1）降低融资成本

核心企业由于与供应链上下游中小企业有长期的贸易往来关系，不仅对供应链上中小企业的经营状况、信用状况、管理水平等方面有较为全面的了解，还通过订单和销售渠道选择控制着中小企业的未来生存与发展。银行通过核心企业的担保将对中小企业的授信转化为对核心企业的授信，破解信息不对称问题，极大限度地盘活资金，让中小企业能够以相对较低的成本获得融资。

（2）降低融资门槛

在供应链金融模式下，为了应对中小企业资信普遍偏低的特点，银行可以只关注每笔具体的业务交易，适当淡化对企业的财务分析和贷款准入控制。在融资过程中，银行重点考察申贷企业单笔贸易真实背景及企业历史信誉情况，通过资金的封闭式运作，利用贸易自偿性来控制贷款风险，从而使一些因财务指标不达标而导致贷款被拒的中小企业，可以凭借单笔业务的贸易背景真实性来获取贷款融资。

（3）降低融资风险

通过对物权单据的控制和融资款项的封闭运作，银行可以对资金流和物流进行控制，使风险监控直接渗透到企业的生产和贸易过程中，有利于对风险的动态管控。同时，供应链金融在一定程度上实现了银行授信与融资主体风险的隔离。银行更注重企业交易背景的真实性和连续性，通过对企业的全面审查，确定企业销售收入作为其融资的还款来源，同时限定融资期限与贸易周期相匹配，使资金不能被动用，银行发放贷款的风险相对较小。风险的降低鼓励银行拓宽开展中小企业融资业务的范围，一定程度上缓解了银行惜贷拒贷的问题。

二 区块链在供应链金融领域的应用

（一）供应链金融行业痛点

1. 供应链信息不透明

传统供应链运作中，"信息孤岛"问题普遍存在，链上参与方的系统相互割裂，各自保存信息，没有有效的共享渠道和途径。如核心企业与其上下游的交易信息只会存储于双方的系统之中，金融机构授信信息也仅掌握在金融机构的手中。由于整个供应链信息不透明，参与者无法了解整个交易流程中所有的信息流和进展情况，降低了供应链的运作效率，加大了操作难度和风险。对银行等金融机构而言，信息不透明则使其无法从中小企业获得有效的数据，进而怀疑整个交易的真实性，使得许多真实且急迫的融资需求被拒绝。

2. 授信对象局限性

由于"信息孤岛"问题的存在，金融机构出于风险管控的考虑，只能基于核心企业的主体信用，垂直给上下游企业进行授信。风险传递的扩散性使得金融机构的服务对象局限于一级供应商与经销商，而处于供应链远端的中小企业的融资需求则很难得到满足。

3. 违约风险高

现有的供应链管理体系对链条企业的约束能力较弱，给恶意虚假交易、资金流断裂等可能造成违约的行为留下了较大的操作空间。供应商与买方、融资方与金融机构之间的最终现金结算过于依赖双方的契约精神，尤其在涉及多方交易或多级交易时，违约风险会成倍增长。

4. 监管难度大

到目前为止，供应链金融的电子化程度依旧较低，文件仍多为纸质形式，操作也多依赖人工，加之银行间信息不互通、监管信息获取滞后，容易被不法企业"钻空子"，以同一单据重复融资，或虚构交易背景和物权凭证。比如2012年江浙地区出现的钢贸融资虚假仓单以及2015年珠三角地区出现的黄金珠宝加工企业构造贸易融资投机套利。

5. 融资难融资贵

在目前的市场环境下，赊销是买方的主要结算方式，相应的账期也从30天延长到60天、90天甚至180天，供应链上游的供应商存在较大的资金缺口。但是核心企业的信用传递不到供应链的尾端，企业难以获得银行的优质贷款，而民间借贷利息居高不下，融资难融资贵的问题较为严重。

（二）区块链的技术特征

区块链技术是分布式数据存储、点对点传输、共识机制、加密算法等计算机技术的新应用模式，对解决供应链金融领域的众多问题具有重大意义。

1. 网络结构方面

区块链基于点对点的网络结构，使得参与方能够对等、网状协作。这为没有显著的层级或从属关系的参与方之间的跨机构协调，提供了便利，无需在组织结构上进行协商，只要将业务规则固化到区块链的初始设置中即可，简单快捷。

2. 系统稳定方面

区块链具有高度稳定的特性，能够作为供应链金融运作的基础平台，满足开展供应链金融业务对系统稳定性的基本要求。供应链数据能得到有效保护，供应链金融业务流程可以在区块链系统上稳定运作。

3. 信任体系方面

各个节点可以在无信任基础下进行安全交易。区块链最大的作用是可以有效解决信任问题。区块链上的数据安全性高、交易无法撤回，同时应用区块链技术的供应链金融系统往往会进行较为严格的身份认证与反洗钱认证，构成了区块链的信任体系。

4. 存储技术方面

分布式、集体维护的存储方式使交易者可以匿名、交易信息完全透明。参与者共同维护一个数据全体可见的账本，通过数据的分布式加密存储、数据不可篡改，完整性得到了有效保障。

（三）基于区块链的供应链金融解决方案

从上面的分析可以看出，区块链技术非常适用于多方参与的供应链金融业务。

1. 供应链信息透明化

供应链生态中的参与方依协议共同维护一个公共账本，每一笔交易经全体共识后记账。公共账本上的数据全体可见，可有效保证数据主体的访问权和数据可携权，赋予数据主体对自身数据更为灵活的处置能力。通过数据链上、链下分级加密存储，可在数据安全和隐私的前提下，保证数据的准确性和不可篡改，实现数据在不同应用间更高效地自主流转，符合欧盟《一般数据保护条例》（*General Data Protection Regulation*，GDPR）发布后的技术发展趋势。

2. 信用传递

在传统的融资过程中，核心企业背书信用会随着应收账款债权的转让不断减弱。区块链技术能够把现实的应收账款债权映射到链上，并能基于现实法律和合规要求实现转让、清算等业务动作。由于区块链的共识机制设计，链上数据不可篡改、可溯源、可承载价值，核心企业背书效用能够沿着可信的融资链路传递，进而解决核心企业信用难以传递到供应链尾端的难题。

3. 智能合约管控履约风险

金融的价值核心是通过跨周期资金配置所产生的资产，而区块链的智能合约技术能够承载这种多样化场景的资产。智能合约是区块链应用于商业场景的重要发展方向。它是一种特殊协议，封装了若干状态与预设规则、触发执行条件以及特定情境的应对方案，以代码形式写入区块链合约层。基于智能合约的履约形式不但能够在缺乏第三方监管的环境下保证合约顺利执行，而且杜绝了人工操作可能带来的违约风险。

4. 监管便利性提升

将供应链金融的信息上链加密并实现可追溯，确保了数据的真实性与准确性。同时，通过区块链实现纸质文件的电子化以及对智能合约的应用，可以有效地获取监管信息，对资金流进行分析预警，能够及时对贸易背景真实性进行分析与核实。因此区块链技术的运用大大便利了监管，顺应了当前金融监管日益严格的趋势。

5. 降低融资成本，提高融资效率

区块链技术与供应链金融的结合使得链条上的上下游中小企业可以更高效地进行贸易真实性审查和风险评估。同时由于核心企业能够信用传递，传统流程中由于信任危机而增加的烦琐核查程序可以得到大幅削减，金融机构惜贷拒贷的现象也能够有所改善。区块链技术的应用降低了融资成本，提高了融资效率，为从根本上解决供应链上的中小企业融资难融资贵问题提供了极大助力。

（四）区块链赋能供应链金融的应用——以应收账款融资为例

供应链金融与区块链的结合是当前供应链技术应用的热门领域之一。

区块链技术应用于供应链金融优势明显，以下以应收账款融资为例来说明。

1. 主要流程节点

资产生成------ 资产确权------ ┌────────── 融资 ──────────┐

核心企业　　供应商　　供应商　　银行　　银行　　　　银行　　　　监管

1.签发应付账款 2.确认应收账款 3.申请融资 4.受理融资申请 5.放款　6.账务处理　7.分析预警

图1　应收账款融资主要流程节点

2. 现有流程痛点

（1）纸质文件、线下手工操作；

（2）信息分散不透明，来源无法追溯；

（3）企业容易以相同单据重复融资，或虚构交易背景和债权凭证；

（4）融资过程需要多部门协同，流转时间长，效率低下；

（5）数据获得性差，无法有效管理资金流动并预警，同时也无法及时对贸易真实背景进行分析及核实；

（6）银行手工报送数据，真实性和准确性难以保证；

（7）信息同步实效性差。

3. 区块链技术优势

（1）端到端信息透明化。所有相关参与方都通过一个公共账本分享信息并进行交易，提高决策的效率和精确性。

（2）交易智能合约化。所有交易通过智能合约实现，只有在满足条件下的交易才会执行，降低交易对手方风险。

（3）纸质文件电子化。所有纸质文件实现电子化，提高流程效率并降低操作风险。

（4）信息加密可追溯。所有上链信息均被加密且可追溯，确保数据的真实性和准确性，同时也降低了审核的难度和成本。

（5）参与方操作协同。所有相关参与方共同维护流程节点，确保信息同步。

（6）数据分布式储存。信息和数据的分布式存储确保数据的完整性。

三 现有贸易融资平台的"区块链+供应链金融"探索

在区块链技术发展与应用探索的过程中，将其应用于供应链金融领域一直是一个热门的话题。综观国内外区块链应用情况，已有不少针对供应链金融领域各类应用场景的应用方案。目前，以在区块链上创新供应链金融业务为起点，旨在解决现有贸易难题的贸易融资平台也在不断涌现。以下将选择性介绍并分析三个比较有代表性和影响力的平台。

（一）香港"贸易联动"贸易融资平台

"贸易联动"（eTrade Connect）是由香港金融管理局发起、12 家香港主要银行组成的贸易融资平台，于 2018 年 10 月 31 日正式投入运作。该平台不但将过往流程烦琐的贸易融资推进至数字化的新时代，而且带来了各种优势。

（1）实时与需要取得文件的贸易参与者分享交易文档，保障数据隐私和安全性；

（2）提高记账贸易的透明度，让订单的明细更一目了然；

（3）平台上的交易资料可被核实和比对，降低了融资欺诈的风险；

（4）超额融资的风险下降带来银行融资意愿的提高；

（5）贸易文件以单一标准数字化，省却核对的时间和减少手工错误。

"贸易联动"平台有利于降低成本以及简化以纸质文件为主的流程，有利于企业更快速、更灵活地获得流动资金，有利于填补中小企业贸易融资缺口，对于促进贸易融资以及供应链金融革命性转变有极大的推动作用。

（二）we. trade 创新数字贸易平台

2018 年 7 月，we. trade 完成首个实时区块链金融交易。we. trade 是在

Hyperledger Fabric 技术基础之上，由 IBM 与汇丰银行、德意志银行等 9 家创始银行组建的创新区块链平台。we. trade 旨在消除阻碍跨境和国内贸易的融资缺口，促进欧洲中小企业贸易。平台为企业融资提供了诸多便利：

（1）摒弃纸质文件，在线创建交易订单；

（2）提供简单的用户界面，便于企业管理整个交易流程；

（3）有多种贸易融资业务可供选择；

（4）基于智能合约执行的付款承诺；

（5）平台实现完全自动化，缩短交易周期。

平台在贸易融资业务以及供应链金融领域的创新使得各种规模的企业能够更加高效安全地进行跨境交易，推动欧洲乃至全球经济增长。目前，平台利用欧洲的地理与政策优势，已经将业务拓展至欧洲多个国家。基于区块链的跨境贸易供应链金融实践正在稳步推进当中，为其他平台开展类似业务起到了示范作用。

（三）Marco Polo 贸易融资平台

Marco Polo（马可波罗）贸易融资平台由区块链软件公司 R3、平台技术服务商 TradeIX 和 ING、德国商业银行等大型银行基于 Corda 共同构建，于 2018 年 9 月正式发布。该平台的目标是实现参与者之间的实时连接，促进贸易融资智能化与透明化。平台解决了当前贸易融资生态系统中的关键挑战。

（1）成本分摊。平台可以让许多成员和参与者共同承担成本，而不是由一方/几方承担成本。

（2）降低风险。区块链上的数据可由参与各方进行验证，并且具备监管友好的特性，能够有效降低信用与监管等风险。

（3）网络效应。平台的生态规模能够实现网络效应，为解决贸易中的结构性技术问题提供了条件。

（4）协同作用。专业知识和新兴技术的协作、共享将推动整个行业的创造力和效率，以破除少数企业单打独斗无法解决全行业问题的困境。

目前，平台已上线应收账款贴现、保理以及付款承诺三项贸易融资业

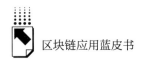

务。2019 年，平台将加速在贸易融资与供应链金融领域的探索，预计上线更多的贸易融资业务，如银行担保、应付款融资、资产抵押贷款等。

（四）小结

上述平台在贸易融资及供应链金融领域的实践与创新，不是对现有交易流程和商业模式的简单改造，而是在区块链技术的基础之上，结合行业痛点，构建新流程、新型生产关系，进而创新业务模式。

目前来看，上述平台均基于供应链金融领域的部分业务实现了落地，从正面印证了区块链技术能够有效解决传统供应链金融行业的痛点。值得注意的是，这些平台都有与其他类似平台实现互通互联的计划，如贸易联动与 we. trade 已经开始将两个平台进行对接的概念验证。如果区块链技术能够助力建成全球贸易网络，不仅供应链金融的发展将跨上一个新的台阶，也会引发全球贸易的井喷式发展。

四 中国人民银行贸易金融区块链平台对区块链供应链金融的探索

（一）平台介绍

1. 平台目标

中国人民银行贸易金融区块链平台是由中国人民银行发起，数字货币研究所和中国人民银行深圳市中心支行建设和运营的金融科技基础设施，致力于打造立足湾区、辐射全球的开放金融贸易生态。目标是创建基于区块链技术的开放、可信、安全、标准、合规、高效、公益、共享的贸易金融资产登记、托管、交易和流转平台。同时赋能中小企业，服务实体经济，降低企业融资成本，提高融资效率，积极探索基于区块链的创新性贸易金融产品形态、金融监管政策，以贸易融资推动深港合作和粤港澳大湾区发展，为推动数字经济的全球化发展奠定基础。

中国人民银行贸易金融区块链平台是区块链技术在供应链金融领域的有效尝试。项目一期自 2018 年 9 月 4 日正式上线试运行后，已陆续上线"应收账款多级融资""对外支付税务备案表""国际贸易账款监管"三个应用场景，获得了社会各界的广泛关注和认可。

2. 平台特点

供应链金融及贸易金融场景复杂，它的顺利开展，除了依赖商业公司提供的服务，也离不开税务、仲裁、行业协会等政府部门和民间机构所提供的公共服务。从某种意义上来说，供应链金融不仅是资金需求方和提供方的内部事务，而且还是一个公共事务，需要诸多社会群体的参与。这就使得一个理想的贸易金融平台具有一定的公共属性。

为了更好地服务于实体经济，政府往往有必要推进公共服务平台的建设。此类模式的优点在于，由于政府部门出于公共利益的推动，平台很好地解决了建设主体和治理机制的纷争，打通了用户、场景和公共服务，实现了资源整合，这也便于政府监管，提升监管效率。

3. 平台助力区块链供应链金融创新

中国人民银行贸易金融区块链平台，致力于打造立足粤港澳大湾区、面向全国、辐射全球的开放金融贸易生态。在平台上，若资料齐全，从客户提交贷款申请到银行完成放款，操作时长只需 20 分钟左右，大大缩短了融资时间，提升了融资效率，降低了中小企业融资成本。这是区块链在供应链金融领域的落地，是基于区块链的供应链金融创新的重大实践成果。随着未来平台业务的不断拓展以及参与方的不断加入，平台也将成为供应链金融创新研究与实践的极佳平台。

中国人民银行贸易金融区块链平台的中立性、专业性和权威性正显现自己独特的优势，为解决我国中小企业融资难融资贵问题，破除供应链金融及贸易金融行业痛点，提供了一种金融科技视角下的有效方案。

（二）平台重大突破

中国人民银行贸易金融区块链平台与传统业务流程相比有六大突破，是

区块链供应链金融实践的重要成果。

（1）破解跨机构、跨平台、跨地区平台之间较难实现互联互通的问题，提供一个整合、可无缝链接的平台。

（2）解决传统流程中各参与方无法通过同一平台协作处理相关业务流程的痛点，通过区块链技术改变现有协作机制实现业务流程节点由参与方共同维护的新机制。

（3）突破传统封闭系统边界，以区块链开源、开放的技术特性，构建开放平台和开放生态。

（4）破解传统业务中各方重复开发平台且兼容性差的问题。通过提供底层技术平台，参与方仅需开发业务应用并在平台上完成布置即可进行相应业务的流程操作。

（5）改变传统流程瀑布型的处理方式，所有交易均通过智能合约执行并在链上实现流程自动化。

（6）突破传统流程中信任无法传递的难点，通过链上流程自动化和数字化的方式增进参与方之间的信任。

（三）未来展望

中国人民银行贸易金融区块链平台未来将继续完善机制建设，大力促进技术创新和业务创新，从而在服务中小企业融资、激发贸易金融创新活力、服务国家实体经济等方面发挥更加积极的作用。

1. 大力完善中国人民银行贸易金融区块链平台治理机制

一个平台的成功依赖于整个平台生态的繁荣，因此不仅需要开放性的技术架构，还需要凝聚共识的治理机制以及市场化的运营方式，来充分调动平台参与方的积极性，吸引更多银行和企业参与和使用，从而聚集更多数据和资源，最大限度地发挥网络效应和协同效应。

2. 不断推进中国人民银行贸易金融区块链平台技术创新和业务创新

平台技术架构最终应该开源开放，允许并鼓励参与方引入不同的技术研发力量，基于不同的技术栈构建节点服务，对外提供服务。平台架构设计应具有主动演化的能力，技术上要持续跟进新趋势，组织结构上要包容新业务场景和新参与方，面向未来促进技术创新和业务模式创新。

除此之外，还要积极推进平台标准的制定工作，包括数据、技术、业务标准，积极参与行业和国际标准制定，推广平台协议，以形成一批有影响力的数据协议和技术标准。

3. 找准定位，构建平台生态，做好"三通一平"的基础工作

（1）通数据。运营主体应该专注做好基础数据的完善，和政府各部门紧密合作，保证数据的权威性和全面性，以支撑上层应用的需求。

（2）通用户。区块链是一个天然的身份系统，平台可以从统一用户登录系统出发，整合多方面的用户数据源，发挥应用和用户的网络效应。

（3）通政策。贸易金融区块链平台业务委员会可以发挥与监管机构沟通协调的窗口作用，在合理可控的前提下进行创新。创新成果可以为政策制定提供参考，进而形成良性互动和正向反馈。

（4）技术平台建设。在技术平台建设上，平台运营主体将秉持开放心态，向业内领先经验学习，与银行、第三方科技公司、院校、研究机构等展开广泛合作以打造一个行业领先的优秀技术平台。

五　"区块链＋供应链金融"的总结与展望

（一）"区块链＋供应链金融"的问题

尽管"区块链＋供应链金融"的解决方案消除了不少问题，但是也存在诸多问题与不足，需要引起足够的关注。

1. 参与方不配合

供应链金融对于核心企业的依赖程度非常高，企业需要承担额外的责任与从银行转移过来的风险，对于企业来说，这往往是难以接受的。

2. 信息化程度较低

供应链金融业务相关信息上链，依赖于整个供应链上全部企业的信息

化。对于中小企业而言，信息化成本相对高昂，缺乏全面信息化的条件。

3. 数据隐私

企业将业务中全部交易数据上链，在数据分发的过程中，防止数据泄露、保障企业的隐私是一个十分严峻的问题。

（二）"区块链 + 供应链金融"落地的建议

虽然未来充满了挑战，但是区块链技术在供应链金融领域已经有了比较踏实且有说服力的应用，区块链技术应用于供应链金融的价值也在不断显现。对于区块链技术在供应链金融领域的落地，有如下几点建议，希望可以起到积极的促进作用。

1. 加强区块链技术创新

推进共识机制、密码学算法、跨链技术、隐私保护等区块链核心关键技术的创新。同时也要学习业内领先经验，与银行、院校、研究机构等展开合作以打造技术平台。

2. 探索供应链金融本质，注重业务创新

将区块链技术应用于供应链金融之前，需要充分了解供应链金融各项业务的本质和逻辑，不应拿着锤子到处找钉子，要对各项业务有本质性的理解以发现正确的实践路径。供应链金融也需要在区块链技术的加持下结合成熟技术进行创新，以创造出新的业务模式，促进供应链金融行业又一次实现质的飞跃。

3. 构建完善的区块链供应链金融生态

当前，区块链应用于供应链金融尚不具备完善的生态体系，除了要设计合理的激励机制吸引参与方之外，区块链技术在供应链金融领域的实践需要全方位的布局，包括技术研究、商业模式探索、落地场景、标准化工作、配套设施、金融监管与法规等。

综上所述，供应链金融是区块链技术重要应用领域，供应链金融与区块链天然契合。然而，对于区块链技术在供应链金融领域的运用，应当理性看待，既要积极开展研究创新，又要保持理性，注重实践并积极实现落地。

B.9
"区块链＋溯源"打造溯源产业新生态

狄前防　焦绪录　刘婧艺*

摘　要： 近两年来，区块链技术在中国的发展态势日趋成熟，区块链技术在我国实体经济领域的落地应用也越来越广泛。针对传统溯源所具有一系列痛点，区块链所具有的分布式、不可篡改、可追溯等特点应用到溯源领域能够有效地解决这些问题。区块链技术和溯源的结合也正在改变实体经济众多产业场景的落地模式。未来，区块链技术在溯源领域的应用将会有广阔的发展空间。

关键词： 区块链　溯源产业　产品质量安全

溯源是指对农产品、工业品等商品的生产、加工、运输、流通、零售等环节的追踪记录，通过产业链上下游的各方广泛参与来实现。近年来，随着我国经济社会的发展，人们对产品质量安全问题的关注度越来越高，党中央、国务院高度重视重要产品追溯体系建设。2015年，《国务院办公厅关于加快推进重要产品追溯体系建设的意见》鼓励在食用农产品、食品、药品、农业生产资料、特种设备、危险品、稀土产品等七个领域发展追溯服务产业。有关数据显示，我国97%的消费者认为建设重要产品的全流程追溯体系势在必行。但是，中国溯源产业仍处于早期发展阶段，行业内信任缺失和滥用的情况十分普遍。区块链不可篡改、分布式存储等技术为溯源行业的信

---

* 狄前防，工业和信息化部信息中心统计分析处经济分析师；焦绪录，工业和信息化部信息中心统计分析处处长；刘婧艺，工业和信息化部信息中心统计分析处研究助理。

任缺失提供了解决方案，从算法层面为商品的信息流、物流和资金流提供透明机制。

一 传统溯源的痛点

（一）传统溯源缺乏公信力，消费者信任度低

传统溯源采用中心记账的模式，所有数据都存储于中心服务器，拥有中央服务器的机构或个人可以因一己之私低成本篡改或集中事后编造数据，这会使得溯源流程失效。传统的溯源模式是"信息孤岛"模式，溯源链条上下游的参与者各自维护一份账本，各种信息系统、数据之间很难交互，而且防伪标识物没有一个真假的规范，当消费者购买了某个产品要根据防伪标识物判断真假时，没有规范的样本进行比对，很难对产品产生真正的信任。

（二）传统溯源操作流程复杂，防伪功能单一化

传统溯源为了防止假冒防伪码的出现，采用防伪标识物时选用不同的技术，例如二维码防伪、核径迹防伪、3D 激光防伪、丝印防伪、条形码防伪、MR 防伪、RFID 无线射频技术防伪等，不断增加物理制作难度。但是，这些防伪技术存在成本过高、具有可复制性、信息容量较小等一系列问题。对消费者而言，复杂的制作工艺要求消费者辨伪要掌握大量的专业知识，同时查询是否为假货的操作流程也十分复杂，无形中增加了消费者的压力。另外，传统溯源的防伪形式以简单设计的喷有防伪码的标签为载体，只有单一的防伪功能，不能满足企业的多元化需求。

二 "区块链 + 溯源"应用的特点

（一）区块链应用于溯源可实现技术领域革新

由于传统溯源具有一系列的痛点和不足之处，将区块链引入溯源行

业将有效实现技术领域的革新。首先，区块链自身的去中心化特征，使加密数据用链式结构完整分布、存储在链上的节点中，可以避免中心化账本的一系列问题。同时，多方共同维护，更能增强终端用户的信任。其次，由于加密信息在区块链上只能增加记录不能删除记录的特点，利用时间戳技术实现了数据的不可篡改，并能有效实现完整追溯。利用区块链时间戳、去中心化、共识机制等技术优势，实现商品信息一经上链不可篡改以及商品上下游产业链的可追溯性，同时可解决"信息孤岛"问题。

（二）区块链技术塑造食品行业可信的"数字身份证"

在传统食品体系中，食品从生产者到加工企业，再到仓库或配送，最后送达零售商的整个过程存在诸多漏洞。每个环节信息由纸张记录，如果有消费者想要追溯购买食品的生产地等情况，需要耗费几天时间。一旦食品出现问题，想要查明问题来源并做出决策都需要长时间的调查取证。而通过区块链技术，每个商品对应唯一的溯源码，商品上链后，消费者扫描防伪码即可查到产品全流程动态信息，建立食品行业可信的"数字身份证"，消费者及监管机构几秒钟就可以得到答案，极大地提高了效率。区块链技术不仅可以获取用于溯源的信息，还可以包括生产时间、当地气温、水源和土壤的参数、是否有食品安全认证、有无有机生产等信息透明度的情况。区块链技术对促进建立更安全、更经济、更可持续的食品体系发挥了积极的意义。

（三）互联网巨头涌入加速构建行业生态

随着区块链技术逐渐成为互联网的新风口，互联网巨头企业纷纷拓展区块链溯源业务，快速推动我国区块链在溯源领域的应用。目前，阿里巴巴、百度、京东等互联网行业巨头纷纷加入区块链技术在溯源领域的场景应用。阿里巴巴在区块链溯源应用方面主要侧重于电子商务领域。借助阿里云的区块链技术，天猫奢侈品平台 Luxury Pavilion 将商品的原材料生产、流通、营销过程信息整合写入区块链，同时附上各主体的数字签名和时间戳，使品牌商品的每条信息都拥有区块链"身份证"，消费者可通过"一键溯源"功能清晰地了解产品产地、入境报关单号和入境报关时间等详细信息。百度重点关注的是区块链在信息溯源方面的运用。百度通过超级链技术支撑百度百科上链，从而保证编辑提交词条、内容审核和发布的记载可追溯。通过 AI 技术将区块链中的可信数据直接转换为相关词条，确保百科信息的权威性和真实性。京东运用区块链技术搭建京东区块链防伪追溯平台，从解决商品的信任痛点出发，精准追溯到商品的存在性证明特质，让所有生产、物流、销售和售后信息分享进来，共同形成完整且流畅的信息流。并且，京东也采用区块链技术来解决 ABS 参与各方的信任问题，在区块链的系统架构上完成交易，确认资产的权属和资产的真实性。据统计，目前已实现 11000 多种重点商品全程可追溯。

除了以上互联网科技巨头以外，目前蚂蚁金服、华为、苏宁、小米等企业都在积极布局区块链溯源防伪行业，以助力传统产业升级发展，加速建构行业生态。

（四）区块链引领消费和产业"双升级"

区块链技术应用于溯源，对于政府来说，有利于推动产业整体数字化转型、穿透式监管，事中监督更加清晰，精准处置问题，从而加强区域品牌建设。对于消费者来说，产品追溯可以让消费者对产品的生命周期信息做到全面了解，消费者的知情权和公平交易权得到了有效的保护，实现的是可追溯的正品消费，能够吃得放心、用得放心，真正实现消费升级。对于企业来说，产品溯源会导致原产地溢价现象，使企业获得额外收益，同时，也有利于企业实现数字化转型和对产业链的管控。产品质量追溯体系可以帮助企业建立品牌形象，提升社会效益和经济效益。比如在制造企业（汽车、电子产品等），当出现质量问题，通过追溯系统可以迅速查清楚相关批次和存在的关键质量问题，打破厂商和消费者间的信息壁垒，快速处理消费者的问题，从而实现产业结构的优化升级。

（五）溯源领域的政策体系逐步完善

2012 年 6 月，国务院印发了《国务院关于加强食品安全工作的决定》，其中明确提出计划用三年时间使我国食品安全治理整顿工作取得明显成效。商务部提出到"十三五"（2020 年）末，争取让肉类蔬菜流通追溯系统覆盖到所有百万人口以上城市，并涵盖肉菜、禽畜、水果、水产品、食用菌、豆制品等各类食药品。党的十九大报告曾强调"实施食品安全战略，让人民吃得放心"，将为人民群众提供全方位全周期健康服务上升到国家战略高度。同时，区块链溯源技术的落地应用成为 2019 年两会委员关注的焦点。全国人大代表、浪潮集团董事长孙丕恕表示可以运用区块链技术，从生产到流通到消费形成闭环，解决企业打假问题，进而从源头上防止假冒伪劣商品的流通，促进我国规范的食品安全溯源体系的建设。

三　典型案例分析

（一）蚂蚁金服溯源平台

在商品溯源领域，蚂蚁金服通过区块链技术打通了供应链各环节"信息孤岛"。信息实时同步、不可篡改，既提高了协同的效率，也防止了中间环节出现调包或假冒的情况。蚂蚁区块链自主研发的金融级联盟区块链技术与阿里巴巴的云服务相结合，使溯源平台能够支持天猫全球电子商务平台的大规模部署、高性能要求（＞25000 TPS）和复杂的供应链流程。溯源平台在支付宝上的小程序还使得数以亿计的消费者能在数秒内通过智能手机直接查询区块链信息。自 2017 年 11 月起，蚂蚁金服自研的区块链技术就落地应用在食品安全和正品溯源上，产自澳大利亚、新西兰的 26 个品牌的每罐奶粉都有了自己的"身份证"，即溯源二维码，用户在天猫国际上购买并收到奶粉后，打开支付宝 APP 扫一扫二维码，就能知道产地、出厂日期、物流、检验等所有信息。在 2018 年"双十一"大促活动

期间，蚂蚁金服与天猫商城以及菜鸟物流合作，对 1.5 亿件商品进行溯源，其中包括比利时钻石、澳大利亚进口奶粉、五常大米、白酒、红酒、进口保健品、化妆品、平武蜂蜜。

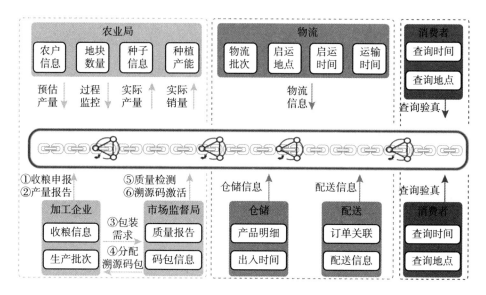

图1　蚂蚁区块链五常大米溯源流程

（二）纸贵科技"天水链苹"

纸贵科技与天水市林业局合作，提供了基于区块链的果品溯源产品与技术，打造高附加值的区块链苹果品牌——"天水链苹"。纸贵科技应用一物一码、纸贵许可链 Z-Ledger、分布式身份标识（DID）等诸多先进的区块链技术，将苹果的种植、生长、成熟、采摘、存储、安全检测等每个环节信息都记录上链，存储在区块链的共享账本中，并提供专业的电子存证证据，让每一颗天水苹果都有身份认证。同时，在苹果生长过程中，利用光合作用将溯源码晒在苹果上，一园一码，做到溯源信息双重保险、安全可信，让生产者、供销商及消费者可以看到每一个果品的生产销售过程，让果品的生产物流过程做到简单透明、不可篡改。

纸贵科技"一物一码"技术独具创新意识，在苹果上通过日晒形成了独一无二的二维码标识，实现了果品与数字身份的一一对应。用户通过手机扫码，可以查看苹果的区块链证书，获取苹果的生产和物流相关信息。"天水链苹"的物证合一很大程度上杜绝了在溯源过程中的造假和信息篡改。通过区块链技术，打破了传统生产、销售、消费等环节信息不对等的现象，减少了批发商、渠道商、零售商等不透明利润分成，最大限度让利给农民，提高了农民收入，也为顾客提供了果品信息溯源、商品真伪查询的平台，保证了信息透明，保障了消费安全，让消费者购买和食用更加放心。同时，"天水链苹"创新政府监管服务机制，帮助政府提升质量监督管理效率、提升公信力。

（三）迅雷绿松石溯源系统

汉江网络与迅雷链合作开发了绿松石产品溯源认证技术平台，为行业和用户提供基于区块链技术的绿松石产品溯源服务。区块链技术所具有的公开透明、不可篡改的特性，可以为每一块绿松石产品进行溯源验证，能够解决目前绿松石行业的种种痛点、乱象，有利于实现产业规范化。通过绿松石溯源系统，可将绿松石产品从开采到终端销售全程的所有信息一一上链保存，这些信息数据全都存储在迅雷链上，因此无法被人为篡改，确保了溯源信息的客观性，使产品验证的可信度大大提高。迅雷链作为绿松石溯源系统的底层主链，拥有全球领先的百万级 TPS 处理能力，每秒可处理百万次交易，很好地满足了实际商业交易中的秒级确认需求。同时，结合区块链的开放性，绿松石溯源系统可以做到人人可查、人人可记，降低了普通消费者的溯源成本，并让任何人可以审计和校验这些信息的真伪，保证了系统的可信度和权威性。另外，绿松石溯源链还能通过区块链，对产品附加信息进行永久存储，比如经手的收藏家名录或者产品经历过的某些历史事件，由此增加了产品的文化沉淀，提高了附加值。

（四）众享比特溯源平台

众享区块链溯源平台结合物联网、大数据、人工智能等先进技术，针对

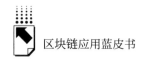

不同标的特性提供闭环溯源解决方案。平台采用物联网技术保证信息的自动生成和上链，降低人力成本。消费者在平台中将由被动受益者变为溯源生态参与者。该平台可汇聚营销大数据，帮助企业优化生产，提升政府监管效率。略阳乌鸡精准扶贫作为国家扶贫攻坚重点项目，利用信息化技术改造传统管理方式，将乌鸡的养殖、管理、加工等关键节点由干部见证并拍照传至溯源平台，真正实现乌鸡品牌的政府信用担保、信息可信追溯，从而提升品牌附加值。乌鸡溯源平台采用统一区块链标识，实时更新链上数据，养殖户、驻村干部阶段性审核乌鸡生长、饲料使用情况，通过上传照片等记录并签名背书。屠宰、检疫后，脚牌与乌鸡一同包装，完成由生产环节向销售环节转换。包装信息和脚牌作为乌鸡在溯源平台中的查询标识，从中可获得乌鸡养殖照片、经手人签名信息，实现从乌鸡生长到销售等环节数据的闭环处理，保障发放乌鸡苗、村干部督察、乌鸡回收或回购、屠宰包装和发货等信息上链的真实性。该业务深度融合区块链积分体系，精准量化乌鸡生产、管理和销售过程的工作证明，有效实现了乌鸡的以销定产管理。

（五）北大荒集团大米溯源项目

"善粮味道"品牌优质大米溯源项目是由智链万源与北大荒集团共同探索的区块链技术在农产品溯源应用场景的落地。该项目实现了端到端全生命周期数据上链、产品信息可追查、提高数据造假成本，保证了原产地真实性，提高了单品价值，解决了企业的实际问题。

在大米溯源项目中，智链设计了区块链大农场平台基础架构，同时，还嵌入了实时计算、大数据处理、人工智能等模块。此外，由于大农场会产生巨大的数据量以及并发数据，项目建立了高效的实时计算和大数据平台来承载对接 IoT；而为了让用户更好地认知整个溯源历史，项目在大数据的基础上做了数据可视化等。通过区块链溯源技术的应用，可以实现全流程的关键业务数据上链，做到信息公开透明、链上链下结合，在信息真实的情况下保证品质。此外，区块链整合了不可篡改的种植和销售的各种数据，基于这些数据实现的智能合约能够反馈销售结果到种植环节整个流程，以促进种植生产流程良性循环。形成的共识机制能够确保数据的一致性并且不可篡改，让数据更加透明，大大提高消费者的信任度。智链万源通过在溯源领域中与北大荒等企业的合作，已经逐步形成基于区块链的产品溯源 SaaS 平台。

四　发展趋势

（一）技术融合扣紧区块链技术关键一环

区块链技术可以保证链上信息的真实性，但是上链的过程仍存在人为因素。因此，区块链技术与人工智能、云计算、数字化转型、物联网等融合是大趋势，也是扣紧区块链溯源全产业链的关键一环。区块链与其他技术的融合，能够有效地克服本身技术不够成熟、监管困难、安全问题、存储问题、数据上链的真实性等一些亟待解决的困境。区块链和人工智能的融合中，AI可以帮助区块链在现实世界的应用程序中变得更加智能化。结合了区块链技术后，共识机制保证了 AI 运算结果可验证。区块链的不可篡改性、可靠性可以提高云计算的服务性能。比如去中心化存储 IPFS 协议，将云计算所需要的数据分片存储在物理层面的邻近节点，可以提高数据的可靠性和网络带宽利用率。物联网可以利用区块链来管理机器到机器的通信和支付，同时，物联网部署中使用的边缘计算可以帮助区块链构建大量的共识节点和提高处理能力。

（二）区块链溯源技术呈现平台化发展

区块链技术解决商品溯源问题时，不仅局限在某一种商品或行业，而是着眼于整个社会的商品流转。溯源企业技术架构在向平台化发展，它们计划建立一个商品追溯平台，所有模块可拆装，提供统一的接口，吸引企业入驻，通过对应的 DAPP 满足企业在整个生产流程的信息溯源、防伪验真等需求，也为技术开发者提供一个快捷高效的开发平台。DAPP 通过区块链特有的数据确权、价值传递功能等方面的优势，可以有效实现在用户认证流程变

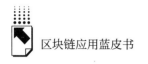

更、交易安全、行业生产关系变更、减少运维成本、降低技术开发成本等方面的优势，从而可以大幅度地提升用户体验。

（三）联盟链"弱中心化"具有广阔的应用前景

联盟链在各个节点诉求上能够满足多样化需求，既确保了各个节点数据分层的需求，又保证了加密处理、资源调动和监测的灵活空间。联盟链弱中心化技术不仅增强了资产和信息透明度，也提高了监管的质量。近年来，联盟链技术创新发展逐步成熟，目前各地政府不断加强对区块链产业的重视，积极推进区块链应用到金融以及实体经济领域，例如政务、智慧城市、物联网等。同时，联盟链弱中心化的特点更符合企业级需求，应用更有针对性、效率也更高，可以在企业级应用市场最大限度发挥区块链技术去中心化过程数据管理的特性。

B.10
"区块链＋版权"打造数字版权产业新生态

焦绪录　狄前防　韩悦*

摘　要： 近年来，随着产业升级和"互联网＋"模式的飞速发展，数字版权尤其是微版权的加入推动了版权规模的大幅扩大，使确权难、登记成本高、交易效率低等版权保护问题日渐突出。区块链的分布式账本、公钥加密和时间戳等技术可减少数字版权确权和交易成本，并为司法取证提供依据，从而助力微版权保护，鼓励优质内容创造，打造行业新生态。

关键词： 区块链　数字版权　微版权

　　党的十九大报告指出，要"倡导创新文化，强化知识产权创造、保护、运用"，确立了新时代包括版权在内的知识产权工作的总基调，为新时代版权工作指明了方向。《"十三五"国家知识产权保护和运用规划》中首次将知识产权规划列入国家重点专项规划。伴随产业升级，中国内容产业迎来黄金发展时期。然而，内容产业的迅速繁荣也产生了侵权问题。尽管国家先后出台知识产权保护的政策与法律法规，但盗版侵权现象仍屡禁不止。盗版作品给产权方带来巨大经济损

* 焦绪录，工业和信息化部信息中心统计分析处处长；狄前防，工业和信息化部信息中心统计分析处经济分析师；韩悦，工业和信息化部信息中心统计分析处研究助理。

2失。据艾瑞咨询统计，仅由盗版网络文学造成的经济损失每年可达80亿元人民币。区块链与数字版权保护能够完美地结合，解决盗版横行的问题。

一 数字时代版权保护的痛点

（一）版权登记成本高、效率低

传统版权保护手段以及交易方式效率低、沟通及各项成本都较高。有关数据显示，版权申请过程长达30个工作日，成本相对较高，以文字作品为例，每百字以下为三百元，而一件美术作品收费则高达八百元①。传统版权交易流程并不透明，需要中间商的介入，版权内容访问、分发和获利等环节存在问题。并且传统方式存在维权成本高、侵权者难以追溯等问题，版权归属和交易环节出现问题后，版权方并不能够在第一时间确权或找到侵权主体，维权和清除盗版产品的成本也比较高。

（二）数字化背景下版权归属问题更加突出

在互联网发展迅猛的当下，数字化技术使版权的传播途径得到了拓展，现在很多平台、媒体可以作为传播的渠道，然而原创作品在网上传播时面临版权被侵害的风险也显著增大，产生了法律保护问题。有关数据显示，文字作品、图片作品和影视作品也是网络版权侵权的"重灾区"，从传播途径来看，69%的侵权案例是通过网站发生的②。在数字化时代，版权使用快捷、直接，人们保护版权意识不够，在版权使用上权属不清晰，也会造成盗版、侵权案件泛滥，使得维权难度增大。

---

① 工业和信息化部信息中心：《2018年中国区块链产业白皮书》。
② 《区块链技术：版权保护最佳"武器"》，《科技日报》2018年4月27日。

二 "区块链＋版权"应用的特点

（一）区块链助力微版权保护，迎接全民创意大时代

全民创意大时代基本已经到来，但是传统版权费用比较高、登记交易比较复杂，导致版权效益并没有完整地发挥出来。数字版权尤其是微版权的出现，更需要创新版权保护途径，区块链在版权方面的应用正是助力这批微版权保护的可行途径。区块链的分布式账本和时间戳技术使全网对知识产权所属权迅速达成共识成为可能，理论上可实现及时确权。不对称加密技术保证了版权的唯一性，时间戳技术保证了版权归属方，版权主可以方便快捷地完成确权这一流程，解决了传统确权机制低效的问题。同时，版权生产者可以设置相应的权限，比如用户只能看，不能下载、复制，就可以保证用户不可以随意保存以及在其他各个渠道传播原创作品，很大程度上保证了生产者的原创作品在链上的唯一性。

（二）区块链助力优质内容创作，催生文化产业中国创造

世界经济论坛预测，到 2027 年世界 GDP 的 10% 将被存储在区块链网络上。通过区块链公共平台来存储交易记录，版权方能够对版权内容进行加密。通过智能合约执行版权的交易流程，这个过程在条件触发时自动完成，无需中间商的介入，可以解决版权内容访问、分发和获利环节的问题，在将版权交易环节透明化的同时也能帮助创造者获取最大收入，形成一个良好的闭环，助力优质内容创作。例如，直播平台基于区块链技术，可以直接建立起社区内用户之间、用户与主播之间以及主播与广告主之间的交易联系，改善了因直播平台、主播经纪公司等中间者存在而产生的不平等分账模式，从而鼓励了版权创作方创作出更优质的原创内容。

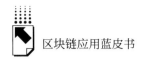

（三）区块链降低版权交易成本，打造产业新生态

通过区块链、公钥加密和可信时间戳等技术，为原创作品提供原创认证、版权保护和交易服务，大大降低确权和交易的成本。区块链正改变着数字版权的交易和收益分配模式、用户付费机制等基本产业规则，形成融合版权方、制作者、用户等的全产业链价值共享平台。未来的创作产业将有望基于区块链应用技术打造全新产业生态圈，实现更加高效便捷的交易机制，更大幅度地降低交易成本，显著提升产业链协同效率，同时也更有力地保护各方参与者的利益，形成更加诚信的产业生态，打造价值互联网时代的创作产业基础设施，甚至彻底改变产业面貌。

（四）区块链减少版权纠纷，维护司法公正

区块链技术可以将数字作品的作者、内容和时间绑定在一起，降低违规造假侵权的可能性。借助区块链技术，版权的开户、登记、交易、支付等信息均在开放透明的数据库中完成，其全网确权、信息留痕及可追溯的特点，使版权注册或交易的整体链条清晰可查。而这些登记信息又能同步传送到司法鉴定中心备案。一旦发生版权纠纷，司法部门只需要调取区块链数据库中的相应信息，并根据版权的数字身份 ID 进行追溯，就可一键完成传统机制下举证、审验、取证的全部流程，不仅节约人力、时间成本，还降低了人工操作的出错概率，保证了证据的精确度、权威性和可靠性，对减少版权纠纷，维护司法公正起到重要作用。

2018 年 6 月 28 日，杭州互联网法院对一起侵犯作品信息网络传播权纠纷案进行了公开宣判，首次对采用区块链技术存证的电子数据的法律效力予以确认，引发行业高度关注。法院方面表示，对于包括区块链存证在内的电子证据，法院秉承开放和中立的态度进行个案分析和认定，既不会因为区块链技术本身属于一种新型技术手段而排斥或提高它的证据认定标准，也不会因为其技术具有难以篡改性或难以删除的特点就降低相应认定标准，而是会根据电子证据的相关法律规定来判断其证据效力。

三　典型案例分析

（一）百度图腾

百度图腾是百度区块链原创图片服务平台，其以图片版权为切入点，化解当前行业发展痛点问题。图片版权行业由图片的生产者、用图方以及代理机构组成。对于图片的生产者来讲，图片版权市场的信息不透明、不对称，盗版现象屡禁不止，维权、确权成本较高，这在很大程度上扼杀了他们的创作热情。对于自媒体平台或者作者、站长、商业产品等用图方来讲，用图成本高，图片全面性、时效性、本土化不足，版权界定模糊。对于代理机构来讲，图片的售卖渠道扩展困难、行业整体技术缺失是其面临的首要困难。综上所述，各方的核心诉求均体现在需要一套安全可靠、信息透明、供需直接对接、维权确权流程优化的体系来解决行业的痛点。

图腾是百度搜索公司首个区块链落地项目，其基于区块链的公信力及不可篡改性，结合百度的人工智能识图技术，旨在为原创生产者提供版权认证、分发传播、变现交易、监控维权以及 IP 资产管理的全链路服务，在提升版权确权和维护各环节效率的同时，重塑版权资产价值链，帮助版权人获得多元价值。图腾采用百度自研区块链版权登记网络，配合可信时间戳、链戳双重认证，为每张原创图片生成版权"DNA"，可真正实现原创作品可溯源、可转载、可监控。

百度图腾的核心是区块链、人工智能以及大数据技术，通过将原创作品的作者、内容和时间绑定并记录上链明确版权归属，让这些优质的原创内容可以得到更好的保护；再基于百度搜索的流量优势，使得这些原创内容可以触达亿万用户。

（二）安妮股份版权行业

安妮股份开发的版权区块链系统采用联盟链形式，可以高效地处理各种

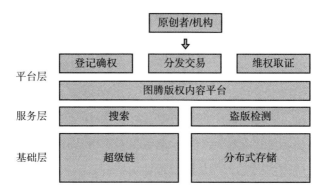

图1　百度图腾的技术架构

数字作品（文字、图片、视频等）的版权业务，具备更加高效的业务数据
吞吐能力，可达到实时业务处理的水平，使海量的互联网创作及时、低成本
确权以及快速交易流通成为可能。安妮股份基于 FISCO BCOS 区块链平台开
发，打造了一个版权区块链系统，实现了版权确权存证、版权侵权检测，以
及基于稿件的版权交易。

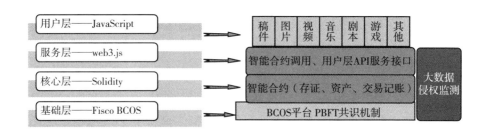

图2　安妮股份版权区块链系统技术框架

核心层使用 solidity 语言，开发了存证合约、资产合约、交易记账合约。
服务层使用 web3js 开发，完成对智能合约的交互和调用，并为用户层提供
服务接口。用户层分为三个部分：确权应用、使用 JavaScript 开发、使用
Node-Webkit 打包成桌面应用。该应用可以完整记录用户的创作过程，并将
相关信息上传到区块链存证，实现创作即确权。版权侵权检测系统以大数据
技术为支撑，实时检索全网信息和检测存证作品被侵权的情况，为后期维权

提供证据支撑。稿件交易与媒体平台使用 PHP、Java、OC 开发，完成线上稿件交易与发布。底层利用 CRC 合约（类似于 ERC721 合约）实现资产交易，将交易授权信息写入区块链，实现版权交易的授权、存证。该系统使用智能合约完成作者、读者、平台之间的利益分配，实现数据的公开透明，并使用独特的激励机制，激励作者创作出优质内容，在激励读者阅读的同时，完成对优质内容的筛选和传播，最终打造了一个基于版权区块链系统的开放内容平台，形成版权持续流动的价值创造体系。

目前，平台已经为数百万件有价值的作品进行了版权存证的确权服务，已入驻近 10 万名用户，稿件成交量达上万份，交易额达数百万元。

（三）无钥签名区块链数字版权登记平台

传统版权登记申请过程长达 30 个工作日，收费在 300～2000 元，登记的时间成本和金钱成本均较高。中云文化大数据科技有限公司自主开发的基于无钥签名区块链技术的数字版权登记平台——贵州省版权登记平台——致力于通过区块链技术来解决版权产业存在的诸多问题。贵州省版权登记平台提供了便捷且权威的解决方案，即"双证"服务：申请人通过平台完成作品上传后可即时获取区块链版权存证证书，另外还可根据申请人需求，进一步完善信息申请获得贵州省版权局颁发的作品登记证书，全过程 3 分钟内即可完成，便捷高效且费用低廉，真正让著作权人足不出户，便可搭上文化与大数据的快车，畅享数字时代的便利。

该应用场景充分发挥无钥签名区块链技术在安全、可扩展和效率方面的独特优势，不需要依赖去中心化手段就能实现对数据完整性、时间和起源的验证和证明，非常适合登记类业务。无钥签名区块链技术能够随时验证数据创建时间、创建者身份与数据的完整性，独立于内部人员、密钥、加密消息与证书，能够摆脱对内部人员或任何机构的信任依赖，在版权产业有着天然的应用场景。基于无钥签名区块链技术的贵州省版权登记平台能够为亿元级数字作品提供高效、简单、易操作、低成本的版权存证登记服务，还在同步开发建设版权交易平台，积极探索区块链技术在版权交易环节的应用。

目前贵州省版权登记平台 PC 端、移动端、微信小程序均已上线，半年时间内共计完成数字版权存证数万件，涵盖图片、文字、视频、音频等全品类作品。

（四）众享区块链版权存证平台

众享比特联合司法公证处、司法鉴定所、仲裁机构、法院等机构建立联盟链，以版权电子数据为操作对象，将版权证据固化在众享区块链存证平台，提供电子数据的采集、存证、取证、公证、鉴定、调解、仲裁等全流程服务。区块链技术支持 ChainSQL 和 Fabric。ChainSQL 支持国密算法，已获得商用密码产品型号证书，并针对 Fabric 进行国密改造，拥有国密版 Fabric 产品。ChainSQL 提供了丰富的隐私与安全方面的功能，包含记录级权限控制、字段级加密等，充分保护用户隐私和数据安全。研发 PDFS 技术，冷数据采用纠删码方式存储，热数据采用副本方式存储，实现了"存"与"读"的高效率。众享区块链版权存证平台支持两个版本，分别是基础版和升级版。其中基础版支持注册登录、数据存证、数据取证等基础功能；升级版额外支持平台/联盟方接入管理、司法鉴定（提供接口）、系统运维监控、区块链感知等功能。

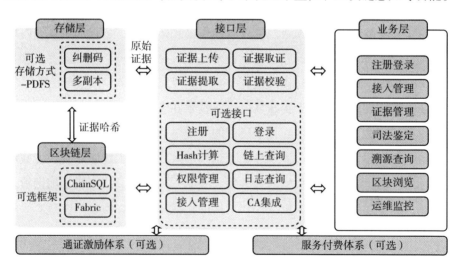

图3　众享比特区块链版权存证平台

众享比特文件防篡改项目可以化解电子文件在传输、使用过程中被恶意篡改，损害文件所有者和使用者的利益等痛点。区块链文件防篡改系统基于众享比特多年的安全实践，将区块链存储、隧道加密、随机分片、众享通信协议等自主知识产权技术有机结合，满足不同条件下对文件防篡改的需求，目前已在公安、政务、工业、科研领域得到了广泛的应用。区块链文件防篡改系统将文件结构化处理后上链存储，支持传统数据库、分布式存储体系。该系统根据不同安全要求灵活定制管理策略，面向操作人员提供事前、事中、事后管理手段，在部分应用中已结合基于区块链的奖惩机制，实现电子文件的价值流通。

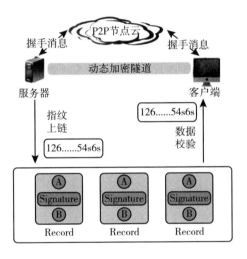

图4 众享比特区块链文件防篡改系统

（五）蚂蚁金服

2018年9月，蚂蚁金服与杭州互联网法院联手打造了全国首家用区块链技术协助判案的司法存证平台。司法存证平台的主要应用场景包括电子合同、版权保护和司法证据的安全存储。用户可以使用支付宝面部识别核实身份，在线签署电子合同或制作版权声明，并生成电子数据存证证明，主要解决互联网的"最后一公里"痛点问题。

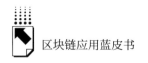

目前的电子证据平台方便了起诉人线上提交证据、线上发起诉讼，显著提升了诉讼效率，解决了电子数据存储、传输使用的可信问题。然而，电子数据的生成仍然存在一些问题，如证据分散、不完整或丢失；存储在侵权者设备里的证据可能被伪造或篡改、电子证据的时间可能被重新设置，失去法律效应。起诉人可以通过司法存证平台线上申诉入口在线提交合同、维权过程、服务流程明细等电子证据，公证处、司法鉴定中心、CA/RA 机构、法院、蚂蚁金服等链上节点会共同见证、共同背书，为起诉人提供一站式服务。区块链技术不仅保证了"可信"，还显著降低了法律维权成本。类似摄影作品未经授权被使用、兼职工作拖欠薪酬等法律纠纷，标的金额不大，搜集证据并证明证据有效性的成本却很高，被称为"最打不起的官司"。法院运用区块链技术判案后，上述现状有望得到根本性扭转。

目前，区块链技术在司法领域的一些运用已经得到了监管部门的认可。2018 年 9 月 7 日，最高人民法院发布《最高人民法院关于互联网法院审理案件若干问题的规定》，明确基于区块链技术存证的电子证据，"能够证明其真实性的，互联网法院应当确认"。

（六）纸贵区块链版权业务

针对传统版权登记的痛点问题，纸贵科技利用区块链去中心化、不可篡改、分布式存储等技术特点，通过哈希（Hash）计算，将哈希值及作品本身相关信息写入区块链，并加盖符合《电子签名法》的时间戳，为每个作品生成唯一对应的电子版权证书。一旦通过区块链技术完成相关记录或文件的存证，即可联网查询相关存证信息，这些信息永久有效、无法篡改。针对个人用户，纸贵提供免费存证、15 分钟出证的极速零成本服务；针对企业用户，纸贵提供技术对接服务，可为原创内容平台提供批量自动化确权存证。

纸贵科技依托自主打造的纸贵区块链版权存证平台，可以为包含音视图文在内的各类型互联网作品提供确权存证服务。在确权存证的基础上，针对国内互联网版权行业盗版猖獗、侵权易维权难等痛点，纸贵科技以区块链技术为支撑，开发了侵权取证工具，并与杭州之江公证处建立了战略合作，推出了在线公证服务。因此，纸贵区块链版权存证平台的业务场景主要涵盖了版权存证、侵权取证和在线公证三大部分。

图5　纸贵区块链版权存证平台

　　纸贵科技区块链技术存在以下优势。一是引入基于 PKI 体系的身份注册与身份认证，将相关服务部门、公证处等生态参与方作为参与节点上链，保证各方在区块链上进行安全、可信的协作。二是相应记录实时登记，能够快速与公证处等节点进行确权信息的确认，并实时、安全、可靠地保存在区块链上，设立多节点备份机制。三是引入区块链浏览器模块，提供链上信息查询服务，将所有确权、侵权存证等数据公开，任何个人和机构均可进行查询，确保服务公平、公正、公开，促进行业健康成长。四是在通过 URL 获取侵权存证的过程中，引入验证机构约束取证行为，确保取证服务被约束为能且只能获取 URL 当前时刻对应网页内容，且该约束过程可被验证。

四　发展趋势

（一）区块链版权新技术不断拓展产业新空间

　　区块链技术将为蓬勃发展的中国文化产业提供巨大的市场需求。区块链

平台则可以为版权内容提供溯源支持，通过区块链、公钥加密和可信时间戳等技术，为原创作品提供原创认证、版权保护和交易服务。网络版权产业各领域在积极融合发展中，可借助技术，以"内容＋社交＋AI大数据"形式推动信息流、音乐社交以及微信小程序等新内容生态的形成。在产业生态方面，进一步推进互联网与影视、出版、音乐、动漫等上游产业进一步深入融合，培育更加繁荣的原创市场①。截至2018年12月，网络视频、网络音乐、网络游戏、网络直播和网络文学的用户规模分别为6.12亿、5.76亿、4.84亿、3.97亿和4.32亿，使用率分别为73.9%、69.5%、58.4%、47.9%和52.1%②。各大网络平台更加注重节目内容的品质，自制内容逐步精品化。未来，区块链技术与产业将会进行深度融合，文娱区块链等新技术会进一步改善产业环境，不断拓展产业区块链发展新空间。

（二）区块链版权用户付费机制逐步形成

随着版权市场进入精品化竞争阶段，行业更加迫切地需要创新商业模式和发展用户付费市场。近年来，我国在线视频付费用户规模增长迅速，用户付费在在线视频行业收入构成中的占比不断提升。截至2018年第三季度，我国网络视频用户的总体付费比例达53.1%。预测分析，到2020年，网络视频付费用户规模将达到1.8亿人次，网络视频付费市场规模将达到646.8亿元。以音乐领域为例，腾讯音乐在2018年前三季度净利润达27.07亿元，比2017年同期暴涨244.8%，在线音乐服务月活跃用户6.55亿人次，付费用户2490万人次，付费率为3.8%，每付费用户月均付费额（ARPPU）为8.5元，短视频、网络文学领域的付费比例也较以往相比大大增加。中国网民的版权付费意识已大大提高，这为区块链版权付费创造了良好的社会环境。未来，在区块链确权、交易便利化的促进下，版权付费机制将得到进一步完善和发展。

---

① 国家版权局网络版权产业研究基地：《中国网络版权产业发展报告（2018）》。
② 中国互联网络信息中心：第43次《中国互联网络发展状况统计报告》。

（三）内容版权成为区块链技术重点落地方向

针对内容版权行业存在的盗版侵权问题，区块链技术具有不可篡改、公开透明和可追溯的特性，能够对需要数据存证和跨主体信任协作的领域产生强大的改造效果，这在内容版权领域具有天然的优势。基于区块链，全方位推动内容版权保护、去中心化分布以及版权资产全生态金融，能够有效构建一个运转流程更高效、利益分配更合理的内容产业。从目前发展形势来看，我国区块链内容版权市场规模将持续扩大，拥有巨大成长空间。内容版权行业正逐渐成为区块链技术的重点落地应用方向。

B.11
"区块链+医疗"技术应用研究报告

朱岩 高彩霞 赵红燕*

摘 要： 医疗健康生态领域涵盖范围广泛，专业性强。借助于互联网、人工智能等高科技，智慧医疗、远程医疗等获得了新的发展。但是，医疗健康领域的痼疾仍旧存在，如"信息孤岛"、医患关系、理赔难等问题。区块链技术作为一种底层技术，着重于对医疗健康生态的良性引导与重塑，目前，已经在医疗生态的各个领域开始了有益尝试。医疗行业系关国计民生，政府的顶层设计与政策导向至关重要，只有在政府主导与市场创新的合力下，医疗健康行业才能在新一轮的信息化浪潮中焕发活力和新生。

关键词： 医疗健康 区块链技术 智慧医疗

医疗信息化起源于 HIS 系统进入医院信息化管理流程，以此改变手工计费模式，实现部门内部的信息化管理，而后建立以互联网为基础的信息系统，协调部门之间的日常活动。为加强疫情管理、提升应急处理能力，在政府的推动下开始建立区域卫生信息系统和公共卫生平台，加强公共健康管理。

近年来医疗信息化硬件市场规模和软件市场规模均呈现出稳定的增长，

---

* 朱岩，清华大学互联网产业研究院院长；高彩霞，清华大学互联网产业研究院区块链技术应用实验室研究员；赵红燕，清华大学互联网产业研究院医疗健康产业研究中心研究员。

在社会老龄化加快和新技术快速发展的形势下，医疗信息化市场需求也在快速增长。从个人到家庭的治疗需求和健康管理需求，从医院到区域的信息共享和平衡发展，这些需求的满足均需要新技术的应用。

为平衡医疗资源的分布、降低医疗成本，在政策的推动作用下，互联网医院、医联体等组织也逐渐推广开来。同时，政策利好、积极的市场反应推动了企业在智能影像、在线诊疗、医药电商等领域的涉足，但相对来说进展缓慢，覆盖能力偏局部化。未来医疗行业信息化发展将以医疗服务过程为重点，实现医疗服务智能化，同时推动药店、保险机构等相关组织的高效化，平衡区域医疗资源，在可控范围内打破"信息孤岛"，形成基于互联网应用的医疗行业生态链。

互联网、物联网、大数据、云计算、人工智能等信息技术快速崛起，与医疗融合程度不断加深，助推了智慧医疗的发展。2009 年以来，国务院、国家卫健委、国家食品药品监督管理总局、工信部等多个国家机关发布了一系列政策（见表 1），推动医疗行业健康发展。

表 1　2009 年以来国务院及部委发布的医疗政策

序号	时间	发文机关	政策文件名称	相关摘要
1	2009 年	国务院	《中共中央国务院关于深化医药卫生体制改革的意见》	建立实用共享的医药卫生信息系统，利用网络信息技术，促进城市医院与社区卫生服务机构合作
2	2013 年 8 月	国家发改委	《关于促进智慧城市健康发展的指导意见》	推进智慧医疗、远程医疗建设，普及应用电子病历和健康档案，促进优质医疗资源纵向流动
3	2015 年 7 月	国务院	《国务院关于积极推进"互联网＋"行动的指导意见》	支持第三方机构构建医学影像、健康档案、检验报告、电子病历等医疗信息共享服务平台，逐步建立跨医院的医疗数据共享交换标准体系
4	2015 年 9 月	国务院	《关于推进分级诊疗制度建设的指导意见》	加快建立区域性医疗卫生信息平台，实现电子健康档案和电子病历的共享

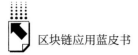

序号	时间	发文机关	政策文件名称	相关摘要
5	2016 年 11 月	工信部	《医药工业发展规划指南》	开发应用健康医疗大数据,重点发展远程医疗系统,可穿戴生理信息监测设备,具备云服务和人工智能功能的家用、养老、康复设备,可提供健康咨询、网上预约分诊、病例随访、检验结果查询等应用的健康管理信息系统
6	2017 年 1 月	国务院	《国务院关于印发"十三五"卫生与健康规划的通知》	全面实施"互联网 +"健康医疗益民服务,发展面向中西部和基层的远程医疗和线上线下相结合的智慧医疗
7	2017 年 4 月	国务院	《国务院办公厅关于推进医疗联合体建设和发展的指导意见》	建立省、市、县三级人口健康信息平台,统筹推进医联体相关医院管理、医疗服务等信息平台建设,实现电子健康档案和电子病历的连续记录和信息共享,实现医联体内诊疗信息互联互通
8	2018 年 4 月	国务院	《关于促进"互联网 + 医疗健康"发展的意见》	鼓励医疗机构应用互联网等信息技术拓展医疗服务空间和内容,构建覆盖诊前、诊中、诊后的线上线下一体化医疗服务模式;医疗联合体要积极运用互联网技术,加快实现医疗资源上下贯通、信息互通共享、业务高效协同
9	2018 年 7 月	原卫计委	《关于深入开展"互联网 + 医疗健康"便民惠民活动的通知》	加快推进智慧医院建设,运用互联网信息技术,改造优化诊疗流程,贯通诊前、诊中、诊后各环节,改善患者就医体验;实现现有公共卫生信息系统与居民电子健康档案的联通整合
10	2018 年 9 月	国家卫生健康委	《互联网诊疗管理办法(试行)》、《互联网医院管理办法(试行)》、《远程医疗服务管理规范(试行)》	明确互联网医院和互联网诊疗活动的准入程序,明确互联网医院的法律责任关系

2018 年，国务院办公厅发布《关于促进"互联网＋医疗健康"发展的意见》，标志着国家开始明确支持"互联网＋医疗健康"发展。同年，国家卫生健康委印发互联网医院、诊疗、远程医疗服务管理办法，有利于加强互联网医疗服务新业态的准入和监管，规范新业态的发展。

区块链技术诞生于 2009 年，被称为"下一代互联网技术"。早在 2016 年，国务院发布《"十三五"国家信息化规划》，首次将区块链定为战略发展方向。区块链技术与医疗的探索和融合正在逐步深入。

一　目前医疗行业存在的问题以及区块链与医疗行业的结合点

近几年政府持续推出支持医疗改革和医疗信息化发展的政策，为医疗行业信息化发展扬帆助力，然而在大环境利好的前提下，医疗行业信息化的发展仍然存在以下问题亟待解决。

一是医疗信息化产品准入标准缺失，信息化产品监管制度模糊。经过多年的发展和改革，医疗信息化部分产品已经发展到成熟阶段，从医院内部管理来看，HIS 系统、药品库存与管理、输液机制等信息化产品已经较为成熟，其运作模式也较为简单，能满足日常需求。对于涉及医疗服务核心环节的产品，如区域电子病历系统、辅助诊断系统还处于发展初级阶段，这些产品缺乏完善严谨的准入标准，大多数智能辅助诊断系统仍然未通过药监局审批，这成为产品市场化推广的障碍。尤其在以人工智能、区块链为核心技术的信息化产品上体现得更加明显，当技术本身还未达到成熟阶段时，其在医疗行业的应用则举步维艰，难以形成清晰的监管制度。

二是人工智能、云计算、智慧医疗概念火热，但行业同质化现象严重。2016 年前后，"互联网＋医疗"企业逐渐开始发展。2018 年 4 月国务院出台《关于促进"互联网＋医疗健康"发展的意见》，文件对"互联网＋医疗"的鼓励推动了智慧医疗的推广和试点，智慧医疗概念迅速升温。从目前已有成果来看，市场上关于智慧医疗的产品同质化严重。在线医疗企业如

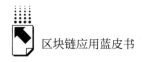

春雨医生、平安好医生、好大夫在线等，以预约挂号和在线咨询业务为主。AI 医学影像企业如汇医汇影、Airdoc，运用人工智能技术进行影像辅助分析和诊断，其所覆盖的疾病范围也以肺结节、糖网筛查为主，而 AI 医药研发还处于实验阶段，其智慧化进程仍需更长的时间和考验。

三是行业壁垒较高，医院之间"信息孤岛"现象严重。医疗行业具有高技术附加的属性，从事智慧医疗生产和研发的企业或组织需对医疗行业有基本的认知，越接近核心医疗服务对从业者能力和素质的要求越高，这也是智慧医疗行业发展缓慢的重要原因之一。此外，医疗数据涉及病人隐私和安全，医院出于遵循法律和伦理原则的角度，对数据内容有较高的保密要求。基于此，医院之间数据难以实现互通互联，导致患者就医程序烦琐、重复检查，同时，企业也很难从医院获取临床数据用以实验和训练。这也是医疗信息产品同质化严重的原因，企业与医院合作沟通需要花费大量的时间和人力成本，大多数企业的实验数据来自单个医院或相对市场化的机构，覆盖了数据存储量级较高的领域。

近年来，区块链技术在全球范围内受到了极大的关注。各国政府在区块链领域积极发力，企图抢占下一个产业创新的制高点。我国鼓励探索研究区块链技术与实际应用场景结合，服务实体经济。其中，"区块链 + 医疗"是重要的应用场景之一。

医疗健康生态涵盖的领域广泛，涉及患者、医生、医院、体检中心、药企、保险和政府，相互之间关系错综复杂。从核心痛点出发，即围绕患者的医疗需求，国内医疗健康体系有三大环节——医疗服务的提供方、医疗产品的提供方、医疗服务的支付方（医疗保障体系）。其中，医疗服务的提供方主要包括各级各类医疗服务机构；医疗产品的提供方包括药企、医疗器械企业等；医疗保障体系包括政府主管部门、政府的医疗保险业务和商业保险机构的医疗保险业务等。

区块链技术是底层技术，具有去中心化、分布式记账、不可篡改等显著特性，和医疗生态中的每个环节都可能结合，具有广泛的应用场景，主要结合点如表 2 所示。

表 2　区块链技术与医疗健康领域的主要结合点

医疗健康领域	主要内容	和区块链技术的结合点
医疗健康服务的机构	个人电子病历	目前个人对于自身医疗数据缺乏知情权及访问控制权，并且追溯困难。基于区块链的电子病历通过私钥，保证病历的所有者是患者本人，而非医院或者第三方机构。医疗机构使用患者个人数据，需通过患者同意
	医疗健康数据共享	目前，每个医院或卫生系统都利用自己的中心机构记录、保存和传输健康数据，但是这些数据是分割的，以"信息孤岛"的形式存在。利用区块链技术是去中心化的架构，可以将这些"信息孤岛"打通
	病人用药反馈、处方反馈	定期、持续跟踪患者，反馈结果由医生审阅，其结果可以作为科研的数据支撑，也可以用于药品研发和商业保险精算等领域
医疗健康产品（医疗健康服务支撑）	电子处方、药品、医疗器械和废弃医疗药品的追溯，物流配送与管理体系	利用区块链技术可以记录药品的所有物流相关信息、渠道流通情况，堵住供应链的漏洞，解决长期以来备受困扰的假药问题。另外，如果货物运输中断或丢失，存储在账本中的数据也为各方提供了一种快速的方式进行追踪，并确定谁最后处理了货物
	保险理赔	索赔支付和裁决过程复杂，涉及大量的管理费用和人工流程，以验证所有利益相关者是否符合和遵守合同中的商定条件。利用区块链的智能合约技术，可以实现保险索赔的自动化，减少流程、降低成本
	医疗供应链金融	供应链金融主要是围绕药品流通环节产生的，区块链技术可在应收账款可信交易与管理、交易的全程追溯、跨机构的互通互利方面进行监管。数据可用在设备融资租赁、供应链保理等方面
	医务工作者的身份认定与查询	医疗工作者的医学教育背景、国家认证的医疗人员从业证书、接受的培训等多个信息，可通过区块链技术的方式进行登记和可授权的查询
医疗健康监控体系	事件监管	通过联盟链的形式，政府可主导并要求各相关组织、机构、企业都加入该系统，对数据进行实时监控，提高监管部门的管理水平、提高疾病预防能力。一旦发生非常规/合规事件，可以启动智能合约，进行追踪和进一步管理。该联盟系统的有效运行可实时向相关方发送通知，有效去除检查环节，简化执行流程，降低监管成本

互联网医疗,包括以互联网为载体和技术手段的健康教育、医疗信息查询、电子健康档案、疾病风险评估、在线疾病咨询、电子处方、远程会诊、远程治疗和康复等多种形式的健康医疗服务。如果说"互联网+医疗"能够让患者与医生跨越空间的限制进行接触,改善了医疗不足的局面,那么"区块链+医疗",则能让医疗健康生态的发展更加良性,缓和医患关系。或许它不能带来短时间的盈利,但能让医疗健康的各方各归其位,重塑医疗健康价值链。

二 医疗区块链市场布局

据统计,截至2018年7月份,国内外共有60个"区块链+医疗"相关项目。众多国家都尝试开始应用区块链技术解决医疗领域的问题,中国在医疗区块链项目的应用实践上非常积极。尽管企业是医疗区块链项目的实践者,但是医疗数据是重要的国家资源,因此,政府也在当中起着举足轻重的作用。

据IBM推测,全球56%的医疗机构将在2020年前投资区块链技术。目前不少全球互联网大佬都顺应潮流,积极推进区块链医疗应用。飞利浦医疗、Gem医疗和Google、IBM等科技巨头都积极探索区块链技术的医疗应用。

不少创业公司也积极布局,如美国Chang Healthcare推出首个企业级医疗区块链解决方案,针对透明化理赔场景;美国SimplyVital Health公司,搭建与现有医疗保健系统集合的区块链系统,能帮患者协调就诊全环节,并提供准确数据证据;韩国MediBloc构建了以区块链为基础的个人医疗信息平台,为医患人员提供新的医疗信息管理方式。其他创业公司还有管理药物供应链的Chronicled、创建智能合同减少医疗费用的Robomed Network、推出医疗智能合同和代币支付的Patientory、医疗保健领域开发API的PokitDok、与美国州政府合作开展区块链医疗试点的Hashed Healthcare以及数字健康初创公司doc.ai等。

在国内，大型互联网企业对比均有布局。腾讯在2018年提出了"处方链"。腾讯与广西柳州在微信挂号、支付等功能基础上，实现了全国首例"院外处方流转"服务，院内开处方，院外购药甚至送药上门。因为处方流转涉及卫健委、医院、药企等多个环节，用区块链技术可实现处方不被篡改。阿里健康与常州市合作的"医联体＋区块链"试点项目也颇引人关注。2017年8月，阿里健康携手常州医联体，以帮助医疗业务数据实现互联互通。据悉该技术首先在常州武进医院和郑陆镇卫生院落地，后续将逐步推进到常州天宁区医联体内所有三级医院和基层医院，形成快速部署的信息网络。国内的区块链企业也纷纷发力，布局医疗区块链。

三 "区块链＋医疗"案例

清华大学联合人民创投、中关村区块链联盟针对医疗区块链项目，调研了天河国云、珠海医联盟、重庆医盟健康以及投肯科技等企业，总结出以下几种探索模式。

案例一：区块链电子病历

医链盟信息技术有限公司（以下简称"医链盟"）成立于2015年，是国内最早一批致力于将区块链技术引入医疗服务产业，为行业解决发展瓶颈，为医改目标的实现探索可行路径的企业之一。医链盟聚集了国内顶尖的区块链领域人才和医疗服务领域资深从业人员，以先进的核心技术、完备的经营资质，为医疗事业发展提供新的动力。

在医疗健康生态中，既有卫健委、社保机构这样的监管机构，也有医院、患者、药店这样的主要参与者，还有物流、保险等服务机构。其中，电子医疗病历是共享的核心和最基础的数据。区块链电子病历系统是一个平台，在不触动现有利益格局的情况下，相关者只需要承担接入系统的成本，就可以获得更多的利益。

该平台通过自上而下的方式进行推动。对于社保机构来说，核实患者身份，可以有效避免患者通过医院骗保。对于卫健委来说，让医院接入系统，

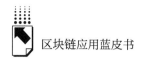

可以获取更多的医疗病历，对于监控当地人口的身体健康状况和进行疾病预防有很大帮助。对于医院来说，通过该系统，可以快速审核保单，缓解医院的资金压力。对于保险机构来说，在个人授权的情况下，可以快速查询过往真实病历，能够快算精算保费。对于患者来说，使用该体系的医院可以互信，因此可以减少重复检查的费用。其他机构使用患者病历时，需要提前通知并获得患者授权，通过区块链系统对调用情况进行跟踪，也保障了患者信息的所有权。

平台的盈利不依赖医院和患者，而是通过给生态相关者提供增值服务来实现的。该项目正在尝试在珠海等地落地，但是由于整合的机构相对复杂，医院把自己记录和储存的电子病历接入其他系统的意愿并不强烈，且要承担很大的信息泄露的风险，因此该系统的推动面临一定的困难。

案例二："区块链＋健康证"

湖南天河国云科技有限公司（以下简称天河国云）成立于2015年，致力于建立一个开放、平等、尊重、创造的区块链生态体系。天河国云打造了基于区块链的存证服务、区块链安全服务、分布式计算和存储服务、DAPP服务等四个区块链基础服务平台。其在医疗领域的应用主要为"区块链＋健康证"。

"区块链＋健康证"是健康证一体化流程解决方案，对象包括医院、体检机构、检查人员、相关监管部门、企业和商户等。目前健康证的发证机构是体检机构，而使用健康证进行工商登记注册的是工商管理部门，平时负责核查健康证是否合法有效的是食药监部门，负责员工证件管理的是食品卫生生产、流通和经营企业。这些部门或者人员之间利用区块链技术，根据不同主体的业务性质和权限范围进行内容分发，确保电子证照的有效性，降低社会成本，并在以下方面取得优势：

（1）解决医疗信息与其他使用者之间的信息壁垒问题和互信问题；

（2）为医院简化领证环节，节约人力成本，提高运营效率；

（3）帮助企业或商户实现对员工健康证的集中化管理；

（4）简化健康证办理和使用程序，实现"只让群众跑一次"的政策目标；

（5）线上确权，利于监管部门随时核查检验。

案例三：医时间（基于特定疾病的用药反馈社群）

重庆医盟健康管理有限公司创立于 2015 年 10 月，由重庆 18 位三甲医院专家共同组建，是一家引领"被动就医"向"主动健康管理"发展的新型健康管理有限公司。

该项目主要服务对象为医生和患者，依托原有的特定社区。患有相同疾病的人往往会在网络社区聚集，讨论病情。患者之间建立了较强的黏性关系，互相帮助并且分享用药反馈。但是由于时间的限制，医生只能通过面诊了解患者的反馈，效率低、样本小、数据追踪效果差，难以用来做科研支撑。

在原有社群的基础上，通过区块链技术的介入，可以让医生和患者产生更多的关联。患者可以定时上传用药反馈，医生对患者的病历进行审阅，一方面，患者的用药情况可以获得医生的关注和审阅；另一方面，该数据可记录、质量高、样本量大，医生可以用于科研成果。同时，医生和患者相互反馈的数据，经过加密和时间戳，保证了该数据的可靠性和真实性。整理后形成的数据报告，对于保险机构和药品研发机构而言，具有巨大的参考价值，也可以商用，而数据的贡献者（医生和患者），也可以得到相应的奖励。

目前该平台已经面向特定患者开放，在 20 多家医院进行试点，项目的数据正在持续增长中。该项目从原有单一疾病的社群切入，强化和记录了原患者和医生的互动关系，不需要监管机构的介入，对双方和对第三方机构都有很大的价值，是一种比较轻量级的实践模式。该项目的运营模式和商用价值值得期待。

案例四：废弃医疗器械追溯

投肯科技依托互联网产品技术经验，结合区块链的特性挖掘场景应用。其在医疗领域的场景应用主要为对废弃医疗器械的追溯，该案例的主要业务也是目前医疗行业的热点问题——央视 3·15 晚会曝光医疗废物被制成各种生活用品和玩具，其来源和流向被要求严肃追查和处理。

溯源范围包括使用医疗器械的医院、运输废弃医疗器械的物流公司、焚

烧废弃医疗器械的环保处理公司等。区别于以往传统的纸质记录方式，该模式在区块链平台对各个环节的主体进行身份认证和有限授权，在每个环节记录医疗器械交易所产生的具体行为，如交易主体身份信息确认、核实处理的医疗器械种类和重量、追溯交易流程等，保证废弃医疗器械的信息可追溯。在使用区块链技术的基础上，公司联合物联网、人工智能等技术共同打造系统，未来将引入 5G 技术，该模式已经在福州三级医院试点。由于涉及道德、经济、监管等方面的问题，牵扯的利益方较多，模式的正常运行需要由当地政府牵头，协调当地卫健委、环保部门等协同合作，自上而下地推广。相对来说，这种方式具有一定的优势。

（1）该项目维护成本较低，只需要存证、日常运营即可获取废弃医疗器械的数量、种类等信息，不涉及医院核心数据，对医院来说无数据泄露风险。

（2）依法、合理处理废弃医疗器械，避免医院出现因非法处理废弃医疗垃圾而出现纠纷和不良影响。

（3）优化医疗废弃处理行业环境，避免废弃物被不良厂商非法利用以致对公共健康产生威胁。

案例五：互联网的互助计划

相互保险的概念并不新鲜，相互保险强调大病保障"互助分摊"模式，轻松筹、水滴互助、曙光筹、磐石互助等项目都引入了区块链技术，以保证发起人更加可信和捐赠资金的流向更加透明。

相互保是蚂蚁金服联合信美人寿合作开发的创新型保险产品，在 2018 年10 月 16 日上线。2018 年 11 月 27 日，相互保更名为相互宝，信美人寿退出，相互宝成为一款基于互联网的互助计划。截至 2019 年 4 月份，已经有超过4000 万的用户注册。

相互宝产品只需要 0 元就能加入，众人互助，每人分摊很少的资金就能获得 10 万元到 30 万元（40～50 岁保障金额为 10 万元）的保险保障。需要注意的是，相互宝不具有商业重疾保险的属性。用户每月缴纳几块到十几块钱，人均分摊费用上限是 188 元，超出的费用由蚂蚁金服公司自己承担。从保险年龄上来说，相互宝只能保到 59 周岁，并面临项目随时结束的风险，如少于 330 万成员就会终止。通过区块链技术实现高透明，保证不会有骗保和赖账的情况发生。目前该项目仍处于试验阶段，为相互保险市场带来新风，但是这种绕过保险法、不做任何承诺、风险完全由参保成员承担的做法是否行得通，还有待时间的考验。

在实践上，"区块链＋医疗"项目处于刚刚起步的探索阶段，真正落地的目前还不多，尽管已经有企业布局了"区块链＋医疗"领域，但是范围小、覆盖人群不多，商业模式有理念创新但落地难。项目的大规模应用需要体制创新、企业创新、生态服务体系的相互磨合和一定程度的妥协。

不同于美国每个州的医疗数据可以共享，我国医疗大数据的"信息孤岛"问题在近期较难解决。首先，各个医院的软硬件系统由不同的系统提供商提供，即便不考虑医院自身利益，要实现多家医院的信息互通也是巨大的工程。其次，国家卫健委、医政局规定电子病历信息所有权归患者，任何人和机构无权擅用，医院不愿意承担相应的责任。若要把医疗健康数据交由商业化机构来进行管理运作，难度较大。

医疗健康行业系关国计民生，因此，医疗区块链项目的展开离不开政府主导部门的推动。项目的展开有助于推动医疗健康行业良性发展，让主管部门实现辖区内的疾病管理和疾病预防等行政职能，减少医疗资源的浪费。但是目前来看，主要的"区块链＋医疗"的主体为企业，这些企业的创新能力和执行能力值得称道，但是在项目长期不能盈利的情况下，企业能否坚守是一个问题。另外，由于企业缺少对医疗机构的深入了解或者与医疗机构接触的时间还不够长，它们的融合程度还有待加强。与此同时，主管机构的推动作用也不可或缺，政策与市场形成合力才能保证技术落地。

区块链技术和产业的融合正在进行之中，尽管潜力巨大但是未能大规模商用，尤其是在医疗健康领域，其对于安全性、可靠性、扩展性和隐私性具有较高的要求。区块链技术的效率、高耗能、监管等问题也在进一步解决当中。

四 医疗区块链发展趋势及建议

第一，政府应当在个人电子病历、药品监管系统等细分领域内起主导和推动作用，通过监管牵头、行业协会推动、设定标准，以联盟链或者私有链的形式，推动企业以开源开放的方式推进医疗机构的信息化建设，为实现医疗数据的可信可换提供基础，推动区块链电子病历的实现。

第二，区块链技术在医疗领域的探索目前还处于初期阶段，要做好医疗区块链项目，一要深入了解医疗行业，找到医疗行业的痛点；二要与多方建立起合作关系，实现共赢；三要从非主流业务切入。这些非主流业务非医疗机构的工作重点，可以帮助医疗机构减少人员成本、提高效率。

第三，5G、物联网、区块链和人工智能等技术的结合和综合应用，能在智慧医疗方面取得效果。人工智能和大数据提供了数据整合的可能性，而区块链保证了整个流程身份可信性的传递和信用机制的建立，多部门协作和跨部门数据传递有了更安全、有效、低成本的运营机制。5G是数字经济新引擎，具备高速率、高可靠性、低时延等特点，因此能够保证医疗对信息确定性、持续性和安全性的要求。而区块链技术能够建立多个联网节点，实现信号的实时稳定多点传输。以上几种技术综合应用，能够放大技术性能产生的效果，从而对医疗健康领域产生重大的影响。

参考文献

安信证券：《大雨大水，精彩无限——医疗信息化行业报告总起篇》2019年3月24日。

刘宗宇：《医疗区块链报告：医疗保险企业落地最快，基因组学在国内还是空白》。

赵泓维：《BAT均已开始布局区块链，探寻区块链生态和医疗区块链的盈利前景》。

B.12
区块链技术如何影响审计的未来？

——一个技术创新与产业生命周期视角

高廷帆　陈甬军*

摘　要：　区块链技术的应用使得交易信息的记录由中心化阶段发展至
　　　　　分布式存储阶段，数据库本身具有不可篡改、高度安全、高
　　　　　度透明等特点。技术创新是产业演化的重要动力，以区块链
　　　　　技术为代表的分布式账簿技术对现有的审计产业产生了冲击，
　　　　　使传统的数据审计走向半自动乃至全自动的新发展阶段。国
　　　　　际四大会计师事务所在对区块链项目进行审计的过程中，审
　　　　　计的重要性由传统的数据真实性核查转向对数据和系统的安
　　　　　全性以及系统部署的正确性的关注。

关键词：　区块链　审计　技术创新　产业生命周期

一　引言

区块链（BlockChain）是基于分布式数据存储、点对点传输、共识机
制、加密算法等计算机技术的新型应用模式。作为分布式数据库本身，区块
链技术具有高安全性、高度透明性以及成本相对较低的特性。全球范围内，
区块链技术正在走向应用普及阶段，并成为数字经济的重要组成部分。据全

---

* 高廷帆，中国人民大学商学院博士生；陈甬军，中国人民大学商学院教授、中国人民大学中
国经济改革与发展研究院副院长。

球咨询集团预测①，截至 2018 年底，全球区块链市场规模已超过 12 亿美元；2023 年，这一数字将增长至 233 亿美元。鉴于区块链技术在供应链管理、金融、医疗等相关领域将发挥重要作用，国际咨询集团高德纳认为到 2023 年，区块链技术带来的商业附加值将超过 3 万亿美元。基于区块链技术的应用正以难以想象的速度发展。根据第三方创投数据库 CB Insights 的统计，2016～2017 年，区块链相关的创业项目获得的融资已经超过 11 亿美元。作为全球数字经济的引领者，我国政府高度重视区块链的发展。在我国 2016 年颁布的《"十三五"国家信息化规划》中，区块链技术正式被提到国家战略层面，其中强调了需要加强区块链等新技术的创新、试验和应用，以实现抢占新一代信息技术主导权。

区块链技术因加密货币被广为人知，但其区块内容难以篡改且可永久查验的特性使其在身份验证、供应链管理以及金融交易和审计领域将有更广阔的应用。由于区块链从根本上改变了交易信息的记录规则和方式，有学者认为其引发了审计行业颠覆性的变革。2018 年 3 月，国际四大会计师事务所之一普华永道对美国北方信托银行（Northern Trust）的私募基金业务采用了基于区块链的审计服务。2018 年 5 月，美国专利及商标局通过了 IBM 两项区块链应用于审计过程的专利，以确保基于区块链的相关交易与认证满足合规要求。基于新的技术发展，一些观点认为，以区块链技术为基础进行的簿记，将替代现有的簿记与审计方式。目前已有研究关注到新的技术环境对审计行业产生的影响，但集中在大数据及深度学习领域。这些研究开始审视新技术对审计所造成的影响。基于这些研究，本文试图从技术创新与产业演化理论出发，结合最新国际案例，分析区块链技术对审计行业造成的影响。以区块链技术为代表的新的分布式簿记技术将推动交易记录与审计效率大幅提升，并有望从根本上解决现有的复式记账法存在的可信度问题。区块链技术作为技术创新将推动审计行业演化：审计重点转变为对系统安全性、系统部

---

① 报告原文详见 https：//www. researchandmarkets. com/reports/4703993/blockchain-market-by-provider-application。

署的正确性以及技术规范使用的关注，技术审计将成为审计行业发展的重要趋势。

二　账簿技术的演化与审计行业的发展

审计行业与账簿技术的演化息息相关。区块链技术本质上提供了一种分布式的信息记录方式，改变了原有简单账本和复式账本所代表的中心化的信息交互模式，从而推动审计行业朝着半自动乃至自动审计阶段发展。

现代商业活动的簿计工作建立在 14 世纪意大利数学家卢卡·帕切奥利（Luca Pacioli）提出的复式记账法的基础上。复式记账法解决了单个记账人所持本地账本的信任问题，但依然无法解决多方之间账本的可信互通问题。不论是简单账本还是复式账本，二者实质上都是中心化的信息交互模式，高度依赖于不会自行篡改信息、同时具备较强应对他人信息篡改专业能力的中心信息记录者。审计在内部管理职能分化及管理权与所有权分离的背景下应运而生。中心化的信息交互模式下，尽管信息的记录成本较低，但其识别成本却相对较高：早期的审计工具仅限于计算器与简单的数据处理软件，审计停留在人工手动审计与信息技术审计阶段。20 世纪中期，尽管账本的规模、账目处理速度、账本的复杂程度都有了很大程度的提升，但审计工作的受托责任和内容较以往没有发生本质的变化。

去中心化是人类社交信息交互模式一直以来的发展方向。随着账簿由物理媒介演化为电子与数字媒介，交易主体通过数字化账本以更低的成本参与到网络中，从某种程度上解构了原有高度中心化的交互模式，弱化了中心节点的话语权。但数字化账本并没有改变复式记账法的本质，账本仍然由个体掌握，个体维护的账本依旧存在账目真实性、准确性的问题。从整个社会层面来看，基于电子和数字媒体的去中心化网络在体现出强中性的同时，也造成了多个独立中心的情况，一定程度上提高了信息的识别成本。大数据分析成为解决这一问题的重要手段，基于大数据的审计也成为这一阶段审计行业

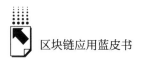

的重要特征。

2009 年至今提出的分布式系统是区块链技术发展的基础，也是人类社会信息交互去中心化的重要里程碑。分布式系统思想，即由交易多方共同维护一个共享的分布式账本，能够解决各自本地化维护账本而产生的信任问题，提高交易簿计工作的效率、可靠性以及合规性。但这一构想同样面临参与方恶意篡改或破坏记录的问题。这一问题在数字货币领域体现为双重支付问题（double-spend problem），即同一笔数字货币可以被花用两次以上。电子文件可以通过低成本实现复制，因此双重支付问题如果没能得到很好的解

表 1 信息交互模式演进、簿计技术与审计发展阶段

时期	约公元前 3500 年至 15 世纪	15 世纪至 20 世纪中期	20 世纪中期至 21 世纪	2009 年至今
信息交互模式				
	中心化		去中心化	分布式
账簿技术	简单账本	复式账本	数字化账本	分布式账本
主要特征	原始的、单人的简单记账法	复式记账法	账簿由物理媒介演化至电子/数字媒介	以区块链为代表的分布式账本的产生与应用
信息记录成本	★	★	★★	★★★
信息识别成本	★★★	★★	★★★	★
审计发展阶段	审计 1.0 阶段	审计 2.0 阶段	审计 3.0 阶段	审计 4.0 阶段
	人工手动审计	信息技术审计	基于大数据的审计	半自动及自动审计
审计工具	计算器	Excel 等软件	大数据分析软件	传感器、物联网、射频识别、CPS/GPS

决，将造成电子货币的贬值乃至体系性信任危机。2009 年 Nakamoto 提出基于区块链技术的比特币网络，解决了双重支付问题，同样也解决了分布式记账的基本需求问题。基于区块链结构的分布式记账技术开始大量出现。由于这些技术多以区块链结构作为其核心的账本结构，往往被统称为区块链技术。区块链则提供了一个新的信息记录方式，信息被记录在所有区块中，为了保证分布式账目的一致性，每条记录在发生变动时都需要和其他记录进行验证和比较，因此，若有某一方试图改变某部分内容，这些变化将在验证过程中被其他拥有副本的计算机拒绝。这从根本上避免了中心机构可能的操纵行为，或是中心机构一旦被攻破而引起的信息篡改风险。由于区块链技术从根本上降低了信息识别成本，消除了可能的信息篡改，使得原有范畴内第三方审计的需求降低，审计由此发展至半自动乃至自动审计阶段。

三 从技术创新与产业演化理论看区块链技术对审计行业的影响

近 10 年来，随着大数据、深度学习、区块链等技术的涌现，外部审计的基本范式发生了重大的变革。对于区块链技术对审计行业的影响的思考与研究起源于 2005 年，Grigg 首次提出以三次记账法替代原有的复式记账法；2009 年，区块链技术的提出使得分布式记账法在技术层面得以实现；2011 年，以 Chan 和 Vasarhelyi 为代表的一批学者开始呼吁在审计领域应用区块链技术，于是相关的研究越来越多地涌现。这些研究试图回答的一个共同问题是：区块链技术对现有的审计行业将产生怎样的冲击？一部分观点甚至认为，随着自动化程度的提升，审计将日益受到冲击并被替代。事实上，自动审计并不代表审计职能或审计行业的衰亡。从产业演化理论出发，区块链技术本质上作为动力，在推动现有审计行业朝着新的方向演进。

按照产业生命周期理论，一个产业一般被划分为投入、成长、成熟和衰退四个阶段。发生初期，产业成长速度较慢，发展期成长速度较快，成熟期产业增长速度达到最快，而后逐渐变慢。一般意义上，技术创新一直被认为是产业演化的根本动力。基于原有技术的生产模式逐步进入成熟期后，技术创新带来新的生产方式，促进原有产业整体向新的产业升级。诸多产业的成长都符合这一生产规律，其生产曲线呈现 S 形（见图 1）。区块链审计领域研究者的研究与产业演化的视角不谋而合。研究者们已经充分认识到区块链技术在数据不可篡改、可信任程度高等方面的巨大优势。首先，从记录过程本身来说，区块链技术记录了与业务逻辑保持一致的有序的实时记录——这些可独立访问的已生成记录本身就是审计底稿的重要组成部分，这无疑将提高审计的效率。其次，从记录的后续保存和更新角度而言，一旦交易成为分布式账目中的永久部分并且被区块链网络中的所有参与者所接受，将不可篡改。这使得审计工作本身能够更快地获得高可信度的审计依据。最后，区块链技术带来的高度标准化，使得财务报表中的绝大部分数据实现自动验证。这些特性将在保证数据安全性的同时，显著降低审计所需的时间与成本。除了审计流程可借助区块链技术实现自动化以外，随着区块链的实施，审计可实施的范围将进一步扩大，审计的成本和效率都将大幅提升，这些都将从根本上提升审计质量，降低现有的账簿和审计工作中人为操纵的可能性。区块链技术使得信息真实和准确的识别成本降低，无疑将促进审计产业的演进。

当然，以区块链为代表的数字化技术从根本上对当前审计行业的商业模式产生了冲击。Dai 在 2016 年提出了审计 4.0 阶段的概念，并认为随着区块链技术的发展，审计将摆脱对专业人士的依赖，半自动乃至全自动化成为审计 4.0 阶段的核心特点。这也在某种程度上呼应了关于区块链技术将替代现有审计的大部分职能的论断。从产业生命周期发展理论出发，产业整体进入成熟期后半阶段，随着新的生产技术的出现，原有行业的生产函数的形式将发生重大的变化，投入的生产要素及产出的产品也将有重大区别。随着区块链技术成为账簿的基础，审计行业的生产过程和对象也将发生重要变化。审计重点由数字转变为记录和产生数字的技术系统。针对不同类型的区块链，

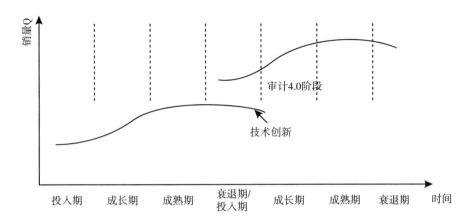

图1 技术创新与产业生命周期发展

将有不同的审计策略。一般意义上，按照开放程度，区块链分为公有链（Public Blockchain）及私有链（Private Blockchain）两种①。公有链是全世界任何人都可以随时进入系统中读取数据、发送可确认交易、竞争记账的区块链。因此，在对公有链的审计过程中，审计的过程在于公有链本身的部署及其运行的环境是否符合要求。尽管公有链通常被认为是"完全去中心化"的，没有任何个人或者机构可以控制或篡改其中数据的读写，但一旦发生人为操纵，则将对整个系统性产生负面影响，且一般的参与者无法发现其中存在的问题，这也对审计人员的技术背景提出了更高的要求。相较于公有链，私有链指的是对单独的个人或实体开放的区块链，其节点数量更少，并且仅在有限网络中公开其数据。未来，将会有更多的企业与行业选择通过私有链记录交易，私有链也会是未来审计工作经常遇到的类型。由于私有链并非完全去中心化的，因此对于私有链的审计有着更高的要求。除了对部署环境与运行环境本身进行审计，各个交易节点在数据更新的验证过程中是否合规操作，也将成为审计的重点。审计过程要求审计专业人员对日志内容进行合规审查。

---

① 实际应用中，也有人将区块链分为公有链、私有链及联盟链三种。但实际上，联盟链是指由若干机构或组织共同发起并参与维护的链，本质上也是一种私有链，和私有链类似，节点少、处理速度很快。由于其权限同样被少数节点控制，从审计的角度出发，将联盟链作为一种特殊的私有链。

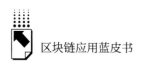

四 案例分析：普华永道对金融机构 N 基金业务的审计

普华永道基于 IBM 区块链技术平台对某金融机构基金业务的审计是业内已披露的首个案例，适合作为区块链影响审计行业的案例进行进一步研究。为了案例研究视角的全面，本研究除了对普华永道该项目参与的审计经理及分析师、IBM 区块链技术平台工作人员进行了访谈之外，还对安永区块链业务的相关工作人员进行了半结构化访谈。

（一）案例背景

金融机构 N 是世界最大托管银行之一，主要为客户提供投资管理，资产、基金管理，信托和银行服务。托管业务本身是一个利润率低，但不承担任何风险的银行中间业务，要求托管机构在信息设备上进行大量投入，以为客户提供快速、准确、安全的会计、估值、结算等服务。私募投资机构 U 是金融机构 N 的托管方，U 致力于为投资者在高度透明、安全的环境下创造高收益。这一过程往往需要第三方出具及时的审计服务，但支持私募投资的相关服务行业在过去的几十年间并没有实质性的技术创新。参与该项目审计的审计经理表示："在当前私募投资的监管框架下，一些必要的审计程序耗时且昂贵。"

（二）机构 N 基于区块链技术的商业部署

2017 年 2 月，N 机构向美国专利商标局提交了数字身份管理（用于分布式网络节点内的数字身份管理和许可控制的系统和方法，专利号 No. 9992022）及数字会议管理（用分布式网络节点生成和维护不可变数字会议记录的系统和方法，专利号 No. 9990504）两大专利。在此基础上，基于 IBM 的区块链开发平台的底层技术，N 机构为其托管方 U 的私募股权业务进行了区块链技术的商业部署，原有的私募股权托管模式发生了根本性的变化。借助区块链技术，托管方 U 在整个投资生命周期内的所有活动都被实时地记录在这个分布式数据库中。这样一来，任何利益相关方都可以通过安全认证手段获取访问权限，整个投资过程变得安全且透明（见图 2）。

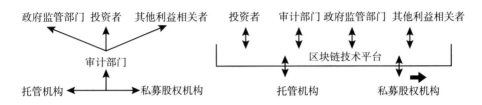

图 2　区块链技术的应用：从一个封闭系统到实时、透明的分布式系统

（三）基于机构 N 区块链技术的审计

区块链技术的部署提升了机构 N 的账簿效率和透明度，却成为审计工作新的挑战。原有的封闭系统高度依赖第三方审计机构对投资方的投资活动和效果进行评估，审计的流程、审计师的选择、审计质量等话题都是利益相关方关注的重点。而区块链网络在数据安全的前提下，为所有利益相关方（包括基金经理和投资者）提供了实时、透明的信息，并在需要时允许监管和第三方随时访问——审计的需求似乎被进一步弱化。在这种情况下，审计应如何发挥其受托责任？

首先，审计方仍然在原有的框架下对业务开展的真实性和有效性进行了审查。在这一过程中，审计公司同样拥有自己的区块链节点。这一节点及相应权限的部署，使得审计公司通过安全手段可实时、快速访问存储在其私人区块链中的数据，无需再被动等待业务方将数据及原始财务凭证转移到内部的应用程序中。更值得一提的是，在这一阶段的工作过程中，审计人员可以实现异地登录直接获取数据，并自由浏览相关交易文件，大幅降低了审计所需的时间和异地办公成本。

其次，针对这一特殊案例，在进行传统审计的基础上，普华永道提出了对技术本身进行审计的总体策略，主要考察技术本身是否在公正、恰当的环境下被合理使用。在私有链的环境中，分布式账本一开始的规则设置和部署是由业务方决定的，这样一来，即便所存储数字的真实、准确，仍不能出具无保留审计意见，而传统的审计方式，是无法验证分布式账本的真实与合理性的。鉴于该私募业务的区块链部署属于私有链，审计公司的审计重点为以下两方面。一是系统部署，确保被审计的账本在最初部署的时候不存在争议；二是运行环境，对该系统进行独立性的验证，以确保系统按照预期运行，运行过程不受人为干预与影响。对这两方面，普华永道主要通过对系统底层代码及运行的私有日志文件进行审计。特别值得一提的是，各个区块之间的串联是通过区块链特有电子签名进行确认的，而电子签名本身很有可能存在被盗用、丢失或被迫使用的情况。鉴于此，在针对该区块链项目的审计过程中，普华永道特别关注电子签名以及签约方本身，以确认其发生的实质性与交易的完整性。

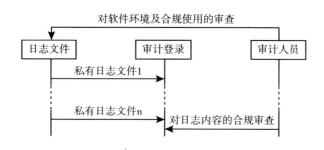

图3 区块链应用条件下的审计工作的开展流程

最后，在对区块链审计的过程中，普华永道快速响应，针对区块链技术开发了满足其内部审计流程的技术工具，其主要功能模块包括数据的对接、读取、查验及满足私募行业特征的分析，使得对私募基金经济活动记录内容的审计得以快速完成，整个过程简洁而高效。

尽管普华永道基于区块链技术对原有的私募基金业务进行审计，并确保该审计符合公司的内部控制与测试标准，但其审计结果依旧面临来自公司内部、其他相关组织以及现有法律法规框架的挑战。普华永道这一尝试，是在新技术对原有业务产生冲击的情况下进行的探索，其合伙人在公开采访中表示，当区块链技术可以像传统审计师那样验证交易时，审计师需要做出变革，基于新的技术对验证过程本身进行验证。

五 总结

首先，必须肯定以区块链技术为代表的新技术是审计研究的前沿问题。如果审计研究与审计实践的交集是审计研究前沿问题的来源，那么区块链技术在审计领域的应用将成为下一个重要的研究方向。目前研究领域的一个普遍共识是，审计理论和实践落后于科技发展，但这也无疑带来了巨大的研究机会。基于区块链技术的绝大部分研究都还停留在技术应用层面，包括在金融、保险及公共服务行业的机遇与潜在风险。从审计研究本身的内容出发，在新技术的情境下如何影响审计质量、审计师独立性、审计师的选择以及审计市场的集中度都值得在新的视角下进行研究。区块链技术也使审计学科与其他学科的内在联系比以往任何时候都要多，这为未来的审计研究打开了更广阔的视野。

其次，区块链技术对审计行业的影响也将遵循一般的创新扩散与行业演化规律。尽管区块链技术对现有的审计行业造成了冲击，但必须认识到新技术的应用所带来的效率提升。事实上，任何行业都面临技术冲击所带来的行业演化。新的技术往往先在某些领先企业的某些部门率先进行应用，并由点到面，逐步扩散到整个产业中，带动整个产业的演化。目前，区块链技术仍然处于早期发展过程，其应用和影响范围还局限在某些特定领域，随着审计行业客户逐渐采用区块链技术，审计专业人士也必须应对这一变革。

审计行业要重视制度创新与人才培养，以主动适应技术冲击下的行业演化。主流的研究观点认为，技术创新是产业发展的内在动力，而制度创新却在产业演化的各个阶段对新技术的推广和扩散起到重要的保障与支撑作用。审计行业制度创新的必要性在学术研究中得到广泛支持，并已经受到了监管机构的密切监督①。鉴于技术快速变革，Moroney 提出了强制性的审计机构轮换制度和建立一套更加严格的审计检查法规的构想，以提高审计质量。国际审计与鉴证准则委员会（IAASB）也针对新技术的涌现提出了新的相关标准，但是担心由于标准过于严苛无法适应快速的技术变革，可能会抑制创新。除了新的监管制度呼之欲出外，新技术环境对审计专业人员也提出了跨学科的复合能力要求。随着技术审计成为审计行业发展的重要趋势，审计专业人才的知识结构、职业培养方向都将与以往有很大区别——技术与财务复合背景的人才将成为制约行业发展的重要因素。从项目团队层面来看，基于新的审计对象与任务，构建跨背景的审计团队、设计审计团队沟通及质量控制流程、明确技术人员与财务人员之间的定位与分工等，这些都会成为今后审计实践和研究将面对的重要问题。

最后，适应新技术带来的行业演化，以审计职能为根本，助力我国数字经济发展。区块链技术及其在各个领域的应用飞速发展，既是前沿的研究问题，也是实践中不可逆的发展趋势。作为我国数字经济的重要组成部分，区块链技术使得交易信息的记录由中心化发展至分布式存储阶段，但依旧存在弱点：一方面，区块链技术本身通过去中心化改变了信息交互模式，提升了信息的可信度，降低了社会交易成本，但这一切的前提在于技术被正确应用；另一方面，技术的应用也提高了识别错误信息的门槛，更需要专业的第三方来提供经济监督、经济评价和经济鉴证的职能。因此，尽管记账技术、审计需求发生了变化，在社会经济发展和运行的过程中，依旧需要客观的第三方主体存在，来验证技术本身。因此，只有审计行业协同演化，才能够在技术的使用过程中确保有效、公平、正确。从这个角度出发，在行业演化的过程中，审计行业的立足点和根本在于充分发挥其固有的内在功能。在新的

---

① 详见特许公认会计师公会 ACCA 2016 年报告 *The future of audit*（http：//www. accaglobal. com/content/dam/ACCA_ Global/Technical/audit/ea-future-of-audit. pdf）及国际审计师联合会下的国际审计和保证准则委员会 IAASB 2016 年报告 *Exploring the Growing Use of Technology in the Audit*，*with a Focus on Data Analytics*（https：//www. accountancyeurope. eu/wp-content/ uploads/IAASBs-Discussion-Paper-on-the-use-of-Technology-with-a-focus-on-Data-Analytics. pdf）。

技术条件和背景下，也只有充分发挥出审计的基本职能，才能使得区块链技术真正在数字经济中发挥其特性，助力我国数字经济发展。

参考文献

葛家澍、林志军：《现代西方会计理论》，厦门大学出版社，2011。

杨时展：《从管理会计学看近三十年西方国家会计科学的演变》，《会计研究》1980年第4期。

Alles M G., "Drivers of the use and facilitators and obstacles of the evolution of big data by the audit profession", *Accounting Horizons*, 2015, 29 (2).

Brown-Liburd H, Issa H, Lombardi D., "Behavioral implications of Big Data's impact on audit judgment and decision making and future research directions", *Accounting Horizons*, 2015, 29 (2).

Byström H., "Blockchains, real-time accounting and the future of credit risk modeling", Sweden, Lund University, Department of Economics, 2016.

Casey M, Wong P., *Global supply chains are about to get better, thanks to blockchain*, Harvard business review, 2017.

Chan D Y, Vasarhelyi M A., "Innovation and practice of continuous auditing", *International Journal of Accounting Information Systems*, 2011, 12 (2).

Dai J., "Vasarhelyi M A. Imagineering Audit 4.0", *Journal of Emerging Technologies in Accounting*, 2016, 13 (1).

Deloitte L L P. *Blockchain Enigma. Paradox. Opportunity*, London：The Creative Studio at Deloitte, 2016.

Hay D., "The frontiers of auditing research", *Meditari Accountancy Research*, 2015, 23 (2).

Gordon L A., "The Impact of Technology on Contemporary Accounting：An ABCD Perspective", *Transactions on Machine Learning and Artificial Intelligence*, 2018, 6 (5).

Kocherlakota, N.., "Money is Memory", *Journal of Economic Theory*, 1988, 81.

Swan M., "Blockchain：Blueprint for a new economy", *Sebastopol：O'Reilly Media*, 2015.

Tapscott D., "Tapscott A., "The impact of the blockchain goes beyond financial services", *Harvard Business Review*, 2016, 10：2 - 5.

Zhang J, Yang X, "Appelbaum D. Toward effective Big Data analysis in continuous auditing", *Accounting Horizons*, 2015, 29 (2).

B.13
基于互联网审判的区块链应用与实践

佘贵清　孙　伟[*]

摘　要： 在互联网审判环境下，为解决电子证据取证难、存证难、认
定难等问题，由北京互联网法院牵头联合多家机构利用区块
链技术建设了联盟链——天平链。初步形成了集数据生成、
数据存证、数据取证、数据采信等于一体的司法服务体系，
建立了国内领先的涵盖知识产权、金融交易、电子合同、第
三方数据服务平台、银行、保险、互联网金融等应用的司法
电子证据平台。另外，在最高检智慧检务创新研究院的指导
下，立足于区块链实验室，利用区块链在电子证据存证、智
能化监督、智能化执行等方面的优势，搭建了由检察机关、
监督机构、第三方数据源等节点组成的公益诉讼区块链电子
证据平台。

关键词： 区块链　司法电子证据　天平链　北京互联网法院

一　区块链技术与司法领域的应用

（一）区块链技术综述

区块链本质上是一种健壮和安全的分布式状态机，典型的技术构成包

* 佘贵清，北京互联网法院副院长，高级工程师，北京市法院信息技术专家；孙伟，北京互联
网法院办公室干部。

括共识算法、P2P 通信、密码学、数据库技术和虚拟机。区块链技术具备多方监督、不可篡改、方便追溯等特点，天然是解决数据真实性、完整性的有效手段。区块链技术是利用块链式数据结构来验证与存储数据，利用分布式节点共识算法来生成和更新数据，利用密码学方式保证数据传输和访问的安全，利用由自动化脚本代码组成的智能合约来编程和操作数据的一种全新的分布式基础架构与计算范式。简单来讲，在区块链系统中，每过一段时间，各参与主体产生的交易数据会被打包成一个数据区块，数据区块按照时间顺序依次排列，形成数据区块的链条，各参与主体拥有同样的数据链条，且无法单方面篡改，任何信息的修改只有经过约定比例的主体同意方可进行，并且只能添加新的信息，无法删除或修改旧的信息，从而实现多主体间的信息共享和一致决策，确保各主体身份和主体间交易信息的不可篡改、公开透明。

相对于传统的分布式数据库，区块链具有以下几个明显特征。

1. 从复式记账演进到分布式记账。传统的信息系统，信息是各自记录的，每次核对账目时存在多个不同账本。区块链打破了原有的复式记账，变成"全网共享"的分布式账本，参与记账的各方之间通过同步协调机制，保证数据的防篡改性和一致性，规避了复杂的多方对账过程。

2. 从"增删改查"变为仅"增查"两个操作。传统的数据库具有增加、删除、修改和查询四个经典操作。对于全网账本而言，区块链技术相当于不使用删除和修改两个选项，只留下增加和查询两个操作。通过区块和链表这样的块链式结构，加上相应的时间戳进行凭证固化，形成环环相扣、难以篡改的可信数据集合。

3. 从单方维护变成多方维护。针对各个主体而言，传统的数据库是一种单方维护的信息系统，不论是分布式架构，还是集中式架构，都对数据记录具有高度控制权。区块链引入了分布式账本，是一种多方共同维护、不存在单点故障的分布式信息系统，数据的写入和同步不局限在一个主体范围之内，需要通过多方验证数据、形成共识，再决定哪些数据可以写入。

4. 从外挂合约发展为内置合约。传统上，财务的资金流和商务的信息

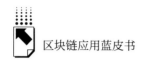

流是两个截然不同的业务流程，商务合作签订的合约，在人工审核、鉴定成果后，再通知财务进行打款，形成相应的资金流。智能合约基于事先约定的规则，通过代码运行来独立执行、协同写入，通过算法代码形成了一种将信息流和资金流整合到一起的内置合约。

（二）区块链在司法领域应用现状

2018年6月，全国首例区块链电子存证案在杭州互联网法院一审宣判，深圳某科技发展公司侵犯原告著作权，杭州互联网法院支持原告采用区块链作为存证方式，并认定被告方侵权事实。

2018年11月，北京东城区法院就中文在线诉北京京东商务公司侵犯作品信息网络传播权纠纷案做出一审判决，此案是东城法院首次采用区块链云取证数据对知识产权案件进行判决，也是北京首例已判决的区块链存证案。

自2018年9月7日起施行的《最高人民法院关于互联网法院审理案件若干问题的规定》中就有对区块链技术作为证据的规定：当事人提交的电子数据，通过电子签名、可信时间戳、哈希值校验、区块链等证据收集、固定和防篡改的技术手段或者通过电子取证存证平台认证，能够证明其真实性的，互联网法院应当确认。也就是说，通过区块链等技术收集的有效证据，法院应该予以采纳。这也说明了区块链技术在案件审判中的运用，已被最高人民法院确认。

二 区块链在司法电子证据业务上的创新应用

（一）互联网审判模式下的电子证据

21世纪以来，在我国网络强国战略和"互联网＋"政策体系的指引下，伴随着我国信息基础设施的飞速发展，互联网业务正深刻融入社会经济生活的各个层面，并成为推动产业升级与业务创新的重要力量。截至2018年12

月，我国网民规模达 8.29 亿，全年新增网民 5653 万，互联网普及率为 59.6%。

与此同时，伴随着互联网经济的蓬勃发展，基于互联网模式形成的电子商务、知识产权、在线金融、电子合同、电子交易等应用逐渐成为企业的核心业务模式与经营资产，由此引发的交易纠纷数量呈几何级增长态势。仅以网购为例，全国网络购物合同纠纷呈逐年上升趋势。2015 年 1 月 1 日至 2017 年 12 月 31 日，全国各级人民法院共新收网络购物合同纠纷民事一审案件 2.50 万件。然而电子数据存在着虚拟性、脆弱性、隐蔽性、易篡改性的先天不足，在实际审判中缺少电子数据认定的技术标准和实操手段，加上一线法官对互联网技术欠了解，导致在以往的司法实践中，电子数据被采信的难度很高、效率很低。

所以，像网络购物、网络知识产权等纠纷，虽然索赔金额不大，但由于取证成本过高、证据极易篡改等问题，大部分都无法有效解决。有人说它们是"最打不起的官司"。

同时，电子数据的合法性也成为制约企业互联网化发展的重要因素，各类机构在开展互联网业务时，普遍面临业务电子数据是否具备合法性的难题。一方面，由于缺乏简单易行的指导规则与服务平台，企业无法确定相关业务是否符合司法审判认定的相关标准。另一方面，企业在对相关业务实施合法性保护的过程中，面临着合法成本高、服务模式与业务经营不匹配等问题。企业要么承担合法性风险推行互联网化发展，要么不敢利用新技术、新手段，缺乏创新。

（二）区块链技术在司法领域的应用分析

目前，区块链技术在司法领域的应用主要可以分为两个方面。一方面是诉讼当事人在诉讼前、诉讼中利用区块链技术实现其权利保护的目标；另一方面是司法机关本身对区块链技术应用于诉讼流程的管理。

当事人对区块链技术的应用，目前主要体现在电子存证方面。在区块链上对权属证明、权益凭证、交易过程、侵权行为等电子数据进行取证、存证，以实现权利保护。对于当事人，采用区块链存证、取证的费用较低，需要存证、取证时可即时发现、即时固定，权利保护更易实现。传统电子证据被存储在自有服务器或云服务器中，文件在备份、传输等过程中容易受损，导致证据不完整或遭到破坏。此外，除了加盖电子签名的电子合同具有不可篡改性，其他形式的数据和证据在被传输到云服务器的过程中均有遭受攻击和被篡改的风险，降低了电子证据的可信度。利用区块链技术存储电子证据可有效解决传统存证面临的安全问题。在电子证据生成时赋予其时间戳，在电子证据存储固定时通过比对哈希值来验证其数据完整性，在传输过程中采用不对称加密技术对电子证据进行加密保障传输安全，充分保障了证据的真实性和安全性。

（三）区块链技术在司法领域的创新应用

区块链技术在审判中的应用与互联网审判模式有着密切关系。对采用互联网审判模式的互联网法院来说，其集中管辖的案件具有互联网特性突出、适宜在线审理的特点，涉案证据主要产生和存储于互联网，便于利用互联网技术开展诉讼程序。线下审理涉区块链的案件时，被告通常会质疑存证机构的资质，法庭需要诉讼各方同时到场，甚至还可能引入专家证人，对电子数据的提取过程进行现场勘验，整个程序比较复杂、烦琐。

区块链技术可真正解决电子证据取证难、存证难、认定难的问题，借助区块链技术可实现互联网审判模式下的法电子证据平台业务创新。具体以司法区块链与某版权链跨链连接应用于知识产权保护为例，用户在相关版权保护平台上传原创版权资料，发现侵权线索后进行维权。主要步骤为如下。

第一，当用户实名身份认证注册通过后，上传相关知识产权证明文件，版权保护平台会将相关文件进行加密操作，生成的哈希值会存储到版权链中。版权链通过跨链操作将版权链区块头的哈希（Hash）值在司法区块链上存证，司法区块链返回给版权链一个司法区块链存证编号，版权链再返回给用户一个包含在司法区块链上的存证编号以及在版权链上的存证编号的文件（见图1）。

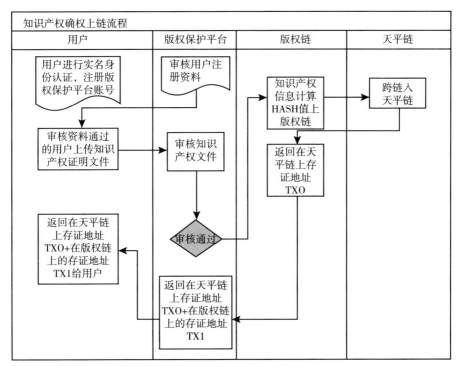

图1　知识产权确权上链流程

第二，当版权保护平台发现被侵权之后，收集相关的侵权线索，将侵权线索哈希值存证上版权链，版权链通过跨链操作将版权链区块头哈希值在司法区块链上存证，司法区块链返回给版权链一个司法区块链存证编号，版权链再返回给用户一个包含在司法区块链上的存证编号以及在版权链上的存证编号的文件（见图2）。

第三，当诉讼发生时，用户通过互联网法院电子诉讼平台进行网上立案，同时提交起诉状、用户身份验证信息、确权存证原文件及包含区块链存证编号的文件、侵权线索原文件及包含区块链存证编号的文件。法官在工作平台上进行立案审核，提取用户提交的证据，通过司法区块链对比验证电子证据并确认时间戳，判断是否最终立案，过程如图3所示。

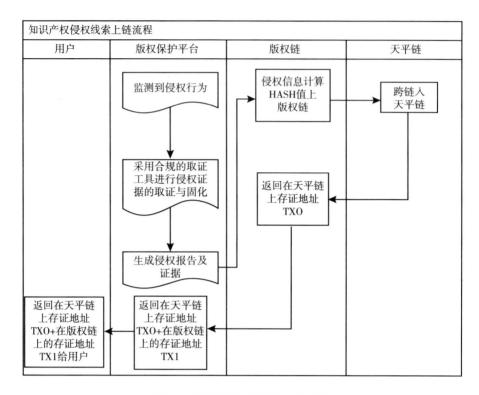

图2　知识产权侵权线索上链流程

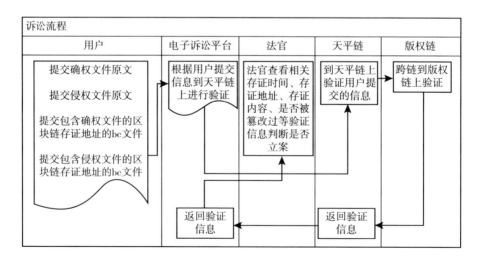

图3　基于司法区块链的电子数据勘验流程

（四）区块链技术在司法领域应用存在的问题

区块链只能确保电子数据上链存储以后不可篡改和不可删除，如果上链之前数据就是"假的"，例如存证方在保存证据哈希值之前，就已经刻意修改了证据原文甚至伪造原文，然后再将修改后的证据原文计算哈希值传至区块链；或者存证方就某一个与事实相关的电子证据（如电子合同等）生成多个版本，对每个版本分别计算哈希值并分别传至区块链保存，将来发生争议时，选择其中有利于自己的版本作为证据校验，而不提供其他对自己不利的版本（也被称为"多版本预留"），那么这些类数据实际上是没有公信力的。

因此，目前法院在判案过程中，即便使用了区块链技术，仍要对存证平台资质，网络系统的安全性，电子数据从生成、取证、存储、传输到最终提交的整个环节以及第三方存证平台自有区块链系统技术原理、安全性，区块链电子数据保存完整性过程进行详细的分析。从上述情况来看，区块链并不能完全解决电子证据取证难、存证难、认定难的问题，也不能提高法官认定电子证据的效率。那么，保障区块链上存证数据的安全性、合规性就是区块链技术在司法领域应用存在的首要问题。

（五）司法区块链成功案例：北京互联网法院天平链

北京互联网法院成立后，采用区块链技术，秉承中立、开放、安全、可控的原则，牵头联合多家机构组建联盟链，实现互信和跨链验证，提升证据效力。同时提出主动开展互联网治理，通过开放标准和协议，主动连接互联网交易主体，把公平、公正的规则通过技术的力量嵌入互联网业务中，推动网络空间治理法制化，完善社会诚信体系。

1. 天平链基本情况

天平链是北京互联网法院联合司法鉴定中心、公证处、行业组织、大型央企、大型金融机构、大型互联网平台等作为天平链的节点，各机构共同背书、共同治理。节点分为授权管理节点、一级节点和二级节点。天平链授权

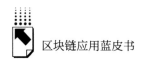
管理节点为北京互联网法院，其具备授权管理功能。

一级节点属高权威节点，由法院、司法鉴定中心、公证处、行业组织承担，参与天平链共识、数据校验与记录。二级节点属于一般权威节点，由大型企业、大型金融机构、大型互联网平台等承担，不参与天平链共识，仅做数据校验与记录。

2. 天平链应用接入

如前所述，目前法院在判案过程中，即便使用了区块链技术，仍要对第三方存证平台资质，网络系统的安全性，电子数据从生成、取证、存储、传输到最终提交的整个环节以及第三方存证平台自有区块链系统技术原理、安全性，区块链电子数据保存完整性过程进行详细分析，所以并不能完全解决电子证据取证难、存证难、认定难的问题，也不能提高法官认定电子证据的效率。基于上述原因考虑，北京互联网法院编写了《北京互联网法院电子证据平台接入标准》。

《北京互联网法院电子证据平台接入标准》主要评估接入方资质、接入方系统的安全性、电子证据规则采集的真实性、跨链对接的区块链安全性等方面，分别对应等级保护、证据规则评估、区块链测评报告。不是什么机构都可以加入天平链，只有满足接入标准的接入方才可以接入天平链。从事前主动接入平台、电子证据取证存证审查规则等互联网纠纷的高发领域，规范相关互联网经营主体的业务规则。法官判案时，可以在一定程度上省略对于取证存证程序是否可靠的检验，呈现在法官面前的是一份已经经过事先校验的证据，当事人如果没有相反的证据，则该证据的真实性基本没有问题。

《北京互联网法院电子证据平台接入标准》还建立了完善的接入与管理标准、监督审查与退出机制，并向社会各界开放接入标准，在符合接入标准的情况下，向接入单位开放接口。

3. 天平链的创新点

天平链是目前为止国内生态规模较大的联盟链，为形成具有权威性的司法电子证据平台打下良好的基础，主要创新点如下。

第一，多方参与的中心监管。天平链上有法院、司法鉴定中心、公证处、行业组织、大型央企、大型金融机构、大型互联网平台等多个节点，这些节点机构类型不同、所属行业不同。为了互联网法院更有效地管理天平链，践行天平链中立、安全、开放、可控的建设原则，结合区块链系统的共识机制，将天平链节点分为授权管理节点、一级节点和二级节点。

授权管理节点为北京互联网法院，具备授权管理功能，只有经过互联网法院授权的节点才能接入天平链。一级节点属高权威节点，由法院、司法鉴定中心、公证处、行业组织承担，参与天平链共识、数据校验与记录。二级节点属于一般权威节点，由大型企业、大型金融机构、大型互联网平台等承担，不参与天平链共识，仅做数据校验与记录。

第二，对接入北京互联网法院天平链的平台进行接入测评。通过制定《北京互联网法院电子证据平台接入标准（总则）》《北京互联网法院电子证据平台接入与管理规范细则（试行）》《天平链接入平台测评方案》，对接入方资质、接入方系统的安全性、电子证据规则采集的真实性、跨链对接的区块链安全性、具体的测评方案等方面进行规定，只有符合接入标准的接入方才可以接入天平链。

4. 天平链应用成效

天平链目前共建设节点 17 个，其中法院、司法鉴定机构、公证处等司法类高权威节点 8 个，大型企业、大型金融机构、大型互联网平台等一般权威节点 9 个；完成 25 个司法机构、金融机构、互联网公司、第三方数据平台与天平链之间的应用对接。目前天平链采集在线证据数据超过 350 万条，关联电子数据达千万条，当事人通过电子诉讼平台提交的证据全部通过天平链进行了存证。

5. 总结与展望

通过将区块链技术深度对接各类互联网审判业务，实现电子证据规则与各类互联网应用的深度耦合，架设司法服务与业务应用的规则桥梁。上线运行以来，形成了集数据生成、数据存证、数据取证、数据采信等于一体的综合服务体系，建立了涵盖知识产权、金融交易、电子合同、通用存证、公益

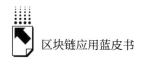

诉讼等多应用的服务生态，已成为国内应用类型最丰富、生态建设最完善的司法电子证据平台。

各类互联网应用迸发出新的生机，知识产权确权、侵权取证、互联网交易纠纷、金融欺诈等各类违法、纠纷概率高的业务加速向规范化发展。司法服务正从社会的底线保障跃升至与全行业领域的深度融合。

随着应用接入的数量变大，存证数据和跨链数量会快速增加，天平链将面临性能的挑战，包括存证的性能以及跨链验证的性能等。

随着人工智能、物联网、数字资产的普及，区块链智能合约将在法律规则的代码化中发挥重要作用。

三 区块链在司法领域应用总结

区块链技术具有的去中心化的信任机制、不可篡改和可溯源的特点，可以在司法领域开拓较大的应用空间，对互联网信任体系的建立具有推动作用。在证据方面，从当事人的行为方式看，传统审判模式中，当事人不认可证据真实性的情况很常见，较高比例的案件会提出鉴定申请，在一定程度上成为一种拖延诉讼的策略。而在互联网审判模式下，当事人对于经司法区块链验证的证据有较高的认可度和信任度，很少申请鉴定或勘验程序，当事人的诉讼表现更加诚信，善意度更高。通过规则前置、全链条参与、社会机构共同背书，把公平、公正的规则通过技术的力量嵌入互联网诉讼中，是区块链在司法领域应用可期待的成果。

参考文献

《中华人民共和国民事诉讼法》，2012。
《中华人民共和国网络安全法》，2016。
《中华人民共和国电子签名法》，2015。

最高人民法院：《关于互联网法院审理案件若干问题的规定》，2018。

最高人民法院、最高人民检察院和公安部：《关于办理刑事案件收集提取和审查判断电子数据若干问题的规定》，2016。

最高人民法院：《关于适用〈中华人民共和国民事诉讼法〉的解释》，2015。

工信部：《2018年中国区块链产业白皮书》，2018。

《区块链信息服务管理规定》，2019。

《许可链测评指南》，2018。

《GBT 25064 - 2010 信息安全技术　公钥基础设施　电子签名格式规范》。

《GBT 20520 - 2006 信息安全技术　公钥基础设施　时间戳规范》。

《GB/T 29361 - 2012 电子物证文件一致性检验规程》。

《GB/T 29362 - 2012 电子物证数据搜索检验规程》。

《SFZ JD0403003 - 2015 计算机系统用户操作行为检验规范》。

B.14
区块链在公益领域的应用
探索与实践

朱海伟（清峻） 徐惠（重离） 邱鸿霖（希批） 闫莺（福莺）*

摘 要： 公益的透明性以及公众对公益机构信任度的问题，众所周知。过去十几年间，信任问题给公益领域带来巨大伤害。区块链仿佛是为公益而生，从区块链技术问世，人们就一直在讨论和研究区块链和公益结合的具体方式。区块链作为一个新技术，应用到具体场景并不容易，人们对区块链的理解、完美的切入点都是难点，作为一个复杂的技术体系，要让用户感知同样很复杂。本文尝试根据我们对区块链的理解和对公益的实践，论述如何通过区块技术来帮助公益机构获得公众信任，在多个机构组织之间协同，让公益事业的力量真正成为社会文明建设的"第三部门"。

关键词： 区块链 公益透明度 用户感知 协同

一 公益领域面临的问题

提到公益事业，公众的反应很复杂。一方面，人们对公益活动的积极意

---

* 朱海伟（清峻），蚂蚁金服创新科技事业部产品专家；徐惠（重离），蚂蚁金服创新科技事业部首席产品架构师；邱鸿霖（希批），蚂蚁金服创新科技事业部技术专家；闫莺（福莺），蚂蚁金服创新科技事业部资深技术专家。

义很认同；另一方面，却在行动力上有所保留。根据人民智库关于公众公益观的调查，2016～2017年，有66.7%的受访者有参与公益活动的意愿，有30.6%的受访者参与过公益组织举办的活动。

无论是从调研结果看还是从公众体验看，公益离真正做到"人人参与"还很远。笔者尝试根据过去数月的调研和实践，对当前公益领域面临的几方面问题进行探讨，以期跟同人共同努力，共创新公益！

（一）机构公信力

机构公信力的负面案例无需赘述，经常会有一些公益领域的负面新闻见诸媒体。比如，假借公益之名进行利益输送，行商，洗钱，传销，提供虚假信息对捐赠人进行诈捐，项目不公开、不透明、无结果，等等。

根据人民智库的调研结果，财务公开透明成为公众首要考虑的因素（70.5%）。但是财务透明是一个相对复杂的概念，普通公众没有能力来进行透明度判别，这给公众参与带来很高的门槛。

更深层次的原因是，目前公益机构运作模式复杂，公众没有参与感，所以难辨黑白。从机制上进行创新，给公众透明感知、给机构自证清白是公益领域当前的第一个问题，也是最基本的问题。

（二）公众回报

当前流行的公众认知是，公益讲求的是奉献精神、不求回报，"做公益的人是个特别的群体"，可以说这样的错误观念也是让公众对公益望而却步的重要原因。公益是一项普通的社会事业，需要整个社会的参与，而不是少数"特别群体"的事情。那么，做公益需要回报吗？只有回答了这个问题，才能扫除人人参与的心理障碍。

要回答这个问题，我们可以先想想人们为什么要参与公益？除了进化心理学认为的基因因素，社会交换理论认为人们参与社会活动的动机源于最大化我们的报酬与最小化我们的成本的动机。对于个人参与公益来说，可能是人们的同理心，也可能是自己能够被需要的存在感、成就感，可能是为自己

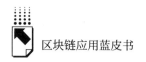

赢得赞誉的需要，也可能是宗教信仰（如佛教的因果报应）等。对于企业来说，可能是企业具有社会责任感，希望提升企业品牌美誉度、促进企业文化建设、减免税收等。

所以，我们对公益是否需要回报这个问题的回答是：需要。只是，我们要考虑这些回报的具体形式是什么。

（三）科技力

我国过去十几年经济和科技迅猛发展，尤其是互联网技术的发展给公益形态带来巨大变化，如支付宝爱心捐赠平台、腾讯公益等。然而，相比于科技在其他领域的深刻影响，其在公益领域并未影响公益项目的实施、效果跟踪、技术化运营等更深的执行层面。不管是发展了二三十年的管理信息化技术，还是最近几年兴起的大数据、人工智能、区块链和物联网（IoT）等技术，都很少涉足公益领域，或进入很浅。

公益事业跟所有领域一样，都应该享用科技进步红利。公益不是"只需要捐钱捐物就可以了"，公益组织本身、公益项目的执行和后续运营同样需要用科技的力量来做得更好、更高效、更深入。这也是我们蚂蚁公益链在实践中不断探索的重要方向。

二　区块链能做什么

本文不企图回答区块链是什么这个问题。到目前为止，应该还没有对区块链的统一定义。要应用区块链技术，就要将区块链还原为技术本身。那么从应用者的角度来看，区块链能做什么？

（一）可信存证

区块链的本质是一个不可篡改、可追溯的公共数据库，是一个通过共识机制由多个节点共同维护的公共账本，其有以下重要特征。

1. 不可篡改

写入区块链的任何记录具有不可篡改性。时间戳、哈希（Hash）校验等技术保证链上记录无法更改、分布式存储、永久保存、完整可信。2018 年 9 月 7 日，最高人民法院发布《关于互联网法院审理案件若干问题的规定》，第 11 条提及"当事人提交的电子数据，通过电子签名、可信时间戳、哈希值校验、区块链等证据收集、固定和防篡改的技术手段或者通过电子取证存证平台认证，能够证明其真实性的，互联网法院应当确认"。这是我国首次以司法解释形式对可信时间戳及区块链等固证存证手段进行法律确认，意味着电子固证存证技术在司法层面的应用迎来重要突破。

2. 公开透明

区块链上的记录是公开透明的，任何节点均可以查看。对公益来说，公益项目计划、捐赠记录以及项目的执行、支付和物流过程都是公开透明的，审计机构或任何第三方都可以对项目进行监督。

（二）高效协同

我们将区块链作为分布式数据库或去中心化数据库来使用。区块链的公共共享账本功能可解决公益活动参与者之间的信息不对称问题，提高分工协作的效率。

区块链技术通过加密技术和共识机制，降低了信任门槛。由链式数据结构保证的不可篡改的分布式数据库，可以实现数据自治、隐私保护、交易透明，保证上链数据的真实性和准确性，从而建立参与方的信任关系。

这里要特别提到的是，链上数据的价值专注于协作，够用就好。这个原则很好地保护了链上机构的数据资产安全性。

（三）智能合约

智能合约允许我们在不需要第三方的情况下，执行可追溯、不可逆转和安全的交易。

智能合约包含了有关交易的所有信息，只有在满足要求后才会执行结果操作。智能合约和传统纸质合约的区别在于智能合约是由计算机生成的。因

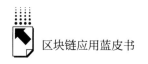

此，代码本身解释了参与方的相关义务。

智能合约最突出的特点就是基于区块链实现合约的自动履行。对公益项目来说，项目本身就是一个合约。机构发布了项目，就是公开了项目执行的步骤、时间、规则等。一方面，实现了透明机制；另一方面，可以实时自动完成项目进程推进，实现高效协作。

三　区块链在公益领域的应用

本节基于前文讨论的几个问题来具体讨论如何通过区块链技术实现公益领域的公开、透明和高效。

（一）打造善款来源和花销的阳光账本

在传统模式中，某个具体公益项目的账户首先吸纳捐款，项目开始实施后，账单、拨付、相关图片和情况由运营人员上传录入。而采用区块链的公益平台，从项目计划开始，每一笔善款均写入区块链。由区块链根据项目计划自动拨付或支付，整个过程实现参与方与资金流和物流的隔离，由最终受助方确认。

另外，除了捐赠人、公益机构、受捐人之外，审计机构、监管机构、新闻媒体以及全民，均可参与进来，共同提升公益事业的透明度。通过区块链联盟这一组织方式，各方都可以更高效地参与到慈善公益事业中：审计机构可以即时发布审计报告；监管机构可以同步进行违规监管；新闻媒体可以获得原始信息进行传播。数据即时性与不可篡改等特性，使得快速发现公益行为中的不良现象并及时纠正成为可能。

（二）多方协同

公益项目通常需要通过平台募捐、善款接收、采购、物流、机构执行等多个环节，这也是公益项目周期长、可能滋生腐败、难以公开透明的原因之一。将公益项目合约化，即将一个项目中需要的物资、采购计划、执行计划等按一定的逻辑条件形成区块链智能合约，由合约决定公益项目何时开始募捐，募捐何时完成或终止，何时支付、物流，何时执行完成。

通过区块链解决彼此信任问题，进行业务交互，协同完成一个公益项目，正是区块链的核心能力。这种协同方式还能极大提升一个公益项目的执行效率，降低线下协同和信任成本。

（三）隐私保护

公益活动中，不管是捐赠人还是受助人都有明确的隐私保护诉求，也有明确的法律规定。通过区块链加密技术，所有个人信息都可加密。区块链上只保留关键的项目执行计划、捐赠记录、执行过程、效果反馈等必要记录。

（四）通过 IoT 设备打造数据闭环

在整个公益项目的执行终端进行数据采集一直是个待解决问题，数据采集的难度主要是在于数据的真实性，通过智能设备自动采集是个很好的解决方案。

目前可穿戴智能设备、智能家居、新零售货柜等智能设备越来越普遍，将这些设备引入公益领域，一方面可以为受助人提供更智能化的服务，另一方面也可以为公益项目实施过程中数据的真实性提供基本保障，实现全链路数据闭环，让公益更可信、更透明。

区块链应用于公益的核心价值有以下两点。

一是全链路公开透明。从公布项目信息开始，到捐赠记录、支付记录直到终端实施的智能设备数据采集，形成了完整的数据链路，为透明、可追溯打好基础。在此基础上，引入审计机构、监督机构以及第三方的公共监督，形成了一个公益项目的全程记录公开监督，所有上链项目进入全透明时代。

二是提升公益执行效率。区块链技术解决了协同部门之间的信任问题，在公众、各专业职能机构参与下，可以快速推进项目，提升公益项目执行效率。

四 一个典型的公益区块链应用实践

根据上面的思考，我们设计了区块链在公益捐书方面的应用。

对公众来说，捐赠图书馆之后，首先关心的问题是，我捐赠的善款有没有去买书，有没有送到小朋友那里去？更进一步的问题可能是，小朋友喜欢读我捐的书吗？这个项目的执行成本是怎么样的，是否合理？

我们设计了基于区块链的公益项目模型，关键设计如下。

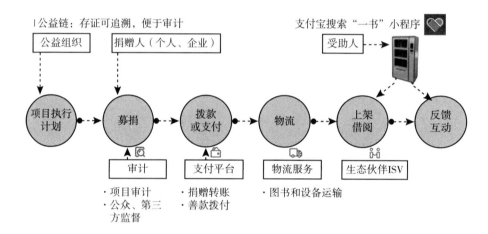

图1 区块链公益项目模型

（1）公益机构提供具体的项目信息，包括项目的实施目标、详细的费用清单、实施计划和节奏，包括需要采购的书单。

（2）公众参与捐赠，选择需要认捐的具体书籍。这个做法的目的是让用户有更具体的跟踪目标，对自己捐赠的书籍有更具体的追溯需求，而不是对一个笼统的图书馆的建设情况进行跟踪。

（3）执行过程包括募捐完成、采购、物流等，都有明确的执行节点，每个节点执行完成后都会提供具体票据和执行结果。

（4）在图书上通过RFID贴上捐赠人信息，放入智能书柜。这样图书有借阅时，即可通过给用户通知反馈的方式来感知执行结果。

该方案在系统层面包括三个方面。

1. 公益链

公益链定义了可扩展的开放模型，允许在合约上定义公益各参与方角色，以及角色的职责及协作流程。随着公益业务的拓展，当加入新的公益角色，或者角色职责变更，或者协作流程升级时，合约也可以随着升级，重新表达公益参与方的实际流程。此外，公益链还接入了区块链预言机的能力，补充区块链智能合约与现实世界交互的短板，允许现实公益活动中更多的信息能与公益合约交互，除了资金流、物资流，公益活动中的交易、订单、物流、终端信息等都能通过区块链预言机与公益合约有交互，这将大大拓展公益合约所能触达的实际公益活动的领域，更丰富的公益活动都能在合约上编程、协作。

2. 图书管理智能设备

从受助人角度看，该设备为受助人、小朋友提供了开放式书柜，同时自动记录图书上架、借阅使用过程，是图书公益最佳的智能终端。

受助对象即读者们，通过书柜验证身份、取还书后，智能书柜将借还信息写上公益链。

3. 公众端应用

公众端是公众参与和关注公益项目的应用端。公众通过应用端参与捐赠活动，关注所有公益项目，并且接收公益项目反馈。产品流程如图 2 所示。

该方案的具体产品"一书"已经在支付宝小程序平台发布。它不但从公益透明性角度给出很好的解决方案，还对公众参与公益活动给出反馈，给公众参与公益的成就感，吸引公众持续参与。具体来说它的特征有三点。

（1）改变公众参与捐书的态度：通过让用户感知项目过程和结果，把原先可捐可不捐的无情绪公益，转变成含有"成就感""期待感"的正面情绪公益。

（2）透明、可监督：捐书项目计划，采购、运输、上架等过程和项目成果都上链存证，不可篡改、可追溯，便于审计。

（3）深度运营：对公益阅读机构来说，实现公益阅读项目的全生命周

图2 "一书"应用端产品流程

期跟踪反馈,公益机构就可以跟进借阅记录进行进一步的阅读运营、效果提升,将公益阅读提升至基于数据深度运营的新阶段。

五 思考和展望

将一个新技术应用于一个领域,需要解决的问题往往远超出技术本身。对于区块链和公益践行者来说,应有"大爱无疆"的胸怀,投入公益区块链的探索中,从解决一个具体问题开始,尝试用区块链等技术来助力公益,将区块链还原为技术本身,重新思考区块链能给公益带来的价值,而不拘泥于现有的区块链应用方案。

参考文献

《中国公众的互联网公益观调查》,http://www.cac.gov.cn/2017 - 03/20/c_1120656792.htm。

B.15
不动产行业区块链应用分析研究报告

蔡 亮 费丽娜*

摘 要: 不动产是国家、企业机构以及个体最重要的投资和储蓄方式，但是传统不动产交易中存在诸多不规范现象。近年来，区块链技术以其不可篡改、安全等优势逐步进入大众的视野，其与不动产行业有着天然的适配性。区块链底层技术所产生的信用机制，将有可能带来更安全、更透明、更快速的交易管理方式，有机会解决用户实际痛点。本研究基于当代社会不动产交易的痛点，结合区块链的应用优势，进行深入分析。

关键词: 区块链 不动产交易 住房

一 背景

（一）区块链介绍

区块链是一种以数据加密、时间戳和分布式共识算法为基础的不可篡改的分布式账本技术，被认为可用于解决新一代互联网价值交换以及网络传输的信用问题。其中存储的数据会被分发到网络中的每个节点上，这就决定了

---

* 蔡亮，浙江省区块链技术研究院常务副院长，浙江大学区块链研究中心常务副主任，浙江大学软件学院副院长；费丽娜，杭州趣链科技有限公司资深产品经理。

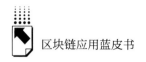

信息的共享性。而每个区块链上的节点用户都拥有自己的私钥，所有信息只有经过全网节点达成共识才能记录在区块链中，一旦存储，就不能被修改，所以后期查询和追责是安全可靠的。区块链具有安全可靠、自动化程度高、多中心化等特点，可以使交易各方沟通成本与信任成本逐步降低，大大提高业务开展的效率。

（二）新房交易流程及其痛点

- 交易流程
  - 购房资格审核
    - 流程：新房交易前，对购房者资格的审核是最重要的前提条件，比如购房者的资金准备情况、户籍情况、社保缴纳情况、房屋拥有套数等。
    - 参与者：开发商、购房者。
  - 认购
    - 流程：符合购房条件的购房者可与开发商签订房源认购协议并交纳认购金。
    - 参与者：开发商、购房者。
  - 签约
    - 流程：签订购房合同。一旦合同签订，就具备法律效力。
    - 参与者：开发商、购房者。
  - 网签
    - 流程：为了防止一房多卖与开发商捂盘，完成新房签约后需要将房屋买卖合同在房管部门备案并在网上公示，此过程称为"网签"。网签完成后会得到一个唯一对应的网签编号，所有购房者可在网上查询网签信息，已网签过的房屋，无法进行第二次网签，保障了房源交易的公开与透明，有效保护了购房者的知情权与利益。
    - 参与者：房管部门、开发商。

○ 备案

■ 流程：购房合同备案一般在签约之后约 30 天内完成，指的是购房者和开发商签订购房合同后，开发商会在房地产交易中心将购房合同集中登记备案。经房地产管理部门审核返回一个唯一的备案编号，在网上输入备案号可查询房屋的相关信息。

■ 参与者：房管部门、开发商。

○ 贷款

■ 流程：购房者向银行申请办理商品房抵押贷款。银行在签订贷款合同之前，将审批购房者的征信情况和还贷能力，降低贷款风险。审批通过后，才能签订正式的贷款合同。

■ 参与者：银行、购房者。

○ 缴税过户

■ 流程：进行房屋产权转移并交纳相应契税、手续费等，申请不动产证。

■ 参与者：房管部门、购房者。

○ 抵押登记

■ 通过抵押贷款审批的购房者在拿到不动产证明之后，需要带着不动产证到房管部门办理房产抵押权登记，之前进行的贷款合同备案登记才正式生效。

■ 参与者：房管部门、购房者。

- 痛点

○ 新房认购金可能直接落入开发商账户，政府机构无从监管，购房者无处追溯与查询。

○ 合同签订后，相关政府部门无法及时获取交易信息，存在开发商虚假宣传、一房多卖的风险，损害购房者的利益。

○ 贷款合同签订后，银行机构无法及时将贷款主体信息及时提供给房管部门进行合同备案，需要购房者跑腿至房管部门进行抵押登记，影响业务办理效率。

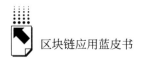

（三）二手房交易流程及其痛点

- 交易流程
  - 签订房屋经纪服务合同
    - 流程：进行买方的身份核验、卖方的身份核验与产权核验。
    - 参与者：经纪人、买方、卖方。
  - 房源查验及信息发布
    - 流程：实地看房，核实房源信息。
    - 参与者：经纪人。
  - 签订买卖居间代理合同
    - 流程：磋商、签订合同。
    - 参与者：经纪人、买方、卖方。
  - 贷款
    - 流程：经纪人协助买方办理购房贷款。
    - 参与者：经纪人、买方、银行。
  - 过户、不动产登记
    - 流程：买卖双方办理过户手续，经纪人提交他项权证至银行。
    - 参与者：房管部门。
- 痛点
  - 经纪人隐瞒房源真实信息，诸如虚报房屋面积、产权不清晰、土地性质不明确等，甚至隐瞒抵押、查封等限制交易的情况。
  - 经纪人私自收取代办费、担保费等，或非法挪用买方首付款。
  - 合同内容不够明晰：对定金、首付款等费用以及违约条款没有明确规定。

（四）房屋租赁交易流程及其痛点

- 交易流程
  - 发布房源

■流程：租房平台核验备出租方房产证、身份证等证明文件后，在平台发布房源。

■参与方：运营方、房东。

○搜索房源

■流程：租客在租赁平台中搜索意向房源，必要时可根据平台信息联系经纪人沟通房源情况。

■参与方：租客、经纪人。

○预约看房

■流程：经纪人联系租客，获得许可后带领租客看房。

■参与方：经纪人、房东、租客。

○签约

■流程：看房完成后，租客与房主协商合同事项，并在经纪人的陪同下签订租赁合同。

■参与方：经纪人、租客。

○清点

■流程：租客与房东按照租赁合同的约定，补充房源水、电、天然气等使用情况以及房源设备数量及使用情况。

■参与方：经纪人/房东、租客。

○交房

■流程：完成清点后，租赁双方进行房源交付。

■参与方：经纪人/房东、租客。

• 痛点

○为吸引消费者看房，部分经纪人将房源以明显低于市场价的价格挂牌出租；租房平台信息更新不及时，许多房源早已下架或出租，仍然可以在平台被搜索到，消耗用户的精力，增加用户的浏览与沟通成本。

○租金不合理上涨：租赁运营平台为争抢房源，以较高的价格收取房源并装修出租，导致最终上架的房源租金大涨。

○信息不透明：租房者无法获知出租房源的历史出租情况、装修情况、甲醛指标等关键信息，可能危及租房者的身心利益。

○交易不规范：部分经纪人存在私下收取定金、押金等不规范行为。

○资金流难追溯：部分租赁运营公司通过租金贷等手段获取银行贷款并卷钱跑路，导致房主无法按时获得房租，万不得已收回房屋，租客无家可归，金融机构蒙受损失。这主要归咎于租客提交的分期资金与银行垫付的租金等资金无从追溯与监管。

○信息孤立，无法整合：租赁交易信息、合同信息、资金流向信息数据分散，无法统一汇总，政府监管难。

○租后服务不到位：水、电、天然气等缴费不便，转租续租等流程不明确，运营管理电子化程度低。

二 区块链如何解决传统不动产交易痛点

（一）将区块链引入不动产行业

区块链与房地产行业有着天然的适配性。一方面，区块链技术与房地产交易模式的升级十分契合，能够简化交易的环节和流程，通过公共信用体系保证交易过程的安全性。另一方面，房地产行业的未来发展将受到金融场景和数据驱动，区块链的底层特性也为房地产的发展提供了广阔空间。

就"区块链 + 不动产"应用的实例来说，国内已经有成功上线的项目。中国建设银行针对当前住房租赁市场的痛点搭建的住房链，由杭州趣链科技有限公司提供底层技术平台支持，这是区块链在国内住房租赁领域第一个落地的案例。上线运行一年以来，已接入全国七个省份的十余家企业租赁平台。在该区块链房屋管理平台上，租赁主体的身份信息、房源信息和房屋租赁合同信息，将通过多种方式进行验证，并且无法被篡改。这有望解决房屋租赁场景最核心的痛点问题：真实的人、真实的房子、真实的居住和真实的租房合同。此外，中国首个基于区块链的不动产登记项目"四网互通"也已落地湖南娄底。"四网互通"系统投入运行后，所有的房产交易记录将被完整记录在区块链上，即使是房产过往交易信息也可以追踪。对于涉及多个部门的同一个业务，只需要拥有相关的权限，数据就能即时同步送达相关部门。信息在房产、国土等部门只需填报一次，群众也仅需向综合窗口提交一套材料。

（二）区块链如何发挥作用

使用区块链技术的最终目的是用分布式账本、共识机制、非对称密钥加密等技术手段，让参与方实现安全、低成本的信息共享，共同构建一个智能化、高效率、低风险的不动产交易机制。同时利用区块链不可篡改，可追溯等特性降低审查难度，督促责任方从源头自我约束与规范。

基于区块链技术搭建的不动产交易体系，用区块链技术沟通银行、政府、运营平台、出租人与承租方，形成了多方共建的不动产新生态。

一是将各参与方纳入区块链网络。在各参与方部署区块链节点，通过区块链网络实时进行业务协同，并可通过技术保证参与节点的可拓展性。

二是通过智能合约将业务场景可编程化。根据实际业务流程与业务逻辑，通过智能合约还原，一旦达到指定的条件，即可自动触发相关操作。

三是所有房源及交易信息上链。所有房源信息、租赁主体信息、交易及合同信息上链，通过分布式账本及共识机制等保证信息不可篡改、真实可信。

（三）通过区块链解决不动产交易中的痛点

通过以上措施，可以解决上文提到的不动产行业中存在的种种痛点。

1. 解决房源虚假信息问题

行业内饱受诟病的房源信息虚假的问题，通过区块链网络，获取政府部门（房管局、不动产登记中心等）权威数据即可解决。通过政府提供的数据接口，不动产交易平台可以验证房源信息、买卖方及出租方身份信息和资格信息，杜绝虚假信息。

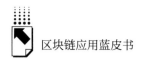

2. 解决不动产交易多参与方业务协同难的问题

基于区块链智能合约，使得复杂业务场景可编程化，满足不同业务场景的定制化需要。智能合约可根据实际业务流程与逻辑编写，满足条件后系统自动触发执行，结合区块链点对点网络，实现了平台各方的实时共享与快速确认，从而提升多参与方与复杂业务流程的协同效率。

3. 解决不动产交易流程复杂、买方跑腿多的问题

将房屋租售流程线上化，整个流程顺序由系统控制，清晰合理，省去了不必要的线下跑腿过程。比如，在新房买卖的过程，买方在办理抵押贷款后，信息可同步通过区块链网络传递到房管局相关部门进行贷款合同备案，减少传统流程中买房需要跑腿两次的时间与精力，做到房屋租售"少跑一次"，真正便利广大用户。

4. 解决了银行资金流和不动产交易业务流信息隔离的问题

举例来说，在房屋租赁交易过程中，银行通过租金分期贷款等方式向承租方提供金融服务，主要的金融风险为交易主体是否能按时还款，与不法分子通过虚假房源、虚假交易进行骗贷。通过区块链连接银行、政府与房屋租赁平台，银行可获取经过政府验真的真实房源信息以及通过政府进行租赁主体的身份认证，为确保业务的真实可靠加上强保险，从而降低银行业务风险，方便金融服务的开展。

5. 解决政府对不动产市场监管难的问题

区块链联通政府与运营平台，可监管平台上每一个用户、每一笔交易、每一笔业务的每一步流程，减少甚至杜绝房产交易中的不合规问题，实现全领域全生命周期监管。

三 区块链给不动产交易带来的优势

（一）信息真实可信

基于区块链的不动产交易生态，其根本活力来源于不动产交易平台信息

公开透明、真实可信、不可篡改。

（1）信息核验。作为参与方之一的政府在房源上架或房源交易前，可提供房源核验、身份认证等服务，核验房源真实性、买卖/租赁双方的资格。

（2）可追溯。不动产交易中每一笔交易信息、每一套房源的历史交易、每一笔业务操作都会被记录到链上。区块链区块只增不减，所有的信息被完整保留，且均可追溯，如遇法律纠纷，有责可依。

（3）不可篡改。区块链的分布式账本机制与共识机制保证区块链上的信息不可篡改，保证了信息真实可靠，提升了参与方的互信，增强了不动产行业的普信度。

（二）信息整合与共享

传统的不动产交易信息分散在金融机构、房地产开发商、银行、政府等不同机构中，信息难以整合，数据价值难以发挥，间接导致了政府监管难的局面。区块链网络使得不动产行业相关参与方均能加入点对点网络中，各方产生的数据信息均能被完整记录与保留在区块链平台中。

（三）提升业务协同效率

智能合约可根据实际业务流程与逻辑编写，满足条件后系统自动触发执行，实现平台各参与方的实时共享与快速确认，从而提升多参与方与复杂业务流程的协同效率。

（四）降低交易、金融风险

降低交易风险：通过网签、合同备案等手段，避免一房多租/卖，且支付、签约、交易合同等信息上链，保障买房/承租方利益。

降低金融风险：提供贷款等金融服务的银行等机构，可通过区块链构建的可信交易平台，获取政府验真的房源与交易主体信息，大大降低金融风险。

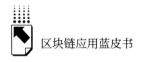

（五）提升政府监管广度与深度

区块链构建的不动产交易平台将房源、合同、交易、资金信息保存在链上，并通过智能合约约定的业务逻辑，保证房地产开发商、银行及政府等各方之间的业务协同，最终实现政府对不动产行业全领域、全生命周期监管。

一是通过合同备案，政府可实时获取交易信息，且信息不可篡改。

二是获取不动产交易平台中房价走势、交易数量、交易主体信息、房源成交区域分布等统计数据，为政府监管房地产市场、租赁市场、人口流入情况等提供数据支撑。

三是平台积累的用户行为等情况，有助于政府建立健全信用体系。

（六）融合业务流与资金流

传统的房地产买卖、租赁业务中，贷款等金融业务与不动产业务分离，无形中增加了金融风险与业务流程的复杂性。利用区块链连接银行与政府、开发商与运营平台，可降低金融风险并拓展全流程金融服务。

银行机构在发放贷款前可获取通过政府核验的贷款发起人个人信息，评估其资信，减少金融风险，拓展金融服务。

在租赁业务中，将房租分期贷款业务整合至在线签约流程，向大城市白领提供消费贷。

（七）构建可信安全的不动产行业生态

长期以来，不动产交易的安全性是行业机构与广大参与者的一大困扰。土地和房地产所有权登记、房源的历史交易、业务办理的监管等环节，都可能存在风险。与此同时，传统的房地产交易过程较为漫长，且参与机构较多，导致交易双方都面临许多无法控制的因素。

基于区块链底层技术的信用机制，贯穿在房地产交易、支付、贷款、过户等全过程中，能有效避免潜在风险，带来更快速、更透明、更安全的交易管理模式，并有机会解决用户的实际痛点。

四　区块链与不动产结合产生的机会与未来趋势

（一）基于区块链的不动产资产证券化

传统的不动产资产证券化存在诸如不动产交易资质确认难、资产分拆界定不清、环节冗长拖沓、资产透明度差、难以定价、风控能力弱等痛点。

利用区块链技术将不动产交易过程、买卖合同、放款、还款、逾期以及交易等全流程的数据上链，可实现对基础资产全生命周期的记录与追溯，有效为优质资产增信，降低融资成本。有了区块链作为支撑，联合券商、交易所、评级机构、监管机构等建立联盟，实现对基础资产的全流程管理，将提高产品流动性，有效缩短资产发行周期，增强监管效能。

此外，借鉴房地产信托投资基金（REITs）将房产证券化的手段，通过智能合约将房产产权碎片化，将创造出"区块链＋REITs"商业模式。

（二）基于区块链的完备信用体系

使用区块链技术建立集中的信用机制，不但增强了数据的安全性，而且为用户建立了基于自身的数据主权，它不再让用户的信用和数据分散在各个金融机构与互联网平台，而是逐步构建起自己的信用资产，在政府权威信息的帮助下，最终建立一个完善的社会信用体系。

如果将此信用体系和区块链交易场景打通，应用于房地产交易、支付和管理的全过程，从各种碎片化的交易渠道中获取用户的信用数据然后有机整合，将极大有助于解决交易过程中的信用问题。

在交易前期，对不动产交易中的一大参与方金融机构来说，其可参考区块链上记录的用户主体信用信息及房源信息，并借助智能合约等方式，为用户提供更完善、更快捷的金融服务，挖掘其对贷款等金融服务的需求。同时完备的金融服务也能在一定程度上减少金融机构面临的金融风险。在交易后

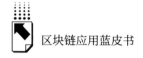

期，若用户因失信等原因拖欠租金或银行贷款，该信息将被纳入该信用体系黑名单中，并通过区块链网络在政府、金融机构等各大平台共享，黑名单用户后续的贷款、不动产交易等行为将受到极大影响。

（三）基于区块链的不动产智能化管理与运营模式

对大部分用户而言，不动产交易完成意味着开启了真正的居住体验，物业、维修等租后服务的品质将极大影响用户的体验。传统的物业运营管理较大程度上依赖人工服务，数字化程度较低，响应速度较慢，效率较低下。基于区块链底层技术的物业管理和运营模式将改变传统物业服务与资产管理"重人力、低效率、难监控、电子化程度低"的局面。

1. 不动产资产管理

利用物联网技术，打通房屋内设备和网络的物理隔阂，凭借区块链不可篡改和可追溯的特点，记录其基本信息、房间信息、合同信息、维修信息等，为房屋内所有的东西都进行唯一编码并上链。人们能够更好地对房屋资产进行管理和监控，实现房屋设备的全生命周期管理，减少与用户之间的纠纷。

2. 不动产运营模式

通过智能合约的配置，资产运营方可根据不同的业务规则自动触发某些条件，从而简化运营环境与流程；构建基于区块链的房源管理平台，资产运营方可实时获取房源全量数据，通过数据分析指导运营策略。

（四）房地产行业解决方案

目前，全球房地产行业和组织都在关注区块链的行业价值，他们希望通过区块链在销售、土地、投资等领域产生新的应用，并为行业提供区块链基础设施解决方案和产品服务。

区块链这一新兴技术进入不动产行业，将赋能行业内各领域和参与机构，也将助力传统机构向新型数字化、智能化机构转型，使行业的整体能效得到本质性的提高。

参考文献

沈国麟：《大数据时代的数据主权和国家数据战略》，《南京社会科学》2014 年第 6 期。

李坤：《我国商业银行二手房信贷风险及化解思路》，《商场现代化》2009 年第 4 期。

张雅萍、舒云：《银行所面对的二手房贷款风险提示及化解建议》，《中国房地产金融》2007 年第 1 期。

夏祖伟：《二手房交易中资金监管的探讨》，《上海房地》2008 年第 7 期。

王超杰：《二手房的四大法律难题》，《城乡建设》2003 年第 7 期。

B.16
传媒产业区块链应用发展研究报告

思二勋 *

摘　要：　本报告围绕传媒行业发展现状和问题，从区块链技术和思维
层面去分析和解决这些问题。区块链具有不可篡改、可溯源、
可确权、相对公平等特性，在区块链技术变革下，传媒行业
的智能化、透明化、多样化、个性化愈加明显。基于区块链、
人工智能、大数据、云计算等技术，内容信息上链确权化、
基于通证激励的价值协同化、价值信息资产化、内容转化和
交易合约化是区块链时代下传媒产业业务发展的新形态。报
告最后提出了区块链在传媒行业的发展趋势和建议，认为区
块链技术将助推行业健康发展，将使得生产力和资源得到更
好的匹配。为了推动区块链和传媒行业的快速融合，还需从
监管措施、技术创新、行业资源等方面加快企业转型发展。

关键词：　区块链技术　媒体融合　传媒产业变革

一　传媒行业的发展现状及痛点

（一）行业发展现状

随着互联网与传统媒体的融合走向深化，传媒产业已经成为中国数

---

* 思二勋，人民创投区块链研究院研究员。

字经济的重要组成部分。电视、广播、图书、音像以及互联网信息平台
等都伴随在我们身旁。在新技术的驱动下，互联网及移动媒体行业发展
迅猛，我们也进入了移动资讯时代，移动互联网带来用户消费习惯改变，
人们在碎片化的时间里，从更多平台和社交链条中，获取更为个性化、
碎片化的文字与视频。内容的产生与传播表现得更加随时随地，尤其是
新内容领域从业人员和内容频道数量持续增长。克劳锐公开数据显示，
2017 年新内容（运营）行业从业人数达 300 万，各类机构对内容创业者
的投资金额超过 50 亿元，微博头部内容体账号平均阅读量超过 2.3 亿
次，较 2016 年均有所增加。

近三年来，不少行业营收和利润增速都出现下降，然而，传媒行业整体
增速仍然保持在相对较高的水平。

普华永道的最新研究数据表明，未来五年全球娱乐及媒体行业市场的复
合年增长率为 4.2%，由于全球政治经济形势不确定因素的增加，传媒业的
发展速度将会放缓，而中国传媒业仍将以两倍于全球的速度增长，中国稳定
的政治经济态势为传媒业营造了良好的发展环境。传媒蓝皮书课题组统计，
2017 年中国传媒产业总规模达 18966.7 亿元，较上年增长 16.6%（见
图 1）。

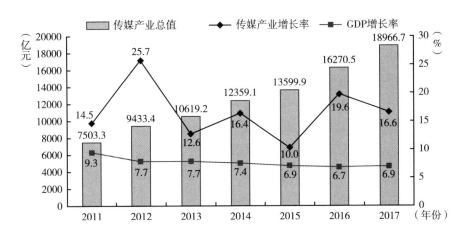

图 1　2011～2017 年中国传媒产业发展情况

（二）行业发展态势及问题分析

在互联网环境中的传媒产业主要是以电子报刊、网络广播、手机报、手机广播、网络电视、手机电视等为媒介提供各种信息服务及相关增值服务的特殊产业，通过不断创新、不断改进取得了日新月异的发展。特别是在运用新媒体、新的资本运作、新的技术和先进理念的情况下，传媒行业发生了巨大的改变，业务范围互联互通、资源共享，业务形态渐趋数字化，能为用户提供语音、数据和广播视频等多种服务。

随着人工智能、区块链等技术的进化，媒体向着更智能、更多样、更具个性化的方向演进，同时，媒体对于内容质量的要求也越来越高；传媒板块中各细分行业分化加剧，受众人群也更加细化。财通证券公开数据显示，在各细分子行业中，广告营销行业景气度较高，2018 年 H1 实现营业收入 715 亿元，同比增长 36.83%（2018 年 Q1 同比增长率为 38.31%），广告板块整体（包含传统营销行业）回暖，行业龙头优势显著。

另外，媒体内容的网络传播也呈现出移动化、社交化、视频化、互动化等新的特征和趋势，不断生产出更多具有吸引力的融媒体①产品。这种趋势的变化核心是增强用户体验，提升用户黏性，促进用户转发与分享，不断壮大用户规模。但在这个过程中暴露出了很多的问题和困难。

1. 内容质量有待提升

传播媒体发展的核心基础是内容，在后流量红利时代，内容驱动流量成为行业共识。目前内容领域的同质化、低俗化、过度娱乐化等现状较为明显，行业缺少有深度、创新、有文化素养的优质内容。

2. 版权保护意识差，版权争夺现象严重

在传媒行业中，移动互联网的低质量内容的快速生产、快速传播使

---

① 融媒体是指充分利用媒介载体，把广播、电视、报纸等既有共同点，又存在互补性的不同媒体，在人力、内容、宣传等方面进行全面整合，实现"资源通融、内容兼融、宣传互融、利益共融"的新型媒体。

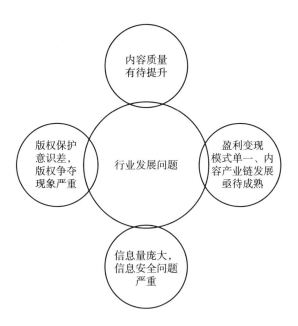

图 2　传媒行业发展问题

得抄袭现象较为严重，人们常常几乎零成本任意复制他人作品，并在未经作者允许的情况下篡改和传播，盗版现象依然存在。很大程度上，这源于内容创造者、内容审核者，以及内容传播者之间没有明确的机制激励和束缚。

当下，音乐、游戏、影视、新媒体等行业发展迅猛，产值逐渐增高。在产业发展的同时，内容创作者版权保护意识较差，加之内容版权保护机制还不成熟，媒体融合环境下版权保护及侵权赔付成为一道难题。

3. 信息量庞大，安全问题严重

在目前的传媒生态中，由于其进入门槛低、交互强、传播快，降低了信息内容制造和传播的门槛，信息爆炸式增长。一些内容平台为了吸引大众眼球，制造出大量虚假、低俗、哗众取宠的信息，造成网络污染。信息爆炸时代，网络用户的注意力变得稀缺，信息安全问题也时有发生。例如，用户的身份信息以及隐私泄露、大规模的网络病毒感染、虚假信息的极速蔓延等安全问题，对使用者的影响极大。

区块链应用蓝皮书

4.盈利变现模式单一

目前传媒行业的盈利模式过度依赖传统广告盈利方式，但是，随着媒体之间的竞争日益扩大、新技术下融媒体的快速发展，媒体单一的广告盈利模式必然会对传媒产业的可持续稳定发展带来限制和威胁。

5.内容产业链的发展亟待成熟

内容是媒体发展的一个重要支撑点和媒体行业的核心竞争力，媒体企业建立一个健全的内容产业链对其发展至关重要，但是，对比产业发展速度，媒体优秀原创作品依然偏少。此外，由于人们版权保护意识相对较弱，内容提供商处于劣势，原创作品在质和量上都难以满足公众需求。即使有部分优质作品出现，也会因没有较好的发行渠道，无法适销对路，不能得到相应的盈利。凡此种种，多数是由于内容产业链发展不完善。

二　区块链引发传媒行业变革

在新技术的驱动下，传统新闻媒体从网络媒体时代进入多媒体时代，再发展到当下的全媒体时代。纸媒进入网络媒体时代，增强了内容的时效性，拓宽了人们获取信息的渠道。

随着新兴技术的进一步发展，传媒产业进入了以大数据为内核，以区块链、云计算等技术为支撑，向多产业延伸的全媒体时代。例如，人民日报社的"中央厨房模式"引发了信息供给侧改革，实现新技术、新模式与传统媒体线上和线下的融合与联动。

（一）需求侧和供给侧

1.需求侧

艾瑞咨询mUserTracker数据监测显示，2017年新闻类APP月度覆盖人数较2016年有了较大的提升，同比增幅最大的为1月，增幅达到了37.1%；增幅最小的为10月，也达到了19.0%。2018年，中国正处于经济结构转型升级阶段，人们的消费结构也从生存型向发展型转变，人们对新闻资讯和优质内容的需求量亦将逐渐增加。

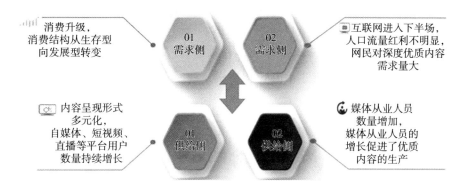

图3　传媒行业需求侧和供给侧分析

同时，互联网进入下半场，人口和流量红利不明显，单一内容平台的流量增速放缓。

2. 供给侧

内容进一步分散，各大媒体平台纷纷布局自媒体，进入短视频、直播等领域，内容的输出也从单一文字内容向音视频多元形态探索，平台型传媒纷纷显现，内容的来源和种类变得多样化。

在2018年8月短视频平台活跃用户数排行榜TOP10中，抖音短视频活跃用户数为20916.46万人，环比增长9.0%。CNNIC发布的第42次《中国互联网络发展状况统计报告》显示，截至2018年6月，网络直播用户规模达到4.25亿，较2017年年末仅微增294万，短视频、直播等内容呈现平台进一步刺激了人们对优质、有趣内容的需求。同时，笔者在第一节也已表明，内容从业人员数量也在持续增长，这使得优质内容供给可能性增大。

（二）"大数据+区块链"对媒体的影响

在互联网时代诞生了一批原生于网络的新生内容平台，它们适应了网络化的内容形态。随着信息量的不断增大，用户的注意力越加稀缺，很多互联

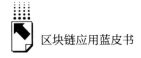

网平台从内容主导向用户主导转化。值得关注的是，在内容生产方面，写作机器人能通过大数据分析，从海量的数据当中找出可能最受市场关注的部分，借助优化算法，将用户喜欢的内容经过智能分析之后呈现出来。

这一阶段，媒体主要依托大数据分析技术，让传播方式变得更加精准，有效渠道更加多样化，与读者的互动更加有效。这些新兴力量通过平台战略、大数据战略，建立起了中心化的流量基础，塑造出了新品牌。典型代表媒体是今日头条、一点资讯等。

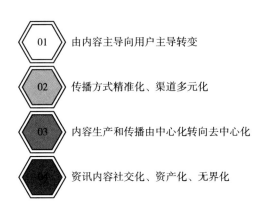

图4 "大数据＋区块链"对媒体的变革

区块链的出现，有望颠覆平台化的垄断收割模式。平台方抽走的利益，有望回到内容生产者和用户的手里。

众所周知，区块链通过分布式记账的方式将数据信息记录在一个不可篡改的公开账本上，所有用户都能够享受到真实和可信任的信息，真正实现了从信息互联网到价值互联网的转变。

将区块链技术应用在文化传媒领域中，可以在很大程度上解决传媒行业在发展过程中遇到的诸多问题。通过多渠道的内容创造与传播，提高内容呈现的可信度和完整度，而后利用区块链的通证激励思维，内容的生产和传播将越来越社交化、资产化、生态化，生态成员的内容创作、内容传播、点赞、更新、纠正等都可在全域无边界进行，传媒产业生态与外部商业生态、社会生态之间呈现出更加无缝融合的态势。

目前，已经有不少国内外的项目，致力于使用区块链和其他技术手段改变现有内容市场格局，解决优质内容难以识别、传播和变现等问题。

（三）人民网区块链布局蓝图

人民网总裁叶蓁蓁 2018 年 3 月在人民创投主办的"链·未来，2018春季区块链技术论坛"上，透露了人民网布局区块链蓝图：一是体现主流媒体的担当，为业内提供真实、权威的新闻资讯，为监管机构提供决策数据和政策参考，促进区块链产业持续、健康发展；二是扎实推进技术研发，积极探索区块链技术与人民网主营业务结合的有效路径，探索区块链技术的实际应用和实用产品；三是务实搭建开放平台，连接行业资源，布局优质项目，探索产业发展，推动区块链技术的进步，促进区块链造福人民美好生活。

（四）区块链对传媒产业的变革

首先，对传媒业而言，可以通过区块链保证数据信息的真实性、完整性、实用性以及可靠性，因为区块链中的信息记录数据是分布式验证、存储的，通过密码学进行加密保护的。如果生产的内容获得多个节点的验证，并发布于网络，其内容具有可溯源且可以永久记录，增加了内容生产环节的可靠性。

在具体的应用过程中，在有智能合约和加密资产的公共区块链平台上，用户的内容创作、内容传播、点赞、更新、纠正等都可获得一定的激励。在整个区块链上，每一个节点都保存着区块链的全部数据信息，一个节点被篡改，不影响本源信息的有效性。因为，这些平台上发布的内容都被保存在分布式服务器上，每一个服务器都保留着发布到网络上所有内容的副本。内容平台利用区块链的这个特性，避免内容被随意篡改。另外，通过分布式节点的审核方式，解决传统媒体在对传播内容审核过程中的审核主体单一情况，可大大提高审核的质量。并且利用区块链的可追溯性在审核过程中将传播内容的来源、修改情况、审核主体和审核结果等都纳入

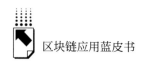

可追溯范围，进一步保证传播内容的真实性，也为传媒平台的公信力提供更有力的保障，从而保障新闻内容的可靠性。

其次，对于传媒产业来说，最核心的工作还是内容生产，在该环节可以充分利用区块链的社区共识、价值协同以及通证激励思维，使内容生产通过公众化参与、游戏化运营等机制来实现。在区块链技术内容平台上，个人或组织能够通过公开方式来为报道某一主题、采访某一内容以及对某一行业进行深度调研等筹集资金，并对参与者给予一定的参与激励和收益共享，以吸引更多的人参与内容生产和消费。对于某一区块链新闻平台，任何人都可以发起、提供以及审查新闻报道，每一个过程都须使用通证来购买创作权、审核权。当作者提交的内容被审查确定真实性并发表以后，该通证才能被收回，而最终文章所产生的收益也将按照预先设定的比例分配给相应的参与者。

另外，对于未来中国传媒领域的发展趋势和投资热点，《区块链与文化传媒产业变革暨 2018～2019 传媒投融资研究报告》指出，在内容监管和资本监管双双趋紧的态势下，风险评估和防控能力成为重中之重；内容付费产业崛起，移动端增量赛道深耕成为热点，短视频、在线教育和图片 C 端付费热度持续；"VR + AI + 区块链"的深度融合将持续驱动文化传媒创新，该领域可能构成一个新兴蓝海。

而区块链技术有助于文创行业确权、流通、追溯交易，对于内容生产、传播、内容变现、收益分享、内容监管等都有极大的促进作用，可以帮助创作者和投资人更快更好地实现价值的生态化创造和转化，这也是整个行业的突破点。区块链技术以动态的通证激励推动资源和特定价值在生态之中流转，以产业通证打通上下游生态链，改变互联网文化传媒产业的生产关系，实现产业协同，带来一个网络新世界。

人民日报社的"中央厨房"探索构建全流程打通、完整的媒体融合体系，在融媒体平台建设上走在全国同行前列，人民日报媒体技术股份有限公司总经理叶蓁蓁提到："对于媒体融合，我们用三个关键词，即'打通''整合''提升'。"打通是打通内容生产、运营管理、用户（即媒体机构和用户的融合）；整合是整合内部资源、行业资源和产业资源。媒体行业的边界已经消融，媒体未来一定会跟各行各业发生深度融合。当媒体与用户深度融合、媒体行业与其他产业深度融合，就能大幅提升生产效率、社会效益和盈利能力，这是媒体融合的未来状态，也是提升的意义。

而对于"打通""整合""提升"这些规划，完全可以如上文提到的，利用区块链技术和信用通证打通内容生产和运营管理等。生态圈内的所有对象，包括平台方、内容信息提供者、用户等都可以加入通证系统，基于通证激励实现价值链互通、提升资源利用率、促进各产业生态融合等效果，实现资源的有效交互和流通，进而提升生产效率和社会效益。

三 打造区块链时代的传媒新形态

区块链是一种去中心化的可加密的分布式账本技术。区块链具有去中心化、不可篡改以及可追溯等技术特性，对于传媒行业来说，这些优势对于传媒作品/内容的价值创造、价值分享、价值转化、广告营销等模式都会产生较大的变革。

（一）内容创造方面

首先，对于作品内容的价值创造，区块链是一个去中心化的价值网络，所有交易记录利用 P2P 技术分散处理、分散储存。以内容数据库为基础，区块链可以作为去中心化的内容数据登记平台，内容信息以数字形式存在于每一个分布式节点，各个节点都可视为内容信息的副本，每个节点都可以创造、审核、传播、纠偏媒体内容信息。对于需要进行版权认证的内容，著作权人不需要在不同的司法管辖区做重复烦琐的版权认可，省去了中间诸多不必要的流程。

其次，在具体的内容创造过程中，可以基于区块链的 P2P 分布式架构协同创造价值，利用加密资产众筹深度新闻报道，通过自组织、去中心化的方式提供更好的媒体内容，以某一内容创造为目的，以通证作为激励机制，

使组织内所有利益方都来创造价值并得到公平的利益分配。媒体可通过区块链搭建社群媒体的自组织平台，在全球范围内协同生产专业内容，提升媒体内容的广度和深度，降低实时热点内容或深度价值内容的采编和创作成本。媒体可在区块链网络上实现信息内容协同记录和采编创作过程前后方实时沟通，建设全程透明的信息内容价值创造与协同平台。如此，便可以减少商业力量对内容的操控，准确跟踪内容流向，保护知识产权。

例如，针对某一区块链文创领域项目，可定位于打造从资源对接、创作孵化到作品产出、商业化运作等的全方位一体化的服务系统，重新定义文创领域产业生态。社区主张用户发起新闻报道选题，用户可以通过平台的通证来支持报道、筹集报道费用，愿意承担此项报道的记者或组织，将获得募集到的通证作为支持报道启动的资金。这对于区块链媒体的内容创作具有一定的借鉴作用。

最后，通过区块链技术可以建立涵盖海量媒体报道资源的数字版权分布式数据库，利用区块链技术为内容作品提供去中心化的版权保护、内容追溯、版权交易和数据增值服务，基于传媒内容形成一系列生态化的服务体系。

（二）内容审核和传播方面

互联网环境下，网民可以自由发布信息。中间把关环节缺失，使得各种内容信息被传到网络平台，越来越多的人选择通过网络免费获取信息。传统信息传播渠道受到影响，比较规范的传播渠道也受到打击，也严重侵犯了内容生产者的利益，在某种程度上打击了其生产内容的积极性。

在区块链媒体环境下，任何一个信息内容的发布都会由多个节点进行审核，为了保证信息内容发布的公平性、安全性，系统可随机选择若干位成员（最好为奇数位）成为该媒体内容的审核者，审核者不具备修改内容的权力与功能，因此只能在完成审核的工作之后给予建议。区块链生态中主张"行为即资产"，每一个审核者、传播者都能获得通证奖励，而且内容的审核和传播主体也不限于专业媒体人或媒体机构。某一传媒内容（如音乐、影视、文学作品等）的监管机构、粉丝或网民也能逐渐加入审核和传播队伍中，进而提升信息内容的质量，促进信息内容的传播。同时，信息一旦经过审核即分布式记录在多个节点中，版权就能得到保护，因为区块链具有去中心化的技术特征，其节点分散、开放而又对等，这保证了任何区块上所产生的数据都会由该节点同步广播至其他节点进行验证，并将验证结果同步存储在所有节点上，在很大程度上保障内容创作者的利益。

（三）内容转化和交易方面

对于内容的转化，通过构建版权自助交易平台，使记者、撰稿人、内容分享者等其他参与者最大限度地享受作品的版权收益。在具体的落地过程中可以应用智能合约，将信息作品的使用价格、分享收益等信息植入智能合约中，用户购买某一版权作品时，将自动支付相关的费用。而一旦有用户将内容分享给其他人，这种分享行为产生的付费收益，也会有相应的智能合约进行利益分配。通过智能合约，版权交易可以形成良好的闭环，规避了第三方参与可能存在的各项弊端，保证了数字版权交易的公平透明。

如此，原创内容生产者的产出与收益不匹配的问题将得到根本性改变，从而提高原创积极性，提升媒体产出内容的质量和效益。

（四）广告营销方面

CTR 媒介智讯的研究显示，2017 年投放 APP 广告的品牌中，有 70% 投放过资讯类 APP，有 30% 投放过视频类 APP。而在这两类 APP 中，也是头部媒体有更强的获客能力。例如，今日头条连续两年获得了 50% 的 APP 广告投放品牌。

互联网时代的广告营销存在诸多虚假流量问题，很多媒体通过机器人点击，制造虚假数据。如果使用区块链技术，广告营销将省去更多中间环节，进一步垂直化。以区块链点播平台为基础，记录观看、阅读、收听等用户行为证明。在此过程中，首先，基于传媒平台可以提取受众人群的性别、年龄、职业特征、区域人口密度等信息，评估人群类型特征和用户基于平台的

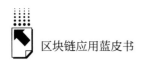

其他行为数据，实时记录于区块链上，保证数据真实有效，为客户精准投放广告提供决策依据。其次，用户每一次浏览点播都有唯一对应的 ID，平台可根据用户的浏览习惯设定平均浏览次数，如果超过该值则浏览点播无效。同时，平台也可以实时统计每个用户的浏览点播量，便于后期通证激励的高效实施。最后，广告商或者平台运营商之间可以基于区块链技术（如共识机制）实现互相监督，进一步保证数据的公平公正；用户通过区块链点播平台观看、阅读广告时，或者广告播放到一定的时间、次数后，就会触发智能合约执行自动分账，给予用户相应的激励。

（五）众筹融资和 IP 孵化方面

某一投入较大的影视作品、漫画作品、拍摄作品、IP 作品等都可利用平台通证发起融资计划，专业团队、用户等参与者可对其进行评估和审核，审核通过后作品在合法合规的情况下可进行融资，获取商业化发展资金，缩短融资周期。而且，创作者也可以将原创内容作品版权授权给游戏、影视、话剧、漫画、衍生品等领域的专业机构和个人，以 IP 版权入股、共同投资出品等方式实现产业化运营。对于众筹信息，可以基于区块链记录所有投资者的透明融资交易，在出售、许可或使用某一创造性作品时，智能合约可以自动向版权所有者和投资者支付费用。

在 IP 孵化方面，结合区块链资产化和通证化优势，可以将 IP 资产通证化，在区块链传媒系统中为 IP 方建立可信、可举证的生态体系，从确权、授权、用权到维权，真正保护 IP 持有人和投资者的利益，孵化 IP。

四 传媒行业区块链应用发展趋势及建议

趋势一：行业将得到进一步规范

在区块链革命下，区块链技术将进一步加速传媒作品碎片化、内容信息的生产与传播，助推内容变现，版权问题将会得到规范，行业将会向更加安全透明的方向迈进，假新闻和盗版侵权等问题将会得到解决。在该传媒新生态下，媒体业的内容质量将得到极大的提升，付费内容市场也将迎来新的蓝海，用户订阅和数字版权管理格局将会得到根本性的变革。

趋势二：人工智能和大数据等技术驱动行业进一步升级

除了区块链技术外，人工智能、大数据等技术也正在重构新闻生产流程和广告营销模式，互联网时代下以广告为主的盈利模式将向以内容付费为核心的盈利模式转变。人工智能写作、大数据和云计算将为智能化机器内容生产、基于算法的智能化内容推荐等提供更多的可能，诸多传媒平台内容的广度和深度将得到进一步提升。虚拟现实、增强现实等用户体验技术将拓展传媒内容的呈现形式，为用户提供更加多样的视觉与听觉体验。在新技术的推动下，影视、社交、游戏等领域将会有更加多元化的商业模式和新型平台，出现更多以新技术应用为支撑的新智能化平台，为平台用户和机构开发数据技能和工具，让生产力和资源得到更好的匹配。传媒产业在新技术的推动下将得到进一步迭代升级。

趋势三：原创内容价值凸显，知识付费将迎来新机遇

我国经济发展已进入新时代，现已由高速增长阶段转向高质量发展阶段。对于传媒行业来说，对于媒体内容质量的要求也越来越高，无论是市场、平台还是用户，都对原创内容和版权保护越来越重视。传媒产业的核心是内容，原创优质内容（尤其是文、声、形、视等并存的优质内容）资源将会是未来市场竞争的最大焦点。协同创作、优质内容分发、自媒体专业化、机器写作、IP 爆发、内容电商等也成了行业发展的新趋势。区块链技术更是助推原创内容和版权保护时代的到来，内容也将呈现更加多元化、高质量的态势，基于用户需要的价值导向的内容生产也将是未来传媒领域的创新重点。在此基础上，付费用户和优质内容之间形成正反馈，行业的整体内容水平进一步提升；各细分领域（如短视频、直播、音频等）的龙头企业在吸引付费用户的目标驱动下，对更优内容的投入动力更足，这也是推动行业发展的一种方式。知识付费和内容电商也将迎来新的发展机会和投资机会。

建议一：制定监管措施为传媒行业发展保驾护航

首先，国家应及时制定促进区块链在行业创新企业落地发展方面的相关

政策，积极引导各类创业投资基金加大对种子期和初创期区块链企业的投入力度。其次，我国应进一步加大版权保护的力度和加强侵权理赔规范，出台明确的法律法规，使媒体的各项举动有法可依。这样许多版权交易过程的标准就可以依据法律的标准来建立，在版权方维权和法院判决的时候就能够有明确的法律标杆。最后，针对信息时代的信息安全问题，国家有关部门在制定相关法律和监管措施的时候加大对威胁信息安全者的惩罚力度，规范行业，以进一步促进区块链等新技术落地和知识付费时代的到来。

建议二：加强技术的创新落地

目前，区块链、人工智能等新兴技术还处于初期探索阶段，要想新兴技术与行业深度融合，应充分发挥产学研合作及各类协同创新平台对市场要素的汇聚作用，加快新兴技术与行业标准的制定，推动技术创新向实体经济应用加速渗透，以促进基本的共识机制、分布式存储、分布式加密、智能合约、身份认证技术、主机加固技术、安全审计技术和检测监控技术的使用，从数据安全、技术创新、场景应用等多个方面逐步完善，防范和降低新技术发展给行业应用带来的消极影响，促进更多先进的、有针对性的技术引入传媒行业，为产业发展提供良好环境。

建议三：加大产业融合力度，驱动企业数字化转型

互联网时代传媒行业呈现内容多样化、内容流向渠道多元化、受众的范围扩大化的趋势。区块链革命下内容生产、内容流通、受众群体的全域性，以及产业链协同趋势越加明显，媒体应该进一步整合资源，扩展产业链。首先，媒体可以向上延伸，也就是进入内容的策划、创意中来，在此过程中可以利用区块链的社区共识思维，建立社群，运营社群，平台赋能。其次，横向延伸，也就是运用多媒体手段，融合区块链技术，加大企业的数字化建设，对媒体内容进行全方位深层次开发，寻求内容创造价值的最大化。最后，向下延伸，协同产业资源，提供各种个性化的增值服务，寻找新的发展空间，实现更加有深度的数字化转型和产业媒介融合。

内容生产商或知识服务商也应抓住机遇，从内容的制作开始，采用全域范围的分布式协作方式生产出优秀的原创新作品，并且努力扩大业务边界，优化

产业资源,激活版权信息等存量资源,实现资源的最优化配置,不断开发增值服务,增加收入的盈利空间。

参考文献

邢仔芹:《媒介融合的现状及对传媒业的影响》,硕士学位论文,山东大学,2009。

郭嘉:《三网融合背景下传媒产业媒介融合趋势探析》,《思想战线》2010年第6期。

石天泽:《浅谈区块链在传媒领域的影响与应用》,《消费导刊》2018年第3期。

尹章池、赵旖:《融媒体时代传媒产业现状以及发展对策》,《今传媒》2013年第4期。

艾瑞咨询:《中国财经新媒体行业洞察报告》,2018。

崔保国主编《中国传媒产业发展报告(2018)》,社会科学文献出版社,2018。

B.17
区块链应用落地发展现状及应用方法总结

迅雷区块链研究院

摘 要： 区块链项目应用落地是指将区块链的技术在实体经济中实现应用。其作用有三：一是提高实体经济的生产效率；二是降低实体经济生产成本；三是更加公平公正地组织生产活动，实现生产资料更合理的分配。尤其是后者，是其他科技很难解决的问题，因此区块链技术被认为是改变生产关系的技术。在我国的"十三五"规划当中，首次将区块链、人工智能等技术列为"十三五"期间的重大任务和重点工程，并积极鼓励企业开展区块链技术的创新研究。本报告将重点探讨区块链项目应用落地的方法和策略。

关键词： 区块链 实体经济 区块链应用

一 区块链应用落地的发展趋势

（一）区块链应用时间段

1. 加密货币期（2008～2015年）

区块链成为一项技术，源自比特币。2008年11月1日，一个化名为中本聪（Satoshi Nakamoto）的神秘密码学极客发布了《比特币白皮书：一种点对点的电子现金系统》。中本聪设计比特币是为了创造一种不被银行或政府控制的、无国界的虚拟货币。这也是区块链最早的应用。

中本聪的方案是让整个网络发挥监管作用，所有的交易都记录在区块链这个公共记录平台上，每个 P2P 节点都保留完全相同的总账。用户花掉比特币后，节点就会记录并更新总账。

这种分散架构确保不会出现单点故障，也使黑客几乎不可能入侵这个网络或伪造交易，立法机构也无法予以冻结。除了加密货币，中本聪还贡献了一种思维：通过技术手段实现去中介，进而降低了中介成本。

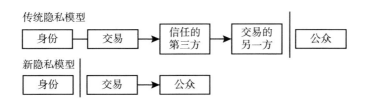

图1　新型与传统隐私模型对比

此阶段，除了比特币，还出现了和比特币类似的瑞波币（2011 年 4 月发行）、莱特币（2011 年 11 月发行）。它们都从应用角度解决跨境支付问题，事实上，比特币当下最大的应用仍然是跨境支付。

2. 概念期（2016 ~2017年）

市值最大的四个加密货币中，还有一个是 Ethereum（以太坊）。2013 ~2014 年程序员 Vitalik Buterin 受比特币启发后，提出下一代加密货币与去中心化应用平台，在 2014 年通过 ICO 众筹后得以发展。

以太坊是一个平台和一种编程语言，使开发人员能够建立和发布下一代分布式应用。2016 年，以太坊在比特币的区块链技术中添加了智能合约功能。所谓智能合约，其本质是"合同 + 仲裁者"。传统意义上的合同，仅规定了合同的内容，而合同中所规定的权利义务则由执法机关保护，而智能合约使用代码的方式，保证了合同条款的强制执行力。将智能合约与区块链相结合，使得合约的条款一旦设定，就没有第三方可以篡改。以太坊的智能合约技术，为现实世界中缺乏信任和仲裁的应用场景提供了便捷的开发工具。

智能合约不是以太坊提出来的，但"区块链 + 智能合约"，使得智能合约可以被多方采信。通过智能合约，以太坊可以编程、分散、担保和交易任何事物，如投票、域名、金融交易所、众筹、公司管理、合同和大部分协议、知识产权，还有得益于硬件集成的智能资产。

如此一来，区块链就不只能处理与支付相关的问题，还和实体经济有了关联。理想化的看法是，通过"区块链 + 智能合约"，社会生产可以不依托于传统的中心化组织，可以实现 DAO 组织。DAO 全称是 Decentralized Autonomous Organization，这种形式的组织的运行完全通过计算机程序。而一个 DAO 组织的财务事务记录以及程序规则都是放在区块链上运行的。这种完全由计算机代码控制运作的类似公司的实体，没有 founder，没有 CEO，没有 CTO，没有人事财务研发市场销售部，彻底根除了影响公司效率的人为因素，对于现行的公司体制是历史性的变革。

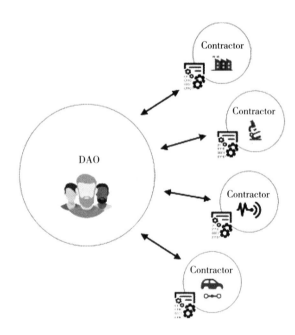

图 2　DAO 组织示意

　　但遗憾的是，在这个阶段，还没有出现具有代表性的区块链落地应用。全球各地提出了数以千计的应用思路，并进行 ICO（首次发行代币融资）融资，但大多成了"空气币"。ICO 模式也几乎于 2019 年消亡。

　　此阶段区块落地应用没有落地，只停留在概念阶段，其原因主要有下面三方面。

　　第一方面，区块链性能无法满足实体经济的应用。性能核心包括两方面，交易速度和存储空间。在此阶段，区块链性能远不能和中心化产品相比拟。如同汽车发明时还跑不过马车的阶段。比特币、莱特币以及以太坊每秒

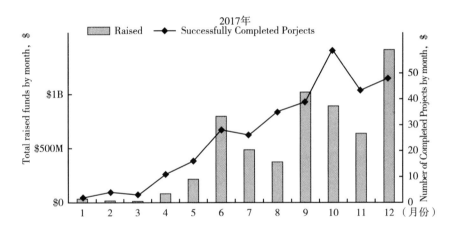

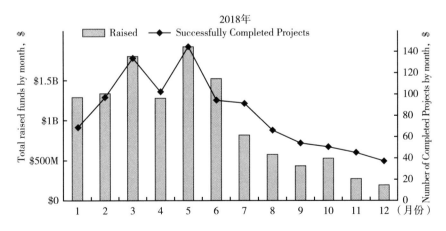

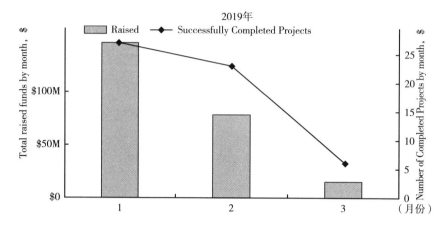

图3 2017～2019年3月ICO融资额及项目数量

资料来源：ICORating。

的交易速度（TPS）只有几次、几十次，而VISA的TPS高达24000次。

交易确认时间，比特币达到了10分钟以上，以太坊理想状态也需要15秒，无法和VISA的秒级确认相比。而信息的存储对当时区块链基础设施来说都是老大难问题，区块链被广泛提出用于各种存证信任的场景就很难实现。

表1 比特币、莱特币、以太坊和VISA的性能对比

	比特币	莱特币	以太坊	VISA
交易速度（TPS）	7	56	30～40	24000
确认速度	10分钟+	2.5分钟+	15秒	秒级
信息存储量	1M/区块	4M/区块	跟GAS消耗量正比	无限

第二方面，"区块链＋智能合约"仅能够实现数字世界的程序执行，物理世界的可信问题、合约问题无法执行。区块链单个技术只能解决已经数字化的资产可信问题，因此不管是否主观故意，ICO项目99%以上会成为空气币，无法应用于实体经济。

第三方面，区块链监管和标准等配套设施不完善。在此阶段，区块链发展处于无标准、无监管状态。劣币驱逐良币。

3. 萌芽期（2018～2021年）

2018年之后，区块链应用更加务实。从2018年开始，全球着力解决困扰区块链落地实体经济的三大难题。

首先是性能要求。2018年4月份，迅雷推出区块链产品迅雷链。迅雷链采用同构多链的架构，请求处理能力达到百万TPS，能够支持很多应用开发运行，将满足大规模商业场景的需求。同年7月，迅雷链文件系统（Thunder Chain File System，TCFS）发布。该系统是迅雷在百万级共享计算节点的基础上，专为区块链和独创的分布式技术倾力打造的数据云存储与授权分发的开放式文件系统。开发者可使自己的产品具备文件数据分布式存储与信息上链等特性，从而快速集成公开透明、不可篡改、可追溯、高可靠、安全加密、海量存储、授权转移等能力。

其他区块链系统在2018年也在提高性能。比如6月发布的EOS将单链的TPS性能提高至3000～4000。2019年年初以太坊进行了君士坦丁堡的升级分叉，为性能提升做准备；比特币也计划通过闪电网络提升性能。

其次，物理世界到数字世界的映射，中国正探明一些解决方案。比如2019年3月28日，由中国版权保护中心联合12家成员单位，发布了中国数字版权（DCI）标准联盟链。迅雷提供区块链技术支持，国家版权保护中心则基于DCI标准和DCI体系框架对版权从物理世界到数字世界实现"法定化"信用赋能。国家版权保护中心隶属于国家新闻出版广电总局，具有足够的信用支持。

最后，全球主要经济体的区块链政策法规和标准都已经明朗。2018年，中、美、英形成了比较有代表性的区块链监管方法。

2018年7月26日，美国证券交易委员会（SEC）正式宣布，数字代币的发售（即ICO）"受联邦证券法的管制"。

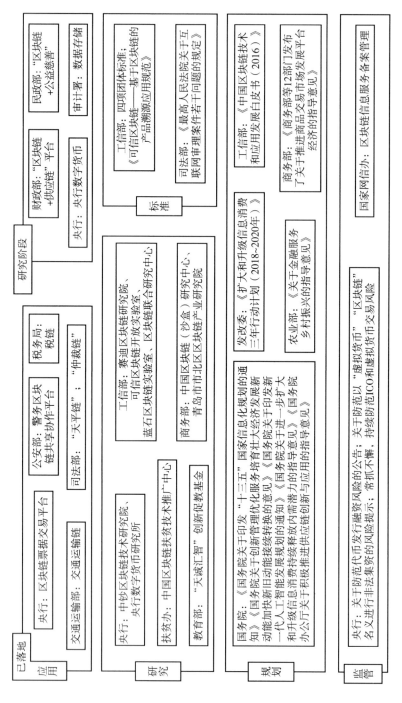

图4 中国各部委区块链实践

资料来源：《运用区块链 部委们在行动——中国各部委区块链实践全图谱》，https://www.blockob.com/posts/info/10602。

2018 年 11 月底，英国金融市场行为监管局（FCA）表示，它不认为加密货币资产是对金融稳定的威胁。英国沙盒监管对区块链加密货币资产风险可控。

2019 年 1 月 10 日，国家网信办发布《区块链信息服务管理规定》，中国区块链监管框架搭建基本完成。

表 2　中、美、英三国区块链监管模式

	中国	美国	英国
监管主体	国家互联网信息办公室	美国证券交易委员会	英国金融市场行为监管局
监管内容	链上信息是否安全合规	加密资产融资行为是否合乎证券法	加密资产技术是否风险可控
监管工具	备案	注册	沙盒

中、美、英三国模式奠定了区块链监管的基础。此外，国内、国外区块链的标准也在制定中。

工信部、部分行业协会等纷纷制定团标、行标以及参与国际标准制定。

构建"可信区块链"标准体系

团体标准	制定国内首个可信区块链系列标准： 第一部分：区块链技术参考框架 第二部分：总体要求和评价指标 第三部分：功能评测方法 第四部分：性能基准评估方法 第五部分：BaaS评估方法 第六部分：区块链安全评测方法（含4个子标准）
行业标准	在中国通信标准化委员会已报批了两个行业标准： 2017-0943T-YD 区块链总体技术要求 2017-0942T-YD 区块链通用评测指标和测试方法
国际标准	积极参与ITU-TFG DLT分布式账本焦点组和ITU-T SG16研究组 牵头成立ITU-T SG16 Q.22：Distributed Ledger Technology and e-services 已经立项两个国际标准：F.DLT-AC Assessment criteria for distributed ledger technologies和H.DLT Reference Framework for Distributed Ledger Technology

图5　工信部中国信息通信研究院参与的区块链标准制定

区块链应用蓝皮书

（二）联盟链落地情况

本节以 Hyperledger Fabric、Coco、Quorum、Corda 四个国外知名联盟链为样本，分析联盟链发展情况及应用落地情况。

表 3 国外联盟链发展情况

平台		Hypertedger Fabric	Coco	EEA（Quorum）	Corda
管理方		Linux 基金会	微软	芝加哥交易所、英特尔、ING、摩根大通等创始	富国银行、美国银行、花旗银行等金融巨头
创立时间		2015 年 12 月	2017 年 8 月	2017 年 2 月	2016 年 11 月
应用	应用数量	400 多个	/	/	/
	落地案例	马士基、沃尔玛、联想、邮储银行等	Mojix 将供应链 DAPP 转移到 Coco 平台上	摩根大通开发的 IIN 平台	点融网供应链金融应用
	落地场景	多领域	供应链	金融	金融
效率	出块速度	秒级出块	秒级出块	毫秒级出块	/
	TPS	300 ~ 500	1600	400 ~ 800	/

Hyperledger Fabric 于 2015 年 12 月推出，得益于 IBM 的大力推广，加上技术框架较成熟，目前已有较多商业应用。据 IBM 披露，有 400 多个落地项目，其中不乏马士基、沃尔玛、联想、邮储银行这类大型客户。

Coco 项目较少，除其白皮书中提到的 Mojix 将供应链 DAPP 转移到 Coco 平台上外，并无更多公开的项目信息。Quorum 上较有影响的应用落地是摩根大通开发的 IIN 平台，可实现跨行信息交互，摩根大通、加拿大皇家银行、澳大利亚 ANZ 银行、新西兰银行等相继加入该平台。Corda 同样落地应用较少。

整体来看，目前各联盟链基本是由大企业主导、大企业联合的形式，各联盟平台都在持续推进项目应用落地，目前主要的应用落地场景仍然集中于金融领域。

276

表 4　国内联盟链发展情况

主体	平台	应用案例	落地场景
腾讯	FISCO BCOS	微众银行的机构间对账平台、网易的竞猜游戏、四方精创的供应链金融、城商行旅游金融联盟的旅游金融、仲裁链、安妮股份的版权存证平台	金融、供应链、贸易、娱乐等
阿里巴巴	BaaS 平台	蚂蚁金服与雄安新区携手，基于联盟链模式搭建区块链租房平台基础设施	商品溯源、供应链金融、数据资产共享、数字内容版权等
百度	百度 Trust	中国首单应用区块链技术的交易所 ABS、百度图腾	版权、信贷、资产证券化、资产交易所等
华为	区块链服务 BCS	保险公司的可信互助社群、新能源光伏管理系统	数据资产、IOT、运营商、金融领域等
京东	ABS 云平台	中国首个安全食品区块链溯源联盟、京东金融与近 30 家商业银行共同发起成立的商业银行零售信贷联盟	商品溯源、存证等

国内方面，联盟链同样集中于腾讯、阿里巴巴、百度、京东、华为等大企业。

2016 年 5 月，由腾讯牵头成立的微众银行发起成立金融区块链合作联盟（"金链盟"），正式标志腾讯进军联盟链。至今，金链盟成员已涵括银行、基金、证券、保险、地方股权交易所、科技公司等六大类行业的 100 余家机构。

FISCO BCOS 落地项目有数十个，包括微众银行的机构间对账平台、网易的竞猜游戏、四方精创的供应链金融、城商行旅游金融联盟的旅游金融、仲裁链、安妮股份的版权存证平台、乐寻坊的人才活动平台、链动时代的不动产登记系统等。

2018 年 8 月，阿里云发布区块链即服务 BaaS 平台，在系统开发、运维各个环节，支持一键快速部署区块链环境，实现跨企业、跨区域的区块链应用。阿里云这一服务主要的应用领域涉及商品溯源、供应链金融、数据资产交易和数据内容版权保护等。

2018 年 1 月，百度推出区块链开放平台 BaaS，该平台是百度自研的基于区块链技术的项目。其已成功应用于资产证券化、资产交易所等业务，并促成国内首单运用区块链技术的交易所资产证券化产品。

2018 年 6 月，京东白条 ABS 云平台首次建立多方独立部署的联盟链，实现其区块链底层技术升级。

2018 年 12 月，华为云宣布推出区块链服务（BCS），华为云公司称 BCS 可以应用于大多数行业，比如物联网（IoT）、数据应用和金融行业。

总结：联盟链系统多数由大企业搭建，联盟链应用落地正如雨后春笋般展开。

（三）公链落地情况

本节以 Ethereum、EOS、TRON 几大公链为样本，分析公有链上应用落地的情况。

据 DAPP. review 统计，仅第一季度，三大主链总计 DAPP 交易流水达到 36 亿美金，相比 2018 年全年的 50 亿美金，不难预计 2019 年上半年的数据将轻松超越上年全年数据。从用户量角度，虽然 EOS 和 TRON 的日活用户超过 5 万，但其中有大量的羊毛和刷量账户。

表 5　部分公链应用落地情况

公链	DAPP 数量	日活跃用户	日交易笔数	日交易额
Ethereum	1688	3K	0.01M	0.6M
EOS	472	162K	3.87M	17M
TRON	325	72K	1.32M	15M

资料来源：DAPP. review。

统计数据显示，公有链上的应用项目以游戏、抽奖、风险、社交等非实体经济类的应用为主。Ethereum、EOS、TRON 三大公链上抽奖类的 DAPP 占比分别为 21%、58%、28%，游戏类的 DAPP 占比分别为 34%、15%、18%。

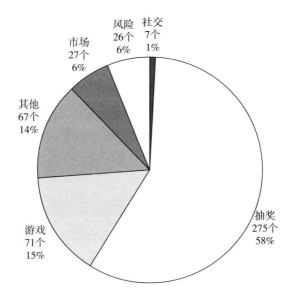

图4 EOS 平台 DAPP 种类数量及占比

总结：目前搭载在公链上的应用，以虚拟经济空转为主，大部分尚未落实到实体经济，给实体带来更大价值，距离区块链落地应用的初衷尚有较大距离。其原因，一方面是基础设施不完善，但更重要的一方面是项目开发者需要"短平快"的收益。

二　应用落地基本方法解析

在国内有一些立志于将区块链赋能实体经济的团队及项目已经取得实际成效，本节通过已经落地的案例来介绍区块链如何在实体经济中发挥作用。

（一）金融领域

包括：银行、支付、保险、证券、资产管理、供应链金融等。

项目名称：汇保互助。

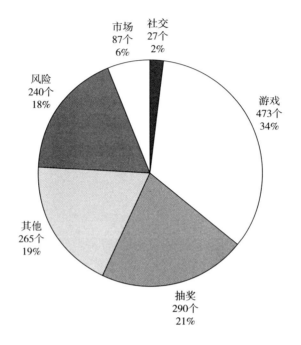

图 5　ETH 平台 DAPP 种类数量及占比

项目主体：汇保科技。

项目简介：汇保互助推出的国内首个风险互助合约社区 Life Chain，是一个基于区块链技术的网络互助项目。与普通的网络互助平台不同，汇保互助并不仅以大病、意外作为互助范围，而是围绕年轻人在工作生活学习交友的各个场景，汇聚大家的力量撑起一把共同的保护伞，全方面缓解社区用户的经济和精神压力。

应用分析：区块链应用场景广泛，但目前垂直于保险领域的较少。汇保互助从网络保险的角度切入区块链领域，针对传统保险价格高、性价比不高的痛点，推出风险互助合约社区 Life Chain。网络互助项目的产品理念新颖，用户主要为年轻人，定位精准。

项目对于数据存储、防篡改的需求也刚好与区块链技术特性相契合。两者结合，可更好推动互助社区的发展。

找准痛点：相对于传统专业保险价格较高、性价比不高的问题，网络互助

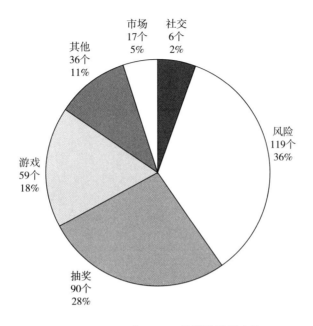

图 6   TRON 平台 DAPP 种类数量及占比

这种"一人患病，众人均摊"的互助模式，以其普惠、低门槛、高性价比的优势，在社保、商保之外，为民众提供了一种个人健康保障的良好补充品，对于进一步完善我国民众的个人健康保障体系，有着重要而积极的推动作用。

技术赋能：汇保互助所有的互助内容及条款、社区用户的账户记录、受助和资助记录等关键信息，均以智能合约保存在区块链上，永远不可删除和修改。一旦用户达到互助条件，通过审核即可自动生效获得资助。既不用担心过高的仲裁审核门槛，也不用支付高昂的管理费，而且互助流程高效可靠，互助形式多种多样。

应用策略：用户可根据自身需要，选择性加入某项互助。而用户参与互助保险项目的信息将同步传于链上，在实际商业场景下，互助合约也具备实际可行性。汇保互助用区块链技术对网络互助行业进行全方位改造，让互助发起、加入、筹资和分配等关键流程更加公平、公正、高效、透明，提升行业的服务水平和用户体验。

应用逻辑：为满足大量业务运营模式需要，汇保互助选择迅雷链作为主链。凭借迅雷链强大的技术服务支持，汇保互助得以实现合约的大规模部署、交易秒级确认、确认即生效等核心诉求，保证了在实际商业场景下，互助合约也具备实际可行性。

（二）数字凭证领域

数字凭证领域包括溯源、数字存证、数字身份、虚拟资产。

项目名称：量子云码。

项目主体：深圳前海量子云码科技有限公司。

项目简介：国内专业的防伪溯源防窜货一体化方案提供商——量子云码依托迅雷链提供的区块链底层服务，将业务全流程的数据上链公开，以确保各类溯源数据的信息透明，为全产业提供专业防伪经营解决方案。

应用分析：商品安全、产品溯源都是较为贴近民生的问题，近些年更是备受关注，无数厂家、机构给出产品防伪溯源的方案。同时，防伪溯源又被视为区块链应用最有可能的方向之一。量子云码作为国内专业的数字化品牌保护解决方案服务商，基于自身的产品合作优势、技术优势，运用区块链技术，提供更好的防伪溯源防窜货解决方案。

量子云码通过区块链来记录商品的流通环节信息，并为行业提供即时查询功能。由于这些信息是基于区块链记录的，每次修改都会如实记录，起到可追溯、防篡改的作用，从而实现整个流通过程的透明可控。且这种信息管控还可用于分销渠道管理，以防止经销商窜货。

找准痛点：目前商业市场存在许多假冒伪劣产品，给消费者、商品品牌都带来很大损害，传统的方式很难解决商品防伪溯源的问题。

技术赋能：量子云码借助区块链不可篡改的特性，确保量子云码所提供的溯源信息的真实性和品质可控，无缝连接品牌营销和终端消费者，从而进一步确保量子云码溯源防伪服务的专业度和公信力。

应用策略：深圳量子云码科技有限公司拥有成熟先进的量子云码追溯信息系统，通过企业实施量子云码系统及安装采集关联传感器，建立起全套追踪溯源体系。应用量子云码信息集成技术的商品将可实现一物一码,一物一追溯甚至实现汽车企业才能应用的"实时召回"功能,使得企业产品品质水准、物流管理水平、销售渠道管理与控制能力迈上新台阶。

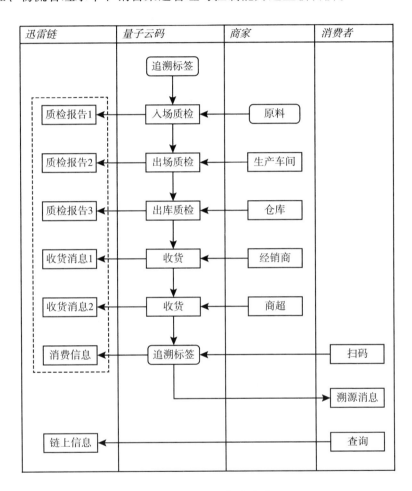

图 7　量子云码解决方案

量子云码的防伪溯源防窜货解决方案,获得了众多客户的信赖和支持。其联手迅雷链,结合区块链的先进技术特性,为产业带来更好的防伪溯源防窜货解决方案,让信息更加透明,让流程更为简单,让整体系统更具公信力。

应用逻辑:量子云码基于自身庞大的客户体系、产品体系、查询需求量

大、反馈及时等多方面考虑，选择了迅雷链。迅雷链可以支撑量子云码的业务体系，并满足量子云码当前的业务需要，保证溯源防伪系统能够有效、即时地展开运用。

（三）生活服务领域

生活服务领域包括旅游、票务、共享经济。

项目名称：懒懒生态。

项目主体：一闪（成都）科技有限公司。

项目简介：懒懒生态依托迅雷链提供的区块链技术支持，旨在用区块链赋能社交电商，帮助商家解决经营过程中遇到的"推广、客流量、二次购买、数据分析"四大难题，为商家和用户带来更多价值服务。

应用分析：懒懒生态具有完整的生态架构，可从多方面满足用户的需求。其改变了传统社交电商平台的模式，基于区块链技术，在保障互信、数据可控的前提下，推动商家与用户直接对接。通过互动奖励的模式，激发用户消费，提升商家和用户的双向收益。

懒懒生态将线上与线下结合，用户可以体验线下的"吃、喝、玩、乐、购"项目；同时可以将线下的体验延续到线上，通过懒懒微购，获取与线下同等质量的服务产品。

找准痛点：传统的社交电商平台始终存在交易不透明、平台商家干预收益、业务流程烦琐、产品供应链不完善等诸多问题，让行业遭受不少诟病。作为专业从事互联网平台技术开发与推广运营服务的企业，一闪科技有限公司通过区块链技术推出了全新的社交电商模式——懒懒生态，利用区块链公开透明、不可窜改、合约智能执行等特点构建了一个去中心化的社交电商平台。

技术赋能：基于迅雷链的技术支持，懒懒生态打破了传统电商营销模式，形成了有特色的懒钻体系。目前，懒懒生态已经建立了用户数据确权、数据收益权、数据灵活开放的模式，实现了懒钻奖励机制。消费者在懒懒平台玩游戏的过程就可以获得懒钻奖励，该奖励可在懒懒生态平台中兑换其他服务。懒钻作为区块链上的数字凭证，具有区块链技术唯一、开放和不可篡改的特性，可以作为每个用户在懒懒生态付出和活跃的价值计量，其公开透明的积分流转机制，可以帮助懒懒生态形成活跃、健康的生态氛围。

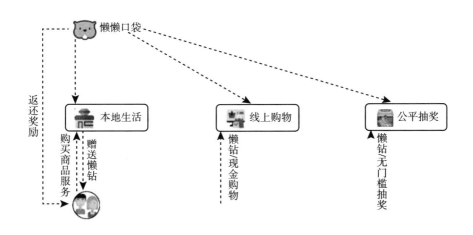

图 8　懒懒生态情况

应用策略：懒懒生态体系主要包括懒懒微购、懒懒口袋、懒宝乐园三部分。懒懒微购搭建区块链电商应用，为商家提供技术平台，解决数据分析的后顾之忧；懒懒口袋对接本地优质商家，为商家提供营销方案，帮他们解决推广难题；懒宝乐园可以为用户提供丰富有趣的社交与游戏体验，从而保证商家的优质客流量。

应用逻辑：懒懒生态客户量庞大、查询需求高，这种高并发的需求，对底层主链性能要求较高，通过对市场上多条主链进行研究和对比，懒懒生态最终选择了迅雷链平台进行应用开发。迅雷链全球领先的百万级 TPS 处理能力，能较好地满足懒懒微购在交易中的秒级确认需求，保证商家可以针对用户在使用中的不同场景，做到第一时间处理，提升整体效率和口碑。

（四）公共事业、社会服务领域

公共事业、社会服务领域包括房地产、电商零售、教育科研、生物医疗。

项目名称：HGBC 基因链。

项目主体：HGBC 团队。

项目简介：HGBC 基因链筹备于 2017 年，2018 年初正式对外开放。创始团队成员由遗传学、生物学、计算机、生物信息以及有区块链背景的资深人士组成，HGBC 基因链创始人郝向稳更是拥有 15 年基因行业工作经验，曾在华大基因、怡美通德、Illumina 等业内机构任职。HGBC 基因链致力于帮用户将自己的基因组数据上链确权与流转，让每个人切实掌控自己的基因数据。

应用分析：HGBC 基因链不仅从客户的角度考虑基因数据平台的构建，更连接了基因流转体系中的各个角色，分别满足了用户基因数据掌控、项目方基因数据获取的诉求，双方联动从而形成闭环，产品整体的架构清晰完整。

创始团队成员由具有遗传学、生物学、计算机、生物信息以及区块链背景的资深人士组成，其学术和产业背景，更利于两个产业链接，从而有效推动基因数据上链。

找准痛点：随着基因测序价格下降、普及程度加深，越来越多的人拥有了自己的基因数据，但问题也随之而来。第一，本是基因数据来源的用户，却无法掌控自己的数据。国内许多检测公司，在用户须知中直接写上"基因数据所产生的科研和商务价值，归基因检测公司所有，与用户无关"。第二，基因数据日益增多，科研机构获取基因数据的成本并未下降。第三，基因应用过少，基因数据无法深入用户的多个使用场景中。

技术赋能：HGBC 基因链使用非对称加密技术对用户的基因数据进行加密，并将加密后的数据使用迅雷的玩客云存储服务进行分布式存储，只有用户使用自己的私钥才能解密还原数据，实现了用户对自己数据的所有权和控制权的掌控。

应用策略：首先，用户散落在不同平台的基因、健身、睡眠、生理周期等健康数据会被统筹上链，之后进行确权。其次，确权后的数据将有两个方向的对接。一是参与项目方（科研机构、药厂）的科研项目中，获取健康积分收益。二是使用健康积分，享受基于健康数据的服务，比如说健康管理、基因应用等。由此一来，科研项目方获取数据的成本降低，科学研究的效率提升，这意味着更多的新药、对人类探索的科研成果会加速出现。基因应用、健康管理的服务因为能快速得到用户反馈，也能高速旋转起来。那么健康数据从产生到利用就形成了完整的闭环，能更好地为个体服务，精准医疗、精准健康管理也指日可待。

应用逻辑：在 HGBC 基因链应用的过程中，迅雷链和基于玩客云的迅雷文件系统相结合，能够很好地解决大数据量上链存储的问题。同时，迅雷链的 TRC2－1 标准是目前行业中第一个带有授权的唯一性资产标准，极大程度上解决了用户基因数据上链后的隐私性与安全性问题。

（五）前沿科技领域

前沿科技领域包括人工智能、边缘计算、物联网、大数据。

项目名称：玩客云。

项目主体：网心科技。

项目简介：玩客云是网心科技赚钱宝团队推出的新一代私人云盘，是一款专门为追求高品质数字娱乐生活的年轻人而设计的私人云盘，提供畅快下载、随存随取、文件管理、远程操控、多媒体娱乐等自由畅快的娱乐生活方式。

应用分析：共享闲置资源在互联网后期出现了许多应用，比如相对成功的有 Airbnb、Ubre 等。但这些项目共享的资产主要是高价值的、难以被盗取的。事实上，社会闲置资源更多的是低价值的、容易被盗取的。如果将更多社会闲置资源共享起来，将为社会创造更大价值。

区块链提供了解决这一问题的技术支持。区块链对社会闲置价值的确权、隐私保护、安全激励使得共享经济在更多场景应用。玩客云模式看到了区块链的这些特点，将用户的闲置带宽共享起来，为 CDN 用户创造更低成本的带宽资源。

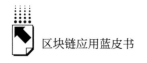

找准痛点：伴随着 4G 网络以及高速 WiFi 的普及，公众日常的娱乐越来越多地通过各家的云服务实现。不过因为各家平台资源分散、家庭分享麻烦等原因，部分云产品的用户体验并不好。而用户平时不使用家庭带宽资源时，家庭带宽资源被闲置，也并未被充分利用。

技术赋能：迅雷旗下的网心科技是云计算领域首家采用区块链技术生成的链克作为激励工具的企业，网心将云计算、共享经济、区块链技术完美结合，打造了拥有百万节点的分布式云计算网络。

应用逻辑：普通用户在享受畅快下载、随存随取、文件管理、远程操控、多媒体娱乐等功能时，可以通过智能硬件共享家庭闲置带宽，并获得链克作为激励，在共享过程中使用区块链技术进行记账，公开、透明、可信，使得用户共享积极性提升。同时，B 端企业通过自身产品和服务换取用户链克，用户兑换云计算服务，使得共享计算生态形成良性闭环生态。

三　区块链应用落地的展望

虽然区块链技术在落地应用方面已经取得了有益的尝试，但是区块链要大规模应用落地还需两方面的准备工作：配套技术上的成熟和社会观念上的接受。

（一）配套技术的成熟

从更大视角来看，区块链实际上是数字化的一项基础技术，它与人工智能、大数据、边缘计算、物联网等技术一起构建成未来数字世界的技术基石。

中国也比较早提出建设数字中国的目标，并且在《国家信息化发展战略纲要》《"十三五"国家信息化规划》中，明确了数字中国建设发展的路线图和时间表。

2018 年 8 月，《人民日报》发表署名文章《建设数字中国：把握信息化

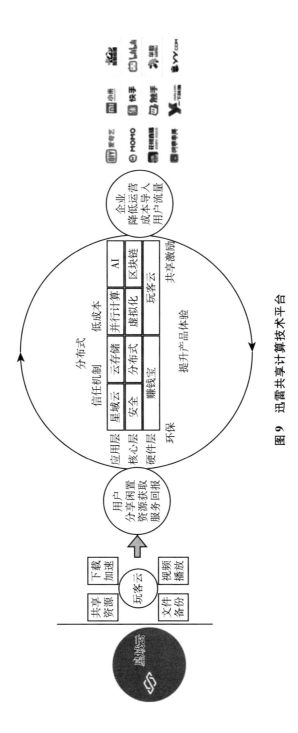

图 9　迅雷共享计算技术平台

发展新阶段的机遇》，当中提道："纵观信息化发展的三个阶段，数字化、网络化和智能化是三条并行不悖的主线。数字化奠定基础，实现数据资源的获取和积累；网络化构造平台，促进数据资源的流通和汇聚；智能化展现能力，通过多源数据的融合分析呈现信息应用的类人智能，帮助人类更好认知事物和解决问题。三个阶段的'数字化'又各有特色和重点。信息化的第一阶段是从具有广泛需求且与个人计算机能力最为匹配的办公起步，如文字处理、人事财务物资管理等，'办公数字化'是这个阶段的重点。在第二阶段，通信带宽不断增长、覆盖范围日益广泛的互联网成为信息化的基础平台，各种信息系统纷纷接入互联网并与其他系统交换数据。人们不仅依靠互联网协同工作，也借助互联网开展生活中的各种活动，信息化场景从办公室拓展到整个人类社会。人类积累的数据不再仅限于结构化的业务数据，无结构的文本、图片、音视频等用户生成内容占比日益增加，数据呈现结构化、非结构化并存并通过网络大规模交换、共享和聚集的态势。这个阶段的重点可归纳为'社会数字化'。信息化进入新阶段，数字化的重点将是'万物数字化'，越来越多物理实体的实时状态被采集、传输和汇聚，从而使数字化的范围蔓延到整个物理世界，物联网数据将成为人类掌握的数据集中最主要的组成部分，海量、多样、时效等大数据特征也更加突出。"

从上述论述来判断，当下已进入"万物数字化"阶段。

值得一提的是，区块链和人工智能、边缘计算、物联网等数字社会建设的基石基本处于同一成熟时间段。

2018 年 Gartner 发布的技术成熟度曲线预期，将在 5 ~ 10 年内达到高峰期的技术包括技术增强现实、混合现实、智能织物、互联家庭、硅阳极电池、区块链、物联网平台、碳纳米管、数字孪生、生物芯片、智能工作空间、智能机器人、自动移动机器人、AI PaaS、量子计算、自愈系统技术、对话式 AI 平台、边缘 AI、数据安全区块链、知识图谱、神经形态硬件①。

①　Blockchain-Based Transformation，https：//www. gartner. com/en/doc/3869696 – blockchain – based – transformation – a – gartner – trend – insight – report.

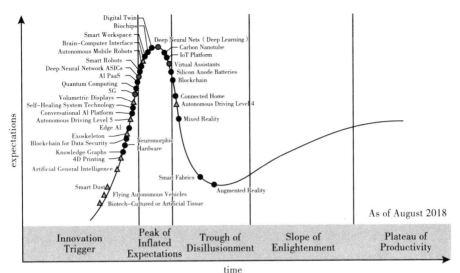

图 10　Gartner 技术成熟度预期

当下区块链应用最大的问题是从物理世界到数字世界的映射问题。5G、物联网、边缘计算的成熟将在很大程度上解决这一难题，区块链应用空转问题得以消除。

另外，随着人工智能、大数据的发展，数字社会的生产力和生产资料得以提高和丰富，区块链作为改变生产关系的技术会迎来更大的用武之地。

（二）社会观念的接受

随着区块链应用不断开花结果，社会对区块链的理解程度也会加深，这将正向促进区块链应用。

我们注意到，经过 2018 年加密货币泡沫破灭之后，社会对区块链的接受程度大幅提高。

2019 年两会期间，代表所提有关区块链的提案、观点已达 34 条。2018 年两会期间，相关的提案和观点共有 21 条。从 2018 年、2019 年两会代表提案、观点的类型占比不难发现，区块链应用是代表们关注的

重点，从 2018 年的占 33%（7 条）提升到 2019 年的占 62%（21 条）。①

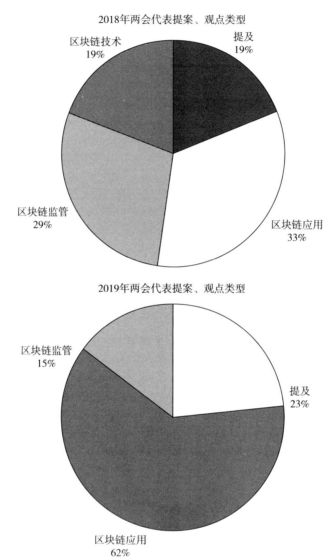

图 11　2018～2019 年全国两会有关区块链提案情况

①　《两会总结：23 条提案涉及区块链　比 2018 年更重应用》：https：//www. blockob. com/
posts/info/9915。

Gartner 在 2019 年十大战略趋势中预测，到 2022 年，有 10% 的企业将利用区块链技术实现转型，与此同时，创新的新公司将开始利用区块链技术取得商业成功。这意味着：到 2022 年，至少一项基于区块技术的创新业务将价值 100 亿美元；到 2026 年，区块链增加的商业价值将超过 3600 亿美元，然后在 2030 年猛增到 3.1 万亿美元以上[①]。

---

① Gartner Top 10 Strategic Technology Trends for 2019，https：//www. gartner. com/en/doc/3891569 – top – 10 – strategic – technology – trends – for – 2019.

产业与市场篇

Industry and Market Reports

B.18
区块链行业监管政策解读及趋势

肖飒　崔咪*

摘　要：　区块链在经济金融、法律服务以及社会信用建设等领域逐渐
　　　　　被认可。可以说，区块链正在凭借其公开、透明、不可篡改
　　　　　等优势成为新一代科技的颠覆性力量。我国一直以来对区块
　　　　　链的发展和创新重视有加，各项支持性及监管性政策层出不
　　　　　穷，本文试图梳理近年来中国对区块链的监管脉络，参考国外监
　　　　　管态势，就链上技术与监管政策的发展提出意见和建议。

关键词：　区块链　行业监管　监管政策

＊ 肖飒，北京大成律师事务所合伙人；崔咪，北京大成律师事务所律师。

近年来，区块链行业跌宕起伏，从"一夜暴富"到"兵败滑铁卢"再到"吹尽狂沙始到金"，区块链越来越多地被运用于国家机构和大型互联网企业中，各类创新应用模式在逐步落地。虽每每谈到区块链监管便离不开对首次代币发行（ICO）规则思路的讨论，但鉴于监管层对区块链技术本身与链上产品之一——ICO采取完全不同的监管思路与治理策略，且ICO仅是区块链技术的应用场景之一，一种目前监管层并不认可的应用方式之一，故本文不对其进行详细分析及论述。

一 中国区块链监管规则发展趋势

2016年10月，工信部发布《中国区块链技术和应用发展白皮书（2016）》，建议各级政府主管部门借鉴发达国家和地区的先进做法，结合我国区块链技术和应用发展情况，及时出台区块链技术和产业发展扶持政策，重点支持关键技术攻关、重大示范工程建设、"双创"平台建设、系统解决方案研发和公共服务平台建设等。同时，建议国内重点企业、科研单位、高校和用户单位加强联合，加快共识机制、可编程合约、分布式存储、数字签名等核心关键技术攻关。2016年11月，深圳市人民政府金融发展服务办公室发布《深圳市金融业发展"十三五"规划》强调，要支持金融机构加强对区块链、数字货币等新兴技术的研究探索。同年12月，国务院发布的《"十三五"国家信息化规划》多次提及区块链。同年12月30日，北京市金融工作局发布《北京市"十三五"时期金融业发展规划》指出，要将区块链归为互联网金融技术范畴，并鼓励该技术发展。

2017年，关于区块链技术的各项鼓励与支持政策呈现井喷状态。2017年6月，中国人民银行发布《中国金融业信息技术"十三五"规划》（银发〔2017〕140号），指出要贯彻落实"互联网＋"战略，通过政策引导、标准规范，促进金融业合理利用新技术，建设云计算、大数据应用基础平台及互联网公共服务可信平台，研究区块链、人工智能等热点新技术应用，实现新技术对金融业务创新有力支撑和持续驱动。该规划进一步明确区块链技术基础研发和前沿布局的重要性，提出我国区块链技术发展的标准化路线图。全国各地开始陆续出台与区块链发展相对应的支持性或规范性政策。如，北京市金融工作局等八个部门联合发布了《关于构建首都绿色金融体系的实施办法》，提出发展基于区块链的绿色金融信息基础设施，提高绿色金融项目安全保障水平；上海市互联网金融行业协会发布国内首个区块链技术应用自律规则——《互联网金融从业机构区块链技术应用自律规则》，要求区块链技术服务实体经济，注重创新与规范、安全的平衡，明确金融稳定与信息安全的底线，互联网金融从业机构应用区块链技术应当向当地监管部门及行业自律组织进行报备，主动接受行业监管与自律管理；广州市黄埔区人民政府办公室、广州开发区管理委员会办公室发布《广州市黄埔区、广州开发区促进区块链产业发展办法实施细则》，办法规定的培育奖励、成长奖励、平台奖励、应用奖励、技术奖励、金融支持、活动补贴等扶持力度之大令人振奋；深圳市人民政府印发《深圳市扶持金融业发展若干措施》，提出充分发挥金融创新奖和金融科技专项奖等奖项的创新激励作用，重点奖励在区块链、数字货币、金融大数据运用等领域的优秀项目等。

2018 年"两会"期间，部分代表委员纷纷对区块链的发展进言。全国政协委员、360 公司董事长周鸿祎表示中国发展区块链，挑战和机遇并存，而最大的挑战在于"如何让监管理解区块链并适度监管"。中国也许在底层技术还无法与一些先进国家比肩，但中国应用场景的丰富度和创新性则在世界上首屈一指。如果中国区块链行业能紧密合作，监管能够适当包容、鼓励，中国在区块链领域引领全球指日可待。2018 年 3 月，工信部宣布筹建全国区块链和分布式记账技术标准化技术委员会，以参与国身份参与国际标准化组织（ISO）区块链标准化工作，并取得积极进展。5 月，国家网信办发布《数字中国建设发展报告》，强调要积极布局区块链等战略性前沿科技。广东南海区等地出台《关于推进"区块链＋"金融科技产业发展的实施意见》，开始全方位推进"区块链＋"金融科技产业发展。2018 年 9 月 6

日，最高人民法院发布《最高人民法院关于互联网法院审理案件若干问题的规定》，该规定表示，当事人提交的电子数据，通过电子签名、可信时间戳、哈希值校验、区块链等证据收集、固定和防篡改的技术手段或者通过电子取证存证平台认证，能够证明其真实性的，互联网法院应当确认。可以说，区块链技术在证据采集上的应用顺利落地，并获官方认可。

2018 年，北京、上海、广州、深圳、重庆、浙江、江苏等地区纷纷出台区块链扶持政策。在制度研究与着手阶段，我国逐渐形成"中国共识"，试图发出"中国声音"。梳理上述规则，我们得出以下三点结论。

（1）监管当局对区块链技术本身呈现出积极支持的政策倾向。区块链技术本身正在如火如荼地发展，而链上首次代币发行却被监管层专项整治。

（2）监管政策以规划、意见等规范性文件形式出现，层级较低，指导性明显，适用性不足。目前，区块链技术基础相对薄弱，各项具体应用尚在开发中。各项政策将该项技术的探索与拓展作为方向，行政指导的意味更强，至于技术具体如何运作，政策性文件的适用性略显不足。

（3）行政与司法规范并进，消除制度壁垒，助力技术发展。行政与司法规范相较于技术发展具有一定的滞后性，且行政与司法规范在衔接机制上时时需要磨合与协调。我们有幸看到，行政与司法规范齐头并进，共同支持、认可区块链技术的应用与发展，可以预见该项技术必将获得更多的发展动力与前进活力。

技术本身并无好坏，技术背后的应用者才决定了特定技术应用场景的合法性、合规性及未来发展前景。任何一项创新事务的治理同样遵循已确立的规则获得普遍的服从，而大家所服从的规则本身又制定了良好的法治原则。若监管思路能拓展、监管手段能跟进，区块链当有更多、更好、更积极的应用。

二　国内区块链监管新规重点解读

市场的声音终化归为行业共识，《区块链信息服务管理规定》（简称

"区块链新规""新规")于 2019 年 2 月 15 日正式实施。自此,对区块链的监管正式开始"定调子""明方向",研究新规,我们作出如下解读。

(一)谁将受"区块链新规"约束?

定义,是成文法的关键要素。从关键定义入手去研读新规,我们发现,所谓区块链信息服务,是指基于区块链技术或者系统,通过互联网站、应用程序等形式,向社会公众提供信息服务。这里明确提出基于区块链技术或系统,而不是基于普通互联网技术,也就是说,垂直于区块链的传统媒体或者自媒体,只要不是基于区块链技术或系统而是传统技术方式,都不属于提供区块链信息服务,其还属于传统的内容提供者(当然也受到网信办及新闻管理部门的监督管理)。所谓区块链信息服务提供者,是指向社会公众提供区块链信息服务的主体或者节点,以及为区块链信息服务的主体提供技术支持的机构或者组织。可以看出,监管机关对于目前区块链项目方的法律结构是了解的,内地设立的区块链技术公司,新加坡、中国香港等国家和地区建立的融资组织(基金会),还有一些社群号称自己并非公司也不是个人,那么,我们归其为"组织",其同样需要接受区块链新规的规制。至于区块链信息服务使用者,是指使用区块链信息服务的组织或者个人,可以将其理解为社群里活跃的用户及用户组织。

(二)谁具体监管?

区块链新规确认,国家互联网信息办公室依据职责负责全国区块链信息服务的监督管理执法工作,也就是说,国家网信办拥有执法权。与此同时,省、自治区、直辖市互联网信息办公室依据职责负责本行政区域内区块链信息服务的监督管理执法工作。也就是说,地方上对区块链信息服务的管理由省级互联网信息办公室承接,其同样具有执法权。

我们发现,区块链新规强调了"自律管理",也就是说未来在上述监管机关的指导下，全国、各省市将进行行业自律，建立健全全行业自律制度和行业准则，指导区块链信息服务提供者建立健全服务规范，推动行业信用评价体系建设，督促从业人员提高职业素养，最终促进行业健康有序发展。

概言之，自 2019 年 2 月 15 日起，区块链新规要求区块链信息服务行业进入被监管状态，监管主体是国家网信办及地方网信办，行业自律组织将作为管理补充。

（三）监管采用备案制

行业内曾经一度激烈讨论过对于区块链应用项目到底是采取许可制还是备案制的问题，现在可以确定：采取备案制。其优点不言自明，那就是相对宽容，具有一定的自由空间。具体而言，第十一条规定："区块链信息服务提供者应当在提供服务之日起十个工作日内通过国家互联网信息办公室区块链信息服务备案管理系统填报服务提供者的名称、服务类别、服务形式、应用领域、服务器地址等信息，履行备案手续。区块链信息服务提供者变更服务项目、平台网址等事项的，应当在变更之日起五个工作日内办理变更手续。区块链信息服务提供者终止服务的，应当在终止服务三十个工作日前办理注销手续，并作出妥善安排。"

第十二条规定："国家和省、自治区、直辖市互联网信息办公室收到备案人提交的备案材料后，材料齐全的，应当在二十个工作日内予以备案，发放备案编号，并通过国家互联网信息办公室区块链信息服务备案管理系统向社会公布备案信息；材料不齐全的，不予备案，在二十个工作日内通知备案人并说明理由。"第十七条规定："区块链信息服务提供者应当记录区块链信息服务使用者发布内容和日志等信息，记录备份应当保存不少于六个月，并在相关执法部门依法查询时予以提供。"

（四）区块链社群不是法外之地

互联网从来不是法外之地，区块链同理。新规一旦成为现行有效的规则，那么，区块链项目的社区将成为法律上的"公共场所"，任何人不得编造假消息，也不得以讹传讹。这就要求项目方设立专门的岗位，检查违法违规信息内容，保存相关记录，并向主管部门报告（这一点是明确的义务），防止假消息扩散。区块链服务者应当记录用户发布的内容和日志等信息，记录备份应当保存6个月，并在执法部门依法查询时予以提供。这里的执法部门，不仅包括监管机关也包括司法机关。也就是说，这些内容和日志信息，其实就是证据，这一点必将影响某些区块链项目的合规性（尤其是国际项目）。参与社区管理、达成共识的过程，其实都需要"留痕"，以便监管或自证清白。

（五）存量区块链项目，上新应用、功能应该进行安全评估

对于区块链信息提供者（项目方）开发上线新产品、新应用、新功能的，应当按有关规定报国家和省级互联网信息办公室进行安全评估。旧有区块链应用项目，首先要按照新规规定在省级网信办进行备案，20个工作日后获得备案，取得备案编号；或者20个工作日后不予备案，说明不备案理由。

旧项目随着市场发展和用户需求更迭，如果需要增加新应用、新功能，还需要办理第二步手续，即在省级网信办（异地办公的，可选择给予备案的那个网信办）进行新应用等安全评估，防止创新部分出现信息传播和交换的"法律真空"。

（六）填报虚假备案信息后果严重

可以预见，一线城市将成为区块链应用项目集中备案的地区。为了能够尽快获得备案，一些项目方可能会外包给他人协助备案。建议项目方一定严格审核自己上交的资料，切勿填报虚假备案信息。对于服务提供者、服务类别、服务形式、应用领域、服务器地址等信息，务必填写正确。填写虚假备案信息的法律后果是国家和省级互联网信息办公室依据职责责令暂停业务，限期整改；拒不整改的，注销备案。

（七）国际化项目，请注意内容合法

制作、复制、发布、传播法律法规和国家有关规定禁止的信息内容的，由国家和省、自治区、直辖市互联网信息办公室依法给予警告、责令限期改正；情节严重或者拒不改正的，责令暂停服务，处五千元以上三万元以下罚款，直至转由相关部门依法关闭服务。构成犯罪的，依法追究刑事责任。我们发现，在一些非理性维权的事件中，区块链项目的社区成了"沟通新渠道"。特别对于国际化的项目，如果出现内容违法，可能会导致涉众风险和国际舆论影响，因此，要想做好区块链应用落地项目，务必对信息内容进行一定的规制，设立专人专岗，甚至 AI 机器人进行内容筛选和处置。

（八）备案编号需要标明

未在网络平台上标明其备案编号的，监管机关依据职责责令其限期改正，拒不改正的，给予警告，并处五千元以上到一万元以下罚款。对行政规章和规范性法律文件的烦冗，创业者（含极客）在初期较难适应，我们建议该类公司聘用勤勉的专业团队负责打理这些复杂的合规事项。

（九）知错能整改

区块链信息服务提供者提供的区块链信息服务存在信息安全隐患的，由国家和省、自治区、直辖市互联网办公室依据职责责令限期整改、暂停服务，直至整改后符合法律法规等相关规定和国家强制性标准相关要求方可继续提供信息服务。我们预计，未来在网络安全方面的"国家强制性标准"，将成为区块链应用项目"合规重点"，建议各个项目方提前准备，防微杜渐。

2017 年 6 月 1 日《网络安全法》正式实施，区块链新规就是在《网络安全法》基础上，对于区块链信息服务行业的一次统一的法律规制。我们发现，区块链信息服务行业已经逐步形成。旧有项目应在新规生效之日起十个工作日补办相应手续，新项目应按照新规进行合规备案。未来区块链技术

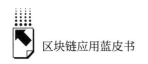

将与金融、教育、新闻、出版等行业深度结合，在遵循以往传统行业监管体系的前提下，对区块链信息服务内容进行严格管理，达到预防风险，提前管理的良好目的。

三 国外区块链监管思路梳理①

放眼全球，我们总体上可以看出，经济体量较小的国家或地区对区块链的态度是比较热情的，经济体量较大的国家或地区对区块链是持谨慎监管和扶持发展态度的，其相关的监管与立法已经初具雏形。

美国对区块链的态度比较谨慎，其主要针对加密货币进行监管。由于加密货币的不稳定性，美国对加密货币 ETF 申请慎之又慎。2018 年 8 月，美国证券交易委员会拒绝了九项比特币 ETF 提案；9 月美国众议院通过一项法案，将成立一个秘密工作组，打击恐怖分子使用加密货币；同月 13 日，区块链安全公司 Bitgo 宣布获得美国监管机构批准，提供加密货币托管服务；10 月，在旧金山举行的一场名为 Ripple Swell 的加密货币活动上，前总统克林顿在谈到区块链时，认为区块链技术具有很大的潜力，但"我们可能会因为消极的认同政治、经济和社会政策而毁了这一切。"2019 年 2 月，美国有了新的扶持政策信息，例如怀俄明州通过区块链商业申请系统（HB 70）相关法案。

英国对数字货币的监管相对温和，只要是在监管沙盒内，创新型企业就可以在一定范围内不受原本的法律规范的限制。2018 年 7 月，英国金融监管局（FCA）批准了 11 家区块链和分布式账本技术相关公司进入监管沙盒；10 月，英国区块链初创公司 Setl 在获得法国证券监管机构的批准后，进入欧盟结算系统。2019 年 2 月，去中心化经济研究所（IDE）在伦敦成立，该智库由金融科技公司 Sweetbridge 提供支持，致力于研究基于区块链的经济

---

① 区间集：《各国最新监管政策梳理：区块链未"凉"，它在蓄积热能》，https://www.8btc.com/article/279545。

系统及其对现有机构的影响。

韩国于 2018 年 6 月正式解除了 ICO 禁令，扭转了之前对区块链和数字货币的禁止态度；同月，韩国宣布计划在釜山市打造一个以瑞士加密谷为原型的区块链中心；7 月，韩国政府出台了税收减免政策，很多企业涌入区块链行业；8 月，韩国济州岛已正式要求中央政府将其设立为区块链和加密货币特区，以吸引在韩国禁止 ICO 后流往瑞士和新加坡等地的资本回归。但随着加密货币热潮趋冷，2019 年 2 月，韩国金融监督院（FSS）取消 Fintech 中心设立的区块链研究组，韩国银行也解散了虚拟货币研究工作组。

德国对区块链以及数字货币的态度是比较积极的，并且在不断规范加密货币市场，其在 2017 年 7 月就成立了德国联邦区块链协会。2018 年 2 月，德国联邦政府颁布了一项决定，将不再对购买比特币和数字货币征税；5 月，德国监管机构表示，要对加密代币采取逐案审查的方式；2019 年 2 月，德国总理表示，德国科研体系必须与时俱进，将特别研究关于区块链发展的建议；2 月末，德国政府决定将在 2019 年中期推出区块链战略。

俄罗斯是加密货币和区块链的主要发展市场之一，2018 年 2 月，俄罗斯总统普京在与俄罗斯联邦储蓄银行总裁 Herman Gref 之间的谈话中提到了俄罗斯监管机构和当地银行采用区块链技术的必要性；5 月，俄罗斯国家杜马一审通过了《数字金融资产法》草案；9 月，俄罗斯提出了数字货币监管草案的替代方案；2019 年 2 月，俄罗斯最高法院将非法使用加密货币列入反洗钱法。

新加坡对数字代币发行的态度较为开放，但采取积极的监管政策。新加坡政府支持金融科技行业发展，积极鼓励并参与区块链技术的研究和应用。2017 年下半年，新加坡区块链初创公司呈现爆发式增长；2018 年 5 月，新加坡金融管理局（MAS）即该国央行建议修改现有的监管规则以放宽基于区块链的以及去中心化交易所的市场准入门槛。9 月，新加坡国立大学（NUS）宣布创建区块链研究中心，名为加密货币战略、技术和算法或

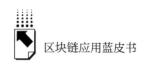

CRYSTAL 中心，旨在成为世界上最重要的区块链研究中心之一。

委内瑞拉在 2019 年 2 月 3 日颁布加密货币和区块链宪法法令。2 月 11 日，委内瑞拉政府已开始监管加密货币汇款；2 月 12 日，委内瑞拉政府出台针对国内加密支付的规定。

在全球追逐经济发展热点的今天，各国摩拳擦掌、跃跃欲试。我国要以区块链技术为抓手，继续引领世界经济发展大潮，应当吸收各国经济政策的亮点之处，结合我国实际，高瞻远瞩，积极试验。

四　区块链行业未来监管政策制定的方向及建议

区块链技术在我国逐步落地的过程中，可谓机会与挑战并存。一方面，关于区块链技术凭其技术优势所获得的"中国共识"正在形成；另一方面，毕竟处在行业发展早期，从底层技术的完善到真正强大的商业运作还需要大量技术、法律及其他智力支持。一些突发性事件极易促动人们脆弱的关于新技术运用的神经。我们期待不远的将来，底层技术能够实现真正的突破与完善，与技术对应的监管政策也可逐步跟进。

对于未来，我们希望区块链技术可以在安全研究、技术运用与技术拓展上有所突破。监管当局也能鼓励核心技术攻坚克难，推动理论研究与实际运用并驾齐驱；放宽市场准入限制，加强事中事后监管，提高服务水平，形成自主创新体系；在国际合作方面也可兼收并蓄，密切跟踪国际产业发展前沿动向，通过多种形式共同推进区块链技术产业发展，力争在新一轮的产业竞争中取得先机。

参考文献

区间集：《各国最新监管政策梳理：区块链未"凉"，它在蓄积热能》，https：//www.8btc.com/article/279545。

《区块链信息服务管理规定》。

《中国区块链技术和应用发展白皮书（2016）》。

《中国金融业信息技术"十三五"规划》。

《数字中国建设发展报告》。

《关于推进"区块链＋"金融科技产业发展的实施意见》。

《最高人民法院关于互联网法院审理案件若干问题的规定》。

B.19
区块链基础设施和配套服务发展现状及建议

周　平　唐晓丹*

摘　要：　随着区块链技术和产业的快速发展，区块链基础设施和配套服务的重要性日益突出。本文从区块链系统构建的视角，研究了存储、计算和网络等类型区块链基础设施的发展情况，总结了主要的基础设施技术和设备类型。针对技术和产业的发展需求，研究了开源社区运营、BaaS服务、标准制定、测试服务等配套服务类型的发展情况。从发展生态、国际交流合作、应用推广、配套服务水平提升等角度，提出提高区块链基础设施和配套服务发展水平的若干建议。

关键词：　区块链　基础设施　配套服务　开源社区　BaaS

一　区块链产业发展态势

2016年，国务院发布的《"十三五"国家信息化规划》中把区块链作为一项重点前沿技术，明确提出要加强区块链等新技术的创新、试验和应用，以抢占新一代信息技术主导权。2017年，国务院发布的《关于积极推进供应链创新与应用的指导意见》中提出要研究利用区块链等新兴技术，

---

* 周平，中国电子技术标准化研究院软件工程与评估中心主任；唐晓丹，中国电子技术标准化研究院高级工程师，研究方向为区块链产业、技术及标准化。

建立基于供应链的信用评价机制。2018 年，习近平总书记在两院院士大会上的讲话将区块链与人工智能、量子信息、移动通信、物联网等并列为新一代信息技术代表，强调了区块链技术作为新一代信息技术的重要性。

区块链在金融服务、供应链管理、智能制造、社会服务等领域应用前景广阔，有望推动信息互联网向价值互联网转变，可能成为数字经济的基础设施之一。当前，我国区块链技术和应用快速发展，创新创业活跃，区块链发展生态环境不断完善。与此同时，央地政府加强支持和引导区块链发展，区块链政策体系和监管框架逐步发展完善，相关基础设施和配套服务也加速跟进。

二 区块链基础设施发展现状

（一）区块链基础设施概况

随着对区块链系统及技术理解的逐渐深入，国内和国际上逐步达成了以功能组件为基础的分层框架形式的系统架构，如图 1 所示。

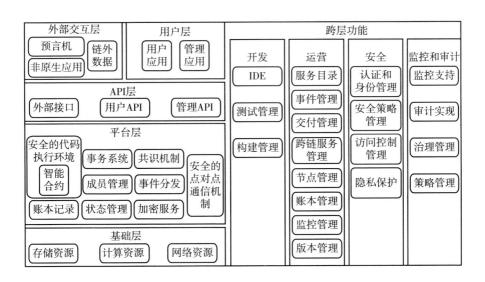

图 1 区块链系统功能构架

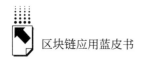
分层框架包括：基础层、平台层、API 层、用户层和外部交互层。跨越各层的功能称为跨层功能，包括开发、运营、安全，以及监控和审计。其中，基础层包含计算资源、存储资源和网络资源，提供区块链系统所需要的运行环境。平台层基于基础设施层提供的硬件或网络基础设施连接到 API 层实现相应功能。API 层通过调用平台层的功能组件为应用程序、用户和外部系统提供可靠、高效地访问区块链的能力，同时提供统一的访问和节点管理功能。用户层是面向用户的入口，通过该入口，使用服务的用户可以与区块链功能、区块链系统运营者进行交互。外部交互层是为了实现业务目标，需要与区块链系统进行通信的外部系统。

从系统架构的视角看，区块链的基础设施主要提供存储、计算、网络通信三种能力，这些能力可以用云计算的形式提供，也可以用本地服务器设备等形式来提供。因此，区块链的基础设施可以分为存储基础设施、计算基础设施和网络基础设施三种。与这些基础设施相关的设备类型包括服务器、矿机、个人计算机、移动设备等。从技术的角度看，区块链基础设施的相关技术包括云计算、物联网、边缘计算、分布式文件系统、移动通信、容器、虚拟机等技术。

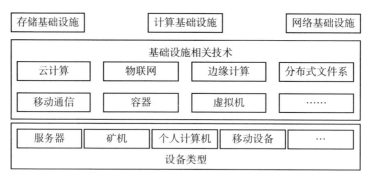

图 2　区块链基础设施及相关设备、技术

（二）主要基础设施及其发展现状

1. 网络基础设施

（1）P2P 网络。P2P 网络又称对等网络、"点对点"或"端对端"网络，是建构在互联网上的一种连接网络，具有非中心化、可扩展、健壮、负载均衡、隐私保护等方面优势，是区块链系统连接各对等节点的组网技术。不同于中心化网络模式，P2P 网络中各节点的计算机地位平等，每个节点有相同的网络权力，不存在中心化的服务器。所有节点通过特定的软件协议共享部分计算资源、软件或者信息内容。在区块链系统中，多个节点共同组成一个网络而不需要中心服务器来协调各节点。网络本身就是服务，即每一台节点既能充当网络服务的请求者，又对其他节点的请求做出响应，提供资源与服务。在比特币出现之前，P2P 网络计算技术已被广泛用于开发各种应用，如即时通信软件、文件共享和下载软件、网络视频播放软件、计算资源共享软件等。常见的 P2P 网络有 BitTorrent、Skype、Hamachi、Kazar、LimeWire、Chord、CAN 等。常用的 P2P 技术包括 S/Kademlia DHT、SFS、gossip、JXTA、OpenP2P 等。

（2）下一代移动通信网络。区块链是点对点的分布式系统，节点间的多播通信会消耗大量网络资源。随着区块链体量的逐步扩大，网络资源的消耗会以几何倍数增长，最终会成为区块链的性能瓶颈。5G 网络作为下一代移动通信网络，理论传输速度可达数十 GB 每秒，这比 4G 网络的传输速度快数百倍。对于区块链而言，区块链数据可以达到极速同步，从而减少了不一致数据的产生，提高了共识算法的效率。另外，预计到 2020 年，大约有500 亿部设备将连接到 5G 网络，并且将融合到物联网之中。近两年来，5G 研发不断取得新进展，我国在部分 5G 技术领域处于世界先进水平，根据相关预测，我国将很快进入 5G 大规模商用时代。2018 年 12 月举行的中央经济工作会议中指出，2019 年经济工作的重点工作之一就是加快 5G 商用步伐。以 5G 为代表的下一代通信网络的发展，将极大提升区块链的性能，扩展区块链的应用范围。

2.计算基础设施

区块链系统可以看作一个基于多点协作的虚拟的计算系统，根据需要可以在全球范围内共享，数据无法篡改，同时可以实现可扩展的计算能力。区块链系统可以运行在不同的计算服务提供商和计算服务平台上，主流的计算

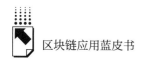
服务技术包括虚拟化技术、容器技术和云计算技术。虚拟化技术将计算、网络、存储等实体资源予以抽象、转换后呈现出来,打破实体结构的限制,使用户可以用比原本的组态更好的方式来应用这些资源。容器技术是虚拟化技术的延伸,它解决了虚拟化技术存在的性能和资源使用效率方面的问题。云计算技术是基于互联网的计算服务的增加、使用和交付模式,通常提供动态易扩展且虚拟化的资源。

3. 存储基础设施

区块链常常被类比为分布式的数据库,其最初被用作存储字符记录的分布式账本。传统的区块链体系本身并不适合大数据的存储。通常一些字符串、json 对象等可以通过对账本结构的拓展来完成链上存储,但是对于图片、视频、大文件,通常的做法是将文件的哈希值储存在区块链上,原文件可进行云存储或者采用其他方式存储,但要考虑存储安全性的问题。随着区块链技术的发展以及应用领域的扩展,很多场景对于大数据的存储需求也催生了区块链与分布式存储方案的集成。除了传统集中的数据中心存储、云存储以外,产生了新的互联网点对点文件系统,其中的代表有融合 Git、自证明文件系统(SFS)、BitTorrent 和 DHT 等技术的星际文件系统(IPFS),其提供全球统一的可寻址空间,可以用作区块链的底层协议,支持与区块链系统进行数据交互。

三 区块链配套服务发展现状

随着应用数量的增多和应用模式的演变,区块链产业生态不断发展壮大,除了个人和企业机构用户、区块链系统和应用的开发方和提供方、监管者和审计者等相关方,还逐渐产生了大量的配套服务提供方,开展包括技术服务和产业服务等的活动。其中相关技术服务活动包括开源社区运营、BaaS服务、标准制定、测试服务,产业服务包括行业联盟服务、行业交流合作服务、人才培训、咨询管理服务等。2019 年 2 月 15 日,《区块链信息服务管理规定》正式实施。2019 年 3 月 30 日发布的第一批境内区块链信息服务备案编号覆盖 197 个区块链信息服务项目，其中底层平台、BaaS 平台等配套服务项目较为突出。

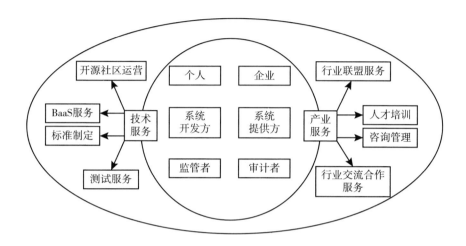

图 3 区块链产业生态及配套服务

（一）区块链开源社区发展情况

近年来，区块链开源社区参与者数量快速增长。公开数据显示，截至 2018 年 8 月，Hyperledger 开源社区成员由初创时的 30 多名增长到超过 250 名，共有 27 个组织、159 名开发者参与了代码贡献。以太坊社区由全球开发者合作贡献代码，据资料介绍，核心开发组织包含 400 多名开发者、密码学者等。随着企业级市场对区块链技术的需求提升，2017 年以太坊企业联盟（EEA）成立，初创成员为 30 家，目前已有超过 500 家机构加入。与此同时，国内开源项目成长显著。BCOS/FISCO BCOS 开源生态圈已逐渐成型，应用加速涌现。截至 2018 年四季度，BCOS/FISCO BCOS 社区开发者成员已达数千名，已有数百家机构使用 BCOS/FISCO BCOS 开源平台，数百个场景应用落地，覆盖范围包括以支付、对账、交易清结算、供应链金融、数据存证、征信、场外市场等为代表的金融应用，以及司法仲裁、文化版权、娱乐游戏、社会管理、政务服务等其他行业应用。Annchain 已在数十家企业的商

业场景中进行工程化应用，覆盖农业防伪溯源、共享广告、公益资金溯源、智能理财等众多领域。在参与数量大幅增长的同时，参与者的角色也在不断丰富，除开发者外，各开源社区中出现了基于平台产品进行各种商业应用场景落地的参与者，包括投资人、集成商、应用开发者和第三方安全审计公司等，推动围绕 DAPP 的应用生态逐步繁荣。

从各开源软件平台的版本发布特性分析，近年来主要开源社区重点投入的方向包括易用性、隐私保护、可扩展性、安全防护以及整体架构优化等。在易用性方面，随着开发者和社区用户的增加，对开源软件的部署、配置、应用开发和运营运维等方面都提出了更多要求，主流开源平台在开发工具、部署工具、数据查询和统计分析以及系统运维工具等方面做了大量的工作，以降低使用者的门槛，加速开发效率。

（二）BaaS 服务发展情况

区块链即服务（Blockchain as a Service，BaaS）是一种允许客户构建和维护开发、运行和管理区块链应用的云计算服务。目前，国内外已有多家 IT 企业对外提供 BaaS 服务，例如微软于 2016 年 8 月开放基于 Azure 云平台的 BaaS 服务，IBM 于 2017 年 4 月推出基于 Hyperledger Fabric 和 IBM PaaS 的 IBM BaaS 平台，亚马逊于 2018 年 4 月发布 AWS 区块链模板，腾讯于 2017 年 11 月推出腾讯云区块链服务 TBaaS，百度金融于 2017 年 7 月推出区块链开放平台 BaaS，华为于 2018 年 5 月推出了 BaaS 平台。BaaS 的发展降低了区块链应用的开发门槛，为区块链的发展提供了有效的支撑。

（三）区块链标准化情况

2016 年以来，国内和国际标准化组织大力推动区块链标准化工作，取得了一些初步的成果，已有一批基础性和关键性的标准项目立项。2016 年 9 月，国际标准化组织（ISO）成立了区块链和分布式记账技术委员会（ISO/TC 307），主要工作范围是制定区块链和分布式记账技术领域的国际标准。

截至 2018 年 12 月，ISO/TC 307 已成立了 4 个工作组（基础工作组、安全、隐私和身份工作组，智能合约及其应用工作组，治理工作组），2 个研究组（用例研究组、互操作研究组），以及 1 个联合工作组（区块链和分布式记账技术与 IT 安全技术工作组），已有术语、参考架构等 11 个国际标准项目立项。国内方面，已有《信息技术区块链和分布式账本技术参考架构》等国家标准/行业组织处于研制状态，相关行业组织已发布《区块链参考架构》《区块链数据格式规范》《区块链隐私保护规范》《区块链智能合约实施规范》《区块链存证应用指南》等团体标准发布。并且，相关机构基于标准研制成果还形成了区块链测试等服务，为区块链系统和应用质量提供有效评估手段。

（四）区块链人才培训发展情况

当前，人才匮乏已成为制约区块链行业发展的主要瓶颈之一。区块链是一项高复杂性的新兴技术，并且处于不断的发展演化中，对人才的教育培养工作提出了更高的要求。据了解，美国的康奈尔大学、纽约大学、杜克大学、普林斯顿大学、斯坦福大学和加州大学伯克利分校，欧洲的坎布里亚大学、B9 实验室学院、哥本哈根大学、莫斯科国立经济大学等高校都开设了区块链相关的课程，或成立了区块链相关的实验室并开展相关研究工作。国内部分高校和科研院所以开设培训班和网络课程等方式，培养行业急需的专业人才。但是目前国内开设区块链课程的高校还很少，部分高校虽然挂牌成立了区块链方面的实验室，但由于种种原因，针对区块链的人才培养和基础研究工作还较少，无法满足行业发展的需求。

四　推动区块链基础设施和配套服务发展的建议

（一）优化区块链基础设施发展生态

建议各级政府推进从业企业、研发机构、投融资机构等多方合作，结合

"互联网＋"行动、制造业与互联网融合发展等国家战略的实施，以及5G商用等方面区块链基础设施提升专项计划，加大力度开展区块链项目孵化、企业培育和人才培养，促进区块链技术创新和应用落地。

（二）加强国际交流与合作

建议发挥相关区块链企业力量，加强国际区块链开源社区贡献和国内开源社区的推广，支持科研机构和企业与国外企业机构合作开展智能合约、共识机制、跨链技术等关键技术攻关。鼓励具备条件的企业充分利用市场、资金和人才优势，建立多种形式的国际交流合作机制，积极推动我国具有竞争优势的区块链技术和产品"走出去"。

（三）组织开展区块链应用示范

建议跟踪研究各领域区块链技术应用需求，围绕金融服务、供应链管理、工业互联网等领域的重点场景，支持大企业牵头、产学研用联合，开展区块链应用示范，培育可复制、可推广的区块链应用解决方案，探索形成区块链应用推广模式，不断优化应用环境。

（四）提升区块链技术和产业服务水平

建议加快国内区块链标准体系建设，同时争取主导或实质性参与更多国际标准项目。鼓励、支持重点高校设置区块链专业课程，推动重点企业与高校、培训机构联合，通过建设区块链人才实训基地等方式，培养行业急需的区块链专业技术人才。加快区块链测试、评估等相关服务的发展，研究建设区块链技术和产业服务平台，不断提升区块链产业发展质量。

参考文献

《中国区块链技术和应用发展白皮书（2016）》，中国区块链技术和产业发展论坛，

2016。

《中国区块链技术和应用发展研究报告（2018）》，中国区块链技术和产业发展论坛，2018。

《区块链参考架构》，中国区块链技术和产业发展论坛，2017。

安永：《区块链平台调研与分析》，2017。

B.20
区块链标准化助力数字经济发展

李鸣 李佳秾 孙琳*

摘　要： 随着区块链技术的快速发展，更多组织认识到区块链技术的价值。而区块链技术的复杂性让大家对其产生了不同认识，造成了杂乱无序的发展状况，严重地阻碍了产业快速发展。为了构建良好的区块链生态环境，本文介绍了国内外区块链标准化相关工作和产业现状，并对区块链标准化和产业化进行了分析和思考，为区块链产业的良性发展提供了思路和建议。

关键词： 信息技术　区块链　数字经济

区块链技术的应用刚刚开始，不应被神化和妖魔化，应积极加强各类标准研制，通过标准引导应用实践的发展。在实践过程中，既要加强对跨链、组件化、分布式存储等关键性技术的突破，又要探索在存证、溯源、数据交换等方面的应用，还要满足监管要求。

区块链技术是数字经济的重要组成部分，从更大的系统上来看，数据将量化一切物质，我们正在逐渐进入数字世界。群智、涌现、拟态等现象逐步被发现、剖析和利用，它将改变传统的认知模式和生活方式。

---

* 李鸣，中国电子技术标准化研究院区块链研究室主任；李佳秾，中国电子技术标准化研究院标准研制工程师；孙琳，中国电子技术标准化研究院标准研制工程师。

一 综述

（一）信息技术

GB/T 5271.1–2000 信息技术词汇第一部分：基本术语[①]标准给出了信息的定义，信息是指关于客体（如事实、事件、事物、过程或思想，包括概念）的知识，在一定的场合中具有特定的意义。广义来讲，凡是能拓展人类的信息功能的技术，都是信息技术。

从发展历程的视角来看，信息技术发展大体可分为基础设施、企业应用、产业应用和数据应用四个阶段（见图1）。每个阶段都由技术/装置的发展来逐步推进应用的发展，其本质都是构建数字空间的体系。第一阶段，芯片、小型机、PC、操作系统、TCP/IP 协议、WWW 协议等技术推进了信息技术基础设施建设，为数字空间构建了物理支撑环境。第二阶段，软件工程、业务流程管理、企业门户等技术推进了 OA、MIS、ERP 等企业级应用建设，加速了数字空间中企业级业务的链接。第三阶段，4G、Andriod、IOS 等技术推进了亚马逊、谷歌、阿里巴巴等产业应用，通过移动技术加速了用户进入数字空间的进程。第四阶段，区块链、物联网、大数据、云技术、人工智能等新一代信息技术加速了数据应用的过程，创新性地在数字空间中构建起数字经济的基础设施。

虽然每个阶段都有过程性的成果和里程碑式的跨越，但从整体来看每个阶段的发展都是在为获取数据价值做铺垫和准备，数据价值最大化是区块链等新一代信息技术迭代发展的必然趋势。

（二）数据和数字经济

可以通过本体、实践、认识和价值四个方面认识数据（见图2）。从本

[①] GB/T 5271.1–2000 信息技术 词汇 第一部分：基本术语。

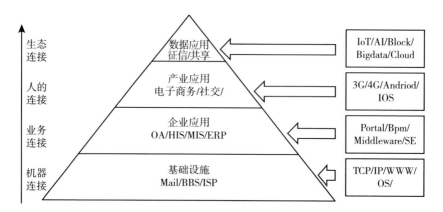

图1 现代信息技术发展历程

体视角来看,数据是对客观事物的逻辑归纳,是用于表示客观事物的未经加工的原始素材。从实践视角来看,数据大致可以分为获取、存储、利用和处置四个过程。从认识视角来看,数据可以转变成信息,进而提炼出知识。而实践和认识这两个过程都需要技术/装置来完成。从价值视角来看,数据可以成为资产,可以产生基于数据的服务和业务。数据是始终存在的,只是我们最初没有相应的技术/装置来获取和利用数据,因此大数据只是数据发展的特定阶段,是与数据相关的技术/装置发展后,获取到的以前不能获取的数据。而数据发展到大数据阶段后,需要更多诸如大数据、云计算等新的技术/装置来处理和利用庞大的数据资源。

本体	实践	认识	价值
描述 表现 原始素材 逻辑表达	技术/装置		资产 服务 业务
	获取 存储 利用 处置	数据 信息 知识	

图2 数据的多维思考

随着区块链等新一代信息技术的快速发展,数据价值已经成为共识,数字经济已经成为全球争相推动的重要方向。数字经济的本质是由数据特性决定的。首先，数据利用的过程边际成本递减。数据一经采集即可以无限使用（此处仅从数据视角来看，不考虑合规和使用协议的问题）。其次，数据的价值空间可以无限放大。每个有价值的数据项和其他数据项都可以组合成具有新价值的数据项，从而为更多的应用服务，并产生更多有价值的数据。最后，数据驱动的服务已经成为当下主流的互联网服务形态，基于数据的服务商业模式颠覆了传统的产品模式，加速使传统的产品形态向服务形态转变。然而，在利用信息技术获取数据价值的过程中，存在诸多数据安全、数据一致性等问题。低质量的数据将严重阻碍数字经济的发展，因此需要利用区块链技术可信、共识、防篡改的技术特性来提供高质量的数据，加速数字经济发展。

（三）区块链和分布式记账技术

从 2008 年中本聪发布《Bitcoin：A Peer-to-Peer Electronic Cash System》白皮书至今，区块链已有 10 年的发展历史。与其他新一代信息技术相比，区块链具备技术和金融两方面的属性。技术性展示了可信、共识、防篡改等具有很大想象空间的特点，为构建网络信任提供了算法支持。这使区块链技术从比特币代表的 1.0（系统级）、以太坊代表的 2.0（平台级）向未来的 3.0 转变。而金融属性在为价值传递带来可能的同时也让更多与技术无关的相关方过早地进入区块链产业中，从而拉大了区块技术发展曲线（Gartner 曲线）的振幅和频率，产生了大量的金融泡沫，给监管机构带来了新的挑战，合理地使用区块链技术已经成为各行各业关注的焦点。同时，金融属性引导了社会对于价值的诉求，从而模糊了区块链技术的本质，分流了很多技术和资金资源。从技术视角来看（见图 3），区块链可以看作基于加密算法的块链式数据结构存储在分布式网络中，结合共识机制、智能合约、激励机制等思想组合而成的技术体系，通过为数据提供封装机制来提供可信、共识、防篡改的技术特性。

基于分布式技术的去中心化是区块链技术的重要思想。但不应为了去中心化而去中心化，去中心化的程度应基于区块链技术所承载的应用的需求来定义。从逻辑上来看，如果中心化是 1，去中心化是 0，那么跨境交易的应

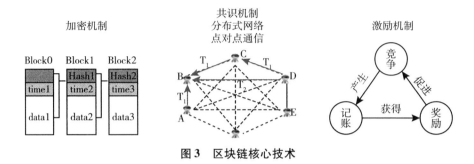

图3 区块链核心技术

用更应偏向于1，任何国家都需要对其进行监管；冷链物流应用更应偏向于0，因为它只是简单的垂直应用。从更深远的意义来思考，无论是去中心化还是去中介化，都是在物理环境下的理想状态。基于区块链技术的去中心化，只是去掉了物理世界的中心或中介，在数字环境下建立了以算法为中心的中心化的数字体系。从这个方向来思考，数字世界的社会体系应由数字环境中的数据、算法等要素来管理，它可能会完全不同于物理环境下的形态。

二 标准化现状

标准化的定义是为了在一定范围内获得最佳秩序，对现实问题或潜在问题制定共同使用和重复使用的条款（标准）的活动。标准化工作的任务是制定标准、组织实施标准以及对标准的制定、实施过程进行监督。标准具有公认性、权威性和可信任性，具有先进性和前瞻性的技术标准对企业技术进步、提高管理水平、占领市场等都能发挥有效的推动作用。

从系统视角来看，标准是将不确定性的系统转化为确定性的系统的过程。在此过程中，需要用工程化的方法对不确定性的系统进行抽丝剥茧，萃取和提炼有代表性的特征，并通过规范化的方法展现给相关方，以加速更大系统对特定系统的认识和共识。

（一）国际标准

目前，国际上有三大标准化组织推进区块链技术：国际标准化组织

（ISO）、国际电工委员会（IEC）和国际电信联盟（ITU）。其中 ISO 是世界上最大的国际性标准化组织，主要负责组织开展全球绝大多数领域的标准化工作。IEC 是世界上最早的国际性标准化机构，主要负责电工、电子领域的标准化活动。ITU 是主管信息通信技术事务的联合国机构，负责分配和管理全球无线电频谱与卫星轨道资源，制定全球电信标准。除上述标准化组织外，电气电子工程师协会（IEEE）是目前全球最大的非营利性专业技术学会，致力于电气、电子、计算机工程和与科学有关的领域标准的开发和研究。

1. 国际标准化组织及相关工作

（1）ISO 国际标准化组织。2016 年 4 月，澳大利亚国家标准化协会向 ISO 提交了新领域技术活动的提案，提出成立新的区块链委员会。该提案于 2016 年 9 月通过，ISO 正式成立了区块链和分布式记账技术委员会（ISO/TC 307），同时任命澳大利亚标准化协会为 ISO/TC 307 秘书处承担单位。ISO/TC 307 负责制定区块链和分布式记账技术领域的国际标准，以及与其他国际性组织合作研究该领域相关的标准化问题。

ISO/TC 307 目前已有 41 个参与成员（P 成员）和 11 个观察成员（O 成员），中国作为参与成员参与工作。截至 2018 年 12 月，ISO/TC 307 成立了基础，智能合约及其应用，安全、隐私与身份，治理研究 4 个工作组，用例和互操作 2 个研究组，以及 1 个区块链和分布式记账技术与 IT 安全技术联合工作组（见表 1）。

表 1　ISO/TC 307 组成

WG1：基础工作组 Foundations	WG2：安全、隐私与身份工作组 Security，Privacy and Identity
WG3：智能合约及其应用工作组 Smart Contracts and Their Applications	WG5：治理研究工作组 Governance of Blockchain and DLT Systems
JWG4：区块链和分布式记账技术与IT安全技术联合工作组 Blockchain and distributed ledger technologies and IT Security techniques	
SG2：用例研究组 Use Cases	SG7：互操作研究组 Interoperability of Blockchain and DLT Systems

区块链应用蓝皮书

2017 年下半年以来，ISO/TC 307 加快推动参考架构、智能合约、安全隐私、互操作等重点标准的研制。截至 2018 年 5 月，术语、参考架构、分类和本体等 11 项标准项目已完成立项（见表 2）。国际标准的制定，将有效打通不同国家、行业和系统之间的认知和技术屏障，防范应用风险，为全球区块链产业发展提供重要的标准化依据。

表 2 ISO/TC 307 在研标准

序号	英文名称	中文名称
1	ISO/CD 22739 Terminology	术语
2	ISO TR 23244 Overview of privacy and personally identifiable information（PII）protection	隐私和个人可识别信息(PII)保护概述
3	ISO TR 23245 Security risks and vulnerabilities	安全风险和漏洞
4	ISO TR 23246 Overview of identity management using blockchain and distributed ledger technologies	用区块链和分布式记账技术的身份管理概览
5	ISO 23257 Reference architecture	参考架构
6	ISO TS 23258 Taxonomy and Ontology	分类和本体
7	ISO TS 23259 Legally binding smart contracts	合规性智能合约
8	ISO/CD TR 23455 Overview of and interactions between smart contracts in blockchain and distributed ledger technology systems	区块链和分布式记账技术系统中智能合约的交互概述
9	ISO TR 23576 Security of digital assetcustodians	数字资产托管的安全
10	ISO TR 23578 Discovery issues related to interoperability	发现与互操作相关的问题
11	ISO TS 23635 Guidelines for governance	治理指南

2017 年 5 月，由中国电子技术标准化研究院作为秘书处的中国区块链技术和产业发展论坛发布了《区块链参考架构》团体标准，该标准的发布不仅在中国，同时也在国际上填补了区块链行业标准研究的空白，为中国参与区块链国际标准化工作提供了有力的支撑。在 ISO/TC 307 下设的 WG1 基础工作组中立项的参考架构国际标准（ISO/CD 23257 Blockchain and Distributed Ledger Technologies-Reference Architecture）预研技术报告（TR）以及现阶段的国际标准技术委员会草案（CD）中，将《区块链参考架构》标准的用户视图和功能视图纳入其中。同时，中国专家积极履行该工作组中

参考架构国际标准联合编辑，以及分类和本体技术规范编辑职责，同时牵头数据流动和数据分类项目的研究。参与国际标准化工作的中国专家大多来自区块链重点企业，且在金融服务、供应链管理、版权保护等场景拥有渐趋成熟的应用案例，为 SG2 用例研究组，WG2 安全、隐私与身份工作组提供了重要的成果贡献。

（2）IEEE 标准协会。IEEE 下设的标准协会（IEEE－SA）是电子技术科学领域先进的标准化运营部门。IEEE－SA 通过成熟的标准开发程序，提供了世界性的标准化制定平台。IEEE－SA 2017 年启动了区块链标准化工作。目前，《区块链数据格式规范》等八项标准已立项（见表 3）。其中，P2418.2《区块链数据格式规范》是基于中国标准《区块链数据格式规范》标准开展的国际标准项目，该项目目前由中国电子技术标准化研究院专家牵头。此外，IEEE 标准协会还同步开展了区块链技术在数字惠普、数字身份、资产交易及互操作等方向的标准化研究。

表 3　IEEE－SA 在研标准项目

P2418.4 Standard Data Fomat for Blockchain Systems 区块链数据格式规范	IC17–002–01 Digital Inclusion through Trust & Agency（DITA）通过信任和代理的数字普惠
IC17–012–01 Supply Chain & Trials Standardized Technology and Implementation 供应链技术与实施	IC17–017–01 Blockchain Asset Manaqement 区块链资产交易
P825™ Guide for Interoperability of Transactive Energy Systems with Electric Power Infrastructure 基于电力基础设施的传导式能源系统的互操作性指南	P2418™ Standard for the Framework of Blockchain Use in Internet of Things（IoT）区块链在物联网中的应用框架
P2418.2 Standard for the Framework of Distributed Ledger Technology（DLT）Use in Agriculture（Food Supply Chain Safety）分布式账本技术在农业领域的应用框架（筹备中）	P2418.3 Standard for the Framework of Distributed Ledger Technology（DLT）Use in Connected and Autonomous Vehicles 分布式账本技术在自动驾驶领域的应用框架（筹备中）

（3）ITU 国际电信联盟。国际电信联盟 ITU 下设电信标准部（ITU－T）、无线电通信部（ITU－R）和电信发展部（ITU－D）。其中 ITU－T 主要负责电信领域的标准的研究和制定工作，保证各国电信网的互联互通和正常

运转。ITU – T 于 2017 年前后启动了区块链领域的标准化工作。SG16、SG17 和 SG20 三个研究组分别启动了分布式账本的总体需求、安全以及在物联网中的应用研究。此外，成立了三个与区块链相关的焦点组。目前 SG17 制定了区块链和分布式记账技术安全问题的标准化路线图，并将 DLT 安全领域的标准分为 DLT 平台安全、DLT 应用安全（含基于 DLT 的安全应用）、DLT 安全服务、DLT 安全管理四个方向，目前已有 10 项标准处于立项研制阶段（见表4）。

表4 ITU – T SG17 现阶段标准项目研制情况

序号	类别	英文名称	中文名称
1	平台安全	Security framework for distributed ledger technology	分布式记账技术安全框架
2		Security capabilities and threats of distributed ledger technology	分布式记账技术安全能力与安全威胁分析
3		Security assurance for distributed ledger technology	分布式记账技术系统安全保障
4	安全服务	Security services based on distributed ledger technology	基于分布式记账技术的安全服务
5	安全管理	Security considerations for using DLT data in identity management	在身份管理系统中使用分布式记账技术数据的安全考虑
6	应用安全	Security threats to online voting using distributed ledger technology	基于分布式记账技术的在线投票系统的安全威胁
7		Security threats and requirements for digital payment services based on distributed ledger technology	基于分布式记账技术的数字支付系统安全威胁与要求
8		Security framework for the data access and sharing management system based on the distributed ledger technology	基于分布式记账技术的数据共享系统安全框架
9		Technical framework for secure software programme distribution mechanism based on distributed ledger technology	基于分布式记账技术的安全软件分发系统技术框架
10	新立项标准项目	Security requirements for intellectual property management based on distributed ledger technology	基于分布式记账技术的智能资产管理安全要求

2. 国际标准化趋势及问题

通过分析国际标准化组织目前在区块链领域的研究方向（见表5），可看出不同组织在标准化工作上的侧重也有所不同。ISO/TC 307 致力于统一对区块链的认识，目前在基础、业务和应用、过程和方法、可信和互操作等方向均有标准项目处于研究制定阶段。ISO/TC 307 首先在基础类标准中给出区块链的定义、参考架构及相关术语，为各有关方面提供在语言上和概念上的一致用语和架构，确保对某个特定标准中的主要概念有共同的认知与理解。其次，根据当前产业需求，对区块链涉及的大多数共性技术及典型应用场景均展开分析研究，体现了各国参与成员对于区块链技术的理解、关注点，以及国际标准化的工作思路，兼具灵活性和理解性，具有广度和前瞻性。

表5　标准化组织标准化工作对比

组织	标准类别	个数
ISO	基础标准	5
	业务和应用标准	1
	过程和方法标准	1
	可信和互操作性标准	1
	信息安全标准	3
IEEE – SA	业务和应用标准	7
	可信和互操作性标准	1
ITU – T	信息安全标准	10

IEEE 标准协会更加侧重于业务和应用类标准的研究。业务和应用类标准主要包括区块链技术在数字金融、资产交易、电力能源、互联网金融等领域中的应用框架与实施指南。随着区块链和分布式记账技术的逐步成熟，未来将与供应链、物联网等更多传统领域或新型技术领域融合发展。此外，IEEE – SA 同时开展了区块链数据格式规范标准项目研究，目的是在区块链技术发展的初期明确区块链系统的数据格式规范，以实现多类型系统的兼容和集成，为区块链生态的构建提供基础信息资源框架。

ITU – T 下设的安全研究组（SG17）专注于区块链系统安全方向的标准

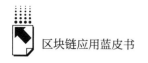
化研究，现阶段研究方向可划分为平台安全、安全服务、安全管理和应用安全，其研究成果主要为分析区块链系统的安全框架，以及在身份管理、在线投票、数字支付系统等特定场景中使用区块链技术的安全威胁。

区块链国际标准化工作起步于技术向技术体系发展的初级阶段，将引领整个行业的发展。但是，从整体来看，国际区块链标准化工作也有很大的提升空间。首先，区块链技术特征和定义模糊，标准之间缺少协调性。在国际标准项目研究制定的过程中，不同标准化组织之间，或是同一标准化组织下设的不同工作组之间，对区块链技术的理解皆存在差异。理论基础模糊、研究主题分散、缺乏系统性视角，影响了标准化的进程。

其次，标准体系尚需梳理和完善。区块链标准研制是诸多相关方协调一致的结果，不同组织同时开展此项工作在丰富区块链标准研究内容的同时，也为构建清晰的标准体系带来困难。此外，区块链现有的技术成熟度很低，这对建立完善的标准体系造成很大的影响，标准框架尚不清晰。

最后，缺少指导技术落地和应用的实践类标准。标准的价值在于被各相关方使用，适应市场及商业环境的标准才是有价值的标准。对于区块链这种新兴技术来说，急需能够指导平台设计、系统部署和运行维护的可操作性强的标准，目前此类标准仍处于空白。

综上所述，国际标准化工作应将基础标准结合应用实践，从实际应用需求出发，工作方向逐渐由通用性标准向专用性、应用性标准过渡，使标准内容兼具指导性与实践性，同时注重与其他相关信息技术协同推进，从根本上规范并指导全球区块链行业健康有序发展。

（二）国内标准

1. 全国区块链和分布式记账技术标准化技术委员会

2017 年 3 月，国家标准化委员会明确由中国电子技术标准化研究院作为 ISO/TC 307 国内技术对口单位，同时推进国内国际区块链和分布式记账技术的标准化工作。拟成立的全国区块链和分布式记账技术标准化技术委员会主要负责建设、维护区块链和分布式记账技术标准体系，制定区块链技术和分布式记账技术领域的国家标准，对口国际标准化组织 ISO/TC 307 开展国际标准化工作。

2.国内标准化及现状

中国区块链标准化工作启动于 2016 年底，与国际标准化基本同步。自 2017 年 5 月 18 日发布第一个团体标准以来，截至目前，共发布了 5 项团体标准，同时启动了 6 项国家标准、1 项行业标准、6 项地方标准的研制工作（见表 6）。

表 6　国内区块链标准

序号	计划类别	计划名称	阶段
1	国家标准	《信息技术区块链和分布式账本技术参考架构》	工作组草案
2	国家标准	《信息技术区块链和分布式账本技术数据格式规范》	立项申请
3	国家标准	《信息技术区块链和分布式账本技术术语》	立项申请
4	国家标准	《区块链智能合约实施规范》	立项申请
5	国家标准	《区块链隐私保护规范》	立项申请
6	国家标准	《区块链存证实施指南》	立项申请
7	行业标准	《工业区块链参考架构》	立项申请
8	地方标准	《区块链应用指南》	工作组草案
9	地方标准	《区块链系统测评与选型规范》	工作组草案
10	地方标准	《基于区块链的数据资产交易实施指南》	工作组草案
11	地方标准	《基于区块链的精准扶贫实施指南》	工作组草案
12	地方标准	《区块链与物联网融合技术指南》	立项申请
13	地方标准	《区块链与物联网融合应用指南》	立项申请

（1）国家标准。2017 年 12 月，《信息技术区块链和分布式账本技术参考架构》（以下称：《参考架构》）国家标准计划获批立项（计划编号 20173824 - T - 469），中国电子技术标准化研究院组织国内 30 多家企业开展国家标准研制。目前，根据 2017 年发布的《区块链参考架构》团体标准应用情况对该标准的内容进行了完善，已形成征求意见稿。《参考架构》国家标准是区块链领域的重要基础标准，给出了区块链相关的重要术语和定义，规定了区块链和分布式账本技术的参考架构、典型特征和部署模式，描述了区块链的生态系统，对各行业选择和应用区块链服务、建设区块链系统等具有重要指导意义。

（2）行业标准。区块链在工业领域具有很大的应用潜力，其分布式对等、透明可信、高可靠性等关键特征对于提升工业生产效率、降低成本、提高工业系统安全性和可靠性、提升供应链协同水平和效率，以及促进管理创新和业务创新具有不容忽视的作用。现阶段已经完成《工业区块链参考架构》行业标准的申报工作，该标准旨在为区块链在工业领域的应用提供基本的体系框架，一方面解决利益相关群体在工业领域合理地选择、规划、建设、使用区块链产品和服务的问题；另一方面提供工业区块链的应用、数据和技术框架内容，帮助提升工业区块链项目的质量和水平。该标准将有助于提升不同工业领域区块链应用架构的一致性和互操作性，为工业区块链生态建设提供支撑，为组织内部工业区块链平台和系统建设提供指导，也为工业区块链开发、交付产品和服务提供重要依据。

（3）地方标准。2017 年 8 月，为推动贵州省区块链政用、民用、商用共同发展和支撑体系建设，由贵州省大数据发展管理局、贵阳市人民政府、中国电子技术标准化研究院发起共同成立的贵州省区块链标准建设指导协调组和贵州省区块链标准工作组，正式启动贵州省区块链标准研制工作。正在研制的贵州省地方标准包括《区块链应用指南》、《区块链系统测评和选型规范》、《基于区块链的精准扶贫实施指南》和《基于区块链的数据资产交易实施指南》，预计 2020 年前发布。

2018 年 9 月，无锡国家高新技术产业开发区启动《区块链与物联网融合技术指南》和《区块链与物联网融合应用指南》两项地方标准的研制工作，预计 2020 年前发布。

（4）团体标准。为有效贯彻落实工业和信息化部信息化和软件服务业司《关于委托开展区块链技术和应用发展趋势研究的函》（工信部信软函〔2016〕840 号）要求，中国区块链技术和产业发展论坛（以下称：论坛）于 2016 年 10 月 18 日在北京成立。论坛由工信部信息化和软件服务业司、国家标准委工业标准二部指导，中国电子技术标准化研究院联合万向区块链、蚂蚁金服、微众银行、平安集团、众安科技、安妮股份、易见股份等国内从事区块链的重点企事业单位构成。论坛自成立以来，积极开展标准化研制工作，先后发布了《区块链参考架构》、《区块链数据格式规范》、《区块链智能合约实施规范》、《区块链隐私保护》和《区块链存证应用指南》5 项团体标准（见表 7），为国内区块链应用发展提供基础依据。

表 7　中国区块链技术和产业发展论坛团体标准

序号	标准类别	标准名称	发布时间
1	团体标准	《区块链参考架构》	2017 – 05 – 16
2	团体标准	《区块链数据格式规范》	2017 – 12 – 22
3	团体标准	《区块链智能合约实施规范》	2018 – 12 – 18
4	团体标准	《区块链隐私保护》	2018 – 12 – 18
5	团体标准	《区块链存证应用指南》	2018 – 12 – 18

3. 国内标准化发展趋势及问题

在工信部 2018 年 6 月公布的《全国区块链和分布式记账技术标准化技术委员会筹建方案公示》中，提出了基础、业务和应用、过程和方法、可信和互操作性、信息安全等 5 类标准，并初步明确了 22 个区块链标准化重点方向和未来一段时间内区块链和分布式账本技术的国家标准体系（见图 4）。基础标准用于统一区块链术语、相关概念及模型，为其他各部分标准的制定提供支撑；业务和应用标准用于规范区块链应用开发和区块链应用服务的设计、部署、交付，以及基于分布式账本的交易；过程和方法标准用于规范区块链的更新和维护，以及指导实现不同区块链间的通信和数据交换；可信和互操作标准用于指导区块链开发平台的建设，规范和引导区块链相关软件的开发，以及实现不同区块链的互操作性；信息安全标准用于指导实现区块链的隐私、安全以及身份认证。

在积极推进标准化工作的同时，也应意识到区块链标准化工作还存在着很大的提升空间，产业面临标准体系不完善、标准研制进度缓慢、技术的应用程度不高、缺乏统一的协调机制等问题。

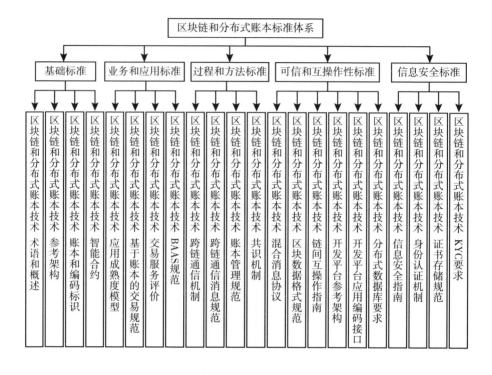

图4 区块链和分布式记账技术领域国家标准体系

（1）标准体系不完善。国内区块链领域的标准化工作大部分集中在基础标准的研究，如《区块链参考架构》等。过程和方法标准仍处于空白的阶段，跨链通信机制、跨链通信消息规范、账本管理规范、共识机制这四个方向的标准化研究尚未开展。指导并规范区块链的更新和维护、不同区块链间的通信和数据交换等问题亟须得到解决。

（2）技术的应用程度不高。标准应用程度直接反映了市场、经济和社会对于标准需求的程度。区块链金融属性与监管要求的矛盾和区块链应用盈利模式不清晰的问题严重阻碍了区块链技术的发展。同时，基于区块链技术的应用服务无法建立有效盈利模式，还存在着业务思路不清晰、盈利模式不确定、概念炒作等问题，集成商对区块链的应用保持保守的态度。

（3）标准研制进度缓慢。2015年国务院发布的《深化标准化工作改革方案》① 中提到，我国国家标准制定周期平均为 3 年，远远落后于产业快速发展的需求。标准更新速度缓慢，"标龄"高出德、美、英、日等发达国家1 倍以上。同时，区块链技术处于早期阶段，3 年的发布周期可能会产生发布即过时的问题，无法满足产业发展的需要。

（4）缺乏统一的协调机制。相对于国家标准和行业标准，区块链相关团体标准相对较多，缺乏统一的协调机制，不利于建立统一生态体系。依据《中华人民共和国标准化法》，国家标准化管理委员会、民政部制定了《团体标准管理规定》（以下称《规定》）②。《规定》表示，团体标准是依法成立的社会团体为满足市场和创新需要，协调相关市场主体共同制定的标准。团体标准是社会团体生产经营活动的依据，应增强统一性和权威性，减少团体标准间的交叉、重复，以及矛盾等问题。

（三）标准化建议

1. 加强宣贯、统一认识

长时间以来，标准化工作侧重于标准的研制过程，而不重视标准的实施过程，制定的标准不能发挥其真正的价值，直接导致标准与实践脱轨。标准宣贯活动不仅是标准制定工作的延续，也是标准能够顺利实施的前提和基础工作，是标准化活动的一项重要内容。区块链技术处于发展的初期阶段，不同行业对区块链的认识是从不同层次、不同角度来理解其含义的。现阶段，标准化工作的作用应从区块链技术的本质出发，加强标准的宣贯，从技术、应用、经济等层面统一认识，正本清源，引导行业有序规范发展。

2. 注重标准间的协调性

标准具有国际标准、国家标准、行业标准到地方标准、团体标准、企业标准等多样化的标准层次。国际标准是各国协调的产物，在一定程度上反映了国际上的共识。认真研究和推广国际标准，使我国标准化体系与国际标准

---

① ISO/IEC TR 38505 - 2 Information Technology — Governance of IT — Governance of data — Part 2：The implications of ISO/IEC 38505 - 1 for data management.

② 李鸣：《IT 治理标准研究》，《信息技术与标准化》2016 年第 3 期，第 29 ~ 33 页。

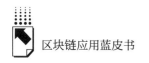

相兼容，是增强我国技术竞争力、改进技术的最优方式。国家标准给出了各行业最基本的规则，行业标准与地方标准是国家标准的有益补充，企业标准是对企业内部的具体要求。团体标准在特定群体范围内具有明显的适用性，能够有效补充不同层次标准的缺漏，是将技术向应用成果快速转换的途径。因此，区块链领域标准化工作应重视不同层次间标准的协调补充，鼓励各层次标准协同发展。

3.急用先行，迭代更新

区块链技术发展迅速，在每个阶段对其都有不同的认识和理解。标准只是当前阶段的统一和共识，应随着技术的发展进行迭代更新。标准研制应按照"急用先行、成熟先上"的原则开展。在开展基础标准研制的同时，可以同步开展应用、安全等领域的标准，尽快填补实践相关标准领域的空白，完善区块链标准体系建设。

4.加强标准与产业结合

标准化工作是对各领域科学成果、技术成果及经验成果等总结和提炼的过程，无论是何种类型的标准，其目的都是"为在一定范围内获得最佳秩序"和"促进最佳的共同效益"。标准化与产业的发展是相辅相成、互相促进的，标准是技术转化为生产力的有力依据，技术通过标准化手段转化为生产力，从而推动整个行业的进步。随着技术的发展，区块链在未来一段时间将成为在不同领域中搭建丰富应用场景的基础设施，因此区块链标准的制定还应考虑不同领域间的互联互通，也要考虑到不同领域的特定需求。

三 产业现状

区块链具有可信、共识、防篡改等技术特点，它更适合于缺乏信任的应用环境，可以在互联网环境下为企业拓展生态环境和为供应链提供有效的技术手段。未来区块链会像 IT 行业一样与应用场景相融合，成为价值传递和交换的技术保障，成为所有行业发展的必要基础设施。

（一）关键技术

区块链技术包含点对点通信、分布式存储、加密算法、共识机制、激励机制、智能合约等重要的关键技术组件，这些技术组件在大多数书籍和文献中已有充分的介绍和讨论。从标准化的视角来看，应更关注可以迅速推进产业发展的技术。与区块链相关的跨链技术、上链技术、分布式存储技术和组件化技术将影响区块链产业的发展进程。

1. 跨链技术

传统信息互联网最大的问题是"信息孤岛"，当前全球分布着上千个区块链平台，而每个区块链平台都是独立的、垂直的封闭体系。在我们还没有完全解决"信息孤岛"问题的同时，又建立了"价值孤岛"。通过技术创新来实现区块链平台之间的互联互通，实现链间价值流动已经成为当前区块链发展的重要议题。跨链技术是构建价值互联网的关键技术，只有突破跨链技术才能真正将单一的区块链平台连接成网络，利用网络效应可能发挥区块链技术的价值，激发整个区块链网络的价值交换和传递。

2. 上链技术

比特币、以太坊等主流区块链平台承载的"资产"都是数字环境下原生的"数字资产"，没有解决实物资产上链和交易或交换的过程。原生的"数字资产"没有价值锚定，所以极易产生巨大的波动。物理环境中的实物资产（如艺术品、土地、房产等）具有真实的价值和交换诉求，但需要通过特定的技术将不同物理属性的物质与链上"资产"相关联。此过程需要应用物联网、物理学、生物工程等相关的技术来识别实物资产的唯一属性。比如利用 NFC 芯片、DNA、光谱分析等技术将奢侈品、艺术品和酒类等实物资产映射到数字环境中，从而将实物资产和"数字资产"关联，进而支持存证、溯源、交换等应用。只有将实物资产上链才能规模化区块链技术承载的价值，加速区块链产业发展。

3. 组件化技术

组件化技术是软件工程中的技术，它可以极大地降低开发周期和成本，

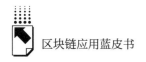

提升软件系统质量，组件化技术代表一个产业发展的成熟度。区块链技术正处于发展的早期阶段，每个系统都需要开发身份识别、智能合约、共识机制、加密机制等技术或功能组件，如果将常用的技术要素解耦，将具有独立功能的技术封装成商业化组件，采用中间件来开发区块链系统，会比直接开发节省一半以上的时间和成本，而且会极大地降低对于开发人员的要求。在构建组件的过程中，可以尝试将智能合约、共识机制、KYC 等关键技术能力封装成中间件，为产业提供基于中间件的产品或服务，大大降低行业门槛，让更多企业快速地开发区块链应用，推进区块链应用落地，加速区块链产业的发展。

4. 分布式存储

由于区块链技术的特性，区块链数据库记录了每一笔交易，每个共识节点必须存储并实时更新所有区块数据。比特币网络的共识节点存储的账本已经达到 170G 以上，这会为共识节点带来巨大的存储、带宽和计算成本，昂贵的成本将降低参与共识节点的意愿，共识节点的减少将影响系统的均衡，形成少数人的共识，最终会违背区块链技术去中心化的思想。因此，分布式存储等相关的问题已经成为产业发展的瓶颈，需要加大研究和实践的力度。

（二）开源平台

1. 国外开源项目

目前国外市场上受关注和应用较多的区块链底层平台有以太坊和 Hyperledger Fabric 等。其中，以太坊项目由以太坊基金会于 2013 年启动，是图灵完备的区块链一站式开发平台，拥有相对完整的技术生态系统，已有多种 DAPP 在以太坊网络上运行。Hyperledger（超级账本）由 Linux 基金会发起，目前孵化了包括 Fabric、Iroha、Sawtooth 在内的多个开源项目，其中 Fabric 是带有可插入各种功能模块架构的区块链实施方案，系统分层设计相对合理，模块化程度逐渐趋于完善，是大企业构建 s 区块链底层的选择之一。

2. 国内开源项目

国内具有代表性的开源社区是由中国区块链技术和产业发展论坛于

2017 年 12 月发起的分布式应用账本（DAPP Ledger）开源社区。该社区以中国区块链技术和产业发展论坛成员自主开发的底层平台为基础，逐步建立多平台运营模式，在应用集成过程中探索最优架构，为国内区块链应用发展提供支持。其中重点孵化的开源项目有 BCOS 和 Annchain。BCOS 由微众银行、万向区块链、矩阵元联合开发和维护，金融区块链合作联盟（简称：金链盟）开源工作组在此基础上，聚焦金融行业需求，进一步深度定制发展 FISCO BCOS，BCOS 和 FISCO 皆已开源。Annchain 是众安科技自主研发的企业级区块链平台，该平台具有较强扩展性，同时采用交易即共识的方法，能有效提高效率并使交易可并发，可提供快速链部署、中间件、审计浏览、系统监控等支撑工具或产品。

（三）应用实践

区块链技术可以在多方协作过程中减少商业摩擦，提升协作效率。然而真正基于区块链技术重组或创新商业生态的难点不是技术问题，技术只是完成底层平台和应用的构建，重点是商业生态的整合。从应用创新来看，可以从两个方面来思考。第一，能否依据区块链的技术特点构建一个新的业务场景。可以将区块链可信、共识、防篡改等技术特点应用在供应链领域，创造新的互联网金融应用场景，如众安的步步鸡项目。第二，解决某类传统互联网解决不了的问题。比如，艺术品领域由于其价值高、产业链复杂，传统互联网领域并没有覆盖，而区块链的技术特点刚好解决高价值资产的传递问题。

随着区块链技术的快速发展，越来越多的领域采用区块链技术来解决信任的问题，针对金融、教育、供应链、物流、农业等行业的应用层出不穷。大多基于行业来对应用进行分类，但是从区块链的技术特点来看，教育领域的学历认证和农业领域的溯源都是基于区块链技术防篡改的特性而产生的存在性证明的应用。因此，可以探索将区块链的应用分为存证和确权、交易或交换、资产金融化和溯源四大类（见图 5）。

1. 存证和确权

通过对资产的存证和确权为资产提供物权或产权注册登记等相关服务，

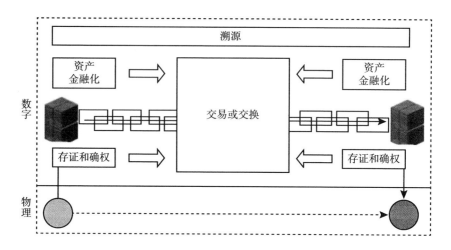

图 5　区块链应用框架

如艺术品或数字音乐的存证服务。

2. 交易或交换

在明确物权或产权的基础上，为资产的交易或交换提供服务，如艺术品的买卖或转让服务。

3. 资产金融化

在明确物权或产权的基础上，将资产抵押或发行 ABS 等相关金融衍生品，在不转移物权的基础上释放资产的潜在价值，如艺术品的抵押等服务。

4. 溯源

将资产存证、交易或交换等过程记录在区块链上，可以为资产生命周期的溯源提供支撑，如艺术品溯源。

四　思考

（一）系统工程

在应用区块链技术的过程中，应遵循系统工程的思想，从知识、逻辑和时间三个维度设计应用实践的过程（见图6）。首先，应明确知识维中的知识要素，中国区块链技术和产业发展论坛 2017 年发布的《区块链参考架构》给出了区块链的功能视图，功能视图展现了区块链技术所应包含的技术组件。其次，应根据逻辑维建立逻辑实现路径，分别完成价值、应用、场景、技术和平台选择，设计和执行逻辑实现过程。最后，应根据要求制订明确的时间计划，并严格按照计划的时间表逐步实现区块链系统建设和提供运营服务。

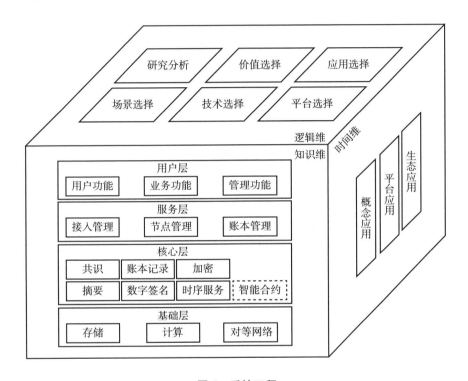

图 6　系统工程

（二）技术融合

区块链与云计算、大数据、物联网、通信技术、人工智能等新一代信息技术不是相互孤立的，而是相互关联的（见图 7）。每项技术的产生都有其规律，都依赖前置技术的发展。整个技术体系的发展具有清晰的逻辑关系，物联网技术的成熟获得了更多数据，通信技术的发展加速了数据的流动，云计算技术的发展使数据的承载和资源调度成为可能，大数据技术加速了数据处理能力，人

工智能实现了数据的利用。在此过程中，新一代信息技术都在融合应用以促进数据价值最大化，因此对数据的质量提出了更高的要求，具有可信、共识、防篡改特性的区块链技术填补了最后的拼图，为最大化数据价值提供技术保障。

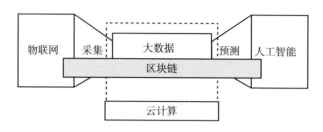

图7 技术融合

（三）组件迭代

区块链是由加密算法、共识机制、分布式存储、点对点通信等技术组成，提供可信、共识和防篡改的技术保障。而区块链与人工智能、大数据、云计算、物联网等技术构成新一代信息技术，实现最大化数据价值的目标。从技术体系的发展来看，新一代信息技术会与量子计算、生物工程等技术构建"未来科技"，完成更大的目标（见图8）。因此区块链可以看作是技术体系中的技术组件，在用其技术特点实现特定功能的同时，与其他技术共同迭代发展，促进技术体系进步。

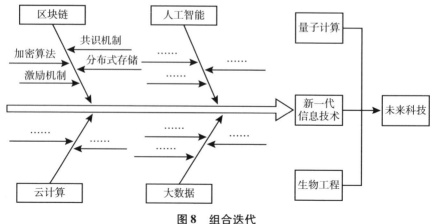

图8 组合迭代

（四）目的系统

从系统视角来看，任何一项技术从产生、发展到广泛应用都是有目的性的，需要通过不同或组合的技术手段来实现目的所期望的结果。在此过程中，需要根据特定的目的进行思考，找到解决问题的关键要素，然后将关键要素形成构件并建立系统，系统中技术的集成体会为不同的应用提供服务，再根据工程化的思想对支撑应用的技术集成体进行解耦和封装，为新的技术和应用体系服务，进而以新的技术构建完整的生态和产业，最终实现既定的目标（见图9）。例如，在区块链发展过程中，从去中心化的目的、分布式思想、多种技术的整合和集成到比特币网络是自由生长的过程，从区块链技术、提供溯源应用到组件化的工程实现是标准化的过程，从支撑供应链体系、建立分布式共识的生态到服务于数字经济产业是产业化过程。整个发展历程都在利用技术完成从目的到结果的期望。

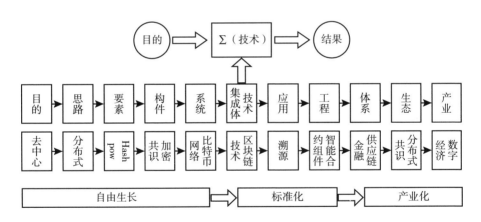

图9 目的性系统

参考文献

GB/T 5271.1 - 2000 信息技术　词汇　第一部分：基本术语。

GB/T 34960.3 - 2017 信息技术服务治理　第三部分：绩效评价。

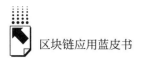
ISO/IEC TR 38505 – 2 Information Technology — Governance of IT—Governance of data—Part 2：The implications of ISO/IEC 38505 – 1 for data management.

李鸣：《IT 治理标准研究》，《信息技术与标准化》2016 年第 3 期。

李鸣：《IT 治理标准产业研究》，《信息技术与标准化》2016 年第 7 期。

李鸣：《数据治理国际标准研究》，《信息技术与标准化》2016 年第 10 期。

〔美〕布莱恩·阿瑟：《技术的本质》，曹东溟、王健译，浙江人民出版社，2014。

专题篇

Special Reports

B.21
区块链技术在社会治理中的应用趋势与对策建议

杨 军*

摘 要： 本文从数字经济视角探讨区块链技术的本质、应用与发展方
向，汇总了国内外主要的区块链在社会治理领域的应用，特
别评述了电子发票和司法存证两个领域的应用。分析了区块
链能够协助社会治理现代化的四方面的创新机理：简政放权、
权威发布、信用社会和高效社会。总结了区块链技术给社会
治理带来的新挑战涉及非法交易、监管方式、经济欺诈三方
面的风险。最后提出了对区块链风险的监管对策。本报告对
于区块链在社会治理领域的应用方向和监管思路具有借鉴
意义。

* 杨军，阿里云研究中心战略总监。

关键词：　区块链　数字经济　社会治理

一　从数字经济视角探讨区块链技术的本质与发展方向

（一）与物理世界的深度融合是区块链技术应用的大方向

我国拥有全球最大的数字化生活群体，并且发展出最先进的数字化体验。第 42 次《中国互联网络发展状况统计报告》的数据显示，截至 2018 年 6 月 30 日，我国手机网民规模达 7.88 亿，网民通过手机接入互联网的比例高达 98.3%，我国网络购物用户和使用网上支付的用户占总体网民的比例均为 71.0%。

而移动互联网的蓬勃发展加速了云计算、大数据和人工智能的研发和应用，并催生了新一轮的数字经济的发展浪潮。相比工业经济，数字经济的重要特征是以数据为重要的生产资料，以云计算、大数据和人工智能技术为主要生产力，以互联网和移动互联网为主要生产关系，以数字世界的数据智能技术与物理世界和实体经济的深度融合，让数据创造出新价值。

社会治理和数字经济的关系是一体两面。社会治理需要及时解决数字经济发展带来的问题，趋利避害地促进社会的发展。数字经济的技术和生态又能够提升社会治理的能力和效率。未来，数据智能技术将全面应用到社会经济和社会治理的各个领域，持续释放数据的价值，将对我国数字经济的发展起到至关重要的作用。区块链技术只有实现与社会治理和社会经济深度融合，才能成为服务于数字经济发展的一项有价值的技术。

（二）区块链的本质是数字世界的一种"生产关系"

去中心、防篡改和匿名性是比特币的一种机制设计，并不是区块链技术的本质特征。去中心、防篡改和匿名性曾经是区块链所树立起的要改变世界的三面旗帜，但是在区块链在不同行业落地应用的过程中，这三面旗帜已经妥协成为分布式、可修改和可认证。

区块链的本质是数字世界的一种生产关系。如果使用社会生产的理论，在数字世界里，数据是劳动对象，计算力和算法是生产工具，互联网和移动互联网关系到数据的流转机制，就像数字世界的生产关系。而区块链对生产关系的三要素做了更加清晰的定义。以公有链为例，要素一：生产资料归谁所有？全网都拥有账本的数据。要素二：人们在生产中的地位和相互关系如何？每个参与者完全平等。要素三：产品如何分配？新产生的区块数据每人都有。有趣的是，公有链、联盟链和专有链也恰恰在生产关系的三要素上各有不同程度的定义。

（三）将数据存证与物理世界建立对应关系是区块链发展的方向

区块链的独特价值是数字世界中数据记录、组织和传播方式的创新。区块链技术定义了一种全新的公开透明的数据存证方式，解决了数字世界里数据篡改的难题。区块链的价值同样可以类比生产关系为社会发展带来的价值，生产关系和生产力对社会的影响是明显不同的。在区块链上，所有的数据修改都被记录下来并可以追溯，区块链更像数字世界里的一个"好会计"，将数据这本账记得清清楚楚、明明白白，而且不会"徇私舞弊"。

但是应用区块链并不能够即刻实现信任。信任是发生在物理世界里人和人之间的一种判断，数字世界里的区块链上记录的数据只能准确反映物理世界里的被记录对象的状态，只有建立实时、准确的对应关系，才能够在物理世界中建立起信任关系。对于区块链技术的应用，从数据不可篡改到建立信任还有很长的路要走。

区块链的云上部署是未来的重要趋势。相比各方在本地部署区块链应用，云上部署区块链具有全球接入、成本弹性、部署快速、性能可控、更加安全等优点。2018年7月，阿里云发布了企业级区块链服务，基于混合云能力提供稳定的区块链基础设施，大大简化了区块链的底层部署、管理、运

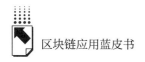

维过程。这也是全球首家将 Intel SGX 芯片级可信计算技术应用到企业级区块链技术（Hyperledger Fabric）的厂商，并且支持国密算法，具备金融云四级等保能力，满足国家对信息安全的保障和监管要求。

区块链的新赛道方向是服务于实体经济发展，将数据的生产关系精准地传导到物理世界的信任关系，是区块链技术成功应用的关键。在互联网技术的发展过程中，智能手机和移动操作系统的诞生是一个重要的起点，有了智能手机和 APP，数字世界里的数据智能技术才带来了物理世界中商业和生活的变革。类似地，未来区块链技术应用的突破点可能不在区块链技术本身，而是适合区块链这一生产关系的移动操作系统这样的产品的出现。

二　区块链技术在社会治理领域的应用态势

区块链在政府领域的应用对区块链技术的未来有重要的先导性作用。相比区块链的行业应用，尽管区块链在政府的应用尚处于起步阶段，但是进展很快，并且应用方的价值认可程度相对较高。可以预见的是，政府领域仍然是区块链技术的重要应用领域。

（一）国际上欧洲各国政府应用区块链的热情最高

当前区块链技术尚没有成熟，但是各国政府已经着手做一些区块链技术在政府工作中的创新应用和探索。

从全球来看，欧洲各国政府目前对区块链应用尝试的热情最高，在欧洲 46 个国家中，一共有 22 个国家采用或计划采用区块链技术[①]。2018 年 4 月，包括英国、法国、德国、挪威、西班牙和荷兰等在内的 22 个欧盟国家宣布成立新的欧洲区块链合作伙伴关系，目标是确保欧洲在分布式账本技术获得最前沿优势[②]。欧盟官员表示未来所有公共服务都将使用区块链技术。英

---

① 石菲：《世界各国政府谁最爱区块链》，《中国信息化》2018 年 8 月 10 日。

② 《欧洲区块链合作伙伴关系：欧洲正在认真对待分布式账本技术》，http：//www.sohu.com/a/259585787_286863。

国、法国、俄罗斯、瑞士、瑞典、芬兰、爱沙尼亚政府采用了区块链技术①。

亚洲、美洲、非洲应用区块链技术的国家数量比例依次递减，表1列出的是部分国家应用区块链项目的情况。

表1 区块链技术在各国政府工作中的应用或计划应用情况

国家	领域	简况
芬兰	社会保障	就业办公室在所有中介服务系统中查看就业的进展，确认员工是否符合福利标准
瑞典	土地产权交易	瑞典土地登记处 Lantmteriet 正式开始利用区块链技术进行土地和房地产登记
丹麦	社会保障	对外救援资源分配，摆脱中介机构
爱沙尼亚	电子身份	电子居留项目使用电子身份证号码享受线上服务 全球27000人成为爱沙尼亚电子公民
俄罗斯	选举	建立总统选举区块链投票站
乌克兰	电子政务、房地产交易	在政务电子服务流程、跨境支付、房地产交易市场中应用区块链
英国	档案管理、太阳能、慈善捐赠	投入1000万英镑在国家档案馆实施基于区块链的记录共享
荷兰	废物治理	将区块链和移动应用程序相结合,消除废物治理流程中人工监督的环节[1]
法国	传统证券交易	使用区块链支持交易特定传统证券
加拿大	旅客身份识别	生物识别和区块链技术在民航应用,加速通关
美国	数据保护,政府采购	科罗拉多州:政府数据保护与安全 总务管理局（GSA）:政府采购流程
墨西哥	政府招标	将公开招标信息输入智能合约,信息透明,公开验证
巴西	身份认证	以区块链系统存证婴儿出生信息的记录[2]
智利	能源	国家能源委员会:将数据提交给公开的以太坊账本,追踪能源部门的统计数据
缅甸	小额信贷交易	缅甸最大的小额信贷机构 BC Finance 正与日本公司合作在区块链上记录交易
韩国	关税	区块链实时共享信息,防止走私和贸易融资欺诈

---

① 石菲:《世界各国政府谁最爱区块链》,《中国信息化》2018年8月10日。

续表

国家	领域	简况
日本	政府招标 土地登记	政府项目招标的区块链平台 房地产和土地登记统一到一份账单
新加坡	国际支付业务	新加坡金融管理局已经与加拿大银行合作,并通过两家央行发行的加密令来测试和开发跨境支付解决方案[3]
泰国	银行间结算	泰国中央银行将数字货币作为银行间交易的清算结算方式[4]
巴林	车辆登记	降低维护车辆登记数据的成本

资料来源:[1]《荷兰将区块链技术用于废物治理》,http://huanbao.bjx.com.cn/news/20180508/896240.shtml;[2]《巴西首例用区块链登记婴儿身份》,https://36kr.com/p/5153841.html;[3]《新加坡中央银行批准国际区块链支付计划》,http://www.cebnet.com.cn/20180319/102474646.html;[4]《泰国探索银行间数字货币结算》,http://www.sohu.com/a/235522220_481676。

(二)我国各地政府在司法存证、电子发票等社会公共领域积极探索创新应用

我国各地政府部门在司法存证、电子发票、扶贫、信用等区块链应用的创新方面走在世界的前列。例如中国银行在西藏扶贫资金支持保障系统中,区块链技术用于精准扶贫,实现扶贫资金审批使用全流程上链,确保扶贫资金的使用投放更精确高效①。佛山市推出的 IMI 身份认证平台,利用区块链技术解决目前网上或自助办事时所面临的人员真实身份确认问题②。

司法存证是区块链技术在政府领域的一项成功应用,核心价值是解决了

---

① 《扶贫资金全流程上"链" 首个运用区块链技术精准扶贫项目落地中行》,http://www.boc.cn/aboutboc/boccsr/201805/t20180524_12343467.html。
② 《广东佛山探索"区块链政务应用"推进"互联网 + 政务"》,http://www.gov.cn/xinwen/2017 – 06/23/content_ 5204956.htm。

传统方式电子数据证据保存难的问题。对于电子数据的存证，以前是通过公证员的见证把数据固定下来，而把电子数据存在区块链更加透明不容易被篡改，并且不需要人为干预，费用还更低。例如曾经为了自证清白而花费上千元的侵权官司，用区块链存证只需要 10 块钱。对于互联网法院的好处是，可以提升审理效率和质量。

2018 年 6 月 28 日，杭州互联网法院支持了原告采用区块链作为存证方式的一例侵权案件，成为国内首例区块链存证的案件。随后，区块链被提上更多省份司法厅的日程：7 月 23 日，山东省司法厅提出探索"区块链 + 司法行政"的实现形式；9 月 9 日，北京市互联网法院挂牌成立，受理的第一起网络传播权纠纷案就是采用区块链存证的。9 月 17 日，江苏省司法厅提出引入区块链等先进技术，实现"不见面办理公证"。

2018 年 9 月 7 日，最高人民法院印发《关于互联网法院审理案件若干问题的规定》，第十一条指出：当事人提交的电子数据，通过电子签名、可信时间戳、哈希值校验、区块链等证据收集、固定和防篡改的技术手段或者通过电子取证存证平台认证，能够证明其真实性的，互联网法院应当确认。

在电子发票中采用区块链技术就是利用公开透明的数据存证这一区块链的核心特征，在经营者、消费者和税务局之间实现了数据的可信流转，实现了"开票即可报销"，节约了社会总体时间成本。开票商户的发票申领、开具、查验、入账可以在链上记录；消费者的发票储存、流转、报销可以在链上记录；受票人的公司可以在链上核验发票真伪；税务局能通过智能税务管理打击假发票等违法行为。

从深圳市税务局 2018 年 8 月上线区块链电子发票以来，截至 2018 年 12 月 12 日，已上线的 32 家试点企业共开具区块链电子发票 17570 张，现已完成注册接入企业共计 209 家企业。广州市税务局首张"一条龙"区块链电子发票在广州黄埔华苑大酒店开出，消费者从开发票到报销到账，也只需要 1 分钟。

从上述应用进展来看，区块链在政府工作中比较成功的应用可以总结为

如下三个原则。第一，区块链的应用要给原来的业务带来新的价值和便利而不仅仅是一个噱头。第二，应用业务要有很好的数据化运行基础。第三，区块链的应用要符合现有的业务运行规定。未来，可以寻找其他已经有数据化基础的应用领域来带动区块链行业的健康发展。

三　区块链技术协助于社会治理现代化的创新机制分析

区块链技术与我国现代化社会治理格局的需求具有天然的互补性。党的十九大报告提出，建设现代化的社会治理能力需要构建"共治、共建、共享"的社会治理新格局。区块链技术本身是一个在数字世界里围绕数据的记录、组织和传播的一种共建、共享、共治的新技术。以公有链为例，区块链上的数据由各方共同产生，验证计算和记录也由各方共同完成，这就是共建和共享；按照代码约定规则，在不需要人为干预的前提下系统实现了健康发展，这就是共治。从这个角度来看，区块链将是现代化治理构建中可以依靠的一项关键技术。

着眼未来创新机制，区块链技术服务社会治理能力的创新方向分为简政放权、权威发布、信用社会和高效社会四个方面，下面分别阐述。

（一）组织扁平化与简政放权

政府部门内部的架构和文化是一种典型的金字塔式组织，由于科层式管理的层级僵化，组织内部将耗费大量的成本来进行沟通和协调，并且跨部门多团队的协作又变得非常困难。如果从整个社会治理组织结构的视角来看，金字塔式的组织仍然是社会治理领域组织结构的主流。随着更多互联网技术和软件在企业和政府部门应用，金字塔式组织结构向扁平化组织演进的趋势日益明显。

比特币成功构建了一种分布式自治组织结构（DAO），将组织的管理权下放到智能合约，完成每一个成员的自组织协作。区块链提出了去中心化组织这种形态，但是在社会组织中，完全去中心化可能成为无组织的一盘散沙。因此，需要将区块链天然的扁平化组织架构加以改造，构建起简政放权之后的多中心分权治理体系，有助于构建以行业自律协会等多角色为主体的自治组织权力运行新模式。

如果政府部门的权力运行依托区块链应用，相当于将信用背书的部分职能从政府的具体人员剥离，将权力归还到制度和规则。例如，对于基于明确规则的监管和审批，审核人员的个人审批和盖章行为就可以通过区块链的自动运行来替代。好处是公务员和行政人员的审批决策与腐败风险可以转移到区块链技术，风险是对政府的权力运行机制对现有行政人员分工会造成冲击。

（二）信息传达与权威发布

区块链跨层级和点对点的信息传递方式，是一种信息高效传递的革命。而传统信息的分层传递存在时间上的滞后性以及信息传达断层的不可控风险等问题。

在政府组织内部，基于区块链构建的信息传递网络，信息可以非常快速地、非常可信（不可随意篡改）地发送给在链上的每一个行政人员，阅读行为可以上链，实现精准送达。针对不同层级、不同权限的人员，可以构建不同的区块链发布网络。

在政府组织外部，对于面向公众的官方信息的权威发布来说，基于区块链构建的信息传递网络，可以实现对链上的可信媒体的转载、修改的动作的全流程追溯。通过这样的信息传递区块链平台，可以清晰地掌控信息转载去向和阅读情况，让触达公众的信息更加快速和可信，以正视听。

（三）数据管理与信用社会

区块链技术带来了一种信息记录和传播方式的变革。如果不同的相关方将个人的信用信息记录到区块链上，每一条信用信息都可以追溯到记录方，同一条信息被某一机构更新之后，会直接同步到整个网络中，记录的数据更

可信。加入这个信用区块链的征信公司，一方面可以在链上共享信息，另一方面又可以从链上获得最新的信息。

通过区块链进行信用数据的管理，将一个人散落到各个角落的碎片化信用信息归集起来，使信用信息的来源不再局限在某几个机构。这样，重要失信行为就能够在第一时间被推送到链上的征信机构，构建起更加具有威慑力的社会级信用基础设施体系。

基于区块链构建完善的线上信用体系与线下违背信用行为的追溯与打击相配合，对于构建现代化共治的社会治理环境具有极其重要的意义。

（四）共享服务与高效社会

"共享经济之父"里夫金曾指出，真正的共享经济是当服务和商品的边际成本降到零时，所诞生的一种新经济系统。简单一点来说，共享经济应该具备如下四方面特征：把现有资源进行充分利用，共享平台为用户提供便利，用户既是使用人也是资源提供方，平台为服务提供背书。从这个标准来看，很多带有"共享"二字的互联网业态并不是真正的共享经济。

区块链的 token 已经具备了比较成熟的依据所有权分润的机制，而整个区块链网络本身就是在用一种共享计算的方式去满足计算需求。因此利用区块链可以建立起一种出资方就是使用方，也是受益方的真正的共享经济模式。因此，区块链非常有潜力成为构建未来共享经济和共享社会的平台技术。未来，自动驾驶汽车公司用共享方式提供出行服务可能是城市交通服务的主流，理论上只需要城市私有汽车存量的 1/10 就可以解决城市的交通需求和拥堵问题。

四 区块链技术给社会治理带来的新挑战

随着智能合约的发展，区块链在社会学角度上变得更加复杂和自治，并出现了各种概念，基于 DAPP（去中心化应用）和 DAO（去中心化自治组织），会出现新的 DAC（去中心化自治公司）、DAS（去中心化自治社会）。

DAPP 有三个重要的特性：第一，运行在分布式网络上；第二，参与者信息被安全存储，隐私得到很好的保护；第三，通过网络节点去中心化地运作。这样形成了一个去中心化的组织网络，在智能合约启动过后，可以通过预先设定的业务规则自动运行。

因此，从负面风险的角度来看，这个更隐秘的自运行组织会便利数字世界"独立王国"的运行，这在逻辑上与互联网技术被非法分子构建了暗网的线上黑市类似。区块链技术给社会治理带来的新挑战涉及非法交易、监管方式、经济欺诈三方面的风险。

风险 1：虚拟货币便利非法交易活动

比特币等虚拟货币可变现能力极强，虽然价格不稳定，但是这并不妨碍它在某些非法领域的使用。这是由于比特币具备不能造假、不能反悔、高度匿名性的特性，对非法行为来说具备更好的可信性和安全性。例如，在暗网上的非法商品交易中，比特币就是常用的支付工具。行贿受贿、洗钱和勒索等非法行为，采用比特币等虚拟货币就很难被监管，一个地址、一行代码就可以收到大额资产，可以无声无息地保存和变现。

据福布斯报道，2017 年早些时候的一项研究表明，大约 1/4 的比特币用户以及一半的比特币交易与非法活动有关。每年大约有 720 亿美元的非法活动涉及比特币，与美国和欧洲非法药物市场的规模接近。

风险 2：去中心化挑战传统监管方式

传统监管方式是一种以中心化应对中心化的治理哲学。区块链的这种去中心化的新组织形式出现后，依靠人力去进行中心化管理方式的工作量会几何级数增加。此外，只有从法律层面规范和惩戒物理世界的不法行为中心（自然人），才能实现治标。

虚拟货币领域对监管的挑战主要表现在打着去中心化旗号的虚拟货币发行中心，本质上是一个"再中心"。另外，新发行的虚拟货币游离在现有的金融体系之外，影响一国的经济秩序和金融体系稳定。

在信息传播领域，基于区块链的内容分发平台发布的内容不可撤

销，并且可以重构利益分配方式，内容发布方的版权更容易被保护，获利的可能性会更强。如果创作者能够获得更多的收益，即使对发布人都实行了实名制，那么未来基于区块链构建的内容分发平台相比抖音、今日头条等平台，其违规内容只会更多。因此区块链的内容分发平台将面对更严峻的 UGC（用户原创内容）违规风险，也为传统的监管方式带来了更大的挑战。

风险3：科技噱头与经济欺诈

区块链建立数据信任的能力局限在数字世界里，区块技术本身和真实世界没有建立起映射机制，因此基于区块链的技术并没有建立起物理世界里的信任。但是，有很多的伪区块链科技公司，打着"区块链是信任机器"的幌子，向客户游说区块链上的资产是安全可信的，而这些公司却扮演者超级管理员的角色，并没有真的运用区块链技术和规则来运营。很多这样的伪区块链项目，披着时髦科技的外衣掩盖本质上的"庞氏骗局"和"博傻游戏"，给参与者带来了巨大损失。

2019年1月22日，英国金融监管单位（FCA）的研究称，2018年的数字代币（ICO）欺诈事件比之前增长了一倍，并且78%的数字代币 ICO 事件是彻头彻尾的骗局。未来，只有把区块链应用于真实产业场景，切实服务现代化经济体系产业新生态，才能体现出更高的市场价值。

五　应对区块链风险的监管对策思考

从区块链是数字世界一种新的生产关系的视角来看，区块链的未来不是局限在虚拟货币和金融领域的应用，因此对区块链产业的监管思路，要提升到互联网产业治理的高度来看待。对区块链的监管不能等同于区块链在虚拟货币、ICO（初始代币发行）和 STO（合规通行证发行）方面的监管，而应从区块链技术影响数字经济发展的大视角来研究区块链产业的监管策略。

我国数字经济发展走在全世界的前列，这一发展成果与我国对互联网产业的治理特点和经验密不可分。注重创新带来的社会增量、对新技术的包容性和先行先试，这两方面的治理思路催生全球领先的互联网产业，以及全球最先进的互联网治理经验。互联网所带动的数字经济是一种全新的经济形态，当前对互联网产业的治理各国还在逐步摸索中，大量安全领域的黑灰产问题仍无法完全肃清。这背后的原因是，新技术发展的路径无法准确预测，监管方向和手段也无法精准提前布局。"先治理，再发展"具有盲目性，一旦扼杀新技术的创新，也会扼杀治理创新的机会。因此发展和治理同步或者"先发展，后治理"是对新技术治理的必然选择，能够避免过度监管对发展的负面影响。

互联网是数字经济的一种生产关系，区块链更加符合生产关系三要素的定义，因此对于区块链治理的总体思路，可以借鉴互联网治理经验。治理的首要目标是促进区块链健康发展，注重技术和应用创新带来的社会价值增量；其次，采取包容性先行先试的策略，治理措施要及时和精准地针对发展出现的问题。对于带来新的社会价值的应用创新，如果其触犯了现行的监管规定边界，需要考虑是否拓展监管边界。

实现用技术监管技术是解决区块链监管难题的关键。区块链的数据记录方式让信息更加容易追溯和共享，一旦接入监管机构，更加易于智能化监管，可以获得全面实时的监管数据。在互联网安全领域，一些起源于黑客群体的攻击手段可以被改造用于网络安全防护和监管。同样，比特币等数字货币现在也有被黑客入侵的事件发生，理论上这些技术也可以被改造为区块链的技术监管手段。

建议加大对区块链应用检索、监测和分析工具的开发和投入，目标是能够做到同步感知信息、及时分析风险。对于区块链应用，监管机构作为链上成员也应上链，获得知情权以及必要的运营权和管理权。

建立区块链违法行为的线下惩罚机制是解决区块链监管难题的根本。区块链的应用在现实世界产生利益侵害，就需要启动线下追溯机制来找到责任人。只有对应用背后的操控人实现有效打击，才能从根本上实现区块链治理的闭环。构建线下的追溯能力需要运用最新的技术手

段，还需要对部分现行的法律法规进行修订，及时确立实施有效惩罚的法律依据。

六 结语

区块链作为数字世界里新出现的生产关系，给人类社会带来的改变程度是很难预测的。就像在互联网技术诞生了 30 年后的今天，我们才感受到了互联网技术给人类社会带来的突飞猛进的变化。新技术是一把"双刃剑"，在给人类带来收益的同时，也会带来新的风险。

同样，区块链技术对于社会治理而言，既带来了新的变革机会，也孕育着新的监管挑战，在二者的平衡中让技术最大限度地造福社会才是区块链治理成功的标志。相信区块链经过了第一次泡沫期，已经开启了脱虚向实，与实体经济深度融合的发展阶段。区块链在社会治理中一定会涌现出更多的创新应用，对于区块链的监管和治理能力也将提升和变革。

参考文献

中国互联网协会：《中国互联网发展报告》，2018 年 7 月 12 日。

《欧洲区块链合作伙伴关系：欧洲正在认真对待分布式账本技术》，http：//www.sohu.com/a/259585787_286863。

石菲：《世界各国政府谁最爱区块链》，《中国信息化》2018 年 8 月 10 日。

《荷兰将区块链技术用于废物治理》，http：//huanbao.bjx.com.cn/news/20180508/896240.shtml。

《巴西首例用区块链登记婴儿身份》，https：//36kr.com/p/5153841.html。

《新加坡中央银行批准国际区块链支付计划》，http：//www.cebnet.com.cn/20180319/102474646.html。

《泰国探索银行间数字货币结算》，http：//www.sohu.com/a/235522220_481676。

《全国首张区块链电子发票在深圳开出，开启纳税服务新时代》，http：//

tech. qq. com/a/20180810/042883. htm。

《蚂蚁区块链再落新场景：发票从开出到报销仅 1 分钟》，http：//www. sohu. com/a/280801371_ 115060。

《扶贫资金全流程上"链" 首个运用区块链技术精准扶贫项目落地中行》，http：//www. boc. cn/aboutboc/boccsr/201805/t20180524_ 12343467. html。

《广东佛山探索"区块链政务应用"推进"互联网＋政务"》，http：//www. gov. cn/xinwen/2017 – 06/23/content_ 5204956. htm。

B.22
基于区块链技术的数字资产和
金融监管述评

黄震　姚贝*

摘　要： 随着区块链技术的兴起及其在我国金融领域广泛的应用，数
字资产的确权和交易有了更大的实现可能，也提出了更高的
金融监管要求。本文主要从区块链技术的兴起及其在我国金融
领域的应用、区块链技术与数字资产、区块链技术对金融监管
的挑战、区块链技术在金融监管领域的应用路径等四方面进行
了梳理与分析，以期有助于区块链技术落地应用和健康发展。

关键词： 区块链技术　数字资产　金融监管

一　引言

随着第四次工业革命和数字经济的发展，大数据、云计算、区块链、生
物科技、人工智能等最新科技在金融行业得到广泛应用。不断兴起的科技改
变着生产方式和生产关系，以前的技术带来的改变是渗透式的，但是 2013
年之后却是溢出式的。渗透式的特点是我们把技术当成高层技术，逐渐往下
渗透，它改变的逻辑是从高往低走；而现在的情况是技术已经变成底层基础

---

* 黄震，中央财经大学教授、金融法研究所所长，兼任中国互联网金融创新研究院院长、北京
互联网金融行业协会首席经济学家，研究方向为金融科技、互联网金融、金融法等；姚贝，
中央财经大学金融法研究所硕士研究生。

设施，然后创新从底层爆发出来。从底层溢出的技术建立起一个不容忽视的科技环境，既对金融创新提出了新要求又倒逼我们在科技创新的大环境中推动监管变革。

基于科技对金融监管的溢出式改变，基于金融科技及其与其他新技术结合应用的"监管科技"受到越来越多的关注。从中国知网上以关键词"监管科技"的指数分析来看，2012～2018 年文献数量共 178 篇，2017 年相关文献数量大增，由 2016 年的 1 篇增长为 59 篇，2018 年"监管科技"这一词的相关文献数量达到 115 篇。2019 年环比增长率虽然明显下降，但依旧保持稳定的增长。可以看出，在科技创新进一步深化的过程中，人们对于技术驱动型的监管科技研究保持了一定的热度。

第四次工业革命中不可忽视的变革性技术——区块链，自诞生起就对金融领域产生了革命性影响，它让资产数字化有了更多的可能，不仅使数字资产的种类增加，还能够解决数字资产存储、确权、交易的难题，数字资产的发展也对金融监管提出了更高的要求，而区块链技术恰恰能够基于此为金融监管赋能。

本文试图从区块链技术的兴起及其在我国金融领域的应用、区块链技术与数字资产、区块链技术对金融监管的挑战、区块链技术在金融监管领域的应用路径四个方面，对相关文献进行系统梳理，以期总结数字经济时代下区块链技术应用于金融监管的新范式。

二 区块链技术的兴起及在我国金融领域的应用

2008 年，一位名叫中本聪的人发表了《比特币：一种点对点的电子现金系统》，将比特币推向大众，同时产生了一种新的技术——区块链。

区块链是一种去中心化的分布式记账系统，是一串使用密码学所产生的数据块，这些数据块中包含了多次比特币网络交易有效确认的信息，而且新增的数据块总能连接到上一个区块上，形成越来越长的区块链条，链上储存着整个网络每一节点的所有交易记录，可以看作记录着全部交易的账本。同时账本上的数据一旦被写入便不会被篡改，也不易丢失，公开的区块链上的

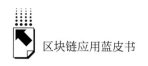

数据能够被所有人查看。

通过去中心化的分布式记账方式，比特币得以发行。尽管目前以比特币为代表的数字货币并未获得多数国家的承认，但是区块链技术有了更多新的应用，尤其是与金融领域的融合应用趋势不断加强。

根据李伟主编的《中国区块链发展报告（2018）》，我国金融机构和相关企业已经在金融领域进行了多种应用实践。一是在支付清算领域，如2018年1月，中国银联与中国银行基于区块链的跨境汇款查询应用项目完成技术上线，为解决跨境汇款中信息不同步问题提供新的解决方案。二是数字票据交易，如2018年1月，上海票据交易所数字票据交易平台实验性生产系统成功上线运行。三是电子凭证存证，如2017年7月，中国银联与光大银行基于区块链技术，上线了以电子签购单为场景的可信电子凭证应用技术。四是信用证交易，如2017年7月，中信银行联合民生银行应用了基于区块链技术的国内信用证信息传输系统。五是慈善扶贫，如2017年5月，工商银行与贵州省贵民集团联合上线脱贫攻坚基金区块链管理平台。六是供应链金融，如2018年1月，工商银行和特产石化仓储基于区块链技术构建供应链金融管理平台，实现供应链上下游企业间金融信息共享。七是资产证券化，2017年1月，百度金融、佰仟租赁、华能信托利用区块链技术发布ABS产品，首单发行规模达4.24亿；同年7月，京东金融、建元车贷、中诚信评级等机构联合发行基于区块链的资产证券化产品，截至2018年2月，资产规模达1亿元。随着技术研究和开发的深入，除了在金融领域的应用，区块链技术必将拥抱更多领域，如政务、司法、医疗、能源、电子商务、知识产权、慈善、招投标等行业。

三 区块链技术与数字资产

（一）基于区块链技术的数字资产的定义

区块链技术的应用从早期最典型的数字货币，逐渐扩展到更多的应用场景，而这些不断扩展的场景又产生了基于区块链技术的多种多样的具有交换和使用价值的数字资产。目前，数字资产的统一定义在国内还是比较空白的，基于区块链技术的数字资产的定义也有多种分类。区块链技术的诞生带来了金融领域的颠覆性变革，数字资产的种类更加多样、范围不断扩大。不同的研究者从不同的角度给出了不同的定义和分类。从广义来看，李钧、孔华威率先从金融资产数字化角度，赋予了数字资产新的内涵。他们认为数字资产包括任何企业、个人所拥有的，一切以电子数据形式存在，具有独立商业价值或交换价值的资产。基于区块链的数字资产也可以归于这一类。从狭义来看，将基于区块链的数字资产细分为以比特币为代表的数字货币类资产和非数字货币类数字资产。其中潘云鹏又将非数字货币类数字资产称为数字权益类资产，是基于区块链发行的、具有可编程能力的智能股票、智能债券等权益类资产。杨东将这一类称为数字化金融资产，如数字化的股票、私募股权、众筹股权、债券、对冲基金、所有类型的金融衍生品（如期货、期权等各类金融资产），同时他还提出了各类可数字化资产，如不动产、数据资产、知识产权、艺术品、奢侈品、文化遗产、企业资产、城市资产等。

区块链技术与金融领域的融合不断深化，使得精确定义数字资产具有一定难度，但是通过梳理相关文献，我们可以对基于区块链技术的数字资产有一个基本的认识。

（二）区块链技术让数字资产流动起来

梅兰妮·斯万首次提出区块链上可以实现任何形式资产的注册、存储和交易，通过区块链，所有的资产都将变成数字资产，都能直接在区块链系统上被跟踪、控制、交换和买卖。该研究奠定了数字资产交易的理论基础。在此基础上，我国学者对于将基于区块链技术的分布式账本用于实现数字资产交易的可行性做了进一步的研究。

人们可以通过拥有自己的数字身份持有数字资产，数字身份和数字资产一一对应，就可以完成数字确权。当我们确信一个数字资产是被某一个数字身份所拥有时,这个数字资产就可以赠送、转让、租赁、质押等。数字金融可以做各种现代金融做的事情,但是数字资产交易需要一个价值中介。乔海曙、谢姗姗对区块链技术实现数字资产交易的可行性和便捷性做了分析,他们指出在数字资产管理中,资产将被数字化并由区块链保管,得到交易指令后,区块链直接将资产转移至对方名下,交易简单快捷。另外,只需在区块链中通过多重签名和智能合约即能有效管理多方交易产权归属的难题。王晓峰进一步分析了分布式账本用于数字资产交易的可行性和优势,他认为任何实体资产、虚拟资产、其他在金融和法律上定义的资产都可以使用分布式账本进行存储。通过在分布式账本上注册资产,每一项资产都可以在数字化网络上转化为"智能资产",其可以为多种服务提供健壮的、可信的证据和交易记录,又因为区块链技术本质上仍是一种 P2P 技术,有助于信息的传递和分享,可以极大地提升资产交易的结算速度。

通过梳理相关文献,我们可以总结出区块链技术使数字资产的确权和交易有了更多的实现可能,但是目前研究处在理论阶段,技术落地有哪些实现要求,实际操作中又会出现哪些问题还需要进一步验证。

四 区块链技术对金融监管的挑战

随着越来越多的金融机构及相关企业探索区块链技术的应用,尤其是随着数字资产的确权与交易的快速发展,我国金融监管面临着前所未有的新挑战。

第一,传统金融监管理论已经出现空白与漏洞。区块链技术作为一种新型技术,还在不断发展之中,随着其在金融领域的应用范围进一步扩展,必将推动金融监管理论的重大变革,传统的忽略技术手段的监管理论已经不适应第四次工业革命和数字经济时代的金融监管要求,重构金融监管理论刻不容缓。

第二,传统的金融监管方式已经滞后于技术的发展。作为底层技术的大数据、云计算、区块链、生物科技、人工智能等最新科技已经溢出，既改变着金融行业的发展，也重新构造了金融监管的环境。技术不再是工具，而是呈现出与金融监管融合的态势，我们必须重视区块链技术在金融监管中的作用，推进金融监管方式变革。

第三，金融监管法规具有不可避免的滞后性。技术创新日新月异，已经制定的法律法规有其历史局限性，可能已经无法应对新的科技环境，我国目前缺少针对区块链技术产生的金融产品和商业模式的监管政策与法规。但我们还要注意不能陷入"一管就死"的困境，要在风险可控的前提下，根据区块链技术的发展状况适时调整监管目标和相关政策，支持和鼓励金融服务创新。一方面有利于市场创新业务的开展，另一方面有利于防范出现对基于区块链技术的业务和产品的监管真空。而且在创新环境中，法律法规的滞后性问题不能仅靠修改法律来解决，更需要探索法律与技术嵌合的新路径。

五 区块链技术在金融监管领域的应用路径

区块链具有不可篡改、不易丢失、去中心化、可追溯、全网记账的特点，尤其是其去中心化的特点可以说是对传统监管方式的颠覆。传统的监管无论是设立监管机构还是制定法律法规，中心化的角色都是不可缺少的。法律本身就具有中心化权威属性，监管机构本身就是监管中心，区块链技术是否天生就与它们存在着冲突？其实不然。区块链去中心化的特征和中心化的监管之间并不存在不可调和的矛盾，去中心化和中心化一直都是相对的。我们承认冲突的存在，但是我们可以尽力寻找化解中心化与去中心化冲突的方式，探索区块链技术在金融监管领域的应用新路径。

一是在法制上推动金融科技框架立法，确立区块链技术的法律地位，鼓励区块链技术和监管科技的发展和应用，推动区块链、金融科技在依法合规的框架内运行。

二是通过立法、规则制定等多种方式，将区块链技术和监管科技纳入现有金融法律规范体系。同时，赋予金融监管机构建立包括区块链、监管技术

在内的金融技术标准和规范指引权限；探索制定有关监管科技在金融机构推广和应用的规则，统一数据报送标准和流程，提高投资者适当性管理和合规风险管理的水平。

在数字货币泡沫逐渐破灭，市场出现以区块链名义进行非法集资、欺诈的恶劣环境下，区块链被污名化，大家预期降低，担心政府清理，这些都阻碍着区块链技术在监管领域发挥优势作用。立法者需要在法律法规上为区块链技术正名，鼓励监管机构、金融机构以及相关企业探索区块链技术的应用，推动区块链技术在监管领域依法合规运行。

三是将法律法规内嵌于区块链技术之中。以智能合约为代表的区块链2.0，将智能合约置于分布式结构的上层，用编程式的合约规制经济关系。智能合约也可以应用到行政规制的金融监管领域，通过假设条件、事实和结果三段论的逻辑结构来构建监管政策。写入同法律规范等效的代码，形成符合法律规范的智能合约，实现自动化执行和监管，从而改变法律传统的外部制约的监管地位；变革金融监管理论，使法律制定与修改和代码写入、修改同步进行，从而实现法律与区块链技术的嵌入式结合，真正用技术降低监管成本、提高监管机构的监管能力，为区块链技术在金融监管领域的应用提供新路径。

四是发展合规区块链。区块链有促进监管合规和企业合规的潜力，合规区块链将成为推动金融监管的重要科技资源，区块链技术和大数据、云计算、人工智能等结合，可以全方位转变传统金融监管的模式。

通过打造一个一站式的区块链平台，金融机构可以借助此平台将业务系统数据整合上链，打造出一个区块链的分布式报表系统。在系统中，数据公开透明、不可篡改，并且可以随时调用，与机构内其他部门，甚至其他机构跨链建立相关关系。金融机构可以通过区块链中存储的数据自动化实现KYC、客户身份验证、管理，有利于进行用户画像和信贷风险识别，为银行资本充足率和风险管理提供技术支持，增强金融机构的风险防控能力和合规能力。

用监管机构主导的合规区块链将央行、两会、公安、工商等政府监管部门从实体移到区块链上，跨时空协调联合监管。开放接口接入各类持牌和未持牌的金融机构以及消费者组织，督促金融机构将数据和交易运营信息上链，经过监管部门主链节点的审核确认后向全网广播。监管机构的监管政策和合规指引以及金融机构的日常数据都打包整合上链，形成一个个独立的节点，各个节点之间异构多活，形成多方在线、点对点互联的交互式结构。

通过合规区块链的底层和合约应用层，实时灵活调用合规政策和企业数据，企业也可以及时查看掌握监管动态和合规要求，根据合规指南及时调整业务，降低经营风险和合规成本。

通过打造一站式区块链平台，形成以金融机构、监管机构、企业三大主体为核心的链上多方协调合规共同体，落实从源头到终端的合规链，真正构成三大核心主体之间的良性互动循环，从而降低整个行业的合规成本，提升整体的合规能力和水平，合规模式参照基于区块链技术的动态合规图（见图1）。

五是将区块链技术纳入监管沙盒机制中。基于合规区块链的监管沙盒构架，监管者、金融机构、金融科技初创企业可以在监管沙盒的真实试验场景进行扁平化对等交流和互操作性的沟通。在进入沙盒前的审核阶段，依据智能合约和算法设定的准入条件智能化筛选符合沙箱条件的金融机构和初创企业，为测试对象量身定制编程化和规范化的测试方案，测试创新的产品和服务。测试结束后将数据和结果上传上链，方便金融消费者查看和监管机构的后续评估，制定过渡策略。在多方同时在线、同频共振的协同合作模式下，传统金融监管的行政色彩被淡化，公权力主体和市场参与者处于扁平的网络空间，金融监管更便利地延伸到创新链环节上，跟随创新链的发展动态调整，有效平衡安全、创新和金融消费者权益保护。

监管沙盒具有试错、纠错、创新的特点，将区块链技术纳入监管沙盒之中，可以筛选金融机构和企业、制定定制化测试方案、整合测试数据上链，实现便捷、动态、全面的评估，从而极大提高创新的效率，降低创新的成

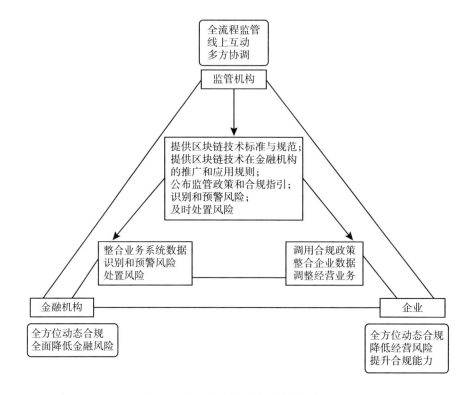

图1 基于区块链技术的动态合规

本，发挥监管科技的活力，为监管机构注入新的生命活力，实现监管理论和方式的重塑。

六是加大区块链技术的研究，建立基于区块链技术的监管科技实验室。积极开展基于区块链的监管科技研究与交流，发挥技术专家学者的导师作用，加大对监管科技人才和跨学科研究人才的培养力度，探索区块链技术在金融监管领域的多样化应用路径。

六 结语

区块链技术产生于金融领域，又凭借其去中心化、不可篡改、不易丢失、共识共享的特点，在金融行业得到越来越多的创新应用。金融监管领域的变革要从理论反思开始，借科技之力与法律之规进行双轮驱动，落脚于更高的监管效率、更低的监管成本、更强的风险防范与处置能力。现阶段，基于区块链技术的金融监管与传统中心化的监管存在着矛盾，但是正视技术溢出、正视金融监管的新环境是未来金融监管的必然着眼点，探索新的理论与调和矛盾的方法是变革传统金融监管的必然趋势。

参考文献

黄震：《区块链数字经济急需加强风险管理》，《互联网金融》2018 年 6 月 5 日。

杨东：《区块链 + 监管 = 法链》，人民出版社，2018。

黄震：《区块链在监管科技领域的实践与探索改进》，《人民论坛·学术前沿》2018 年第 12 期。

吴燕妮：《金融科技前沿应用的法律挑战与监管——区块链和监管科技的视角》，《大连理工大学学报》（社会科学版）2018 年第 3 期。

李伟主编《中国区块链发展报告（2018）》，社会科学文献出版社，2018。

李钧、孔华威：《数字货币的崎岖进化》，电子工业出版社，2014。

杨东：《区块链 + 监管 = 法链》，人民出版社，2018。

潘云鹏：《基于区块链的数字资产信托业务创新与探索》，《现代商业》2018 年第 35 期。

王醒、翁健、张悦、李明：《基于信誉值创建数字资产的区块链系统》，《信息网络安全》2018 年第 5 期。

〔美〕梅兰妮·斯万：《区块链—新经济蓝图及导读》，龚鸣等译，新星出版社，2016。

曹月佳、承安：《区块链的发展方向是数字资产》，《国际融资》2016 年第 11 期。

乔海曙、谢姗珊：《区块链驱动金融创新的理论与实践分析》，《新金融》2017 年第 1 期。

王晓峰：《基于区块链的分布式账本技术在金融领域的应用及监管建议》，《商业经济》2017 年第 4 期。

邵宇：《区块链技术对金融监管的挑战》，《上海政法学院法治学报》（法治论丛）2017 年第 4 期。

张健：《区块链定义未来金融与经济新格局》，机械工业出版社，2017。

徐明星、刘勇、段新星、郭大冶：《区块链重塑经济与世界》，中信出版集团，2016。

李永仕、杨泽新、郭华：《数字资产内涵、价值评估与交易研究——基于演化视角的展开》，《北京财贸职业学院学报》2018 年第 3 期。

黄震：《区块链在监管科技方面的应用展望》，《金融经济》2018 年第 19 期。

江婷婷、王法：《区块链金融：让数字资产流通起来》，《当代贵州》2018 年第 24 期。

王方方：《论数字资产的法律界定与保护》，《法制与经济》2018 年第 10 期。

B.23
运用交叉学科思维
推动高通量区块链技术发展

孙　毅[*]

摘　要： 区块链是未来构建价值互联网的基石。然而，通量低成为制约区块链技术发展及其在关键行业应用的主要瓶颈之一。现有通量提升方案大多集中在通过完善算法和数据结构来提升通量，效果和提升空间有限。本文运用交叉学科思维，提出了三个未来值得重点关注的研究方向和技术路线，如通过多学科交叉融合的方式发展高通量区块链技术，推动区块链技术的完善与落地。

关键词： 高通量区块链　交叉学科　软硬件一体化　监管

一　区块链的通量之痛

区块链是一种以密码学为基础的点对点分布式账本技术，其首次从技术上解决了中心化信任模型带来的安全问题。区块链技术基于密码学算法保证价值的安全转移，基于哈希链及时间戳机制保证数据的可追溯、不可篡改，基于共识算法保证节点间数据的一致性。区块链以其去中心化、公开透明等特性使得人们可以在互联网上方便快捷、低成本地进行价值交换，是实现价

---

* 孙毅，中国科学院计算技术研究所研究员、区块链联合实验室主任。

值互联网的基石。

区块链技术自 2008 年以来获得了快速应用。最初，区块链技术主要应用于数字货币领域，2015 年后，区块链技术逐渐渗透至金融服务、社会管理等诸多领域，催生了广阔的应用前景。图 1 展示了近年来与区块链技术相结合的一系列领域。

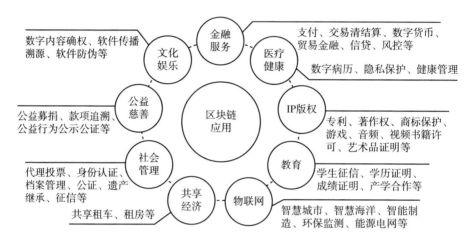

图 1　区块链应用领域

然而，虽然区块链技术已应用到诸多领域，但是其主要局限在存证、清算等低频交易场景中，面对实时支付、物联网等高频交易场景，区块链通量严重不足，无法满足现实需求，这也限制了其应用领域的进一步扩展。

目前，比特币每秒只能处理 7 笔交易，以太坊平均每秒只能处理 15 笔交易。与之形成鲜明对比的是，现阶段支付宝平均每秒处理交易 5000 笔，峰值时达到了 25 万笔；微信支付平均每秒处理交易 7000 笔，峰值时达到了 76 万笔；大型物联网系统的数据吞吐量也要求至少支持每秒数千笔交易。

由此可见，现有区块链系统的通量实测结果与重要领域高频交易场景的通量实际需求至少相差了几个数量级，低通量已成为制约区块链技术发展和其在关键行业应用落地的重要障碍之一。因此，研究与发展高通量区块链技术，提升区块链系统通量水平，对于推进区块链技术在核心行业应用具有重要意义。

二　国内外研究现状

国内外现有区块链通量提升的相关研究工作，大多从共识机制、链上扩容、支付通道、区块链分片（并行化）等几个方面展开。

（一）共识机制

共识机制用于确保各节点维护相同内容和顺序的交易记录，是区块链系统的核心构件。不同共识机制会对区块链通量产生很大影响。中本聪为比特币设计了工作量证明共识（Proof of Work，PoW）。在该共识中，各节点通过求解数学难题争夺记账权，最先计算出答案的节点将其记录的交易集合（即"区块"）发送至其他节点，其他节点把收到的区块添加到自身维护的区块链上。工作量证明共识是比特币的关键技术之一，在保证其去中心化、维护自身安全性等方面发挥着重要作用。然而，在其共识过程中，区块生成频率不宜过快，否则将导致交易记录的暂时不一致，即所谓"分叉"（fork），进而诱发一系列安全问题，这就导致了比特币区块链系统的通量严重不足。此外，工作量证明共识还面临电力资源浪费等一系列问题。

在传统方案的基础上，近年来，国内外学者提出了一系列的改进措施。康纳尔大学的研究人员提出了 Bitcoin - NG 共识机制。Bitcoin - NG 通过前述工作量证明机制选举出主节点，在下一个主节点被选举出之前，仅由当前主节点以较快频率生成记账区块。与比特币相比，Bitcoin - NG 可以在单位时间内将更多交易写入区块链，但是某个节点在成为主节点后，可能存在遭受攻击的隐患。以太坊创始人 Vitalik 试图在区块链系统中引入权益证明共识（Proof of Stake，PoS）。在这一共识中，各参与方以自身持有的股权为依据，获得区块链系统记账权。然而，权益证明共识会导致记账权偏向于股权持有量高的参与方，牺牲了区块链系统的去中心化特性。还有部分区块链系统

（多见于联盟链）引入了传统分布式系统中采用的 PBFT 共识（Practical Byzantine Fault Tolerance），但该共识将系统的容错强度从原有的50%降低至33%，削弱了区块链系统的健壮性。此外，PBFT 共识因为引入了投票机制，在节点数量众多的时候共识效率受限。

事实上，在区块链系统优化方面存在所谓的"不可能三角"，即任何一种区块链共识机制，均无法同时满足性能（可扩展性）、安全性和去中心化三项相互制约的需求。从共识层面进行通量优化，不可避免地会遭遇这个"三难困境"，在提升通量的同时会以安全性、去中心化程度为代价。

（二）链上扩容

链上扩容通过更改区块链结构，使每个区块能尽可能多地容纳交易。通过这种方式，每当在区块链上添加一个区块，就会有更多交易写入区块链，进而实现通量的提升。链上扩容的方法可分为两类。

1. 在保持交易大小不变的情况下提升区块大小，以比特币现金为代表

2017 年底，比特币业界产生了一次著名的分裂，诞生了"比特币现金"（Bitcoin Cash）这一数字货币。比特币现金的重要特性是，区块的大小能够动态调整，最大可达比特币的 8 倍。因而，比特币现金的各区块能够容纳更多交易，从而在一定程度上提升了通量。但是，如果不加限制地增大区块，可能影响区块在全网的传播效率，增大分叉的可能性，进而影响系统的安全性。

2. 在保证区块大小不变的情况下降低其所包含的交易大小，以隔离见证为代表

隔离见证（Segregated Witness，Segwit）最早是为解决比特币"交易延展性"问题而提出的，但其在客观上也提升了区块中的交易数。隔离见证将交易发起者签名信息从交易中取出，置于专设的"见证"（witness）字段中。在统计区块中的交易规模时，并不将该字段计算在内。通过这种方式，隔离见证可视作缩减了交易大小。但是，由于交易中必须包含收发方、转账

金额等最基本信息，交易不可能进行无限度的压缩，因而，Segwit 等压缩交易的方法对通量的提升作用十分有限。

（三）支付通道

以支付通道为代表的二层方案（L2 方案）选择绕开较为低效的区块链系统，从链外开辟资产流动的渠道，而仅把区块链作为最终的清结算工具。目前较为典型的支付通道包括闪电网络（Lightning Network）和雷电网络（Raiden Network）等。

闪电网络于 2015 年提出，应用于比特币系统。在该方案中，交易双方使用专用的哈希时间锁定契约（Hashed Timelock Contract，HTLC）以实现资产的原子交换，即保证面向双方的资产交割或者同时发生，或者均不发生，而比特币区块链仅用于记录交易的最终结果。多个 HTLC 可以组成支付通道网络，实现资产在多个参与方间的流动。

雷电网络应用于以太坊系统，其目的是利用链下状态网络对以太坊的交易能力进行扩展。雷电网络的基本原理与闪电网络类似，但在实现时依托于以太坊的智能合约。由于资产的流动不依赖区块链系统，雷电网络在峰值时可以达到很高的吞吐量。

虽然链外通道实现了通量的大幅度提升，但是本质上这些二层方案并没有提升区块链本身的通量水平，大多数交易在链外发生，资产的流动情况并未在区块链上留下记录，也就牺牲了区块链透明、可验证、可追溯等优良特性。同时，随着时间的推移，支付通道网络也存在着通道阻塞、路由选择中心化等问题。

（四）区块链分片

以分片为代表的区块链并行化技术是近年来新兴的通量提升方案。这一类方案将原有的区块链系统拆分为多条子链（即"分片"），每个节点仅维护特定分片，并验证该分片内部的交易。通过这种方式，每笔交易仅由一部分节点处理，各分片间实现了交易处理的并行化，进而实现了通量的提升。

由学术界在 2016 年提出的 ELASTICO 协议是对区块链分片的最早探索。该协议的基本思想是，各节点通过类似工作量证明的方式，将区块链网络随机划分为多个分片，每个分片独立处理映射至自身内部的交易。在每轮共识结束前，对所有分片的共识结果进行汇总，并生成相应区块。另一种被广泛认识的分片技术是以太坊的 Sharding，其属于以太坊 2.0 的重要研究内容。Sharding 的基本思想是在保证安全性的前提下将区块链在网络层面和数据存储层面拆分成多个子区块链，各子区块链并行处理交易并生成区块。此外，Sharding 的分片链都锚定在主链之上，分片链借助主链进行更高层次的共识，主链约束并管理分片链，同时协助分片链完成跨分片通信。

目前，区块链分片处于早期的发展阶段，仍面临诸多亟待解决的问题。例如，如何验证跨片交易的有效性，如何保证分片方法的安全性，以及如何权衡跨片交易的成本与并行化收益等。

（五）小结

通过对已有工作的分析可以发现，当前工作主要针对区块链系统区块产生、交易打包等相关过程进行了不同程度的优化，这些上层算法和数据结构层面的优化，对于性能提升的效果相对有限，区块链分片仍处于初步设计实现阶段，有很多问题等待解决。实验表明，即使是在理想的实验室环境下，目前的优化方案也均存在很多不足，无法在通量水平上产生几个数量级的飞跃。

三　用交叉学科的思想发展高通量区块链

为了大幅提升区块链系统的通量水平以满足现实生活中高频交易的实际需求，推动区块链在金融、物联网等核心领域的应用落地，我们提出通过多学科交叉融合的方式发展高通量区块链技术，在此提出三个值得重点关注的研究方向和技术路线。

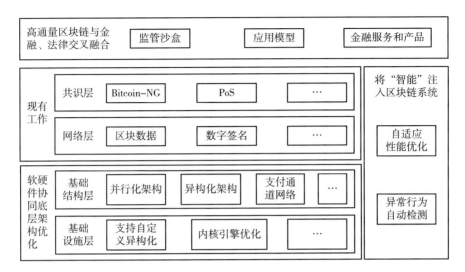

图 2　高通量区块链研究方向

观点一：从区块链底层架构进行优化，包括系统软件架构和硬件架构，研究软硬件交叉融合、一体化的解决方案。

计算机科学几十年的发展历程表明，仅从协议、算法和数据结构层面进行性能优化，其提升空间有限，要想实现数量级程度的性能提升必须从更底层的基础架构入手。

我们认为区块链基础架构层面的优化需要软、硬件两个维度的交叉融合。在软件维度上，可以通过改变区块链系统的组成结构（链上/链下），进而改变参与方的通信与数据处理方式，实现交易处理的高效化、并行化。在硬件维度上，则通过专用电路，加快链上节点的运算速度，并引入可编程性，支持区块链软件系统的创新与演进。

需要强调的是，从区块链底层架构层面进行优化与现有工作从上层算法、协议层面进行优化，二者本质上是正交的，互不影响，其优化效果可以叠加，即在新型的区块链架构上仍然可以使用 Bitcoin－NG 等最新的算法和协议。

观点二：在区块链系统中引入智能，即将人工智能技术与区块链技术相结合是提升区块链通量的潜在突破方向。

当前的区块链系统智能化水平非常有限，所谓区块链上的智能合约也只

是程序化控制的、符合条件强制执行的合约，主要强调程序的自动化运行，并不具备自适应的智能学习能力。实际上，智能合约英文名称是 Smart Contract，并非传统意义上的智能 Intelligence。

然而，将 Intelligence 引入区块链系统设计，对于提升区块链系统的通量水平和安全性是非常有意义和必要的。区块链的通量受限于动态的网络状况、复杂的用户行为和杂乱的交易关联，而网络、用户和交易的行为特征可以通过人工智能技术进行有效学习和训练，基于链上数据训练出的模型对于优化区块链底层架构、通信协议和共识算法等都具有非常重要的意义。

另外，随着高通量区块链技术的发展，链上的交易数据量急速增加，这使得异常行为检测变得更加困难，而人工智能无监督学习、跨模态感知等技术的应用也对保障高通量区块链系统的安全性具有关键的作用。

观点三：在研究高通量区块链底层架构和信息通信技术的同时，也必须研究与之相适应的新型应用模式和法律政策。

高通量区块链的发展是对区块链技术的一次重大升级，它极大地增加了区块链平台交易的主体数目扩展了其交易空间，将改变很多行业特别是传统金融行业的商业模式，这同时意味着高通量区块链对这些关键领域的监管框架和监管政策也提出了新的需求。

高通量区块链的出现将在轻资产化、智能化、去中心化等方面产生巨大的推动力，会极大地改变商业模式乃至社会生产的组织方式。由于区块链技术与金融行业的适应性，高通量区块链技术的变革对传统金融行业的冲击尤为明显。针对高通量区块链给金融领域带来的巨大冲击，在金融学的框架下研究高通量区块链的应用场景，可以将这种冲击化解为对传统金融领域的优化，同时还可以完善高通量区块链的应用模型，拓宽高通量区块链的应用范围。

此外，高通量区块链必然会给多个领域带来新的场景、新的服务以及新的应用，这些新场景、新服务和新应用由于缺乏相关的监管机制和法律法规，其落地应用往往受到一定限制。因此，需要将高通量区块链与法律研究相结合，研究相关监管框架，平衡高通量技术发展与监管之间的关系，促进高通量区块链应用、服务的发展。

四　技术路线

（一）从基础软、硬件架构层面研究高通量区块链技术，以区块链并行化架构为基础，加以芯片计算内核的优化，充分发挥软、硬件的优势，使区块链系统的通量水平提升几个数量级，以满足高频交易的业务需求

1. 区块链系统架构并行化

在传统区块链系统中，每个节点需要维护全部区块链账本的副本，串行地处理系统中的每笔交易。区块链并行化架构将原有的区块链系统拆分为多个分片，每个节点仅维护特定分片，验证特定分片内部的交易。通过这种方式，每笔交易仅由一部分节点处理，各分片之间实现了交易处理的并行化，进而实现了通量的大幅提升。区块链系统并行化结构如图3所示。

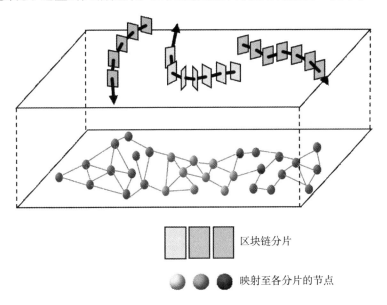

区块链分片

映射至各分片的节点

图3　区块链系统并行化架构

然而，将单一区块链系统划分成多个分片后，当交易发起方和接收方不在同一分片时，区块链系统需要在不同分片间转发交易，这将带来显著的开销。已有研究工作提出了区块链并行化划分的理论最优模型，从理论上证明了适度的并行化会带来性能的提升，而过度并行化会把性能瓶颈转移到跨片交易的处理上，性能不升反降。基于该理论模型，进一步研究优化扩展分片机理、高效的跨链通信架构等，对于提升区块链系统通量具有重要意义。

区块链并行化架构的提出还有利于推行区块链（子）系统的异构化，将原本功能和结构单一的区块链升级为异构的多链（分片）系统，以适应不同业务的需求，扩展高通量区块链的应用场景。子系统（分片）的异构化包括多个方面，例如根据具体的应用场景为不同的分片选择适宜的共识算法、设计不同的加密机制等。但是，在进行子系统异构化时，除了要保证对应用场景的适应性外，还需要避免子系统规模变小带来的安全性问题。对于此问题，可以通过为每个子系统随机分配验证节点的方式，避免作弊和攻击行为的发生。随机算法的种子从链上信息获得，从而保证随机性结果是公开可验证的。同时，为了确保分片在抵御攻击和失败时具备弹性，应该定期重新进行子系统划分。

2. 专业硬件计算内核优化

并行化架构与支付通道网络从软件维度进行了优化，但软件维度的优化离不开硬件维度的支持。基于软件维度优化方案，可以从支持自定义异构化分片以及内核引擎吞吐量调优两个方面开展区块链硬件设备计算内核的优化工作。

在支持自定义异构化分片方面，针对不同分片上运行算法的共同特征抽象关键计算内核；内核间使用松耦合形式以简化控制通路，减少不必要的控制通路带来的开销；同时设计专门的硬件实现关键计算内核的加速。对于不需要进行抽象的辅助运算，则使用简化计算的通用架构实现加速。这种以计算内核为计算单元的松耦合结构既能保障关键运算的高速执行，又能保证自定义算法可以支持在各个分片上运行不同的区块链应用。

在内核引擎吞吐量调优方面，利用区块链天然的容错性，适当简化传统功能单元的硬件设计以加快运算速度。简化后的硬件单元会有一定概率输出错误结果，但是如果误差在共识算法可容忍范围内，则不会对最终结果和系统安全性产生影响。同时，由于区块链中关键运算的计算和访存特性差异性很大（例如 PoW 共识的核心运算——SHA256 算法的主要性能瓶颈是其包含的大量 HASH 计算，而以太坊中的 ethash 算法的性能瓶颈在于内存的访存速度），因此，需根据分片子系统的特点需求为之匹配相应的计算和内存资源以提高内核的运行速度。

（二）以经典人工智能算法和模型对区块链上用户、交易和网络行为进行深度学习，自适应调整区块链系统的关键配置，从而将"智能"注入区块链系统，突破高通量区块链的性能瓶颈，并解决高通量带来的安全、监管难题

1. 基于特征学习的自适应性能优化

在并行化架构和高效算法研究的基础上，将人工智能引入区块链系统，进一步突破高通量区块链的性能瓶颈，具体表现在以下两个方面。

第一，区块链并行化后系统的性能瓶颈将出现在复杂的跨链（跨片）交易中，这是因为跨片交易需要两个或多个分片协同工作，这将消耗大量通信资源，产生交易排队的情况，并显著降低区块链并行处理效率。因而，寻找高效的分片划分方法，尽可能将交易频繁的账户、相互之间网络连接状况良好的节点划分在同一个分片中，这对于提升区块链并行化的效果具有重要的意义。同时，由于区块链系统的动态性和复杂性，无法找到一种恒定的全局最优分片方案，需要根据交易和网络状况动态地调整，自适应地寻找当前最优的分片方法。

通过提取交易账户的历史记录、链上节点数据传输速率等特征，刻画区块链系统的用户行为画像和网络行为画像，利用经典的人工智能模型计算交易账户、链上节点之间的距离参数，并利用图分割算法实现相似关联度高的

节点和用户的自动聚类。同时，设计闭环系统，引入反馈机制，根据系统最新状况，增量式、自适应地调整先前聚类的结果。

第二，当前针对高通量目标提出的最新共识算法很多都会牺牲一定的去中心化程度，选择一些代表节点代替全体节点完成交易验证、区块打包等工作，例如 DPoS、Algorand 等共识算法都采用这一思想。在该类算法中，代表节点的信誉度和能力值将极大影响整个区块链系统的性能。针对这一问题，可搜集学习区块链节点的在线时长、在线时间、最近出块高度、历史交易等关键行为特征，通过深度学习、支持向量机等方法建立节点信誉度和能力预测模型，再结合一定的随机算法选择出可靠、高效的代表节点代替全体节点行使权力，从而在保障区块链系统安全的前提下，提升区块链的通量水平。

2. 高通量区块链异常行为自动检测

区块链作为价值互联网的支撑性技术，被用于在互联网环境中传递信任和价值，因而对其上用户的异常行为检测具有十分重要的意义。现有异常行为检测方案主要通过人工分析和基于规则的分析来实现，但是随着高通量区块链的应用，链上数据量急剧增加、交易类型极大丰富，传统的检测方案在效率和安全性上都存在明显不足。

区块链异常行为检测的另一个难题是很多公链系统的账户都是匿名的，很难推断异常行为用户的真实身份。引入人工智能可以在不破坏区块链技术特征的前提下，从高通量区块链账户异常行为发现以及高通量区块链用户真实身份感知两个方面分别进行探索。

在账户异常行为发现方面，由于区块链上异常账户群组具有特定行为的一致性，因此可以根据这些行为模式将账户判定为可疑账户。通过构造区块链行为数据拓扑图，使用无监督的隐空间学习将具有相似行为的节点映射到隐空间中相近的位置，根据交易行为序列上的时间约束推断可能存在异常行为的账户群组，将这些群组交易行为轨迹数据构成的可疑轨迹经过抽取和无监督表示学习，再次得到其在隐空间的特征表示，在隐空间使用高效的 k 近邻检索算法找到可疑轨迹的近邻轨迹，最后将它们还原至原始空间。通过这种方法将检索到异常账户群组，并提升可疑账户发现的召回率，降低遗漏违规账户的可能性。

在用户真实身份感知方面，由于存在同一个用户对应多个不同账户的可能性，要实现用户真实身份感知就必须对可能属于同一用户的多个账户进行识别和对齐。利用同一用户的多个账户在隐含特征表示下具有一致性的规律，使用无监督深度学习提取账户行为特征，对提取到的行为特征进行一致性最大化的概率推理或者矩阵分解，以实现无监督的用户多账户关联对齐，进而采用半监督的模态协同训练方法学习由区块链上的数据和非区块链上数据组成的多个模态的共享表示，并根据这些表示推断链内数据中用户的真实身份。在建模中，多种链外数据模态的权重通过基于注意力机制的深度学习方法进行动态调整，训练过程中的链外数据模态的选择决策通过建模成一个序列决策问题，并使用强化学习方法求解，最终达到跨模态身份关联将链内用户向链外身份信息进行映射以获得实名感知的效果。

（三）以推动高通量区块链的落地应用为目标，研究高通量区块链落地应用的监管环境及监管模式，进行区块链应用的合规性监管；探索基于高通量区块链的应用模型及新型金融服务和产品

1.高通量区块链监管沙盒

高通量区块链的发展、完善、落地应用离不开相关法律法规的完善，也离不开相应的监管与风险控制。这是因为，高通量对区块链的升级会促进很多领域的变革，并引发潜在的风险，例如在金融领域，更快的交易处理速度将带来监管机构的不可控风险。但是，一味的限制将阻碍高通量区块链技术的发展和应用。因此，在平衡高通量区块链的发展与监管关系方面，如何设计一个监管框架使得高通量区块链能够得到最大限度的发展，是极其重要的问题。

采取包容的态度、在较为宽松的监管框架下鼓励创新、采取相应的监管模式进行管理是一种可行的促进高通量区块链落地与发展的方式。从监管沙盒（Regulatory Sandbox）的角度切入，根据各地的政策以及发展规划，探索

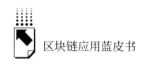

并制定相应鼓励创新的监管框架。使用监管沙盒可以为高通量区块链提供一个"试验区"，保证较为宽松的约束与管制，给予高通量区块链应用落地最大限度的环境支持。同时，使用监管沙盒还能为高通量区块链提供充足的试错空间，且将风险置于可控范围之内，以此保障消费者的合法利益，避免系统性风险的发生。

在监管沙盒内，充分利用技术监管措施，为高通量区块链技术发展与应用提供有力保障。如前文所述，可利用人工智能技术解决高通量区块链异常账户行为识别以及用户真实身份感知，从而实现对经济犯罪行为的打击。

2. 高通量区块链应用模型及新型金融服务

高通量区块链的出现，必将对现有的社会生产组织方式产生巨大的冲击，这种冲击对于受区块链技术影响最深远的金融行业而言既是机遇又是挑战。高通量区块链的发展会全面提升原有区块链的交易处理能力，这使得区块链技术能够运用到金融体系中更广泛、更核心的领域，推动金融产品和服务的创新。

凭借其"自激励"和"自组织"的特性，高通量区块链一方面克服了传统金融体系的代理成本和信息成本，从而降低了金融服务的成本并提升其效率；另一方面，也将加速金融体系的去中介化过程，这将对既有金融体系产生冲击。如果未做好充分准备，这一变革很可能带来一定负面效应。

面对潜在的挑战，可建立高通量区块链的应用模型，并借助这一模型设计新型金融服务与产品。收集整理金融行业应用区块链提升效率的实例，对比使用高通量区块链前后，金融服务模式的变化，以及相关金融产品交易数目、交易成本、交易效率等变化；研究高通量区块链带来的变革，预测高通量区块链的出现对金融产品和服务创新的方向以及金融体系的风险可能带来的影响，并针对新型金融产品和服务以及系统性风险来源，完善高通量区块链应用模型设计，探索可行的新型金融服务模式。同时，结合金融等核心领域的需求、风险来源、应用模型等内容进行底层架构的研究与开发，从而为高通量区块链的架构完善和技术升级提供关键性决策依据。与此同时，在监管沙盒中开展新型金融服务与产品的试点，可以有效缩短高通量区块链技术与传统金融服务深度融合的磨合期。

五　技术应用前景

区块链技术近几年发展迅速，截至 2018 年 2 月，全球区块链项目合计 1286 个，其类型涵盖了信息通信、共享经济、医疗健康、社会管理等诸多方面，呈现出广泛的应用前景。在区块链技术广泛应用的同时其经济效益也得到飞速提升，例如，全球市场研究机构 Research and Markets 的数据显示，电信业中区块链技术的产值将从 2018 年的 4660 万美元，爆涨至 2023 年的 9.938 亿美元。

在产业界不断发掘区块链潜力的同时，国家也在积极推动区块链技术的发展，国务院在《"十三五"国家信息化规划》中将区块链技术列为驱动国家网络空间升级的信息领域重点技术之一，习近平总书记也在 2018 年的两院院士大会讲话中指出以区块链技术为代表之一的新一代信息技术需要加速突破应用。然而，当前区块链系统通量很低，只适用于低频交易场景而不能支撑大规模高频交易的应用，这就限制了区块链技术在金融、物联网等核心行业大规模应用落地。

应通过优化区块链底层软硬件基础架构并为区块链系统引入"智能"，实现区块链系统吞吐量几个数量级的提升，从而满足高频交易场景的需求，拓宽区块链的落地应用范围。高通量区块链的应用将为依赖机器与算法的"价值互联网"的实现打下坚实的基础，促进价值的自由流通和全球资源的合理分配，其带来的间接经济效益将远超人们对区块链价值的估计。在金融市场关键基础设施领域中，区块链技术的出现为征信业提供了新的发展机会；分布式存储的方式强化了数据的安全性；而高通量区块链的应用将进一步提升信息采集、信息处理的速度，尤其是在与大数据结合方面，弥补其数据的真实性、准确性不足的问题，从而助力征信业行业升级。此外，在金融市场重点领域中，高通量区块链可以在非中心化系统中

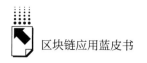
实现一对一的证券交易，从而推动建立无中心机构背书的金融市场，实现"金融脱媒"。

开展高通量区块链与法律、金融的融合研究，将构建支持高通量区块链发展的监管框架，防范高通量区块链潜在的法律风险，缓解其对现有商业模式、金融体系的冲击，从而显著提升高通量区块链的可用性。与此同时，高通量区块链将推动不同主权体和不同社会阶层构建基于规则共识、行为共治和价值共享的信息文明新秩序，进而形成在互联网社会共同遵循的行为准则和价值规范，促进最终实现"秩序互联网"。

参考文献

Nakamoto S, Bitcoin： *A Peer-to-Peer Electronic Cash System*，https：//bitcoin. org/bitcoin. pdf.

Eyal I, Gencer A E, Sirer E G, et. al. , *Bitcoin-NG： A Scalable Blockchain Protocol*，*NSDI*2016，Santa Clara，CA，USA，Mar 16 – 18，2016.

King S, Nadal S, Peercoin，https：//peercoin. net/whitepaper.

Castro M, Liskov B, *Practical Byzantine Fault Tolerance*，*OSDI1999*，New Orleans，LA，USA，February 22 – 25，1999.

Bitcoin Cash. https：//www. bitcoincash. org/.

Segwit. https：//github. com/bitcoin/bips/blob/master/bip – 0141. mediawiki.

Poon J, Dryja T. , *The Bitcoin Lightning Network： Scalable Off-Chain Instant Payments* https：//lightning. network/lightning-network-paper. pdf.

Raiden Network. https：//raiden. network/.

Luu L, Narayanan V, Zheng C, et al. , *A Secure Sharding Protocol for Open Blockchains*，*ACMCCS*2016，Vienna，Austria，Oct 24 – 28，2016.

James R, Sharding FAQs，https：//github. com/ethereum/wiki/wiki/Sharding – FAQs.

Bitshares，"Delegated Proof of Stake"，http：//docs. bitshares. org/bitshares/dpos. html.

Micali S. ALGORAND： The Efficient and Democratic Ledger. 2016.

B.24
加密数字货币的会计确认和计量

罗 玫*

摘　要：　区块链与商业的结合正在改变传统行业的格局，而区块链网络发行和流转的加密数字货币在区块链相关的各种生态中担负着多种交易和储值的功能。对加密数字货币进行会计确认和计量是国际国内证券监管机构、税务和会计准则制定机构都非常重视的领域。国际会计准则和美国 GAAP 都没有针对加密数字货币的会计确认和计量制定单独准则，本文将对以比特币为代表的主要用于支付和交换价值的加密数字货币提供会计确认和计量的框架体系，并对实务界的实践难点进行梳理和总结。

关键词：　加密数字货币　区块链　会计确认　会计计量

一　引言

区块链与商业的结合正在改变传统行业的格局，区块链在中国"落地"的时间并不长，却在短时间内迅猛发展，银行保险业、证券交易、电子商务、物联网、社交和游戏、文化艺术和审计税务等领域都在研究如何融合运用这个新技术①。区块链基于分布式加密算法来建立交易双方的信任关系，

---

* 罗玫，清华大学经济管理学院会计系博士生导师、清华经管数字金融资产研究中心主任。
① 《2018 中国区块链产业白皮书》在北京发布，由工业和信息化部信息中心编著，总结了现在区块链产业发展的几大特点。

而 Token 是在区块链上发行和流转的数字化的权益证明，也就是区块链中的数字资产。很多传统企业在积极融合区块链技术的同时，也在设计区块链上运行的 Token 在商业场景中的运用。徐忠和邹传伟梳理了区块链目前的主要应用，指出了未来的发展方向。当区块链中的数字资产不但在项目中运行，而且项目方通过早期筹资的方式将 Token 发行给合格投资人，这个 Token 就代表着加密的数字化权益和价值的证明。

区块链项目的早期筹资方式是预售自己的 Token 给早期投资者以换取投资者的虚拟货币（如比特币或以太坊）或法定货币，主要有两种发行方式。（1）项目方可以针对自己即将开发的产品或者服务来发行实用型 Token（Utility Token）。这类 Token 发行等同于产品或服务的预售。主网开发完成可以使用区块链的系统后，Token 持有者可以用 Token 购买产品或服务。该项目方的用户还可以通过网络维护自己与项目之间的关系，为之建立声誉的行为，或通过抵押 Token 的方式得到奖励。（2）项目方以真实资产作为支持而发行的证券型 Token（Security Token）。它代表对某种资产的权益，如公司股份，或者如黄金这种实体资产的一部分。项目方的 Token 持有者也可以通过网络的维护或抵押 Token 得到收益。如何确认证券型 Token 的具体法规还没正式颁发，目前实践中主要遵循美国证监会对证券的认定形式来判定项目方发行的 Token 是否属于证券型。一种是属于股票、票据、债券或其他形式的股权和债务工具；另一种是通过 Howey Test 的投资合同条款测试①。

二　比特币作为资产的特征

区块链最早作为比特币的底层技术由 Nakamoto 提出，比特币是一种点对点的现金支付系统，使得一方可以直接发起在线支付，支付给另一

---

① 若满足美国证券法 1946 年针对投资合同而设计的 Howey Test 四种条件，便会被定性为证券型 Token：投资者投入现金或等值品，所有投入被汇聚到同一个项目或资金池中，投资人为了盈利，以及盈利的可能性依赖于发起人或第三方的努力。

方，中间不需要通过任何的金融中介机构。区块链技术通过去中心化和去信任化的方式集体维护一个安全数据库而不需要行政机构的授信。区块链技术是多种技术整合的结果，包括"区块＋链"的数据结构、分布式存储、加密算法、共识机制等核心技术。"区块＋链"指一段时间内发生的事物信息，包括转账交易数据、智能合约代码或执行数据，以区块为单位进行存储，并以密码学算法将区块按照时间顺序连接成链条的一种数据结构。这种数据结构的信息记录、存储和更新不依赖中心化的管理，而是由共识机制决定网络中的节点谁能记录新的信息，通过这个共识机制争夺到权力的节点将更新的信息记录在新数据块上，追加在原来的区块链条上，并且获得系统奖励的币以及交易费用。这个过程就是所谓的"挖矿"。到2014年，区块链2.0成为第二代去中心化可编程的区块链数据库，作为以太坊的底层技术，可以允许用户写出精密和智能的协议，在区块链系统里自动运行。近期，区块链技术发展迅速，各种改动和设计应用在众多的数字货币上，本文以最早出现的，也是价格最高的主要用于支付和交换价值的比特币为例，讨论会计确认和计量问题。

比特币的产生方式如下：维护比特币这个区块链账本的矿工（miner），即维护网络的众多节点之一，依据特定算法进行难度很高的计算，当计算出的答案满足系统自动设立的目标值，最先算出的节点取得新区块（block）的优先记账权，会确认并记录网络上新发生的支付交易行为，形成新区块。因为这个记录存储新信息于新区块上的活动过程不依赖中心化的管理，而是由"谁能最先算出答案"决定网络中的节点谁能记账在新区块上，从而构成了分布式的记账系统。系统会自动给这个解决难题的节点比特币，作为挖到新区块的奖励①，而且通过确认和验证其他网络上发生的新的支付交易信息，将这些信息添加至挖到的新区块。挖矿过程和挖金矿后得到金子

---

① 截至2018年12月，获得比特币新区块记账权的奖励为12.5个比特币，每四年奖励会减少一半，直至2100万个比特币被挖完。

这个奖励的过程很类似，不同的是，矿工没有挖这个劳动过程，而是在耗费自己的计算资源计算一个目标值以满足相关区块链账本自动设定的数学要求。

国际会计准则（IFRS）的《财务报告的概念框架》中指出，"确认"是将满足财务报表要素（比如资产、负债、权益、收益或费用）之一的项目，抓取纳入财务状况表中的程序，以文字和货币金额来描述这些报表项目。确认的财务报表项目需要满足财务信息的三大基本质量特征：相关性、重要性，并如实反映其意图反映的经济现象①。以比特币为代表的加密数字货币本身具有虚拟性和非货币性这两大特征，如果满足资产、负债或权益定义的项目，就能在财务状况表中确认。报告主体拥有的这些数字货币如果能够在财务报表上给予确认，可以毋庸置疑地给报表使用者提供相关的、重要的、如实反映的信息。《财务报告的概念框架》指出资产的定义为因过去事项形成的，由主体控制的现时经济资源。矿工挖出比特币这个经济活动由过去事项（解决难题后取得新区块的记账权力）形成的比特币奖励，是由矿工现时控制的经济资源（可以用比特币支付换成货物或转换为现金）。因此，比特币符合资产的定义，矿工挖矿后得到的比特币，应该记账为借记一个资产类贷记收入。我们下面对它在财务报表可能呈现的资产类别进行剖析，以排除法分析其不适用的资产类别。

（一）现金

国际会计准则第 7 号 - 现金流量表（IAS7）定义现金为库存现金和活期存款。国际会计准则第 32 号 - 金融工具：列报（IAS32）进一步对活期存款的解释是活期存款持有人对机构有现金索取权。而且，货币（也称为现金）是代表交易媒介的金融资产，构成了报表确认和计量所有交易的基础，它也是权威机构（如央行）的债务。总的来说，现金是指纸币与硬币，以及对纸币与硬币的索取权。

---

① 详见 IFRS Conceptual Framework for Financial Reporting，March 2018。

加密数字货币的持有者并没有纸币和硬币，或索取纸币和硬币的权力。矿工挖出比特币后拥有的是区块链上某个地址的钥匙和对应的比特币，可以以后进行点对点的交换和转账。没有中心机构保障这个比特币的索要权力，如果比特币对应钥匙丢失，则不能找回自己的比特币。尽管加密数字货币也可能通过交易所转换为现金，但是持有者并没有现金或得到现金的权力。由于加密数字货币不是国家背书的法定货币，法律上不代表必须被接受的支付方式，也不构成任何人、机构的债务责任，因此加密数字货币在会计确认上不能被计为"现金"。

（二）现金等价物

国际会计准则 IAS7 和美国会计准则法规汇编（*FASB Accounting Standards Codification Topic*）中对于现金等价物的定义为"短期、流动性特别强的投资，能够随时转换为数目确定的现金"。一般来说，在初始投资时就知道未来将收到的现金金额，现金等价物发生价值波动的风险非常小。短期的国债和票据属于现金等价物的一种，在到期时能够兑换的现金数目非常明确。以比特币为代表的众多加密数字货币价格的波动性非常大，不能随时知道转换后确定的现金数目，发生价值波动的风险极大，因此比特币不符合现金等价物的定义。

加密数字货币的价格波动幅度使它不能担当主流支付手段和价值储藏的职能，因此一种新型的试图确保与法定货币保持 1 比 1 关系的稳定数字货币（Stablecoin）产生了，并采用新的技术手段来模仿法定货币的币值稳定机制。现在主流稳定币的发行方可以选择美元资产作为信用背书，持有稳定币的用户可以按照 1 比 1 的比例兑换回法币（如 USDT），或选择其他加密货币资产作为抵押（如 Bitshares），或采用一定算法来利用别的 Token 使得发行的稳定币能够保持和法定货币的换算比例关系（如 Basecoin）。这些稳定数字货币的发行目的是和法定货币保持 1 比 1 的兑换关系，符合流动性强、能够随时转换为数目确定的现金的特点，因此加密数字货币中的稳定数字货币符合现金等价物的定义。

目前在很多国家和地区，用有形的现金进行交易的形式正在减少，货币电子化的交易在逐步取代纸币和硬币的地位。各国央行可能也会逐步淘汰纸币和硬币，充分利用社会对法定货币的信任而发行自己的电子货币。新兴的加密数字货币的表现形式呈现多样化特征，监管和法规制定者正在密切关注识别这些特征和市场条件的变化是否会对现金的定义产生影响，对财务报告相关准则的适用性进行谨慎审视。

（三）金融资产

国际会计准则第 32 号 – 金融工具：列报（IAS32）的第 11 条规定金融工具是给予一方金融资产而且必然给予另一方金融负债或权益工具的合同。而金融资产可以是以下四类的任何一类：（1）现金；（2）另外一个主体的权益；（3）从其他主体收取现金和其他金融资产的合同权利，或与其他方交换金融资产或金融负债的合同权利；（4）可用主体自身的权益工具进行结算的合同。

金融工具的要求是各方之间存在合同关系，但区块链这种分布式账簿系统不会自动形成各方之间的合同关系。挖矿后持有比特币的人对比特币社区中涉及的各参与方没有任何合同关系，也不具备合同给予持有者的收取现金和其他金融资产的权力，因此比特币这种主要用于支付和交换价值的数字货币不属于金融工具，也不是金融资产。

当然本身不构成合同的加密数字货币仍然可以成为合同的主体，比如有人从区块链项目方购买发行的数字货币，在链下签订数字货币买卖协议，这符合合同定义，但即使这个持有人通过持有数字货币有权获得项目方后期提供的相关服务或商品，这也不符合金融资产的定义，因为未来收到的是商品或服务，而不是现金或其他金融资产的权利。如果持有人通过持有数字货币有权获得某个主体净资产的剩余利益，比如某些证券型 Token 的设计符合这种模式，那么这个数字货币属于权益工具，才符合金融资产的范畴（参见后面"以投资为目的持有数字货币"）。

三 以拥有目的决定数字货币的会计确认和计量

以区块链底层技术为基础而设计的加密数字货币多种多样，在财务报表上的确认和计量首先要以会计主体和持有数字货币的目的来确定。排除了前面第二部分几种比特币不适用的资产类别后，以下将详细描述加密数字货币在最常见的持有目的场景下如何进行会计确认和计量。

（一）以长期持有为目的

以长期持有为目的最常见的商业情景是矿机生产商售卖矿机后得到的数字货币形式的收入，或是矿工挖矿后系统自动产生的数字货币。无论是对矿机生产商还是对矿工来说，比特币或其他种类的数字货币，都是收入的一种酬劳形式，他们会根据经营的现金流健康状况决定是否将持有的数字货币转换为现金，一般情况下以长期持有为主。由于以比特币为代表的加密数字货币本身具有虚拟性和非货币性这两大特征，不具备物理形态，通过挖矿或售卖矿机的经营收入获得的比特币更加符合资产大类中"无形资产"的定义。国际会计准则（IAS 38）和美国会计准则法规汇编（ASC 350）认为无形资产是没有实物形式的可识别的非货币性资产，因此，除了在日常经营中持有目的是出售或投资的情况（详见后面"以销售为目的持有数字货币"或"以投资为目的持有数字货币"），加密数字货币都属于无形资产的范畴，应作为使用寿命不确定的无形资产予以确认。

IAS 38 要求无形资产以成本进行初始计量，因此，加密数字货币的计量遵照获得无形资产的初始计量方式。取得加密货币有如下方式：（1）支付现金或其等价物购买获得；（2）提供商品或劳务取得；（3）与其他加密货币交换取得。第一种和第三种以支付的现金或交换的货币价值计为成本。第二种方式需要考虑提供商品或服务相关的收入确认准则的要求。例如，当矿机售卖者接受加密货币支付时，应根据 IFRS 15 - 合同收入来确认收入，如果客户以非现金形式支付（例如加密货币），就以支付方式的公允价值来计

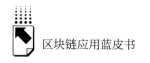

量收入。如果该加密货币没有市场价格，不能合理估计该非现金形式的公允价值，则用售卖的矿机市场价格予以确认。因此，矿机售卖者或挖矿者获得加密数字货币时应该同时确认收入和无形资产，以收到数字货币时的市场价格计量初始成本。

IAS 38 规定无形资产的后续计量可以有两种方法：成本法和重估值法。成本法指加密数字货币的账面价值为初始成本减去累计减值的净额。由于数字货币是使用年限不确定的无形资产，不适用摊销，只能做减值损失准备。数字货币的价格波动很大，如果数字货币的账面价值高于净现值（即市场价值减去处置费用），就需要计提减值损失准备，利润会相应减少，一般在报表日反映持有的加密货币的账面原值和累计的减值损失。此外，如果货币价格上涨，有迹象表明之前确认的减值损失可以转回，每个报告期末需要评估该项资产的可转回金额，可转回金额被确认为收益，当期利润会相应增加。但可以转回的利润不能超过该项资产前期的累计减值损失准备，即如果数字货币价格上升超过其初始的成本价值，超过的部分不能进行确认，也不能进入利润。因此以成本法计量的加密数字货币价值变动超过成本的部分只能在处置时才能确认处置收益，计入利润表。

重估值法指数字货币在每个报表日以公允价值计入无形资产，如果价值高于初始成本，高出部分计入 OCI（其他综合收益），并不增加利润，这部分收益即使在处置数字货币时也不能计入利润表。如果在报表日公允价值低于无形资产初始成本，差额部分应该计入利润表，会降低利润总额。加密数字货币存在活跃市场时才可以使用重估值法，IFRS 13（公允价值计量）指出活跃市场是相关资产和负债的交易，有充足的交易频率和数量使得市场能够提供持续的价格信息。加密货币的市场上不同货币的交易深度和活跃度完全不同，少量的买单和卖单就能使很多币种的价格涨跌幅度很大，仅仅"存在"交易和市场并不能满足活跃市场的条件，所以加密数字货币使用重估值法进行后续的计量的条件并不成熟，应该用成本法进行谨慎计量。

加密数字货币计为无形资产存在以下几方面的缺点。

第一，无形资产准则一般假设该资产能用于企业生产经营并能产生未来现金收益，比如制药公司的知识产权或电影公司的版权赋予了使用者开发利用该项资产以获取长期的未来现金收益的权限。但是加密数字货币不具备这项功能，不能在开发经营中产生未来的现金收益。持有它的目的更像是价值储存，与持有黄金或艺术品类似。

第二，资产负债表一般按照流动性的大小来列表，在一年内或一个经营周期内能转化为现金的是流动性资产，在一年以上或比一个经营周期更长的时间内能转化为现金的是非流动性资产，无形资产一般列为非流动性资产类别，是长期资产。但大部分的加密数字货币的流动性非常高，可以随时在交易所处置为现金，在列表位置应该与现金的位置相近。

第三，处置无形资产的所得现金一般计入投资活动现金流入。如果一个公司拥有很多数字货币，它可以随时卖掉数字货币换取现金，现金流的健康状况非常好，但这些现金流入只能反映在投资活动现金流中，不在经营活动现金流，因此经营活动现金流无法衡量一个持有数字货币企业的盈利能力和赚取现金的能力，尤其是依靠挖矿或售卖矿机这些经营活动而获得数字货币的企业。

第四，减值应该什么时候进行评估计提是个难点。当市场价格远远低于数字货币的初始成本价格时必须计提减值损失准备，降低利润，但数字货币的价格每天波动幅度都很大，如果只是在报表日反映持有的加密货币累计的减值损失，并不能给报表使用者提供反映数字货币真实价值的完整信息。有可能报表日的后一天这些数字货币价值就降低10%，直接影响企业的估值。

尽管加密数字货币计为无形资产有不完善的地方，企业主体以长期持有为目的而持有的数字货币按照无形资产计量最为谨慎。

（二）以销售为目的持有数字货币

如果公司主体能证明在日常经营过程中以销售为目的持有某项无形资产，那么该项无形资产就应该被认定为存货，适用IAS2-存货的准则。现在加密数字资产的二级量化交易公司持有多种数字货币，拥有数字货币的主要目的是短期销售获利，因此他们的数字货币应该以存货计入报表。

存货一般按照成本与可变现净值（即预计销售价值减去相关处置的销售费用）孰低的原则进行衡量。如果可变现净值低于成本价，需要做存货减值准备，相应的差额计入利润表的损失，降低当期利润。如果数字货币价格上涨，有迹象表明之前期间确认的减值损失可以转回，每个报告期末需要评估该项资产的可转回金额，可转回金额被确认为收益，当期利润会相应增加。但和无形资产的减值准备损失转回一样，可以转回的利润不能超过该项资产前期的累计减值损失准备，即如果数字货币价格上升超过其初始成本，超过的部分不能进行转回确认，也不能计入利润。

IAS2 针对商品交易员或经纪人（Commodity Trader or Broker）允许公允价值计量存货，即公允价值的变化须随时计入当期损益。加密数字货币可以被认为是商品，IAS 2 也规定交易经纪人或交易员指代替他人或为自己买卖商品的人。加密数字货币的二级市场量化交易公司代替他人（投资者）买卖数字货币，其主要目的是短期销售获利，因此它们拥有的数字货币可以以公允价值计量为存货，即使那些加密数字货币没有活跃的交易市场。但如果持有加密货币目的是作为长期投资或者其他金融工具的对冲，就不能归纳为日常经营过程中以销售为目的的持有货币的范畴，而应计入无形资产。

（三）以投资为目的持有数字货币

目前大部分私募 Token 基金直接以主流数字货币（BTC 或 ETH）来募资，然后通过参与区块链项目的一级市场融资来进行投资，以追求投资的高回报率为目的。基金募集后所持的 BTC 或 ETH 存放在企业钱包内，还是按照无形资产成本法计量，这种"本位币"科目类似传统股权基金会计科目中的"银行存款"科目。

私募 Token 基金在一级市场投资区块链项目时会签订投资合约，项目方主网上线后将按一定换算比例发给投资基金基于自己网络的数字货币，这些数字货币可以用来购买区块链网络相关的商品或服务（即 Utility Token 筹资方式），或代表项目方某些资产的一部分权益（即 Security Token 筹资方式）。目前私募 Token 基金得到项目方数字货币后大多会伺机售卖以追求高回报，符合以投资为目的持有这些投资换来的数字货币。如果投资合约持有人换来的数字货币代表购买商品或服务的权利，则这个投资合约不符合金融资产的定义，因为未来收到的不是现金或其他金融资产的权利，而是商品或服务，那么这些换来的数字货币应该考虑无形资产的计量方式①。如果投资合约的持有人通过持有数字货币换来某个主体资产的剩余利益，那么这些持有的数字货币符合金融资产的范畴。根据最新的 IFRS 9，由于数字货币交易活动频繁，私募 Token 基金以交易获利为目标，以金融资产确认的数字货币可以按照以公允价值计量且其变动计入损益的金融资产来计量。这些加密数字货币的初始价值可以按照 Token 基金投资时相对应数额的 BTC 或 ETH 的公允价值计量，后续计量按照项目方发行自己的数字货币在二级市场的公开交易价格确认公允价值，与初始价值的变动在每个报表期间计入当期损益。

以公允价值计量金融资产的难点是加密数字货币需要有活跃的交易市场，但很多项目方的数字货币并没有充足的交易频率和数量使得市场能够提供有效的价格信息。即便是少量数字货币被售卖，价格也会急剧下跌，很难判断公允价值。因此，对交易不活跃的数字货币需要聘用第三方评估机构来对数字货币进行估值。

四　新监管政策的挑战

区块链行业的健康发展离不开监管制度的设计，现有的国际会计准则或美国会计准则还没有制定针对加密数字货币的准则。如果针对加密数字货币制定相应的会计确认和计量的方法、建立新的财务报告规范，还需要和正在经历变化的加密数字货币的证券规范，以及税务规范同时融合更新，需要一

---

①　如果投资人投资区块链项目以期换来的数字货币能够购买商品或服务，投资时已经付出资产，可以借记为预付款项，但如果投资人并非为获得相关商品或服务而持有这些换来的数字货币，则投资所获得的数字货币作为无形资产计量。目前私募 Token 基金得到项目方数字货币后都会伺机售卖以追求高回报，并不符合为获得项目方的商品或服务而持有数字货币，而是以投资为目的持有。

个相互匹配的框架系统。

当区块链项目方以售卖实用型 Token 来募集资金时，售卖的是以后开发完成的区块链网络上的产品或者服务，募集期间获得的比特币或以太坊主流货币应该借计为无形资产，同时贷记递延收入（负债）。当主网上线后，项目方兑现承诺并发放购买者开发后的数字货币时，确认收入，递延收入减少。但美国证券管理委员会（SEC）在 2018 年 11 月 16 日发布关于数字资产证券的发行和交易公告，严正声明数字资产发行应严格判断是否应该按照证券法进行登记和发行，惩罚一些原来没有按照证券法进行登记和发行的区块链项目公司。很多以前按照实用型 Token 发行数字货币的公司会自查或被审核是否应该按照证券法进行登记和发行。在证券发行的框架体系下，区块链项目方发行证券型（Security）Token 时，募集的比特币或以太坊货币应该被借计为无形资产，同时有可能贷记数字资产权益（权益类科目）① 和前面实用型 Token 发行的会计处理就会完全不同。如果近一年来部分按照实用型 Token 发行的数字货币被 SEC 重新判定为证券发行，那么数字货币发行的证券法规的说明或意见会对区块链项目方的会计处理造成重大影响。

税务规则的更新对区块链项目发行数字货币的影响也非常大。美国现行的数字货币相关税务规则按照 2014 年 IRS 发布的 21 号指引，把以比特币为代表的虚拟货币（Virtual Currency）按照财产（Property）来进行缴税。例如，如果个人持有比特币在高于成本价卖出时，需要缴纳资本利得税。区块链项目方如果以实用型 Token 发行数字货币，售卖时获得的比特币或以太坊形式的收入需要缴税，即使还没有提供承诺的后期区块链网络上的产品或服务。但如果按照证券法进行登记和发行数字货币，发行的证券型 Token 在会计准则中可能被计入权益，那么就无需缴税。由于美国现行的数字货币的证券法发行方法还没有完善，相应的会计处理也没有权威指导，税务实践仍旧按照 2014 年的旧规则执行，规则制度的落后使得部分项目方实践时即使谨

---

① 现在美国的证券监管体系尚未对证券型 Token 做出明确的定义，会计准则也没有明确证券型 Token 是否符合准则中 Equity 的定义。

慎遵循证券法发行数字货币，募集的虚拟货币资产也可能需要缴税，企业不堪成本负荷，对区块链实践创新造成极大阻碍。

五　结论

加密数字货币是新时代新技术下的产物，它所依托存在的不可随意篡改的分布式账本是一个新的组织形式，而实践中大家却依赖现有的会计准则框架去寻找合适的计量和确认方法，以及财务报告列表位置。对于新生事物的诞生，国际会计准则或美国会计准则还没有强烈的要求和动机去制定针对加密数字货币的准则，而是倾向于提供原则性指引，用现有的框架去判断数字货币的计量。但是在具体实施准则时存在大量的主观判断，比如判断以挖矿为主营业务的公司挖出来的加密数字货币是否以出售数字货币为目的，还是以长期持有为目的；以投资为目的参与区块链项目而得到的数字货币取得了项目方商品和服务的权利，还是取得了现金或金融资产的权利；部分在中型交易所交易的数字货币是否判断为有活跃的交易市场；在不活跃市场上交易的数字货币如何衡量公允价值等。这些模糊情形下的会计确认和计量都会影响报表的呈现和信息传递。随着区块链行业的实践不断更新，监管条例的框架设计如若能够更加明确和完善，多方能够同时参与搭建和设计规则制度，吸取国际相关领域中制度设计的精华，对促进金融创新、促进区块链领域健康有序地向前发展都有长足的积极作用。

参考文献

徐忠、邹传伟：《区块链能做什么、不能做什么？》，中国人民银行工作论文，2018。

《2018 中国区块链产业白皮书》，工业和信息化部信息中心，2018。

Nakamoto Satoshi, *Bitcoin：A Peer-to-Peer Electronic Cash System*, 2008.

《数字资产证券的发行和交易》，美国证券管理委员会（SEC）2018 年 11 月 16 日公告，https：//www.sec.gov/news/public - statement/digital - asset - securites - issuuance -

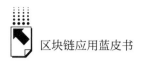

and – trading。

Internal Revenue Service（IRS）Notice 2014 – 21.

International Accounting Standards 7 Statement of Cash Flows.

International Accounting Standards 32 Financial Instruments：Presentation.

International Accounting Standards 38 Intangible Assets.

International Financial Reporting Standards：Conceptual Framework for Financial Reporting，March 2018.

International Financial Reporting Standards 9：Financial Instruments.

International Financial Reporting Standards 13：Fair Value Measurement.

International Financial Reporting Standards 15：Revenue from Contracts with Customers.

FASB Accounting Standards Codification Topic 350，Intangibles—Goodwill and Other，美国会计准则法规汇编（ASC 350）。

Cryptocurrency：Financial reporting implications. Thinking allowed，Deloitte.

B.25
国外区块链发展现状及其对中国的启示

蔡维德　姜晓芳*

摘　要：　2018 年是"数字经济元年"，也是国外布局区块链的重要一年。以美国为例，它在 2018 年就已发行数字美元，建立合规的数字金融产品和市场，并应用现有法律来监管数字金融。此外，2019 年初国外基金公开它们的区块链布局，其布局方向和 2017 年底中国所认同的并不一样；国外也积极讨论区块链应用，从这些讨论可以更清楚各方观点；建立区块链在供应链管理的参考模型，这些参考模型包括数据结构在内的细节，明显是支持政府统一监管而设计的产业参考模型，是可以指导"行动"的模型，不同于其他只能"引用"的参考模型；并且多国央行和重要金融机构从事大量大型实验，因为在真实环境下进行实验的结果是所有科技研发的最终指标，其实验结果对这些年区块链发展方向产生了深远的影响。我们根据美国发展方向和具体做法提出相关建议。

关键词：　区块链　供应链管理　供应链金融

---

* 蔡维德，北京航空航天大学数字社会与区块链实验室主任；姜晓芳，北京航空航天大学博士生。

一 美国区块链发展概况

2018 年是数字经济的元年，也是区块链应用的元年。一直没有什么大动作的美国，开始静悄悄布局，试图打造美国数字经济和金融的帝国。美国成为数字经济的领头羊，引领全球对数字经济有了全新的认识，不论是在金融市场抑或是在数字法币方面，还是在监管法规上，美国都已成为全球领导者。我们形象地描绘为美国"兵分三路"领导世界区块链发展。美国和别国不同，除了陆、海、空三军，还有美国第四军——海军陆战队。在区块链发展上，美国的海军陆战队是什么？我们认为是美国基金、应用标准开发、大型实验和公开讨论。

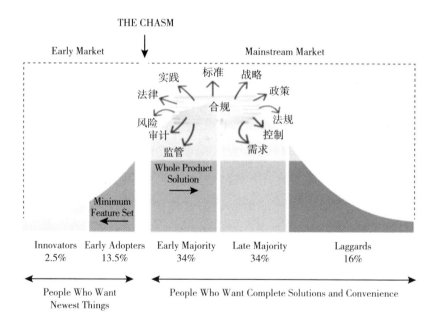

图 1　美国技术采用周期

图 1 是美国著名投资团队进行的统计数据分析，代表美国现在的趋势。图上的 12 个部署方向，从合规（compliance）到标准（standards）、战略

（strategy）、政策（policy）、法规（rules）、控制（control）、需求（requirements）、实践（practices）、法律（laws）、风险（risks）、审计（audit）、监管（regulation）构成一整套体系。可看出国外明显注重合法合规，这样才能使区块链从幕后黑科技走上历史舞台，真正成为改变社会的科技。

（一）数字经济的产品和交易所

2018年7月Bakkt公司成立，建立了合法的数字货币交易所、数字货币公共基金。Bakkt的老板是纽交所（New York Stock Exchange）的老板，这件事震动了国外金融界。Bakkt重视和大型金融公司的合作，得到政府支持，在监管环境下，基金、金融公司及个人都可合法地进入代币市场，大型基金、退休基金、银行和证券商也都可以合法地投资Bakkt上的金融产品。

全球股票市场规模70万亿美元，债权100万亿美元，房地产230万亿美元，此门一开，如此大的资产（400万亿美元）都可以证券代币的方式进入合法的Bakkt代币市场。而且，公司可以既在传统市场上市，又在代币市场上币，美国Overstock公司就是一例，公司股票上市，系统tZero申请上币。所以有人说Bakkt事件是人类股票历史上最大的一次变革。

（二）数字美元承载数字经济

美国第二大路线是允许科技公司发行稳定币。所谓稳定币实际上等同于美国的数字法币或数字美元。7月18日，IBM联合恒星Stellar开始发行数字美元。这是第一次数字货币或数字稳定币有政府的担保，也正因此，它会成为数字货币市场的硬货币。该硬货币可以给金融机构提供服务，如银行可购买大量数字美元。这表明美国政府开始接受数字经济和代币市场，并将数字美元作为新经济的承载货币。这是人类历史上第一个由公司发行但是由政府担保的数字货币（稳定币），是一个里程碑事件。

2019年2月，摩根大通银行宣称要发行稳定币，这是世界第一个由银行发行的数字稳定币，以前都是科技公司发行的（包括IBM发行的数字美元）。该稳

定币主要用作跨境支付，在摩根大通银行内部应用，170 家国家银行愿意合作。摩根大通银行早就有跨境支付系统，并且是实时系统，在功能上不需要一个新实时跨境支付系统，为什么它要这样做？这和区块链帝国有关系。

2019 年初英国监管单位 FCA 宣布要将稳定币当成货币，用货币法来监管稳定币。这等于将数字稳定币和央行发的法币等同为货币，而不是将稳定币当作金融产品，这意义非凡。2017 年 9 月，国际货币基金组织（IMF）在英国央行演讲时提到在法币已经不管用的国家，数字代币成为那个国家的实际法币，而现在这些稳定币在英国被当作货币，可能成为这些国家的法币，它们比价钱不稳定的数字代币强得多。

2019 年脸书（Facebook）宣布要发数字稳定币。因为脸书在许多国家都有众多用户，有专家认为这不是挑战比特币，而是挑战美元。这个观点笔者还有保留，因为美国不会允许任何国家或是公司挑战美元，即使是美国公司也不例外。

（三）美国监管制度清晰

美国第三大路线就是监管。从 2018 年 2 月开始，美国监管单位就一直发布新的监管法则，应用现有的金融法律框架，而非出台新的法律，并且批准合法合规的证券代币上市，批准合法合规的交易所和相关金融产品。同时还表示要严厉打击传统数字代币和相关活动，例如交易所、钱包等。这代表美国对于数字代币的整体发展已经有了一个较为明晰的法律框架。

在这个法律框架下，可以合法合规地做生意；但如果超出这个法律框架，美国监管单位将会予以严厉打击，除了在美国法律还没有出台前的一些商业活动，美国监管的态度是既不鼓励也不支持，并不明文禁止，让其在市场上自生自灭。

美国 SEC 也一再声明，数字代币不是法币，并且除了特别代币（比特币和以太币）外，其他数字代币都应该是证券代币，由证券法来管理。最近，美国 SEC 还发表意见，如果不是证券代币，就无法出现在任何代币市场上，要赚钱只能走证券代币路线（就是美国 SEC 监管单位必定会监管）。

这对传统数字代币的支持者而言是个坏消息。

美国SEC这一行为，造成美国有两个股票市场，传统股票市场（以纽交所为代表）和新证券代币市场（以Bakkt为代表）。

二 医药开发和应用：供应链管理

在美国，区块链的一个重要应用是供应链管理。在军用系统上，如军用飞机，其零部件的质量对整个飞机的质量至关重要，因此美国国防部DISA（Defense Information Systems Agency）积极推动部署区块链成为国防部IT系统的基础设施，成为美国国防部数字工程（Digital Engineering）的一部分。

而医药品更是性命攸关，美国通过《药品供应链安全法》（The Drug Supply Chain Security Act，DSCSA）以应对假药威胁。根据世界卫生组织WHO（World Health Organization）报告，发展中国家10%～30%的药品可能是假的，联合国毒品和犯罪问题办事处（UNODC）认为这是个非常严重的问题。美国FDA积极推动区块链供应链，制定区块链上的数据标准，开展数据结构的定义，推动整个产业的发展。

（一）供应链管理（Supply Chain Management）

供应链是匹配需求和供应的链条，客户有需求，公司有供应。供应链管理就是对从供应商到客户的三流——产品流、信息流和资金流的集成管理。供应链的根本目的，就是通过集成管理三流，来最大化给客户的价值，同时最小化供应链的成本。

20世纪80年代，供应链管理在美国兴起，根本原因是来自日本企业的竞争压力迫使北美企业放弃单打独斗，推动供应链上各合作伙伴通力协作。20世纪80年代，日本产品全面超越美国——质量好、价格低、速度快——日本制造成了美国的噩梦。美国企业家从企业运营的角度来研究日本同行，试图理解质量差异的根源，清楚之后，就开始系统地学习日本企业，除了直接学习，主要通过企业、政府资助系统的研究项目。比如密歇根大学研究日

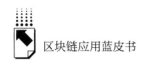

本汽车供应链，麻省理工学院研究日本精益生产，美国高级采购研究中心研究日本的长期合作关系等。这些研究从形而下上升到形而上，系统地分析、总结了众多的日本实践，上升到理论高度，形成了一门新兴学科——供应链管理。

（二）供应链金融（Supply Chain Financing）

供应链金融以核心客户为依托，以真实贸易背景为前提，运用自偿性贸易融资的方式，通过应收账款质押登记、第三方监管等专业手段封闭资金流或控制物权，为供应链上下游企业提供的综合性金融产品和服务。供应链金融是近年来供应链管理发展的新方向，是解决中小企业融资难题、降低融资成本、减少供应链风险等的一个有效手段。现代化供应链管理是供应链金融服务的基本理念。没有实际的供应链做支撑，就不可能产生供应链金融，而且供应链运行的质量和稳定性，直接决定了供应链金融的规模和风险。

1. 供应链金融发展

随着技术发展和金融市场开放，供应链金融实践在全球范围内得到了快速发展，面向不同行业不同层次的各种融资模式、方法和产品大量涌现，对提高供应链的竞争力产生了非常积极的作用。供应链金融围绕银行和核心企业，管理供应链上下游中小企业的资金流和物流，并把单个企业的不可控风险转变为供应链企业整体的可控风险，将风险控制在最低限度。相比传统的融资模式，在融资方面具有独特优势和价值。

但问题仍然存在。一是供应链上存在"信息孤岛"，同一供应链上企业之间的 ERP 系统并不互通，导致企业间信息割裂。对银行等金融机构来说，意味着风控难度增大，给企业融资带来巨大障碍。二是核心企业信用不能传递，核心企业信用只传递到一级供应商层级，中小企业还是存在融资难融资贵问题。三是履约风险无法有效控制，供应商与买方之间、融资方和金融机构之间的支付和结算受限于各参与主体的履约意愿，尤其是当涉及多级供应商结算时，存在资金挪用、恶意违约或操作风险。四是信用环境差。在仓单质押等场景中，频发伪造虚假仓单骗贷的案件，各个环节的真实性、可靠性存疑。

2. 区块链供应链发展

区块链是点对点通信、数字加密、分布式账本、多方协同共识算法等多个领域的融合技术，具有不可篡改、链上数据可溯源的特性，非常适合解决供应链金融业务的痛点——信任问题，因为信任无法从核心企业传递到供应链上的其他企业，因此链上中小供应商融资仍然困难；同时缺少信任和监督机制，业务数据的真实性得不到保障，造成欺诈等案件频发，信用环境很差。具体来说，有以下几点。

一是解决"信息孤岛"问题。区块链作为分布式账本技术的一种，集体维护一个分布式共享账本，使得非商业机密数据在所有节点间存储、共享，让数据在链上实现可信流转，极大地解决了供应链金融业务中的"信息孤岛"问题。二是传递核心企业信用。登记在区块链上的可流转、可融资的确权凭证，使核心企业信用能沿着可信的贸易链路传递，解决了核心企业信用不能向多级供应商传递的问题。一级供应商对核心企业签发的凭证进行签收之后，可根据真实贸易背景，将其拆分、流转给上一级供应商。拆分、流转过程可溯源，核心企业的背书效用不变。三是智能合约防范履约风险。智能合约是一个区块链上合约条款的计算机程序，在满足执行条件时可自动执行。智能合约的加入，确保了贸易行为中交易双方或多方能够如约履行义务，使交易顺利可靠地进行。机器信用的效率和可靠性，极大地提高了交易双方的信任度和交易效率，并有效地管控履约风险。

全球区块链供应链市场预计从 2018 年的 1.45 亿美元增长到 2023 年的 3.3146 亿美元，预测期内复合年增长率（CAGR）为 87%。对供应链透明度需求的不断增加，对增强供应链交易安全性需求的不断增加，是市场的主要增长因素。

美国 FDA 和供应链研究中心（Center for Supply Chain Studies）共同研究区块链在医药供应链的应用，并于 2018 年 6 月在医药生成商、药房（例如 Walgreens）和医疗系统开发公司等的参与下推出几个参考模型

（Reference Model）。图2为其中的一个参考模型。可以看出，这份参考模型和其他很多区块链参考架构不同。

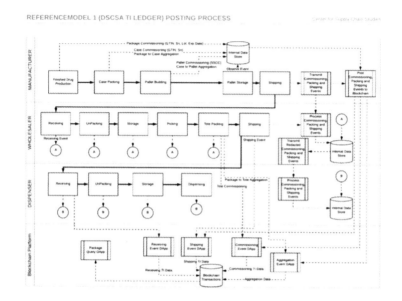

图2　ReferenceModel 1 – *DSCSA TI data on the blockchain*

一是没有注明区块链功能或性能，而是从数据开始定义，允许多个区块链系统出现。

二是数据必须互通，医院、生产商、零售商、物流都必须遵守数据标准。

三是有数据和验证细节。医药商、IT公司、药房属于不同性质公司，但是在医药领域，FDA认为它们是同类公司，必须受到同样的区块链监管。如果发布的参考架构不清晰，相关公司应用不同区块链系统，将无法验证也无法交互。

采用这一模型，相关公司可以应用区块链来验证医药的真假。图3是验证流程。

这是我们一直提的区块链帝国概念，FDA正在打造美国医药区块链帝国，愿意参与的单位可以在美国合法做生意，否则可能无法在市场上生存。

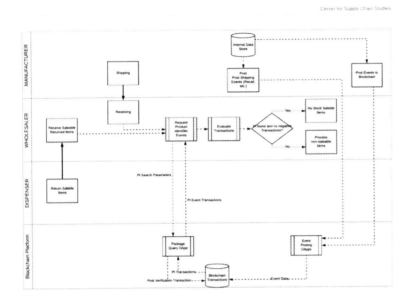

图 3 ReferenceModel 1 – *Verification Process*

三 大型实验

国外央行（英国、欧洲、日本、加拿大、新加坡），还有重要金融机构如 SWIFT、DTCC、摩根大通银行，科技公司如 IBM、谷歌、微软、脸书都纷纷发布白皮书或实验报告，其中包括明显失败的实验，例如加拿大央行（2017 年）、DTCC（2017 年）和 SWIFT（2018 年）的报告，但还是给这个领域带来了不少新经验，指出了研究方向。

英国央行最开放，第一个提出数字法币模型，并公开模型，鼓励全世界研究，甚至愿意开放作为国家金融命脉的实时全额支付系统（Real Time Gross Settlement，RTGS）开展实验。

2016 年澳大利亚股票交易所用区块链做实验，这应该是大型实验，但是没有发布报告。

2017 年 5 月，DTCC 宣布其区块链清算实验没有成功，但没有发布细

节。IBM 公司是合作伙伴。

2017 年 5 月，加拿大央行报告应用两个区块链系统（一个是以太坊，一个是 R3 Corda）做加拿大银行之间的支付实验。加拿大央行应用金融市场基础设施原则（Principles for Financial Market Infrastructures，PFMI）来评估这次实验，认为区块链技术不但未能达到银行的需求，而且还带来风险。这是历史上第一个实验应用 PFMI 来评估区块链系统在央行的应用。

2017 年，欧洲央行、日本央行、加拿大央行用区块链做股票交易实验。欧洲央行和日本央行于 2018 年 3 月发布报告，认为实验成功，技术可行。

2018 年 5 月，加拿大央行宣布可以应用区块链在股票交易上。

2018 年 3 月，SWIFT 宣布成功应用区块链在跨境支付上，但同时又宣布取消这项目，代表这项目实际上失败了。

2018 年 10 月，DTCC 宣布成功应用区块链在清算上，因为没有白皮书，也没有系统技术架构，成为一个神秘的链。

南非银行在 2018 年夏天宣布区块链实验成功，并且出了报告，大胆应用了许多非西方开发的技术。

世界上三个国家的央行都已经宣布成功应用区块链在股票交易上，因此区块链技术不能应用在股票市场的说法已经过时，而那些失败的经验也可以帮助区块链更加成熟。

美国和欧洲是区块链技术的引领者，日本也不甘落后，日本央行和欧洲央行联合实验使日本在区块链在央行上的应用在世界范围内领先。

实验重要性

区块链系统非常复杂，除非进行实际实验，否则一些理论或估计可能会不正确。例如图 4 源自欧洲央行和日本央行在央行系统联合实验的数据，为区块大小和性能图，清楚表明区块越大性能越好。在这以前，有系统号称可以在银行应用，但每块只放一笔交易。从图 4 来看，这样设计性能会很差。

因为在区块链系统中，块中每一笔交易会在同一时间一起处理，一块只有一笔交易，没有并行运作。

（y-axis: block size, x-axis: RPS）

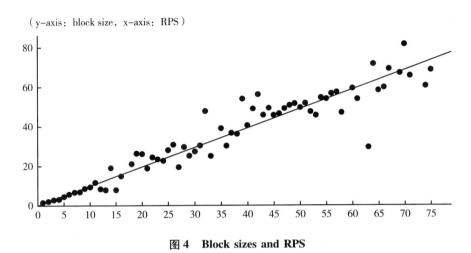

图4　**Block sizes and RPS**

Noter：The blue cots are the achel otservellons. The yellow line tepresents the trend.

其他重要实验结果如下。

表1　其他重要实验结果

科技问题	实验方	工作
评估标准	加拿大央行、欧洲央行、日本央行	应用PFMI来评估区块链在金融系统应用
可靠性	加拿大央行	指出区块链系统并不可靠，因为一些链的子系统只有单一备份，严重影响系统的可靠性，中心化的链也有同样问题，而且区块链系统本来就不应该有中心
完全数据（监管需求）	加拿大央行	提出央行因为监管的需求，必须拥有所有数据，但是一些区块链系统却没有这样的机制，例如基于DAG共识的区块链，因为部署每个节点参与共识，节点没有完全信息，这会造成监管困难
寻找账户	加拿大央行	央行系统必须很快找到账户，而不需要在链上搜寻才能得到信息。这影响到基于UTXO的区块链系统

续表

科技问题	实验方	工作
交易机制	欧洲央行、日本央行	央行或是一般商业交易比数字代币交易要复杂许多倍,系统性能应该以应用交易为实际度量,例如应用 RPS 而不是传统 TPS
支付系统	加拿大央行、欧洲央行、日本央行	央行支付系统需要处理资金流转问题,因为系统交易额大,需要 LSM 机制来解决这问题,但这些央行都是在系统外面进行。天德公司已经发明块中处理 LSM 的机制并且申请专利
扩展性	加拿大央行、欧洲央行、日本央行、SWIFT	区块链扩展性一直是个问题,在金融系统里面不能只有扩展性而没有可监管性,需要可监管的扩展性。SWIFT 2018 年报告认为超级账本通道(Channel)扩展性需要提高
清算	DTCC,加拿大央行、SWIFT、中国天德	在金融系统清算应用区块链一直存在争议:有学者认为应用数字货币后,清结算应该就应该一起完成,但也有单位认为这样交易机制是不合理的,会破坏现有的金融监管机制,而且数字货币这种交易方式还没有扩展到金融市场的交易量。现在央行区块链实验并没有应用数字货币的交易方式。另外,清算比支付更加复杂,一个清算所处理量是股票交易所的许多倍
多链架构	加拿大央行、欧洲央行、日本央行、DTCC、SWIFT、中国天德	欧洲央行在 2016 年提出一链通天下的模型,但在 2018 年欧洲央行和日本央行联合报告上否定了原来概念,提出一链处理一种资产新概念,单链架构成为多链架构。在 2016~2017 年天德提出 ABC - TBC 多链架构和区块链互联网概念,例如熊猫模型和金丝猴模型,并在清算上应用熊猫模型
性能	加拿大央行、欧洲央行、日本央行	不是所有金融系统都需要处理大量交易,央行或是银行里面一些系统,现在区块链已经可以足够应对,例如加拿大央行和银行之间系统一秒只要一笔交易。但是可监管性、可靠性、可查询账户、安全性却是区块链难点。如可监管性就会引出不同的区块链设计,现在许多区块链设计是用来逃避监管(例如 UTXO 和 P2P)而不是支持监管的

四　对我国的启示

前面所说的美国兵分四路的战略布局很值得我们学习，尤其是 FDA，其按照一定步骤有序推动：先是找到最重要的问题，再制定所需的标准（数据标准），最后鼓励包括制作者、运输者、应用者在内的供应链上的多方参与。综上所述，提出建议如下。

（一）政府从顶层统一布局，完善监管合规

我国应遵循技术发展规律，从政策层面做好体系化布局，尽可能在维护系统参与者利益与维护更广泛的社会利益间达成平衡，避免固化的架构阻碍技术创新。深入研究区块链对个人信息保护、数据跨境流动等方面的影响，探讨区块链在底层核心技术、中层应用逻辑和上层信息管控等方面的监管问题，制定区块链数据标准。积极促进区块链系统中参与主体的信息披露，构建智能合约的合规审查和审计机制，推动行业自律。加快完善区块链的相关法律法规，通过立法将区块链技术纳入合适的监管框架之内，加强金融等行业的市场监管，防范系统性风险。推动政府、银行与核心企业之间的系统互联互通和数据共享，使监管者实现数据触达；加强与他国监管者间的协调，加强金融企业合作与数据共享，建设新时代的金融基础设施。

（二）构建区块链互联网（链网），形成主权链网

从 FDA 和区块链管理研究中心的报告可清楚看出，这将是一个很大的项目，适应不同公司，但必须遵守同样的数据结构。因为 FDA 提出的参考架构能使成千上万的单位上链，以后必定是区块链互联网架构，因为单链不可能解决这些问题，而现有一些区块链架构也不能扩展到这种规模，如 SWIFT2018 年报告表明超级账本（Hyperledger）不能处理几十家单位的规模。从一链通天下转向链满天下，每个产业有自己的产业链，每个产业链有自己的标准，到时万链互联，成千上万个机构在供应链上，还要保证数据一致，形成智能的区块链互联网，

链与链之间互相交易、互相通信、互相监督。此外，从美国 FDA 和国防部的讨论中，可以发现美国政府明显支持亚马逊、IBM、微软的区块链系统。这给中国区块链界和国家提供了一个重大预警。区块链是有主权的，中国不能够使用其他国家的主权链，特别是在国外一些链已被发现重大安全问题的情况下。

（三）推广产业沙盒，提供优质金融服务

在有效防范风险的基础上，积极稳妥开展供应链金融业务。推广产业沙盒，在产业沙盒中开展产品研发和行业标准测试，构建软硬件协同发展的生态体系，推广应用供应链金融新技术、新模式，促进整个产业数字化和智能化。核心企业发挥带动作用，加强商业银行、区块链平台企业、供应链上下游企业的协同和整合，创新供应链金融业务模式，优化供应链资金流，构建完善的产业生态体系，促进产业降本增效、节能环保、绿色发展和创新转型。为资金进入实体经济提供安全通道，为符合条件的中小微企业提供成本相对较低、高效快捷的金融服务。

（四）监管先行，金融后行

美国在 2018 年开启的两大应用，都不是金融应用，反而是监管应用。国防部的交通工具供应链管理，就是监管重要运输工具保证相关人员安全；医药供应链管理，也是监管医药保障生命安全。在这些应用上，都是监管先行。因为中国特色的监管，中国金融机构尝试区块链可能需要时间，但是金融监管可以先行。例如前面提到富国银行可以等待客户在区块链上形成共识后，银行才下单购买金融产品，这就是监管先行。

（五）培育开源生态，提升国际影响力

从国家层面建立对开源社区的强大激励机制、对软件重视的市场价值机制和强力保护知识产权的法规，发挥产业联盟在制定标准上的领先优势，针对区块链实现语言不一致、智能合约标准不统一等存在的问题，先行先试联

盟标准，引导产业集群优化升级，提高企业竞争力。积极培育中国特色的区块链开源生态，构建区块链开源社区，汇集国内精英和全球智慧，提高我国在区块链开源项目中的代码贡献量，增强我国在区块链领域的话语权和影响力。积极引导企业进行专利布局，预防专利"陷阱"，做好知识产权保护，提升企业的国际竞争力。

（六）开放研究和实验，根据实验制定产业标准

中国应该开放区块链研究和实验，并且发布研究报告。英国央行在2016年发布数字法币报告领导世界，虽然后来英国放弃这计划，但也领导世界3年。美国后来居上，在2018年成为世界领导者，包括DTCC、摩根大通银行、IBM和供应链研究中心等都发布了重要研究报告或是标准，引领世界。从金融市场开始，区块链现在要影响到民生（例如医疗和交通等）。国内外这几年出现了许多标准，但是多少可以成为实际产业标准？因为没有经过大型实验，以后更改的可能性非常大，虽然它们是好的参考架构。

参考文献

Andrew Orlowski, "Blockchain study finds 0.00% success rate and vendors don't call back when asked for evidence", Nov. 30, 2018. https://www.theregister.co.uk/2018/11/30/blockchain_ study_ finds_ 0_ per_ cent_ success_ rate/.

John Burg, Christine Murphy, and Jean Paul Pétraud, "Blockchain for International Development: Using a Learning Agenda to Address Knowledge Gaps", Sept. 7, 2018. http://merltech. org/blockchain – for – international – development – using – a – learning – agenda – to – address – knowledge – gaps/.

Prateek Gupta, "An Affair of Two Chains: Blockchain Meets Supply Chain Finance", Feb. 15, 2019. https://deqode. com/blog/supply – chain – finance – blockchain/.

Arturo Bris, "Is blockchain all hype? A financier and supply chain expert discuss", January 31, 2019. https://uk. news. yahoo. com/blockchain – hype – financier – supply – chain – 155354324. html.

Oliver Dale, "Blockchain & Supply Chain Management: Issues & Companies Tackling it",

January 28，2019. https：//blockonomi. com/blockchain－supply－chain－management/.

Sanjay Saigal, "Supply Chain Finance on the Blockchain Enables Network Collaboration", May 22，2017. https：//www. sdcexec. com/sourcing－procurement/article/12247812/supply－chain－finance－on－the－blockchain－enables－network－collaboration.

蔡维德等《2018 年数字经济重大事件：美国政府和主流市场接受数字代币》，https：//mp. weixin. qq. com/s/UR8400Z—YJbGMkoLM5l7A。

蔡维德等《美元数字法币横空出世，你准备好了吗?》，https：//mp. weixin. qq. com/s/n3olvAeCt9SB55sPD5ENhQ。

蔡维德：《让子弹再飞一会：美国证券交易委员会 SEC 专员演讲解读》，https：//mp. weixin. qq. com/s/uNrvFJZhRv_ VuxXNpgDp2g。

蔡维德等《分布式账本技术在支付、清算和结算业务中应用分析》，https：//mp. weixin. qq. com/s/kR4qQHbMwfJiVRERGNNTAg。

蔡维德、姜晓芳：《PFMI 系列之二：清算链"设计之道"》，https：//mp. weixin. qq. com/s/rsAzxu5WZci6y_ B6XsnKKQ。

蔡维德：《区块链在金融领域应用的可行性》，https：//mp. weixin. qq. com/s/hcQQ0uxultYQ5PAjaUYwYQ。

蔡维德、姜晓芳：《几千万美金买来的教训——SWIFT 遇到的困难以及解决方案》，https：//mp. weixin. qq. com/s/E－6ZVHl6JbWpXE2dV3Ri3。

蔡维德：《监管沙盒 2.0 和产业沙盒经济学》，https：//mp. weixin. qq. com/s/mGZdnh9QarIqjL317nLgzw。

蔡维德：《监管科技之沙盒技术》，https：//mp. weixin. qq. com/s/B1QNPVayOSQd6HTx0pbyZg。

《全球公链项目技术评估与分析蓝皮书》，http：//www. tdchain. cn/tdchain/report201902。

蔡维德等《区块链互联网系列（2）：区块链互联网需要新协议》，https：//mp. weixin. qq. com/s/vvA4u7LiIMfkzCTI04VSzw。

蔡维德等《区块链互联网》，2017. 6. 3。https：//mp. weixin. qq. com/s/7cTVxvGVPZeax0zuUAhWmg。

蔡维德：《第四次工业革命将是"信任"革命，谈中、美、英、俄等多国的数字社会国家战略（上）（下）｜ DeepHash 专栏》，https：//mp. weixin. qq. com/s/6pCBBLDjgyGVHyg5wvdNfQ。

William Suberg, " Google Reveals Two Blockchain Projects：As It Eyes Data Transparency," March 22，2018，Cointelegraph，https：//cointelegraph. com/news/google－reveals－two－blockchain－projects－as－it－eyes－data－transparency.

蔡维德、王焕然：《国外区块链金融帝国开始形成：170 家全球银行愿意加入摩根大通银行稳定币网络》，2019 年 2 月 19 日，https：//www. 8btc. com/article/362967。

B.26
中国区块链政策现状及趋势分析报告

思二勋 *

摘　要： 本报告主要从中央顶层设计到地方发展规划，从技术创新到落地应用，从专项政策到配套政策，对中国区块链行业相关政策进行了详细的回顾、总结和趋势分析。该报告第一部分主要梳理中国区块链政策主要现状及发展历程，厘清区块链政策发展路径。第二部分和第三部分主要对我国区块链政策进行了全方位的盘点和梳理，以全面了解中央和地方区块链政策现状。第四部分和第五部分主要基于前三部分的内容，对我国区块链监管政策和扶持政策的方向和趋势做了深度分析，提出了四个维度的四层监管趋势及其他宏观层面的监管趋势。此外，还分别从中央层面、技术层面、产业层面，以及行业应用层面分析了区块链政策发展趋势，为相关政府部门、行业企业、服务机构及其从业人员提供参考。

关键词： 区块链政策　监管　产业政策

一　区块链政策主要现状及发展历程

（一）中国区块链政策出台背景

2013 年下半年，比特币市场快速升温，价格快速上涨。截至 2013 年 12

---

* 思二勋，人民创投区块链研究院研究员。

月，比特币单价达到 1147 美元，掀起了第一轮虚拟货币投资热潮，受到社会广泛关注。与此同时，虚拟货币可能带来的金融风险引起各国政府高度重视。

中国政府从 2013 年开始出台虚拟货币监管政策，比如，2013 年 12 月，中国人民银行、工业和信息化部、中国银行业监督管理委员会等发布《关于防范比特币风险的通知》（以下简称《通知》）。《通知》表示，要加强比特币互联网站的管理，防范比特币可能产生的洗钱风险等。各大媒体争相报道，引起社会广泛关注。

与此同时，区块链的技术逻辑和底层价值逐渐被国人了解。2016 年 10 月，工业和信息化部发布《中国区块链技术和应用发展白皮书（2016）》。白皮书总结了国内外区块链发展现状和典型应用场景，介绍了中国区块链技术发展路线图以及未来区块链技术标准化的方向和进程。2016 年 12 月，国务院印发《"十三五"国家信息化规划》，首次将区块链技术列入国家级信息化规划内容。

根据 2016 年工信部发布的《中国区块链技术和应用发展白皮书》的定义，区块链（Blockchain）是分布式数据存储、点对点传输、共识机制、加密算法等计算机技术的新型应用模式。通俗理解，区块链是一种按照时间顺序将数据区块以顺序项链的方式组合成的一种链式数据结构，并以密码学方式保证的不可篡改和不可伪造的分布式账本。

（二）监管政策陆续出台，区块链市场走向规范

随着比特币、以太坊、莱特币等加密货币价格上涨，以及大量资本入场，区块链从业者及应用项目迅速增多。伴随而来，不同于传统融资方式的代币公开发行（ICO）项目受到部分人追捧。

普华永道咨询公司和瑞士加密谷协会发布的一份联合报告显示，在 2018 年前 5 个月，全球 ICO 的规模就已经是 2017 年的两倍，ICO 数量达到历史新高。根据这份报告，截至 2018 年 5 月，注册发行 ICO 的企业共有 537 家，总共筹集资金超过 137 亿美元。

ICO 项目规模爆发，给市场带来新的风险。一些项目方采用各类误导性宣传手段，以 ICO 名义从事融资活动。相关金融活动未取得任何许可，其中的风险有涉嫌诈骗、非法证券、非法集资等。

在此背景下，中国除了继续积极支持区块链技术的应用与创新之外，对加密货币和各种代币的监管也逐渐加强。

在支持区块链技术发展方面，2017 年 1 月，国务院办公厅发布的《关于创新管理优化服务培育壮大经济发展新动能加快新旧动能接续转换的意见》提出：在人工智能、区块链、能源互联网、大数据应用等交叉融合领域构建若干产业创新中心和创新网络。

监管层面，2017 年 9 月，央行等七部委发布了《关于防范代币发行融资风险的公告》指出：比特币、以太币等所谓虚拟货币，本质上是一种未经批准非法公开融资的行为，要求即日停止各类代币发行融资活动，已完成代币发行融资的组织和个人应当做出清退等安排。

2018 年 1 月 22 日，央行支付结算处下发《关于开展为非法虚拟货币交易提供支付服务自查整改工作的通知》，要求各单位及分支机构开展自查整改工作，严禁为虚拟货币交易提供服务，并采取措施防止支付通道用于虚拟货币交易；同时，加强日常交易监测，对于发现的虚拟货币交易，及时关闭有关交易主体的支付通道，并妥善处理待结算资金。

2018 年 1 月 23 日，中国互联网金融协会发布《关于防范境外 ICO 与"虚拟货币"交易风险的提示》，提醒投资者尤其要防范境外 ICO 机构存在缺乏规范，系统安全、市场操纵和洗钱等风险，同时也指出，为虚拟货币交易提供支付等服务的行为均面临政策风险，投资者应主动强化风险意识，保持理性。

2018 年 8 月，中央网信办、公安部、人民银行、市场监管总局等发布《关于防范以"虚拟货币""区块链"名义进行非法集资的风险提示》，文件指出，一些不法分子打着"金融创新""区块链"的旗号，通过发行所谓"虚拟货币""虚拟资产""数字资产"等方式吸收资金，侵害公众合法权益。此类活动并非真正基于区块链技术，而是炒作区块链概念行非法集资、

传销、诈骗之实。

2019年1月国家互联网信息办公室发布《区块链信息服务管理规定》，为区块链信息服务的提供、使用、管理等提供有效的法律依据。对于区块链信息提供者（项目方）开发上线新产品、新应用、新功能的，应当按有关规定报国家和省、自治区、直辖市互联网信息办公室进行安全评估。旧有区块链应用项目，首先要按照新规规定在省级网信办进行备案。

区块链市场监管政策的成熟和完备，以及区块链技术的成熟程度进一步增加，行业监管制度体系进一步建设完善，为产业区块链项目深入服务实体经济提供了有力保障，一些违法违规的项目则会受到严格监管，市场渐趋规范，产业发展环境得以优化。

（三）各省份纷纷出台相关政策，行业发展迎来新契机

据人民创投区块链研究院统计，截至2019年2月底，国内有北京、上海、广州、重庆、深圳、江苏、浙江、贵州、山东、江西、广西等多地发布区块链政策指导信息，这些指导政策以鼓励和扶持偏多，很多地区对区块链技术发展高度重视，并重点扶持区块链应用，以带动地方区块链相关产业发展。中央和地方级政府的重视，为区块链技术和产业发展营造了良好的政策环境。

而在各地利好政策的影响下，中国区块链行业获得了良好的发展契机，行业在2017年后迎来一场创新创业的热潮，一些区域（如北京、上海、重庆、青岛、杭州等）和企业（如百度、阿里巴巴、腾讯、京东、迅雷等）开始开展对区块链产业链布局。

据不完全统计，北京、浙江、贵州发布的区块链相关政策最多，其次是江苏、深圳、雄安新区等地，从地区分布看，经济相对发达地区的政策文件数量较多。

从扶持政策内容来看，大致可以分为技术层面、产业层面、行业应用等层面。

技术层面，一方面，鼓励区块链技术的创新研究和应用，并强调加快区块链技术标准体系的制定；另一方面，鼓励区块链技术与大数据、人工智能等技术的融合研究和应用，以解决社会信用、成本、效率等方面的问题。

产业层面，一方面，（鼓励）设立区块链产业引导基金，比如，深圳市天使投资引导基金发起设立深圳区块链创投基金、青岛市北区人民政府发起青岛市北区区块链产业发展年度专项资金、北京市金融局发起北京区块链生态投资基金。截至 2018 年 12 月，全国有 9 个省（市）政府根据自身条件推出区块链产业基金，总规模将近 400 亿元。其中，杭州雄岸全球区块链创新基金是全国最早的区块链产业基金。杭州、南京、河南发起的基金项目规模均达到 100 亿元。另一方面，从扶持方式上来看，主要有技术和人才奖励、设立产业园和实验室、设立区块链专项投资基金等方式。通过专项人才引进补贴、技术创新补贴、办公用房补贴等措施，促进区块链产业发展。就具体的补贴政策来看，目前对于区块链项目的扶持政策，主要分为财政补贴、注册条件和产业应用支持三个方面。比如，上海杨浦区通过《促进区块链发展的若干政策规定（试行）》，对区块链行业的发展给出了 12 条政策性支持，包括开办费补贴、办公用房补贴、联盟支持、融资支持等，该政策将于 2018 年 12 月 1 日起施行，有效期为 3 年，以孵化区块链项目，促进区块链产业发展。

应用层面，主要是鼓励或支持区块链与金融、供应链、跨境电商、供应链金融、物流、公益、农业、政务等产业的深度融合。比如，河南省人民政府印发《中国（河南）自由贸易试验区建设专项方案的通知》，鼓励在自贸试验区探索设立金融科技等新型金融公司。运用大数据、区块链、人工智能、云计算等新技术，发起设立供应链金融公司、跨境电商金融服务公司等新型金融公司，培育场景化金融生态圈。

另外，从政策制定的方向上来看，涉及金融领域的区块链推动政策较多，从技术层面和行业应用层面推动区块链产业发展的政策也比较多。从区域上来看，北京、上海、青岛、贵州、重庆等省市的区块链政策推动力度比

较大。

总体来看，各地纷纷根据自身特点，制定相关专项政策，并鼓励区块链与实体经济结合，逐渐从金融领域应用扩展到各行各业。在各地区相关政策的推动下，区块链行业发展迎来新契机。

（四）区块链技术标准和政策日渐完善

区块链是分布式数据存储、点对点传输、共识机制、加密算法等计算机技术的新型应用模式。就区块链技术发展而言，目前在全世界范围内，区块链技术还没有统一的技术标准。就中国而言，以工业和信息化部（以下简称"工信部"）及其相关附属机构为主导，已开始逐步探索并实践区块链技术的标准化与统一化。比如，2018年10月，工信部表示，将积极构建完善区块链标准体系，加快推动重点标准研制和应用推广，逐步构建完善的标准体系。据了解，工信部信息化和软件服务业司指导中国电子技术标准化研究院提出全国区块链和分布式记账技术标准化技术委员会组建方案。下一步，工信部信息化和软件服务业司将积极推动相关工作，加快推动标委会成立，更好地服务区块链技术产业发展。

除此之外，区块链产业在技术安全、信息服务安全、应用落地安全、数字货币监管等方面的政策也在加速完善。

在信息服务安全方面，2019年1月10日，国家网信办发布《区块链信息服务管理规定》，进一步明确区块链信息服务提供者的信息安全管理责任，规范和促进区块链技术及相关服务健康发展，规避区块链信息服务安全风险，为区块链信息服务的提供、使用、管理等提供有效的法律依据。

在监管层面，2018年是数字资产市场合规化探索关键之年，我国乃至全球市场进入加速合规阶段。英国金融管理局2016年提出并实施沙盒计划和沙盒监管相关制度。除英国外，新加坡、澳大利亚、美国等国家也纷纷在2016～2017年推出了关于沙盒监管的相关文件，对准入条件与操作方法进行了说明。在我国，早在2017年，贵阳区块链金融孵化器就在试运营区块链金融沙盒监管。

监管创新方面，2017年至2018年初，各国（地区）对数字资产（尤其是数字资产发行）的监管大多采用了分类监管方式。2018年11月1日，中国香港证监会发布《有关针对数字资产投资组合的管理公司、基金分销商及交易平台营运者的监管框架的声明》，提出了"无差别监管"方案，即无论数字资产是否构成《证券及期货条例》（第571章）中所界定的"证券"及"期货合约"，出于投资者保护考虑，均被纳入同等监管框架。

总体而言，国家鼓励探索研究区块链技术标准与技术安全应用，以此推动区块链技术与实际应用场景结合，服务实体经济，构建新型数字经济，但也谨慎对待并防范数字货币或ICO风险，并禁止数字货币的发行。但是，目前对于数字资产监管还处于探索阶段，监管政策还有待完善。

随着中央和各地方政府区块链扶持政策和监管政策的逐渐完善、区块链标准（国家标准、行业标准）体系的完备，以及区块链技术的成熟，区块链产业发展基石也逐渐牢固。

二　中央层面的区块链政策汇集

（免责申明：人民创投区块链研究院此次进行政策汇集截止日期是2019年3月，在整理汇集过程中或有遗漏，欢迎广大读者补充。）

表1　中央层面政策

政策视角	出台时间	政策发布方/名称	政策主要内容
技术层面	2016年10月	工业和信息化部《中国区块链技术和应用发展白皮书(2016)》	总结了国内外区块链发展现状和典型应用场景，介绍了国区块链技术发展路线图以及未来区块链技术标准化方向和进程

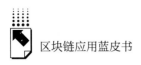
续表

政策视角	出台时间	政策发布方/名称	政策主要内容
技术层面	2016 年 12 月	国务院《"十三五"国家信息化规划的通知》	"区块链"首次被作为战略性前沿技术写入规划
	2017 年 1 月	商务部《进一步推进国家电子商务示范基地建设工作的指导意见》	推动示范基地创业孵化,促进大数据、云计算、物联网、人工智能、区块链等技术的创新应用
	2017 年 7 月	国务院《关于新一代人工智能发展规划的通知》	促进区块链技术与人工智能的融合,建立新型社会信任体系
	2017 年 8 月	国务院《关于进一步扩大和升级信息消费持续释放内需潜力的指导意见》	提出开展基于区块链、人工智能等新技术的试点应用
	2018 年 6 月	工信部《工业互联网发展行动计划(2018～2020 年)》	鼓励推进边缘计算、深度学习、区块链等新兴前沿技术在工业互联网的应用研究
	2018 年 10 月	工信部《"十三五"国家信息化规划的通知》	表示将积极构建完善区块链标准体系,加快推动重点标准研制和应用推广,逐步构建完善的标准体系
产业层面	2017 年 3 月	工信部《云计算发展三年行动计划(2017～2019 年)》的通知	开展大数据、物联网、人工智能、区块链等新技术、新业务的研发和产业化
应用层面	2017 年 10 月	国务院《关于积极推进供应链创新与应用的指导意见》	提出要研究利用区块链、人工智能等新兴技术,建立基于供应链的信用评价机制
	2017 年 11 月	国务院《关于深化"互联网＋先进制造业"发展工业互联网的指导意见》	促进边缘计算、人工智能、增强现实、虚拟现实、区块链等新兴前沿技术在工业互联网中的研究与探索
	2017 年 12 月	国家邮政局《关于推进邮政业服务"一带一路"建设的指导意见》	与沿线国家交流邮政业和互联网、大数据、云计算、人工智能及区块链等融合发展的经验,联合开展科技应用示范

政策视角	出台时间	政策发布方/名称	政策主要内容
应用层面	2018年2月	工业和信息化部《关于组织开展信息消费试点示范项目申报工作的通知》	积极探索利用区块链技术开展信息物流全程监测,推进物流业信息消费降本增效
	2018年4月	教育部发布《教育信息化2.0行动计划》	提出积极探索基于区块链、大数据等新技术的智能学习效果记录、转移、交换、认证等有效方式,形成泛在化、智能化学习体系,推进信息技术和智能技术深度融入教育教学全过程,打造教育发展国际竞争新增长极
其他方面	2017年1月	工信部《软件和信息技术服务业发展规划(2016～2020年)》	提出区块链等领域创新达到国际先进水平等要求
	2018年3月	工信部《2018年信息化和软件服务业标准化工作要点》	提出推动组建全国信息化和工业化融合管理标准化技术委员会、全国区块链和分布式记账技术标准化委员会
	2018年5月	中国科学院第十九次院士大会、中国工程院第十四次院士大会	习总书记在中国两院院士大会上的讲话指出,"以人工智能、量子信息、移动通信、物联网、区块链为代表的新一代信息技术加速突破应用"
监管层面	2017年8月	中国互联网金融协会《关于防范各类以ICO名义吸收投资相关风险的提示》	国内外部分机构采用各类误导性宣传手段,以ICO名义从事融资活动,相关金融活动未取得任何许可,其中涉嫌诈骗、非法证券、非法集资等行为
	2017年9月	互联网金融风险专项整治工作领导小组办公室《关于对代币发行融资开展清理整顿工作的通知》	全面停止新发生代币发行融资活动,建立代币发行融资的活动监测机制,防止死灰复燃;对已完成的ICO项目要进行逐案研判,针对大众发行的要清退,打击违法违规行为

区块链应用蓝皮书

续表

政策视角	出台时间	政策发布方/名称	政策主要内容
监管层面	2017年9月	央行等七部委《关于防范代币发行融资风险的公告》	要求即日停止各类代币发行融资活动，已完成代币发行融资的组织和个人应当做出清退等安排等
	2018年1月	中国互联网金融协会发布《关于防范境外ICO与"虚拟货币"交易风险的提示》	警惕投资者尤其要防范境外发币机构由于缺乏规范，存在系统安全、市场操纵和洗钱等风险，同时也指出，为"虚拟货币"交易提供支付等服务的行为均面临政策风险，投资者应主动强化风险意识，保持理性
	2018年1月	央行支付结算处下发《关于开展为非法虚拟货币交易提供支付服务自查整改工作的通知》	通知要求各单位及分支机构开展自查整改工作，严禁为虚拟货币交易提供服务，并采取措施防止支付通道用于虚拟货币交易；同时，加强日常交易监测，对于发现的虚拟货币交易，及时关闭有关交易主体的支付通道，并妥善处理待结算资金
	2018年8月	银保监会、中央网信办、公安部、人民银行、市场监管总局，关于防范以"虚拟货币""区块链"名义进行非法集资的风险提示	一些不法分子打着"金融创新"、"区块链"的旗号，通过发行所谓"虚拟货币""虚拟资产""数字资产"等方式吸收资金，侵害公众合法权益此类活动并非真正基于区块链技术，而是炒作区块链概念行非法集资、传销、诈骗之实
监管层面	2019年1月	国家互联网信息办公室发布《区块链信息服务管理规定》	区块链信息服务提供者和使用者不得利用区块链信息服务从事危害国家安全、扰乱社会秩序、侵犯他人合法权益等法律行政法规禁止的活动

422

三 各省份区块链专项政策汇集

表2 各省份区块链

地区名称	政策视角	出台时间	政策发布方/名称	政策主要内容
北京市	应用层面	2016年8月	北京市金融工作局《北京市金融工作局2016年度绩效任务》	为推进北京市金融发展环境建设,推动设立了中关村区块链联盟
		2016年12月	北京市金融工作局与北京市发展和改革委员会联合发布《北京市"十三五"时期金融业发展规划的通知》	将区块链归为互联网金融的一项技术,鼓励发展
		2017年9月	北京市金融工作局、北京市发展和改革委员会等发布《关于构建首都绿色金融体系的实施办法的通知》	发展基于区块链的绿色金融信息基础设施,提高绿色金融项目安全保障水平
		2018年11月	中关村管委会、北京市金融工作局和北京市科学技术委员会联合发布《北京市促进金融科技发展规划(2018～2022年)》	将区块链技术纳入北京"金融科技"发展规划的范畴
	产业层面	2017年4月	北京市《中关村国家自主创新示范区促进科技金融深度融合创新发展支持资金管理办法》	开展人工智能、区块链、量化投资、智能金融等前沿技术示范应用,按照签署的技术应用合同或采购协议金额的30%给予企业资金支持,单个项目最高支持金额不超过500万元
		2018年12月	北京市西城区发布《关于支持北京金融科技与专业服务创新示范区(西城区域)建设若干措施》	要大力扶持金融科技应用示范,倡导安全、绿色、普惠金融服务,对人工智能、区块链、量化投资、智能金融等前沿技术创新最高给予1000万元资金奖励,切实助力产业和经济发展,助力城市智慧运行

续表

地区名称	政策视角	出台时间	政策发布方/名称	政策主要内容
天津市	技术层面	2017 年 6 月	天津市人民政府《天津市贯彻国家信息产业发展指南实施方案》	支持未来电视、天堰科技等重点企业面向人工智能、虚拟现实和增强现实等领域,提升容器、区块链、开发运营一体化等方面的关键技术服务能力
	应用层面	2017 年 10 月	天津市财政局《关于供应链体系建设项目和资金管理方法》	通过利用大数据、物联网、云计算、区块链、人工智能等方式,创新流通模式,提高供应链协同效率
		2017 年 11 月	天津市人民政府《天津市进一步扩大和升级信息消费实施方案的通知》	开展基于区块链、人工智能等新技术的试点应用,加快发展位置服务、社交网络服务、数字内容服务以及智能应用
河北省	产业层面	2018 年 2 月	河北省人民政府办公厅发布《关于加快推进工业转型升级建设现代化工业体系的指导意见》	提出要积极培育发展区块链等未来产业
	技术层面	2018 年 2 月	河北省人民政府《河北省战略性新兴产业发展未来三年行动计划》	支持开展海量数据存储、集群资源调度、计算资源虚拟化、区块链等前沿技术研发,着力在行业大数据分析、预测、决策及应用方面取得突破
		2018 年 4 月	河北省人民政府《河北雄安新区规划纲要》	超前布局区块链、太赫兹、认知计算等技术研发及试验
内蒙古自治区	技术层面	2017 年 6 月	内蒙古自治区人民政府办公厅印发《2017 年自治区大数据发展工作要点的通知》	要求加强数据感知、数据传输、计算处理、基础软件、可视化展现、区块链及信息安全与隐私保护等领域技术和产品的研发
		2017 年 12 月	内蒙古自治区人民政府《内蒙古自治区大数据发展总体规划(2017～2020 年)》	加强多方安全计算、数据匿名化、区块链等数据融合关键技术研发和应用

续表

地区名称	政策视角	出台时间	政策发布方/名称	政策主要内容
山西省	产业层面	2017年8月	山西省人民政府办公厅《山西省招商引资重点产业指导目录》	将区块链技术等新兴软件产品和服务纳入重点招商引资范畴
湖南省	产业层面	2018年6月	长沙经济技术开发区管委会发布《长沙经开区关于支持区块链产业发展的政策(试行)》	区块链企业自落户之日起,3年内给予最高200万元的扶持资金;为入驻区块链企业提供不超过300平米的办公场地,免租3年;将设立总额30亿元的区块链产业基金,投资区块链企业
湖北省	应用层面	2017年4月	湖北省人民政府办公厅发布《关于进一步降低企业成本振兴实体经济的意见》	积极发展金融科技,增强大数据、云计算、区块链技术在征信、金融中介、风险防范等领域的应用
湖北省	产业层面	2018年5月	东湖高新区(武汉光谷)出台《加快推动高质量发展的实施意见(征求意见稿)》	推进人工智能、大数据、云计算、物联网等产业交叉创新和跨界融合,培育新一代人工智能、VR/AR、智能网联汽车、区块链等新业态
河南省	应用层面	2017年10月	河南省人民政府印发《中国(河南)自由贸易试验区建设专项方案的通知》	鼓励在自贸试验区探索设立金融科技等新型金融公司运用大数据、区块链、人工智能、云计算等新技术,发起设立供应链金融公司、跨境电商金融服务公司等新型金融公司,培育场景化金融生态圈
上海市	产业层面	2017年4月	上海市互联网金融行业协会发布《互联网金融从业机构区块链技术应用自律规则》	包含系统风险防范、监管等12条内容,这也是国内首个互联网金融行业区块链自律规则
上海市	产业层面	2018年9月	杨浦区印发了《促进区块链发展的若干政策规定(试行)》	该规定对区块链行业的发展给出了12条政策性支持,包括开办费补贴、办公用房补贴、联盟支持、融资支持等,有效期为3年
上海市	其他层面	2018年1月	上海市教育委员会《2018年上海市教育委员会工作要点》	推荐基于人工智能和区块链技术的教育示范应用

续表

地区名称	政策视角	出台时间	政策发布方/名称	政策主要内容
江苏省	技术层面	2017 年 2 月	南京市人民政府下发《市政府办公厅关于印发"十三五"智慧南京发展规划的通知》	明确提出要使区块链等一批新技术形成突破并得以实际应用
	应用层面	2017 年 2 月	南京市人民政府《"十三五"智慧南京发展规划的通知》	明确提出要使区块链等一批新技术形成突破并得以实际应用
		2017 年 3 月	南京市政府办公厅印发的《南京市"十三五"金融业发展规划》	强调要以大数据、云计算、人工智能及区块链技术为核心,推进金融科技在征信、授信、风险控制等领域的广泛应用
		2017 年 10 月	南京发布《"互联网 + 政务服务 + 普惠金融便民服务应用协同区块链支撑平台项目方案"》	该方案利用区块链技术解决了政府各部门政务系统与各银行业务系统的打通
		2017 年 12 月	苏州市高铁新城发布 9 条区块链扶持政策	向社会开放首批 15 个区块链应用场景,并发布 9 条扶持政策,吸引区块链企业和人才落户
		2018 年 9 月	中共南京市委、南京市人民政府印发《南京市优化营商环境100 条》	将完善金融信用服务,在"我的南京"APP 上,建设科技区块链金融征信平台
浙江省	应用层面	2017 年 6 月	浙江省人民政府办公厅发布《关于推进钱塘江金融港湾建设的若干意见》	发布关于推进钱塘江金融港湾建设的实施意见,支持金融机构探索区块链等新型技术
	产业层面	2017 年 5 月	西湖区人民政府金融工作办公室发布《关于打造西湖谷区区块链产业的政策意见(试行)》	表示将为入驻产业园的企业和人才给予大量补贴,从而直接推进区块链产业的发展
		2018 年 5 月	杭州市人力资源与社会保障厅公布了《高层次人才项目推荐选拔重点产业领域引导目录》	引导杭州在新能源汽车、云计算大数据、机器人、信息安全、虚拟现实、区块链、3D 打印、集成电路等33 个产业领域,大力引进高层次人才

续表

地区名称	政策视角	出台时间	政策发布方/名称	政策主要内容
浙江省	技术层面	2017 年 11 月	浙江省人民政府办公厅《关于进一步加快软件和信息服务业发展的实施意见(代拟稿)》	提及需要加快云计算、大数据、区块链等前沿领域的研究和产品创新
		2018 年 2 月	杭州市人民政府《杭州城东智造大走廊发展规划纲要》	加快区块链层架构协议、底层技术、共识算法等技术的开发和应用,打造全球性区块链研发和应用、技术迭代及更新、人才交互、信息共享平台
	其他层面	2016 年 12 月	浙江省人民政府办公厅发布《关于推进钱塘江金融港湾建设的若干意见》	为推进钱塘江金融港湾建设,将积极引进区块链企业入驻
安徽省	应用层面	2017 年 11 月	淮北市人民政府办公室《淮北市物流业"十三五"发展规划》	推动云计算、大数据、物联网、自动识别、区块链等技术在物流运输、仓储、配送等领域的应用
		2018 年 2 月	安徽省人民政府《关于进一步扩大和升级信息消费持续释放内需潜力的意见》	开展基于区块链、人工智能等新技术的试点应用,加快在工业控制、智能工厂等新兴应用领域的发展
	技术层面	2018 年 4 月	安徽省人民政府《深化"互联网+先进制造业"发展工业互联网的实施意见》	促进边缘计算、人工智能、增强现实、虚拟现实、区块链等新兴前沿技术在工业互联网中的应用研究与探索
	其他层面	2017 年 10 月	铜陵市人民政府《促进大数据产业发展若干政策》	重点支持铜陵市登记注册、纳税,具有独立法人资格的大数据技术研究及产品开发企业,主要包括数据采集加工、算法建模、区块链等企业

续表

地区名称	政策视角	出台时间	政策发布方/名称	政策主要内容
福建省	应用层面	2018 年 1 月	福建省人民政府办公厅发布《关于加快全省工业数字经济发展的意见》	鼓励企业加入开源社区,利用国际开源技术资源进行再创新,推动区块链在社会治理、资产管理、公示公证、社会救助、知识产权、工业检测存证等领域的应用
		2018 年 12 月	福建省政府《福建省口岸通关进一步提效降费 促进跨境贸易便利化实施方案》	应用区块链技术,实现主要国际贸易环节,主要运输工具,主要进出口商品全覆盖,实现一点接入、一次提交、一次查验、一键跟踪和一站办理
	产业层面	2018 年 4 月	福建省人民政府《关于深化"互联网 + 先进制造业"发展工业互联网实施意见》	意见表示:加强利用区块链等技术加强产业技术支撑
江西省	应用层面	2017 年 9 月	江西省人民政府《关于印发江西省"十三五"建设绿色金融体系规划的通知》	鼓励发展区块链技术,可信时间戳认证等互联网金融安全技术,应用于金融业务场景
		2018 年 1 月	江西省人民政府印发了《赣江新区建设绿色金融改革创新试验区实施细则》	推广运用大数据、云计算、区块链等金融科技,服务绿色金融发展
	技术层面	2018 年 9 月	江西省人民政府发布《关于深化"互联网 + 先进制造业"发展工业互联网的实施意见》	加强重大技术攻关,加快边缘计算、人工智能、区块链等新兴前沿技术在工业互联网中的应用研究和探索,形成一批自主知识产权的核心技术
山东省	应用层面	2018 年 7 月	山东省委、省政府《关于开展质量提升行动的实施方案》	推进"诚信山东"建设积极探索区块链技术在质量体系建设中的应用,建设"山东质量链"平台,建立产品质量担保和产品损害赔偿制度,推动产品质量保险等相关金融业务发展
	产业层面	2017 年 6 月	山东省济南市市北区人民政府印发了《关于加快区块链产业发展的意见(实行)》	力争到2020 年,形成一套区块链可视化标准,打造一批可复制推广的应用模板,引进和培育一批区块链创新企业

续表

地区 名称	政策 视角	出台时间	政策发布方/名称	政策主要内容
广东省	技术层面	2016年12月	广州市人民政府《广州市加快IAB产业发展5年计划(2018～2022年)》的通知	在重点发展领域及方向方面提到区块链技术
	产业层面	2017年12月	广州市黄埔区出台《广州市黄埔区广州开发区促进区块链产业发展办法》	核心条款包括7个方面,涵盖成长奖励、平台奖励、应用奖励、技术奖励、金融支持、活动补贴等预计每年将增加2亿元左右的财政投入
	应用层面	2016年11月	深圳市金融办发布《深圳市金融业发展"十三五"规划》	提到,支持金融机构加强对区块链、数字货币等新兴技术的研究探索
		2017年10月	深圳市下发《深圳市人民政府关于印发扶持金融业发展若干措施的通知》	鼓励金融创新,设立金融科技专项奖,重点奖励在区块链、数字货币、金融大数据运用等领域的优秀项目,年度奖励额度控制在600万元以内
	产业层面	2018年3月	深圳市经济贸易和信息化委员会发布文件《市经贸信息委关于组织实施深圳市战略性新兴产业新一代信息技术信息安全专项2018年第二批扶持计划的通知》	文件表示,区块链属于扶持领域之一,按投资计算,单个项目资助金额不超过200万元,资助金额不超过项目总投资的30%
广西壮族自治区	技术层面	2017年11月	广西壮族自治区商务厅《关于建立广西重要产品追溯体系建设重点项目库的通知》	探索创新技术手段,重点推进二维码、无线射频识别、区块链等技术的应用
		2017年12月	广西壮族自治区人民政府办公厅关于印发《广西进一步扩大和升级信息消费持续释放内需潜力实施方案的通知》	通知表示,大力发展软件和信息技术服务业,开展基于区块链、人工智能等新技术的试点应用
		2018年9月	广西壮族自治区人民政府印发《广西数字经济发展规划(2018～2025年)》	重点培育发展大数据、云计算、人工智能、物联网、区块链、集成电路、智能终端制造、软件和信息技术、北斗卫星导航等数字产业,超前布局未来网络等新兴前沿领域

续表

地区名称	政策视角	出台时间	政策发布方/名称	政策主要内容
广西壮族自治区	应用层面	2018年8月	广西壮族自治区人民政府办公厅《关于印发广西数字经济发展三年行动计划(2018~2020年)的通知》	探索区块链技术应用场景,推动区块链与数据交易、金融、物流、医疗、能源等行业的广泛深度融合,促进区块链专业服务加快发展
海南省	应用层面	2017年4月	海南省人民政府《加快推进"互联网+"行动实施方案》	支持利用区块链技术驱动金融创新发展,开发基于区块链底层技术和应用平台的互联网金融示范应用
		2017年7月	海南省人民政府办公厅印发《海南省推动实体零售创新转型实施方案》	方案明确指出,要建立健全重要商品追溯体系和商品质量标准体系,为实体零售企业采购符合国家质量标准的产品提供指引其中商品追溯就是区块链技术应用的一个非常好的场景
黑龙江省	技术层面	2017年8月	黑龙江省人民政府办公厅《关于印发黑龙江省国民经济和社会发展信息化"十三五"规划的通知》	加强量子通信、人工智能、虚拟现实、大数据认知分析、无人驾驶交通工具、区块链等新技术基础研发和前沿布局
吉林省	产业层面	2018年5月	吉林省人民政府发展研究中心《关于加快引进和培育我省区块链产业的建议》	区块链技术作为一个迭代性的重大创新技术正在加速推进数字经济发展
	技术层面	2018年8月	长春市工信局将认真落实《长春市人民政府关于加快数字长春建设推动老工业基地全面振兴发展的意见》	持续推进互联网、区块链、大数据、人工智能、云计算等与实体经济广泛深度融合,积极培育新动能、新模式、新业态和新产品,重点加快企业云平台和工业互联网平台建设
辽宁省	应用层面	2018年2月	辽宁省人民政府办公厅出台《关于积极推进供应链创新与应用的实施意见》	研究利用区块链等技术,建立和完善基于区块链的信用评价制度和行业信用评估标准

地区名称	政策视角	出台时间	政策发布方/名称	政策主要内容
陕西省	应用层面	2018年3月	咸阳市人民政府办公室印发《关于加强智慧医疗建设和应用工作的实施意见》	意见指出，市卫计局、市信息办要积极探索基于区块链技术的数字医疗技术与服务
	其他层面	2018年8月	西安市人民政府印发《西安市推进企业上市和并购重组"龙门行动"计划（2018～2021年)》	《计划》指出，大力支持以区块链等新技术为代表的上市挂牌科技企业创新发展，打造科创企业金融孵化"硅谷"
甘肃省	技术层面	2018年2月	甘肃省人民政府办公厅印发《关于积极推进供应链创新与应用的实施意见》	要求推进研究利用区块链、人工智能等新兴技术，建立基于供应链的信用评价机制
	应用层面	2018年1月	甘肃省人民政府出台《关于积极推进供应链创新与应用的实施意见》	研究利用区块链等技术，建立和完善基于区块链的信用评价机制
	产业层面	2018年6月	甘肃省人民政府办公厅印发《甘肃省节能环保产业专项行动计划》	借助区块链等新技术，加速互联网与节能环保产业实体经济融合
青海省	技术层面	2018年11月	青海省人民政府办公厅关于印发2018年全省重大前期项目工作责任分工的通知	主要围绕加快信息化深度融合发展，重点推进完善有线接入网络、无线网络覆盖与优化、柴达木区块链技术数据中心、海南州大数据产业园等项目建设
宁夏回族自治区	应用层面	2016年4月	宁夏回族自治区商务部发布《重要产品追溯体系建设示范工作评估验收指南》	自2016年以来，区块链立体化溯源体系建设覆盖了盐池县8个乡镇
四川省	应用层面	2017年8月	成都市金融工作局、成都市财政局发布《财政金融19条》	鼓励发展金融科技产业，支持大数据、云计算、人工智能、区块链等新一代信息技术与金融领域深度融合
		2018年8月	成都市经信委《成都市网络信息安全产业发展规划（2018～2022)》	《规划》提出，成都市将适时制定云计算、人工智能、区块链等新兴领域安全产业发展专项政策，在企业设立、投融资、税收、人才引进等方面给予优惠

区块链应用蓝皮书

续表

地区名称	政策视角	出台时间	政策发布方/名称	政策主要内容
四川省	技术层面	2017 年 7 月	成都市高新区发布《成都高新区关于发展新经济培育新动能的若干政策》	政策明确提到,对开展区块链、移动支付、智能投顾等业务的金融科技企业,按照研发费用的 10% 给予最高 500 万元补贴
		2018 年 7 月	中共四川省委《关于积极探索区块链技术发展应用的决定》	经研究,作出若干决定,其中包括:抢占数字经济发展制高点 积极探索增强现实(AR)、区块链技术发展应用
贵州省	产业层面	2018 年 2 月	贵州省人民政府关于印发《贵州省实施"万企融合"大行动,打好"数字经济"攻坚战方案》通知	方案强调:加快壮大物联网、人工智能、共享经济、区块链等新业态,优化实体经济结构,提升融合发展质量
	应用层面	2017 年 2 月	贵州省大数据发展领导小组印发《贵州省数字经济发展规划(2017~2020 年)》政府报告	报告中提到了"建设区块链数字资产交易平台,构建区块链应用标准体系"等目标
		2017 年 5 月	贵阳国家高新区下发《支持区块链发展和应用的试行政策措施》	推出促进区块链技术创新及应用十条政策措施(试行),在入驻、运营、成果奖励、人才、培训、融资、风险、上市十个方面提供政策支持
		2018 年 4 月	贵州省人民政府发布《关于积极推进供应链创新与应用的指导意见》	贵州省人民政府下发鼓励利于区块链、人工智能等新兴技术,建立基于供应链的信用评价机制
	产业层面	2017 年 6 月	贵阳市人民政府发布《关于支持区块链发展和应用的若干政策措施(试行)》	下发支持区块链发展和应用的试行政策措施,主要在主体、平台、创新、金融和人才五方面对区块链产业提供政策扶持

续表

地区名称	政策视角	出台时间	政策发布方/名称	政策主要内容
重庆市	产业层面	2017年11月	重庆市经济和信息化委员会发布《关于加快区块链产业培育及创新应用的意见》	意见提出到2020年,力争全市打造2~5个区块链产业基地,引进和培育区块链国内细分领域龙头企业10家以上、有核心技术或成长型的区块链企业50家以上,引进和培育区块链中高级人才500名以上,初步形成国内重要的区块链产业高地和创新应用基地
		2018年6月	重庆市渝中区《渝中区以大数据智能化为引领的创新驱动发展战略行动计划实施案》	重点发展大数据、人工智能等12项智能产业,大力推动智能制造和工业互联发展
	应用层面	2018年3月	重庆市政府发布《关于贯彻落实推进供应链创新与应用指导意见任务分工的通知》	通知提到,研究利用区块链、人工智能等新兴技术,建立基于供应链的信用评价机制
		2018年12月	重庆市人民政府办公厅发布《关于开展中小企业商业价值信用贷款改革试点工作的通知》	利用大数据、区块链等技术探索创新中小企业商业价值评价体系,不断丰富和完善商业价值信用贷款的应用场景;利用防火墙、区块链等先进技术记录涉企数据来源、走向、运用及输出痕迹,建立涉企数据安全保密责任制度,制定数据泄密应急处置预案,有效应对突发事件和紧急情况
香港特别行政区	其他层面	2018年2月	香港证监会发布《证监会告诫投资者防范加密货币风险》	公告显示,涉及ICO的数字货币将会被认为是证券,将纳入监管
		2018年11月	香港证监会对虚拟资产最新的监管方针	方针表示,加密货币相关基金和销售平台,只可向专业投资者销售,需要在香港证监会注册;在沙盒实验验证可行后,香港证监会或有可能向加密货币交易所颁发牌照

续表

地区名称	政策视角	出台时间	政策发布方/名称	政策主要内容
澳门特别行政区	其他层面	2018 年 6 月	澳门特别行政区金融管理局发出"关于 ICO 私募的警告"	向公众发出警告称,加密货币存在"欺诈和犯罪活动"的可能性澳门金融管理局提醒所有澳门居民,加密货币是虚拟产品,但不是法定货币或金融工具居民应该知道与加密货币有关的欺诈和犯罪活动
台湾地区	其他层面	2018 年 6 月	推动区块链连线暨产业自律组织成立大会,组建新的组织——台湾区块链议会联盟(TPCB)	推动监管框架的出台,以促进区块链行业的健康发展,保护投资者的合法权益
		2018 年 11 月	"反洗钱法"、"防止恐怖主义融资法"	规定加密货币交易属于现行洗钱法的管辖范围要求虚拟货币平台实名制,银行需要向监管机构报告匿名的"可疑"交易

四　中国区块链监管政策方向及趋势

（一）用区块链技术监管区块链

2018 年到 2019 年年初,中国区块链有两个重磅的监管文件发布。一个是 2018 年 8 月 24 日银保监会、中央网信办、公安部、人民银行和市场监管总局联合发布的《关于防范以"虚拟货币""区块链"名义进行风险集资的风险提示》;另一个是 2019 年 1 月 10 日,网信办发布的《区块链信息服务管理规定》,意味着政府对区块链在金融领域的应用监管逐渐走向成熟。

我们认为,由区块链催生的一些问题,还可以用区块链技术机理来解决。区块链的本质是一个集体维护的数据账本,而且,由于区块链联盟链或私有链数据可以根据权限实现分级共享，监管机构可以加入其中，接受账本数据。监管机构自身不必再收集、存储、协调和汇总数据。以保险行业为例，该行业一般要拥有大量文书工作，敏感数据，信息共享、账单结算、业务流程、服务水平等因素都制约了保险业的发展。尤其是在信息共享、数据处理、业务流程优化等方面，问题亟须解决。而区块链可以消除监管机构和保险公司重复自身记录的需要，提高监管审核流程的速度和质量，在一定程度上重塑了保险行业。

另外，区块链不仅包含一种存储信息和处理信息的机制，我们还可以利用区块链技术打造监管规则执行平台。通过区块链的智能合约和共识机制，监管机构可以在其系统中建立内置的预防性合规系统，比如反洗钱、欺诈预防等。

传统的监管解决方案可以解决很多市场紊乱问题，规范市场健康运行，但也存在监管效率不高、监管成本高等问题。而通过区块链技术加强区块链监管（即以链治链）是一个非常重要的应用场景，因为，人们在区块链上所有操作都可以被记录，且较难更改，利用区块链技术对区块链进行监管恰能解决市场监管中的很多问题。我们甚至可以大胆想象，利用区块链技术我们或许会建立分布式的监管机制——社会监管，"人人可监管、人人有奖励、人人有责任"的监管形态或许成为监管新趋势。

我们看到，就如同监管对抗的不是区块链一样，区块链也不会对监管造成阻碍，还会成为监管的助力，让监管更容易。

英国、澳大利亚、新加坡等国的监管机构正尝试用区块链监管区块链。因为在多种监管机构中，每个机构都有自己的规定。区块链的分布式记账技术可以使区块链项目方在不同监管机构下满足不同的监管要求，也能使不同的监管机构共同享用一个数据账本。而区块链又保证了数据的可追溯性和安全性，使监管能够对历史数据进行调阅，实现监管政策全覆盖。同时，智能合约技术又能实现智能监管。

我们认为，应该通过技术手段来改变监管方式，提高监管效率，降低监管成本，提升自身的服务能力。基于区块链的规制系统将有助于提高监管的有效性，用区块链技术来监管区块链市场是未来监管的新方向。

（二）监管科技和合规科技渐趋成熟

1. 监管科技加快技术转型迭代和优化监管治理范式，促进合规管理能力的提升

从监管层面来说，区块链市场相关的法律制度、监管机制相对滞后，与区块链相关的经济活动缺乏足够的制度规范和法律制约与保护，区块链技术应用合规化还需进一步完善。

监管科技的核心逻辑是通过将创新性技术（如区块链、人工智能、大数据等创新技术）应用到现有监管过程中，以达成更有效的风险识别、风险衡量和风险处置要求。通常，监管科技的应用包括两个方面：一是监管机构利用监管科技提升监管水平，二是金融机构利用监管科技降低合规成本。

在我国，早在 2017 年 5 月，中国人民银行就成立金融科技委员会，明确强化监管科技（RegTech）的应用实践，积极利用大数据、人工智能、云计算等技术丰富金融监管手段，提升跨行业、跨市场交叉性金融风险的甄别、防范和化解能力。

而区块链是提升监管水平的核心技术，使用网络连接、分布式账本、全网记录和自信任机制，能够有效提高监管效率。区块链以全新数据治理方式改变数字经济的底层逻辑，为金融监管提供了全新的理念和范式，极大地促进了合规区块链的发展。

比如，在 2016 年 9 月 6 日，香港金融管理局推出了金融科技监管沙盒，对被授权机构展开金融科技及其他技术倡议进行试点。被授权机构将被允许在受控的环境中，收集真实的数据和用户反馈，以对其金融科技产品及服务进行调整和升级。

地方政府比较重视区块链的监管和技术的应用发展，北京、上海、广州、深圳、贵阳、青岛、杭州、长沙、重庆等城市纷纷出台针对虚拟货币的风险提示，同时提出区块链发展计划。

未来，区块链将有力开发监管合规和企业合规的潜力，合规区块链将成为推动金融监管的重要科技资源，区块链技术和大数据、云计算、人工智能等结合，将全方位转变传统金融监管模式。

2. 鼓励以监管机构主导的合规区块链，以链治链，联合监管

区块链技术提供了一种新型的底层架构和记账模式，在不同主体之间建立起了信任。以监管机构主导的区块链平台为底层架构，将所有利益相关者（比如央行、公安、工商等政府监管部门）以分布式节点的形式纳入平台，上链监管，同时上线，联合监管。

在具体的执行过程中，可以给各个监管主体和被监管方开放接口接入各类持牌和未持牌的金融机构，以及消费者组织，督促金融机构将数据和交易运营信息上链，经过监管部门主链节点审核确认后向全网广播。监管机构的监管政策和合规指引以及金融机构的日常数据都打包整合上链，形成一个个独立节点，形成多方在线、点对点互联的交互式结构。通过合规区块链的底层合约应用层，实时灵活调用合规政策和企业数据。企业也可以及时查看掌握监管动态和合规要求，根据合规指南及时调整业务，降低经营风险和合规成本。

比如，基于合规区块链的底层架构和基础设施，赣州市政府推出监管沙盒的监管科技创新，利用智能合约、开放接口、非堆成加密等技术措施，根据监管和市场创新的双重需求设计沙盒框架，开放主链接口，接入各种监管对象，变传统的单一单项监管为多方同时监管，与金融科技协同创新。赣州区块链监管沙盒的试点，为我国其他地区、其他行业开展沙盒试点提供了宝贵的经验，也极大地促进了国内金融科技的繁荣发展。

总体而言，我国逐渐具备实施监管沙盒的基本条件，引入监管沙盒的时机渐趋成熟。然而，监管沙盒的应用实施还面临操作层面的若干障碍。比如，监管沙盒机制需要信用信息体系、监测评估体系等配套基础设施为其提供保障和支撑，以及政府对监管沙盒的鼓励、支持和引导。在监管沙盒机制的引导下，监管机构应加快推进区块链等创新技术与监管体系的深度融合，以促进新技术在合规监管中的应用和普及，提升区块链应用监管的专业性、精准性和实效性。

（三）四个维度的四层监管趋势

1.市场监管层面

目前，国际上已有美国、英国、俄罗斯、意大利等多个国家针对涉区块链、加密货币非法集资、诈骗等行为提出了法案加以防治，具有一定的参考意义。在我国，从 2017 年 9 月以来，政府主要通过一系列"禁令"和"警告"规范市场乱象，打击"区块链"旗号下的非法诈骗活动，对其他虚拟货币推介渠道进行监管，诸多区块链信息平台账号被封停。总体来说，我国对区块链市场监管高度重视，坚决打击借区块链名义进行集资、诈骗等行为，对区块链市场的健康发展起了极大的促进作用。

未来，我们建议，一方面，继续加强借区块链名义进行非法集资、诈骗等行为的监督和监管；另一方面，培育创新型监管方式，并对新的监管科技（如沙盒监管等）给予政策方面的支持或监管。总体来说，朝着积极加强行业监管、有效防范金融风险的方向发展。

2.信息管理层面

规范市场的一个重要措施是对信息的传播途径进行监管，从源头处就扼制住对网民有害的信息。政府相关部门通过对信息传播的监管，防范各种不法机构通过购买搜索引擎或者社交网络推送服务等方式实施区块链诈骗行为。比如，国家互联网信息办公室 2019 年 1 月发布的《区块链信息服务管理规定》（以下简称《规定》），为区块链信息服务的提供、使用、管理等提供了有效的法律依据。《规定》表明，对于区块链信息提供者（项目方）开发上线新产品、新应用、新功能的，应当按有关规定报国家和省、自治区、直辖市互联网信息办公室进行安全评估。旧有区块链应用项目，首先要按照新规规定在省级网信办进行备案，20 个工作日后获得备案，取得备案编号；如 20 个工作日后不予备案，说明不备案理由。

未来，区块链技术将深度与金融、教育、新闻、出版等行业相结合，《规定》的出台为这些行业的规范化发展提供了方向。

3. 服务提供层面

支付服务提供商、硬件服务商等在区块链产业中也占着较大的比重。对于服务商的监管也是产业良性发展的基础。比如，在支付服务商监管方面，新加坡金融管理局（MAS）已最终确定支付服务的新监管框架，要求零售支付服务提供商在提供服务时，需要获得许可牌照。

在区块链硬件服务提供方面，区块链技术的应用与计算力、相关硬件设施等密切相关，对硬件制造商的监管有助于提高硬件服务商的服务水平，促进区块链产业的成熟。

未来，为了规范区块链市场，加速区块链技术的应用落地，还需对加密货币交易平台等支付服务提供商、硬件服务提供商等提出相应的法律和监管要求。

4. 加密资产管理层面

目前，随着区块链技术的不断完善和发展，一些不法分子开始利用加密货币从事违法犯罪活动。我国政府也已出台了相关禁令。

从国际上来看，很多国家对加密资产采取分层分类方式积极监管，比如：2018 年 5 月，葡萄牙议会讨论数字货币支付的监管政策，主要目的是通过新的法律框架来规范数字货币的支付服务。同月，葡萄牙的税务与海关管理局发布了不同数字货币及首次公开发行通证将被征税的指引。2018 年年末，俄罗斯立法者修订了另一项关于加密货币行业监管的法案，该法案表示：关于众筹的法律草案规定普通俄罗斯人允许投资 ICO 等项目的最高金额不超过 9000 美元/年，每个项目的投资限制为 1500 美元；超过 60 万卢布（约九千美元）的投资，必须是由合格的投资者或金融机构发布的，而且要受到俄罗斯金融监管机构强制监督，以防洗钱。

（四）监管整体朝着规范化、全面化方向发展

整体来看，目前政府全面停止代币发行融资活动。随着区块链技术的进步，通过区块链技术对区块链行业进行监管或将广泛应用，区块链的监管方向也会更加全面，行业整体朝着规范化方向发展。

未来，区块链行业监管将在市场、信息管理、服务提供、加密货币管理等层面进一步完善，并呈现出规范化、全面化发展趋势。

五　中国区块链扶持政策方向及趋势

（一）中央层面：高度重视区块链技术与实体经济结合

1.区块链正在成为国际科技竞争的焦点技术和国家战略规划技术

当前，区块链技术应用场景空间较为广阔。国内外知名企业都已开始布局区块链，比如：阿里探索利用区块链技术打造透明可追溯的跨境食品供应链；腾讯探索区块链技术在物流方面的应用场景；京东拥有较强的供应链管理能力，结合区块链技术，提升参与主体间的协同和信任；亚马逊已经将区块链技术用于云计算业务；微软也在2018年发布了基于区块链技术的云存储解决方案；IBM则将区块链用于钻石真伪的辨别和验证。区块链正日益受到国际社会各方的高度关注，区块链技术应用也已经成为全球投资布局的焦点。

2016年12月，我国《"十三五"国家信息化规划》中把区块链作为一项重点前沿技术，明确提出须加强区块链等新技术的创新、试验和应用，以抢占新一代信息技术主导权。从2016年末至今，我国已着手建立区块链技术国家标准、政策规范、法律标准等体系，以顶层设计推动区块链标准体系建设、核心技术创新研发应用等。这将有利于我国加快在区块链技术应用场景的探索与实践，取得在相关技术领域国际竞争的领先地位。

2.加大区块链技术研发和应用，打造国际化的区块链应用项目

我们认为，区块链技术能否大规模应用的很重要原因之一是区块链技术成熟程度与技术标准化程度。目前，区块链在性能、安全、隐私保护、治理、跨链互操作等方面的技术仍不成熟，在一定程度上阻碍了区块链的广泛应用。未来一段时期内，技术优化仍然是重要的课题。只有区块链核心技术

（如以共识机制、智能合约、跨链技术等为代表的核心技术）不断创新演进和优化，区块链的适用范围才能得到不断拓展。

此外，在区块链应用项目方面，区块链在金融领域的应用比较成熟，供应链金融、支付清结算、证券、保险与征信等诸多金融细分领域都开始与区块链技术深度融合，并逐渐开始与金融领域外的其他行业相结合；但是，目前还在探索中，典型的、在国际有示范作用的区块链应用项目还比较少。未来，仍须加快打造和培育该类项目，鼓励和支持大企业战略化布局区块链，以此带动上下游中小型企业的业务方向，使新技术优势融入现有生态中，对产业产生更大的推动力和引领作用。

3. 在区块链产业层面，强化平台建设、基础设施建设、安全防护等方面的建设

2018 年 5 月 20 日，工业和信息化部信息中心发布的《2018 中国区块链产业白皮书》显示，目前，我国区块链产业链条已经初步形成。从上游的硬件制造、基础设施、安全服务，到下游的产业技术应用服务，以及保障产业发展的行业投融资、媒体、人才服务，各领域的公司已经基本完备，协同有序，共同推动产业不断前行。

但是，区块链公链平台、基础设施、安全防护等方面的建设仍需加强；IT 桔子相关数据显示，在总计 1787 个区块链项目中，区块链基础技术项目（包括区块链底层技术、区块链身份验证、区块链支付结算、区块链匿名技术、区块链 BaaS 等）仅有 56 个，占 3.1%，未来仍有较大的空间。

在基础设施建设方面，IBM 区块链发展报告数据显示，全球九成政府正在规划区块链投资，在此过程中，公链等区块链底层架构和基础设施的重要性非同一般，成为竞争焦点。下一阶段，将继续加快公链等价值互联网基础设施的建设，积极深化构建区块链产业生态。

4. 基于区块链等新兴技术打造新型数字经济，并与实体经济广泛结合，助推我国经济高质量发展

从区块链行业应用来看，区块链技术落地的场景已从金融领域向实体经

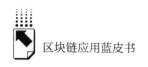

济领域延伸，覆盖了医疗、能源、社交、农业、公益慈善、泛娱乐等非金融领域场景。

具体来说，在区块链行业应用方面，随着区块链、物联网、大数据和5G等技术的融合应用，区块链商用基础设施也随之完善，会推动商业的演变进化。以去中心化、数据可信、分布式协作为显著特点的区块链技术，将逐渐从金融行业的支付、贸易、保险等方面渗透到各行各业。

IT桔子数据显示，目前区块链行业应用项目已扩充到区块链医疗、区块链文娱、区块链房产、区块链社交、区块链游戏、区块链能源、区块链农业、区块链物联网、区块链物流、区块链公益、区块链汽车交通、区块链法律等，几乎涉及各行各业，未来，区块链技术将继续加快在产业场景中的广泛应用，开始与实体经济广泛结合。应利用区块链技术来降成本，提升协作效率，助推产业区块链的发展，激发实体经济增长。

（二）技术层面：鼓励技术标准化、技术融合和创新等

1. 技术标准化：鼓励技术标准化，加快标准化建设

区块链作为一种前沿技术，区块链的标准化工作亟须完善。随着区块链标准化工作推进，区块链向更多行业、更大范围的应用也将加快，应以技术标准化推进区块链在应用领域、应用场景上更加的深入，从而推进整个实体经济的发展。

2018年3月，工信部《2018年信息化和软件服务业标准化工作要点》提出，推动组建全国信息化和工业化融合管理标准化技术委员会、全国区块链和分布式记账技术标准化委员会。工信部2018年6月公布的《全国区块链和分布式记账技术标准化技术委员会筹建方案公示》中，提出了基础、业务和应用、过程和方法、可信和互操作、信息安全等五类标准。2018年10月，工信部《"十三五"国家信息化规划的通知》表示将积极构建完善区块链标准体系，加快推动重点标准研制和应用推广，逐步构建完善的标准体系。2018年11月，《区块链平台安全技术要求》行业标准正立项并起草，将明确区块链平台面临的主要威胁和安全体系架构。

可以看出，目前，我国区块链技术标准化刚刚起步，未来，在区块链（技术）标准化工作的提速、标准化工作政策推进等方面仍需加大力度。

2. 技术融合：鼓励推进区块链技术与物联网、大数据、人工智能等技术的融合与应用

2018 年是区块链、人工智能、物联网等新兴技术竞相迸发的一年，各项新兴技术都取得了一定的突破与进展；但是，单一技术对产品创新、业态变革、产业转型等的推进力量毕竟有限，将云计算、人工智能、物联网、区块链等技术协同，相互融合，共同促进技术的创新进步、产品创新，以及产业转型将是未来新兴技术良性发展的一个重要举措和趋势。

比如，早在 2017 年 12 月，国家邮政局《关于推进邮政业服务"一带一路"建设的指导意见》中就强调：与沿线国家交流邮政业和互联网、大数据、云计算、人工智能及区块链等融合发展的经验，联合开展科技应用示范。

3. 技术应用安全：持续完善区块链在共识机制、智能合约、钱包等技术安全漏洞，减少技术应用层面的风险

区块链技术目前的发展方兴未艾，大多技术和应用处于试验阶段，目前发生的安全事件较多，给用户造成了较大的经济损失。在区块链技术安全范畴中，既有互联网领域中存在的漏洞（如 SQL 注入、拒绝服务等），也有区块链领域中的风险（如底层代码、共识机制、智能合约等技术安全漏洞）。就智能合约安全漏洞来说，据 360 代码卫士团队盘点，目前常见的智能合约安全漏洞主要包括整数溢出、越权访问、拒绝服务、逻辑错误、信息泄露和函数误用等漏洞。在数字货币交易所安全方面，主要存在服务端安全配置、节点安全、输入安全、业务逻辑、热钱包架构、私钥管理系统等。在钱包安全方面，区块链生态安全领域中的慢雾科技认为，热钱包风险，主要存在于数据传输（如流量劫持）、私钥存储（如钓鱼）等方面的风险；冷钱包被攻击的前提是接触到物理硬件，黑客虽然无法直接获取私钥，但可读取相关信息进行破解。

未来，应在技术开发方面持续投入，抵御日益增长的黑客攻击，切实地

增强系统的安全性，持续完善区块链在底层代码、共识机制、智能合约等技术安全漏洞，减少技术应用层面的风险。

4. 技术创新：加强区块链在跨链技术、交易效率、隐私安全等底层代码和应用安全方面的创新

当前，区块链技术尚不成熟，仍处于发展早期，性能、技术应用安全、可扩展等方面的问题不时出现，相关技术创新也在不断加强。针对性能问题，优化共识算法，例如 PoS 共识算法通过保持多中心情况下减少参与共识的节点的方式以使性能得以提升。针对区块链技术中隐私保护问题，提出了混币、环签名、同态加密、零知识证明、多方安全计算等创新技术方案。针对扩容问题，提出闪电网络、雷电网络等创新技术提高区块链处理交易能力，实现即时确认、低费用、高吞吐量的支付。

但是，目前区块链平台还存在性能不足、安全不够、难以互联互通等问题，对共识算法、密码学、跨链等关键技术突破提出了更高的要求，仍需加大研发投入力度，加快技术创新。

为了加快区块链核心技术创新还需要地方政策扶持，例如，早在 2017 年 5 月，贵阳国家高新区推出促进区块链技术创新及应用十条政策措施（试行），在入驻、运营、成果奖励、人才、培训、融资、风险、上市八个方面提供政策支持。未来，我们希望更多的地方政府可以借鉴贵阳的区块链产业政策，鼓励区块链技术创新，以技术的先进性和成熟性推动区块链产业发展。

（三）产业层面：鼓励发展新业态，定向出台扶持政策

1. 加快培育区块链新兴产业，根据技术创新或应用价值等指标给予一定的奖励扶持

我国区块链行业发展刚刚起步，产业刚刚形成，企业水平参差不齐，区块链技术还未完全与产业融合，未来还需从中央层面和地方层面分别培育区块链新兴产业，根据技术创新或应用价值等指标给予一定的奖励扶持。目前，已有多个地方颁布了区块链发展专项政策。还有部分城市，已将区块链

发展计划列入了当地金融业"十三五"发展规划中，目前，已有杭州、贵州、青岛、雄安新区、海南等地提出建设区块链战略的规划布局。

例如，北京市西城区发布的《关于支持北京金融科技与专业服务创新示范区（西城区域）建设若干措施》指出：要大力扶持金融科技应用示范，倡导安全、绿色、普惠金融服务，对人工智能、区块链、量化投资、智能金融等前沿技术创新最高给予1000万元资金奖励，切实助力产业和经济发展，助力城市智慧运行。福州提出《"数字福州"建设三年行动计划（2018～2020年)》，明确要求加快培育区块链新兴产业，支持区块链应用落地，实施区块链应示范公正，采用分级考核拨付方式。对于经评审列为重点示范项目的，每个项目给予应用方20%的建设经费补贴，最高500万元的资金支持。而且，鼓励区块链技术研发和应用创新，对获得市级以上科技奖并在福州市实施转化的科技成果进行奖励，按照国家级60万元，省级30万元，市级10万元予以奖励。

2. 设立区块链产业发展基金，并从人才引进、办公房租、基地建设、融资支持等方面给予一定的补贴

比如，重庆市经济和信息化委员会曾发布《关于加快区块链产业培育及创新应用的意见》，提出到2020年，力争全市打造2～5个区块链产业基地，引进和培育区块链国内细分领域龙头企业10家以上、有核心技术或成长型的区块链企业50家以上，引进和培育区块链中高级人才500名以上，初步形成国内重要的区块链产业高地和创新应用基地。

长沙经济技术开发区管委会发布了《长沙经开区关于支持区块链产业发展的政策（试行)》，该政策表示，区块链企业自落户之日起，3年内给予最高200万元的扶持资金；为入驻区块链企业提供不超过300平方米的办公场地，免租3年；将设立总额30亿元的区块链产业基金，投资区块链企业。

单从产业发展基金来看，目前，全国有8个省（市）政府发行的总基金规模将近400亿元。杭州、南京、河南发起的基金项目规模均达到100亿元，是目前规模最大的区块链产业基金。

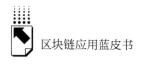

（四）应用层面：与实体经济深度融合，并为其赋能

1. 金融方面：区块链与支付、保险、证券服务、资产管理、数字票据、征信等的融合

我国区块链在金融领域的应用逐渐成熟，供应链金融、支付清结算、证券、保险与征信等诸多金融细分领域都开始与区块链技术深度融合。

在跨境支付方面，招商银行落地了国内首个区块链跨境支付应用，民生银行、中国银联等也在积极推进。在数字票据方面，浙商银行上线了第一个基于区块链技术的移动数字汇票应用，中国人民银行和恒生电子等也在测试区块链数字票据平台。在征信方面，中国平安在开展区块链征信方向的探索，很多创业公司也在这一领域进行尝试。在资产管理方面，国内多家金融机构、百度、京东、蚂蚁金服等也在积极推进基于区块链技术的资产证券化业务。

2. 娱乐、零售方面：区块链与音乐、游戏、直播，收益管理、供应链管理、线下线上融合等的融合

将区块链与音乐、虚拟偶像、游戏、直播等领域融合，既可以让虚拟财产交易，又可以让版权保护更加透明。具体来说，使用区块链技术，可以通过哈希算法、时间戳对作品进行确权，证明一段文字、视频、音乐、资产等的存在性、真实性和唯一性。确权后作品的后续交易都会被实时记录，文化娱乐行业的全生命周期可追溯、可追踪，这为版权取证提供了一种强大的技术保障和结论性证据。

在零售方面，区块链主要通过影响零售业的物流、供应链等来影响零售业态。利用区块链技术将不同商品在原产地、生产商、渠道商、零售商、品牌商和消费者之间的流通协同记录于区块链系统，使每一个参与者信息在区块链的系统中可查可看。如此，零售商品的全流程信息是可信、可靠、可查的，为消费者、监管部门和电商商城等提供了便捷服务。比如，2018 年 3 月，沃尔玛通过区块链技术开发的"智能包裹"（smart package）。

3. 医疗、法律方面：区块链与药品溯源、健康管理，智能合同、证据保全等的融合

在医疗方面，区块链的加密算法、分布式存储等特性可以加强对医疗的数据安全和患者隐私保护。在数据保密且质量可靠的基础上，各组织、机构、企业都能加入某一联盟链，基于庞大的数据开展合作，数据共享、互通，由此构成更大的区块链医疗健康管理平台，提升个人的健康水平。而且，基于区块链的可溯源特性，可以对药品的原料采购、药品生产、药品供应等全链条进行溯源。比如，轻松筹采用区块链技术，保证了信息的公开、透明，并且，轻松筹已经与公安验证系统、医疗系统等多个系统实现了信息对接，让用户信息更为精准。

在法律方面，区块链实现了证据保真和验真。比如，仲裁链基于区块链多中心化、防篡改、可信任的特征，利用分布式数据存储、加密算法等技术对交易数据共识签名后上链，当需要仲裁时，可以在链上取证，并传输至仲裁机构的仲裁平台上。仲裁机构收到数据后与区块链节点存储数据进行校验，确认证据真实、合法有效后，依据网络仲裁规则依法裁决并出具仲裁裁决书。

4. 其他：区块链与农业、公益服务、智能制造、能源服务、物流、物联网等多领域、多方位的融合

在公益事业和农业中，主要是基于区块链的溯源特性，追溯善款的去向和农产品的来源，让捐赠者和食用者放心。比如，阳光公益联盟链基于区块链多中心、不可篡改、信息可信等特性，打造透明公益阳光链。资金从捐赠到使用的每一个环节都可以被清晰地记录，信息记录采用多方记账、实时同步的形式，捐赠人、受助者、公益组织、医院等都可以在区块链上进行信息的写入，并且数据无法更改，打破了传统信息只被公益机构一手掌握的局面，为公益事业提供了信用保障。

在能源领域，最为广泛应用的是智能电网。区块链能够提供一个可靠、快速且公开的方式，去记录并验证能源及金融业务交易，区块链还可以释放分布式资源的多余电力（如回购民用太阳能产生的冗余资源）。美国公司

Filament 也在澳洲实施区块链技术和电力网状网络的结合，在用点对点物联网来保证电力安全的同时充分利用了现有网络闲置的容量。

在智能制造方面，区块链的最大价值之一就是重塑价值链，而区块链有助于提高价值链的透明度、灵活性，并能够更敏捷地应对生产、物流、仓储、营销、销售、售后等环节存在的问题。

未来，随着区块链技术的成熟，该技术将与实体经济深度融合，进一步改变市场结构，商业业态也将被进一步重塑，带有共识机制和智能合约技术的新生态系统会被整合到在现有行业中，升级现有的商业模式、业务模式、及监管模式。这是因为，几乎所有的产业场景都涉及产品的交易流通，都有降成本、提效率，以及优化产业诚信环境等的需求。为实体经济增添活力，正是区块链技术落地应用后能迅速发挥的作用。

参考文献

《2018 年中国区块链行业发展蓝皮书》（http：//tech. ifeng. com/a/20190201/45304801_0. shtml）。

黄震：《区块链在监管科技领域的实践与探索改进》，《人民论坛·学术前沿》2018年6月。

Michel Rauchs、Apolline Blandin、Kristina Klein，Cambridge Centre for Alternative Finance（CCAF）.

王文、刘玉书：《区块链技术的监管如何到位?》，《经济日报》2018 年 10 月。

《区块链技术应用白皮书》，清华大学互联网产业研究院，2018 年 12 月。

附　　录

Appendix

B.27
2018年中央媒体区块链深度报道概览

编者按：　2018年区块链在国内受到中央媒体关注，现将各中央媒体部
分深度报道区块链情况汇总如下，供读者查阅（含主要事
记）。

❖ 人民日报社

《人民日报》：

《三问区块链》《抓住区块链这个机遇》《做数字经济领跑者》2018年2
月26日，第17版。

《培育数字经济发展新动能　引导区块链产业健康发展》2018年7月
16日，第7版。

《区块链——领导干部读本》，人民日报出版社，2018年8月。

《人民日报海外版》：

《火热区块链　多些冷思考》2018 年 5 月 23 日，第 8 版。

人民网

2018 年 10 月 18 日推出系列专访：《刘晓蕾：解决好 token 应用就解决好区块链应用》《杨东："以链治链"可令区块链监管更有效》《周平：区块链国标制定中国贡献大》《蔡维德：讨论"去中心化"无意义》、《伍前红：区块链站在巨人肩膀上》等。

❖《人民论坛·学术前沿》

《区块链技术的本质与未来应用趋势》《区块链时代：技术发展、社会变革及风险挑战》《区块链技术的发展机遇与治理思路》《区块链社区：一种新型的组织模式》等文章，2018 年第 12 期。

❖新华社（含新华网）

《发问区块链：会成为新风口么》2018 年 3 月 26 日；

《资产上"链"：破解区块链技术应用场景痛点社会》2018 年 8 月 21 日；

《发货币、涉传销、谈"链爱"：警惕"区块链"成"区块乱"》2018 年 7 月 11 日；

《比特币大幅下跌"区块链"泡沫几何?》2018 年 11 月 25 日。

❖中央电视台

推出"把脉区块链"专题栏目（2018 年 6 月 3 日）。

❖《光明日报》（含光明网）

《区块链技术与共享经济》2018 年 1 月 18 日，第 13 版；

《"区块链技术的'虚火'需降温"》2018 年 8 月 16 日，第 13 版。

❖《经济日报》

《区块链，能推开信任的大门吗?》2018 年 4 月 18 日；

《别让炒作毁了区块链》2018年5月30日；

《区块链发展亟待有效监管》2018年10月11日；

《虚拟货币投资交易不受法律保护》2018年10月26日。

（注：上述汇总如有遗漏，欢迎广大读者补充。）

社会科学文献出版社

皮书系列

❖ 皮书起源 ❖

"皮书"起源于十七、十八世纪的英国,主要指官方或社会组织正式发表的重要文件或报告,多以"白皮书"命名。在中国,"皮书"这一概念被社会广泛接受,并被成功运作、发展成为一种全新的出版形态,则源于中国社会科学院社会科学文献出版社。

❖ 皮书定义 ❖

皮书是对中国与世界发展状况和热点问题进行年度监测,以专业的角度、专家的视野和实证研究方法,针对某一领域或区域现状与发展态势展开分析和预测,具备原创性、实证性、专业性、连续性、前沿性、时效性等特点的公开出版物,由一系列权威研究报告组成。

❖ 皮书作者 ❖

皮书系列的作者以中国社会科学院、著名高校、地方社会科学院的研究人员为主,多为国内一流研究机构的权威专家学者,他们的看法和观点代表了学界对中国与世界的现实和未来最高水平的解读与分析。

❖ 皮书荣誉 ❖

皮书系列已成为社会科学文献出版社的著名图书品牌和中国社会科学院的知名学术品牌。2016 年,皮书系列正式列入"十三五"国家重点出版规划项目;2013~2019 年,重点皮书列入中国社会科学院承担的国家哲学社会科学创新工程项目;2019 年,64 种院外皮书使用"中国社会科学院创新工程学术出版项目"标识。

中国皮书网

（网址：www.pishu.cn）

发布皮书研创资讯，传播皮书精彩内容
引领皮书出版潮流，打造皮书服务平台

栏目设置

关于皮书：何谓皮书、皮书分类、皮书大事记、皮书荣誉、
        皮书出版第一人、皮书编辑部

最新资讯：通知公告、新闻动态、媒体聚焦、网站专题、视频直播、下载专区

皮书研创：皮书规范、皮书选题、皮书出版、皮书研究、研创团队

皮书评奖评价：指标体系、皮书评价、皮书评奖

互动专区：皮书说、社科数托邦、皮书微博、留言板

所获荣誉

2008 年、2011 年，中国皮书网均在全国新闻出版业网站荣誉评选中获得"最具商业价值网站"称号；

2012 年,获得"出版业网站百强"称号。

网库合一

2014 年，中国皮书网与皮书数据库端口合一，实现资源共享。

权威报告·一手数据·特色资源

皮书数据库
ANNUAL REPORT(YEARBOOK)
DATABASE

当代中国经济与社会发展高端智库平台

所获荣誉

- 2016年，入选"'十三五'国家重点电子出版物出版规划骨干工程"
- 2015年，荣获"搜索中国正能量 点赞2015""创新中国科技创新奖"
- 2013年，荣获"中国出版政府奖·网络出版物奖"提名奖
- 连续多年荣获中国数字出版博览会"数字出版·优秀品牌"奖

成为会员

　　通过网址www.pishu.com.cn访问皮书数据库网站或下载皮书数据库APP，进行手机号码验证或邮箱验证即可成为皮书数据库会员。

会员福利

- 已注册用户购书后可免费获赠100元皮书数据库充值卡。刮开充值卡涂层获取充值密码，登录并进入"会员中心"—"在线充值"—"充值卡充值"，充值成功即可购买和查看数据库内容。
- 会员福利最终解释权归社会科学文献出版社所有。

社会科学文献出版社 皮书系列
SOCIAL SCIENCES ACADEMIC PRESS (CHINA)
卡号：226614114331
密码：

数据库服务热线：400-008-6695
数据库服务QQ：2475522410
数据库服务邮箱：database@ssap.cn
图书销售热线：010-59367070/7028
图书服务QQ：1265056568
图书服务邮箱：duzhe@ssap.cn

基本子库
SUB DATABASE

中国社会发展数据库（下设 12 个子库）

　　全面整合国内外中国社会发展研究成果，汇聚独家统计数据、深度分析报告，涉及社会、人口、政治、教育、法律等 12 个领域，为了解中国社会发展动态、跟踪社会核心热点、分析社会发展趋势提供一站式资源搜索和数据分析与挖掘服务。

中国经济发展数据库（下设 12 个子库）

　　基于"皮书系列"中涉及中国经济发展的研究资料构建，内容涵盖宏观经济、农业经济、工业经济、产业经济等 12 个重点经济领域，为实时掌控经济运行态势、把握经济发展规律、洞察经济形势、进行经济决策提供参考和依据。

中国行业发展数据库（下设 17 个子库）

　　以中国国民经济行业分类为依据，覆盖金融业、旅游、医疗卫生、交通运输、能源矿产等 100 多个行业，跟踪分析国民经济相关行业市场运行状况和政策导向，汇集行业发展前沿资讯，为投资、从业及各种经济决策提供理论基础和实践指导。

中国区域发展数据库（下设 6 个子库）

　　对中国特定区域内的经济、社会、文化等领域现状与发展情况进行深度分析和预测，研究层级至县及县以下行政区，涉及地区、区域经济体、城市、农村等不同维度。为地方经济社会宏观态势研究、发展经验研究、案例分析提供数据服务。

中国文化传媒数据库（下设 18 个子库）

　　汇聚文化传媒领域专家观点、热点资讯，梳理国内外中国文化发展相关学术研究成果、一手统计数据，涵盖文化产业、新闻传播、电影娱乐、文学艺术、群众文化等 18 个重点研究领域。为文化传媒研究提供相关数据、研究报告和综合分析服务。

世界经济与国际关系数据库（下设 6 个子库）

　　立足"皮书系列"世界经济、国际关系相关学术资源，整合世界经济、国际政治、世界文化与科技、全球性问题、国际组织与国际法、区域研究 6 大领域研究成果，为世界经济与国际关系研究提供全方位数据分析，为决策和形势研判提供参考。

法律声明

"皮书系列"（含蓝皮书、绿皮书、黄皮书）之品牌由社会科学文献出版社最早使用并持续至今，现已被中国图书市场所熟知。"皮书系列"的相关商标已在中华人民共和国国家工商行政管理总局商标局注册，如LOGO（ ）、皮书、Pishu、经济蓝皮书、社会蓝皮书等。"皮书系列"图书的注册商标专用权及封面设计、版式设计的著作权均为社会科学文献出版社所有。未经社会科学文献出版社书面授权许可，任何使用与"皮书系列"图书注册商标、封面设计、版式设计相同或者近似的文字、图形或其组合的行为均系侵权行为。

经作者授权，本书的专有出版权及信息网络传播权等为社会科学文献出版社享有。未经社会科学文献出版社书面授权许可，任何就本书内容的复制、发行或以数字形式进行网络传播的行为均系侵权行为。

社会科学文献出版社将通过法律途径追究上述侵权行为的法律责任，维护自身合法权益。

欢迎社会各界人士对侵犯社会科学文献出版社上述权利的侵权行为进行举报。电话：010-59367121，电子邮箱：fawubu@ssap.cn。

社会科学文献出版社